Impuesto sobre Sociedades

TIRANT TRIBUTARIO

Procedimiento de selección de originales, ver página web:

www.tirant.net/index.php/editorial/procedimiento-de-seleccion-de-originales

ACCESO GRATIS *a la Lectura en la Nube + Actualizaciones*

Para visualizar el libro electrónico en la nube de lectura envíe junto a su nombre y apellidos una fotografía del código de barras situado en la contraportada del libro y otra del ticket de compra a la dirección:

ebooktirant@tirant.com

En un máximo de 72 horas laborables le enviaremos el código de acceso con sus instrucciones.

Impuesto sobre Sociedades

22ª Edición, actualizado a 1 de enero de 2025

Edición preparada por:

ÁNGELES PLA VALL
CONCHA SALVADOR CIFRE
Departamento de Economía Aplicada
Universitat de València

tirant lo blanch
Valencia, 2025

©   Concha Salvador Cifre
Ángeles Pla Vall

©   TIRANT LO BLANCH
EDITA: TIRANT LO BLANCH
C/ Artes Gráficas, 14 - 46010 - Valencia
TELFS.: 96/361 00 48 - 50
FAX: 96/369 41 51
Email: tlb@tirant.com
www.tirant.com
Librería virtual: www.tirant.es
DEPÓSITO LEGAL: V-723-2025
ISBN: 978-84-1095-805-0

Si tiene alguna queja o sugerencia, envíenos un mail a: *atencioncliente@tirant.com*. En caso de no ser atendida su sugerencia, por favor, lea en *www.tirant.net/index.php/ empresa/politicas-de-empresa* nuestro procedimiento de quejas.

Responsabilidad Social Corporativa: http://www.tirant.net/Docs/RSCTirant.pdf

ÍNDICE

---

* Incorpora los cambios introducidos por:
- **Real Decreto-ley 9/2024**, de 23 de diciembre, por el que se adoptan medidas urgentes en materia económica, tributaria, de transporte, y de Seguridad Social, y se prorrogan determinadas medidas para hacer frente a situaciones de vulnerabilidad social (BOE 24/12/2024).
- **Ley 7/2024**, de 20 de diciembre, por la que se establecen un Impuesto Complementario para garantizar un nivel mínimo global de imposición para los grupos multinacionales y los grupos nacionales de gran magnitud, un Impuesto sobre el margen de intereses y comisiones de determinadas entidades financieras y un Impuesto sobre los líquidos para cigarrillos electrónicos y otros productos relacionados con el tabaco, y se modifican otras normas tributarias (BOE 21/12/2024).
- **Real Decreto-ley 4/2024**, de 26 de junio, por el que se prorrogan determinadas medidas para afrontar las consecuencias económicas y sociales derivadas de los conflictos en Ucrania y Oriente Próximo y se adoptan medidas urgentes en materia fiscal, energética y social (BOE 27/6/2024).
- **Real Decreto-ley 8/2023**, de 27 de diciembre, por el que se adoptan medidas para afrontar las consecuencias económicas y sociales derivadas de los conflictos en Ucrania y Oriente Próximo, así como para paliar los efectos de la sequía (BOE 28/12/2023).
- **Real Decreto-ley 5/2023**, de 28 de junio, por el que se adoptan y prorrogan determinadas medidas de respuesta a las consecuencias económicas y sociales de la Guerra de Ucrania, de apoyo a la reconstrucción de la isla de La Palma y a otras situaciones de vulnerabilidad; de transposición de Directivas de la Unión Europea en materia de modificaciones estructurales de sociedades mercantiles y conciliación de la vida familiar y la vida profesional de los progenitores y los cuidadores; y de ejecución y cumplimiento del Derecho de la Unión Europea (BOE 29/6/2023).
- **Ley 13/2023**, de 24 de mayo, por la que se modifican la Ley 58/2003, de 17 de diciembre, General Tributaria, en transposición de la Directiva (UE) 2021/514 del Consejo de 22 de marzo de 2021, por la que se modifica la Directiva 2011/16/UE relativa a la cooperación administrativa en el ámbito de la fiscalidad, y otras normas tributarias (BOE 25/5/2023).
- **Real Decreto-ley 4/2023**, de 11 de mayo, por el que se adoptan medidas urgentes en materia agraria y de aguas en respuesta a la sequía y al agravamiento de las condiciones del sector primario derivado del conflicto bélico en Ucrania y de las condiciones climatológicas, así como de promoción del uso del transporte público colectivo terrestre por parte

---

    – **Ley 22/2015**, de 20 de julio, de Auditoría de Cuentas (BOE 21/7/2015).
    – **Ley 20/2015**, de 14 de julio, de ordenación, supervisión y solvencia de las entidades aseguradoras y reaseguradoras (BOE 15/7/2015).
    – **Real Decreto-ley 9/2015**, de 10 de julio, de medidas urgentes para reducir la carga tributaria soportada por los contribuyentes del Impuesto sobre la Renta de las Personas Físicas y otras medidas de carácter económico (BOE 11/7/2015).
    – **Ley 5/2015**, de 27 de abril, de fomento de la financiación empresarial (BOE 28/4/2015).
    – **Corrección de errores** de la Ley 27/2014, de 27 de noviembre, del Impuesto sobre Sociedades (BOE 13/3/2015).
    – **Real Decreto-ley 1/2015**, de 27 de febrero, de mecanismo de segunda oportunidad, reducción de carga financiera y otras medidas de orden social (BOE 28/2/2015).
    – **Ley 36/2014**, de 26 de diciembre, de Presupuestos Generales del Estado para el año 2015 (BOE 30/12/2015).
** Incorpora los cambios introducidos por:
    – **Real Decreto 117/2024**, de 30 de enero, por el que se desarrollan las normas y los procedimientos de diligencia debida en el ámbito del intercambio automático obligatorio de información comunicada por los operadores de plataformas, y se modifican el Reglamento General de las actuaciones y los procedimientos de gestión e inspección tributaria y de desarrollo de las normas comunes de los procedimientos de aplicación de los tributos, aprobado por el Real Decreto 1065/2007, de 27 de julio, en transposición de la Directiva (UE) 2021/514 del Consejo de 22 de marzo de 2021 por la que se modifica la Directiva 2011/16/UE relativa a la cooperación administrativa en el ámbito de la fiscalidad, y otras normas tributarias (BOE 31/1/2024).
    – **Real Decreto 1008/2023**, de 5 de diciembre, por el que se modifican el Reglamento del Impuesto sobre la Renta de las Personas Físicas, aprobado por el Real Decreto 439/2007, de 30 de marzo, en materia de retribuciones en especie, deducción por maternidad, obligación de declarar, pagos a cuenta y régimen especial aplicable a trabajadores, profesionales, emprendedores e inversores desplazados a territorio español, y el Reglamento del Impuesto sobre Sociedades, aprobado por el Real Decreto 634/2015, de 10 de julio, en materia de retenciones e ingresos a cuenta (BOE 6/12/2023).
    – **Real Decreto 249/2023**, de 4 de abril, por el que se modifican el Reglamento General de Desarrollo de la Ley 58/2003, de 17 de diciembre, General Tributaria, en materia de revisión en vía administrativa, aprobado por el Real Decreto 520/2005, de 13 de mayo; el Reglamento General de Recaudación, aprobado por el Real Decreto 939/2005, de 29 de julio; el Reglamento General de las actuaciones y los procedimientos de gestión e inspección tributaria y de desarrollo de las normas comunes de los procedimientos de aplicación de los tributos, aprobado por el Real Decreto 1065/2007, de 27 de julio; el Reglamento del Impuesto sobre Sucesiones y Donaciones, aprobado por el Real Decreto 1629/1991, de 8 de noviembre; el Reglamento del Impuesto sobre el Valor Añadido, aprobado por el Real Decreto 1624/1992, de 29 de diciembre; el Reglamento del Impuesto sobre la Renta de las Personas Físicas, aprobado por el Real Decreto 439/2007, de 30 de marzo, y el Reglamento del Impuesto sobre Sociedades, aprobado por el Real Decreto 634/2015, de 10 de julio (BOE 5/4/2023).

– **Real Decreto 1178/2020**, de 29 de diciembre, por el que se modifica el Reglamento del Impuesto sobre Sociedades, aprobado por el Real Decreto 634/2015, de 10 de julio (BOE 30/12/2020).

– **Real Decreto 1074/2017,** de 29 de diciembre, por el que se modifican el Reglamento del Impuesto sobre la Renta de las Personas Físicas, aprobado por el Real Decreto 439/2007, de 30 de marzo, el Reglamento del Impuesto sobre Sociedades, aprobado por el Real Decreto 634/2015, de 10 de julio, y el Reglamento del Impuesto sobre Sucesiones y Donaciones, aprobado por el Real Decreto 1629/1991, de 8 de noviembre (BOE 30/12/2017).

– **Real Decreto 683/2017,** de 30 de junio, por el que se modifica el Reglamento del Impuesto sobre Sociedades, aprobado por el Real Decreto 634/2015, de 10 de julio, en relación con la cobertura del riesgo de crédito en entidades financieras.

– **Real Decreto 1021/2015,** de 13 de noviembre, por el que se establece la obligación de identificar la residencia fiscal de las personas que ostenten la titularidad o el control de determinadas cuentas financieras y de informar acerca de las mismas en el ámbito de la asistencia mutua. (BOE 17/11/2015).

NOTA INTRODUCTORIA

Las modificaciones, constantes y parciales, producidas desde la publicación en marzo del 2004 del Texto Refundido del Impuesto sobre Sociedades aconsejaban una revisión global del impuesto y justifican la publicación de esta nueva Ley del Impuesto sobre Sociedades que entra en vigor el 1 de enero de 2015.

La Ley 27/2014 mantiene la estructura del Impuesto sobre Sociedades que existe desde 1996, tras el retorno a un sistema clásico de no integración entre el Impuesto sobre la Renta de las Personas Físicas y el Impuesto sobre Sociedades, y continua una reforma gradual que tiene como objetivos mejorar la competitividad e internacionalización de nuestras empresas, lograr una mayor coordinación fiscal y adaptación de la norma al entorno de la Unión Europea, la simplificación del impuesto para lograr una mayor neutralidad, igualdad, justicia y seguridad jurídica en su aplicación; sin olvidar la lucha contra el fraude en el ámbito de la fiscalidad interna e internacional y la necesidad de mejorar la capacidad recaudatoria del impuesto.

Todo esto se traduce en medidas de ampliación de la base imponible, de reducción de tipos de gravamen, de eliminación o simplificación de los incentivos fiscales y, especialmente, una mejora en el tratamiento de la doble imposición.

Se incluye también el nuevo Reglamento, publicado en julio de 2015.

Por razones de sistemática y coherencia normativa no se integran en este texto otras normas con un contenido especial como el régimen fiscal de las cooperativas, el régimen económico y fiscal de Canarias, el régimen fiscal de las entidades sin fines lucrativos y de los incentivos al mecenazgo, el régimen fiscal de los partidos políticos, o el régimen fiscal de las Sociedades Anónimas Cotizadas de Inversión en el Mercado Inmobiliario.

La recopilación normativa que presentamos se ha preparado para facilitar la consulta o el estudio del Impuesto sobre Sociedades. Contiene la Ley y el Reglamento del Impuesto, incorporando todas las novedades legislativas aprobadas hasta la fecha de la publicación.

CONCHA SALVADOR CIFRE
ÁNGELES PLA VALL
Valencia, enero 2025

§1. Ley 27/2014, de 27 de noviembre, del Impuesto sobre Sociedades

(BOE nº 288, 28 de noviembre de 2014)

FELIPE VI
REY DE ESPAÑA

A todos los que la presente vieren y entendieren.

Sabed: Que las Cortes Generales han aprobado y Yo vengo en sancionar la siguiente ley

ÍNDICE

Disposición transitoria cuarta. Contratos de arrendamiento financiero celebrados con anterioridad a la entrada en vigor de la Ley 43/1995, de 27 de diciembre, del Impuesto sobre Sociedades.

Disposición transitoria quinta. Saldos de la provisión para insolvencias amparada en el artículo 82 del Reglamento del Impuesto sobre Sociedades, aprobado por el Real Decreto 2631/1982, de 15 de octubre.

Disposición transitoria sexta. Régimen transitorio de los beneficios sobre operaciones financieras.

Disposición transitoria séptima. Valor fiscal de las participaciones de las instituciones de inversión colectiva.

Disposición transitoria octava. Régimen fiscal de las transmisiones de activos realizadas en cumplimiento de disposiciones con rango de Ley de la normativa de defensa de la competencia.

Disposición transitoria novena. Régimen fiscal de las participaciones en entidades que hayan aplicado el régimen fiscal especial de transparencia fiscal establecido en la Ley 43/1995, de 27 de diciembre, del Impuesto sobre Sociedades.

Disposición transitoria décima. Régimen fiscal de las participaciones en entidades que hayan aplicado el régimen especial de sociedades patrimoniales establecido en el Texto Refundido de la Ley del Impuesto sobre Sociedades, aprobado por el Real Decreto Legislativo 4/2004, de 5 de marzo.

Disposición transitoria undécima. Valor fiscal de los elementos patrimoniales adjudicados a los socios con ocasión de la disolución de sociedades transparentes y de sociedades patrimoniales.

Disposición transitoria duodécima. Régimen fiscal de los ajustes contables por la primera aplicación del Plan General de Contabilidad, aprobado por el Real Decreto 1514/2007, de 16 de noviembre, del Plan General de Contabilidad de Pequeñas y Medianas Empresas y los criterios contables específicos para microempresas, aprobado por el Real Decreto 1515/2007, de 16 de noviembre o del Plan de contabilidad de las entidades aseguradoras, aprobado por el Real Decreto 1317/2008, de 24 de julio.

Disposición transitoria decimotercera. Aplicación de la tabla de amortización prevista en esta Ley en elementos patrimoniales adquiridos con anterioridad. Libertad de amortización pendiente de aplicar.

Disposición transitoria decimocuarta. Fondo de comercio financiero.

Disposición transitoria decimoquinta. Pérdidas por deterioro del inmovilizado material, inversiones inmobiliarias, inmovilizado intangible y valores representativos de deuda.

Disposición transitoria decimosexta. Régimen transitorio aplicable a las pérdidas por deterioro de los valores representativos de la participación en el capital o en los fondos propios de entidades y a las rentas negativas obtenidas en el extranjero a través de un establecimiento permanente, generadas en períodos impositivos iniciados con anterioridad a 1 de enero de 2013.

Disposición transitoria decimoséptima. Régimen aplicable a determinados instrumentos financieros emitidos u otorgados con anterioridad a 20 de junio de 2014.

Disposición transitoria decimoctava. Endeudamiento de operaciones de adquisición de participaciones en el capital o en los fondos propios de entidades.

Disposición transitoria decimonovena. Rentas derivadas de la transmisión de participaciones.

Disposición transitoria vigésima. Régimen transitorio de la reducción de ingresos procedentes de determinados activos intangibles del contribuyente disponibles con anterioridad a 1 de julio de 2016.

Disposición transitoria vigésima primera. Bases imponibles negativas pendientes de compensar en el Impuesto sobre Sociedades.

Disposición transitoria vigésima segunda. Entidades de nueva creación. Tipo de gravamen reducido por mantenimiento o creación de empleo.

PREÁMBULO

I

La fiscalidad directa en el ámbito de la actividad económica, desarrollada por las personas jurídicas, se sustancia en el Impuesto sobre Sociedades. Esta figura impositiva constituye un pilar básico de la imposición directa en España junto con el Impuesto sobre la Renta de las Personas Físicas, encontrando ambas figuras su razón de ser en el artículo 31 de la Constitución, que exige la contribución al sostenimiento de los gastos públicos, de acuerdo con la capacidad económica de cada contribuyente.

La Ley 43/1995, de 27 de diciembre, del Impuesto sobre Sociedades estableció las reglas esenciales de la actual estructura del Impuesto sobre Sociedades, inspirada en los principios de neutralidad, transparencia, sistematización, coordinación internacional y competitividad. Así, la Ley 43/1995, de 27 de diciembre, estableció como una de sus principales novedades la determinación de la base imponible del Impuesto de manera sintética, a partir del resultado contable, corregido por las excepciones legalmente tipificadas.

Posteriormente, con la finalidad de incrementar la claridad del sistema tributario y mejorar la seguridad jurídica, se aprobó el Texto Refundido de la Ley del Impuesto sobre Sociedades, a través del Real Decreto Legislativo 4/2004, de 5 de marzo, que tuvo como objetivo fundamental integrar en un único cuerpo normativo todas las disposiciones que afectaban a este Impuesto, salvo casos excepcionales.

Desde dicha aprobación, no obstante, el Texto Refundido ha sido objeto de modificaciones constantes, de carácter parcial, que, siendo todas ellas individualmente consistentes, no han ido acompañadas de una revisión global requerida de toda la figura impositiva, revisión que se antoja indispensable en el momento de aprobación de esta Ley con un nuevo impulso modernizador y competitivo para el sector empresarial español.

La presente Ley mantiene la misma estructura del Impuesto sobre Sociedades que ya existe desde el año 1996, de manera que el resultado contable sigue siendo el elemento nuclear de la base imponible y constituye un punto de partida clave en su determinación. No obstante, esta Ley proporciona esa revisión global indispensable, incorporando una mayor identidad al Impuesto sobre Sociedades, que ha abandonado hace tiempo el papel de complemento del Impuesto sobre la Renta de las Personas Físicas, pero sin abandonar los principios esenciales de neutralidad y justicia inspirados en la propia Constitución.

Asimismo, la pertenencia a un mundo globalizado cada vez más interactivo enmarcado de manera muy destacada por el entorno de la Unión Europea, la necesidad de competir en mercados internacionales, la adaptación de la norma al derecho comunitario o el incremento de la necesaria lucha contra el fraude fiscal, son razones fundadas para proceder a esta revisión general del Impuesto sobre Sociedades.

Por otra parte, no se puede olvidar a la pequeña y mediana empresa, que constituyen un elemento característico en la configuración de nuestro tejido empresarial y que requiere normas más sencillas y neutrales, que permitan impulsar su crecimiento, consolidando la competitividad de nuestra economía.

Asimismo, no puede dejar de mencionarse la excepcional crisis que ha sufrido la recaudación de este Impuesto, más allá de la propia crisis económica que ha venido aconteciendo en los últimos años, crisis recaudatoria que exige una reacción del legislador para volver a situar a este Impuesto como elemento clave en su contribución al sostenimiento de las cargas públicas.

Por último, se siguen manteniendo al margen de la presente Ley determinadas normas específicas cuya inclusión determinaría una dispersión de la normativa en ellas contenida al afectar a un ámbito superior al propio Impuesto sobre Sociedades. Este es el caso, por ejemplo, de la Ley 20/1990, de 19 de diciembre, sobre Régimen Fiscal de las Cooperativas, la Ley 19/1994, de 6 de julio, de modificación del Régimen Económico y Fiscal de Canarias, la Ley 49/2002, de 23 de diciembre, de régimen fiscal de las entidades sin fines lucrativos y de los incentivos fiscales al mecenazgo, o la Ley 11/2009, de 26 de octubre, por la que se regulan las Sociedades Anónimas Cotizadas de Inversión en el Mercado Inmobiliario.

II

Adicionalmente a la ya comentada necesaria revisión global de la norma aplicable al Impuesto sobre Sociedades, deben añadirse otros objetivos claros que han inspirado esta reforma, destacándose como principales los siguientes:

a) Neutralidad, igualdad y justicia. Estos tres principios constitucionales se convierten en objetivo primordial de la actual reforma, de manera que la aplicación de los tributos no genere alteraciones sustanciales del comportamiento empresarial, salvo que el Impuesto resulte indispensable para cubrir determinadas ineficiencias producidas por el propio mercado. Fuera de estos supuestos, el Impuesto sobre Sociedades sigue manteniendo y agudizando su carácter neutral e igualitario. Como ejemplos a la aplicación de estos principios, basta destacar la aproximación entre el tratamiento de la financiación ajena y propia, la aproximación entre el tipo de gravamen nominal y el efectivo o la eliminación de incentivos fiscales.

b) Incremento de la competitividad económica. Resulta imprescindible en el momento actual favorecer, con carácter primordial, la competitividad empresarial y garantizar el crecimiento sostenido de la actividad económica. En este sentido, la reducción del tipo de gravamen general, del 30 al 25 por ciento, constituye un elemento primordial en la consecución de este objetivo. Asimismo, el tratamiento de las rentas internacionales favorece la repatriación de dividendos sin coste tributario y se convierte en un instrumento esencial en la internacionalización de la empresa española. Por último, también es destacable la novedosa extensión del régimen de exención en el tratamiento de las rentas procedentes de participaciones en entidades españolas.

c) Simplificación del Impuesto. Resulta necesario introducir una mayor sencillez del Impuesto, que contribuya al mejor cumplimiento de la norma. En este punto son dignas de mención medidas como la simplificación de las tablas de amortización, la racionalización de las normas aplicables a las operaciones vinculadas, la eliminación de diferentes tipos de gravamen, en consonancia con las recomendaciones de organismos internacionales, o la aplicación de un régimen de exención generalizado en las rentas procedentes de participaciones significativas.

d) Adaptación de la norma al derecho comunitario. El entorno comunitario constituye, hoy en día, un elemento indispensable a tener en cuenta en cualquier reforma del sistema tributario español. En este sentido, dentro de las medidas que buscan esta adaptación, requiere una especial consideración el tratamiento del sistema de eliminación de la doble imposición establecido en el Texto Refundido de la Ley del Impuesto sobre Sociedades, que había sido cuestionado por la Comisión Europea, de manera que esta Ley pretende dar cumplimiento al ordenamiento comunitario, equiparando el tratamiento de las rentas internas e internacionales. Igualmente, las modificaciones realizadas en los regímenes especiales de consolidación fiscal y reestructuraciones pretenden, entre otros objetivos, favorecer el cumplimiento de la indispensable compatibilidad con el ordenamiento comunitario. En definitiva, esta Ley procura ser especialmente rigurosa desde la perspectiva de su compatibilidad con el ordenamiento comunitario.

e) Estabilidad de los recursos y consolidación fiscal. No debe olvidarse de nuevo la caída recaudatoria del Impuesto sobre Sociedades en los últimos años, que ha hecho y hace necesaria la adopción de medidas que traten de paliar el déficit de recursos, con el objeto de alcanzar la estabilidad necesaria que la sostenibilidad del sector público requiere. En este sentido, se adoptan medidas que tratan de ampliar la base imponible del Impuesto, como es el caso de la extensión de la no deducibilidad del deterioro de valor a todos los elementos patrimoniales del inmovilizado empresarial, o las modificaciones introducidas en la limitación a la deducibilidad de gastos financieros, así como la eliminación de determinadas deducciones.

f) Endeudamiento-capitalización. En el año 2012 se introdujo una limitación en la deducibilidad de gastos financieros, estableciendo un criterio específico de imputación temporal distinto al contable, con la finalidad de favorecer indirectamente la capitalización empresarial. En esta misma tendencia, resulta necesario incidir en la neutralidad en la captación de financiación empresarial, estabilizando una balanza que durante mucho tiempo se ha inclinado a favor de la financiación ajena. En este objetivo incide especialmente la nueva reserva de capitalización, así como las modificaciones que se incorporan en el tratamiento de los gastos financieros.

g) Seguridad jurídica. La reforma trata, asimismo, de incrementar la seguridad jurídica necesaria en una norma de esta naturaleza. Las características especiales de este Impuesto, que trata de proporcionar un marco jurídico en una realidad económica tan cambiante, hacen necesario intentar reducir la litigiosidad. Esta Ley recoge criterios doctrinales y jurisprudenciales, y aclara cuestiones que generan o puedan generar una conflictividad no deseada, garantizando la transparencia necesaria para acometer cualquier decisión de inversión. En este ámbito pueden mencionarse las reglas aplicables a operaciones a plazos, la no integración en la base imponible de aquellos ingresos que proceden de la reversión de gastos no deducibles o la posibilidad de aplicar parcialmente el régimen de operaciones de reestructuración.

h) Lucha contra el fraude. Por último, aunque no por ello menos importante, resulta esencial incrementar las medidas que favorezcan una efectiva lucha contra el fraude fiscal, no solo a nivel interno sino en el ámbito de la fiscalidad internacional. Precisamente en este ámbito, los últimos trabajos elaborados por la Organización para la Cooperación y el Desarrollo Económico y materializados en los planes de acción contra la erosión de la base imponible y el traslado de beneficios, constituyen una herramienta fundamental de análisis del fraude fiscal internacional. En este marco, la presente reforma anticipa medidas encaminadas a este objetivo, como es el caso del tratamiento de los híbridos, o las modificaciones realizadas en materia de transparencia fiscal internacional u operaciones vinculadas.

III

La presente Ley está estructurada en 9 títulos, con un total de 132 artículos, 12 disposiciones adicionales, 37 transitorias, una derogatoria y 12 finales.

Se mencionan a continuación las principales novedades que esta Ley introduce en relación con la anterior.

En la regulación del hecho imponible, se incorpora el concepto de actividad económica, que no presenta diferencias relevantes respecto al concepto tradicionalmente utilizado en el Impuesto sobre la Renta de las Personas Físicas. Sin embargo, resulta esencial que un Impuesto cuya finalidad primordial es gravar las rentas obtenidas en la realización de actividades económicas, y siendo este el Impuesto que grava por excelencia las rentas de este tipo de actividades, contenga una definición al respecto, adaptada a la propia naturaleza de las personas jurídicas. Asimismo, se introduce el concepto de entidad patrimonial, que toma como punto de partida a las sociedades cuya actividad principal consiste en la gestión de un patrimonio mobiliario o inmobiliario, si bien se acomoda a las necesidades específicas de este Impuesto.

En el ámbito de los contribuyentes, se incorporan al Impuesto sobre Sociedades las sociedades civiles que tienen objeto mercantil, y que tributaban hasta la aprobación de esta Ley como contribuyentes del Impuesto sobre la Renta de las Personas Físicas a través del régimen de atribución de rentas. Esta medida requiere incorporar un régimen transitorio en el Impuesto sobre la Renta de las Personas Físicas que regule la traslación de este tipo de entidades como contribuyentes del Impuesto sobre la Renta de las Personas Físicas a contribuyentes de este Impuesto.

En la estructuración del Impuesto, se introducen novedades en el régimen general de tributación que afectan a la determinación de la base imponible, el tratamiento de la doble imposición, los tipos de gravamen, los incentivos fiscales, así como en los regímenes especiales.

1. La base imponible se modifica, entre otros, en los siguientes aspectos relevantes:

a) En materia de imputación temporal, se actualiza el principio de devengo en consonancia con el recogido en el ámbito contable del Plan General de Contabilidad, aprobado por el Real Decreto 1514/2007, de 16 de noviembre, así como en el Plan General de Contabilidad para PYMES aprobado por el Real Decreto 1515/2007, de 16 de noviembre. Asimismo, la Ley recoge de manera expresa algo evidente, pero no regulado hasta ahora, en relación con la no integración en la base imponible de la reversión de aquellos gastos que no hubieran resultado fiscalmente deducibles.

De manera similar a lo ya establecido anteriormente para transmisiones de valores representativos del capital o fondos propios de entidades, así como de establecimientos permanentes, se difiere en el tiempo la integración en la base imponible de las rentas negativas que pudieran generarse en la transmisión de elementos del inmovilizado material, inversiones inmobiliarias, intangibles y valores representativos de deuda, cuando dicha transmisión se realiza en el ámbito de un grupo de sociedades. Adicionalmente, se garantiza la neutralidad y se evitan supuestos de doble imposición a través de un mecanismo que limita las rentas negativas a las realmente obtenidas en el seno del grupo mercantil.

b) Es relevante la simplificación que se realiza en las tablas de amortización, reduciéndose su complejidad, con unas tablas más actualizadas y de mejor aplicación práctica. No obstante, el tratamiento de las amortizaciones sigue siendo flexible en cuanto a la posibilidad de aplicar diferentes métodos de amortización. Asimismo, se mantienen los distintos supuestos tradicionales de libertad de amortización, destacando, por encima de todos, el vinculado a la actividad de I+D+i.

c) Respecto a los deterioros de valor de los elementos patrimoniales, conjuntamente con la no deducibilidad ya introducida en el año 2013 en relación con los correspondientes a valores representativos del capital o fondos propios de entidades, se establece como novedad la no deducibilidad de cualquier tipo de deterioro correspondiente a otro tipo de activos, con la excepción de las existencias y de los créditos y partidas a cobrar.

Por un lado, los valores de renta fija que, teniendo una naturaleza financiera similar a los valores representativos de la participación en el capital o en los fondos propios de entidades, aplicaban distinto régimen fiscal en cuanto al efecto de su valoración, de manera que se establece la no deducibilidad del deterioro de estos elementos, dando una mayor consistencia a la norma.

Por otro lado, se establece la no deducibilidad del deterioro correspondiente a aquellos activos cuya imputación como gasto en la base imponible ya se realiza de manera sistemática. En estos casos, la amortización de los elementos patrimoniales o el mantenimiento de una regla especial de imputación del gasto en la base imponible cuando no existe dicha amortización, como ocurre con los activos intangibles de vida útil indefinida, incluido el fondo de comercio, permiten la integración en la base imponible de las inversiones de una manera proporcionada en el tiempo, favoreciendo la nivelación de la base imponible, con independencia del devenir de la actividad económica, y sin que se pueda considerar que las diferencias de valor atribuibles de manera excepcional a dichos elementos patrimoniales deban influir sobre la capacidad fiscal de los contribuyentes.

De esta manera se consigue una distribución más equilibrada en el tiempo de los gastos asociados a las inversiones, sin que la variación en el valor patrimonial de los elementos del activo incida en la base imponible. Debe hacerse una excepción en relación con los terrenos, que, salvo supuestos muy excepcionales, no son objeto de amortización y a los que resulta de aplicación la misma regla señalada.

d) También se introducen novedades en materia de deducibilidad de determinados gastos.

En primer lugar, la norma fiscal se separa de la contabilidad en aquellos instrumentos financieros que mercantilmente representan participaciones en el capital o fondos propios de entidades, y, sin embargo, contablemente tienen la consideración de pasivo financiero. En estos supuestos, la normativa fiscal opta por atribuir a estos instrumentos el tratamiento fiscal que corresponde a cualquier participación en el capital o fondos propios de entidades, con independencia de que la contabilidad altere dicha naturaleza, como pudiera ocurrir con las acciones sin voto o las acciones rescatables. Asimismo, se atrae al tratamiento fiscal de la financiación propia a los préstamos participativos otorgados por entidades pertenecientes al mismo grupo de sociedades, equiparando el tratamiento fiscal que corresponde a la financiación vía aportaciones a los fondos propios o vía préstamo participativo dentro de un grupo mercantil.

En segundo lugar, se limita la deducibilidad fiscal de las atenciones a clientes, hasta el 1 por ciento del importe neto de la cifra de negocios de la entidad, mientras que la deducibilidad de cuantías inferiores está sometida a las reglas generales de registro, justificación e imputación temporal. Merece especial mención la inclusión de una norma sobre operaciones híbridas, entendiendo como tales aquellas que tienen distinta calificación fiscal en las partes intervinientes. Dicha regla tiene como objetivo evitar la deducibilidad de aquellos gastos que determinen un ingreso exento o sometido a una tributación nominal inferior al 10 por ciento, consecuencia de esa diferente calificación fiscal, cuando esta operación se realiza entre partes vinculadas.

La norma también se hace eco de las recomendaciones realizadas por los organismos internacionales, incidiendo en la limitación a la deducibilidad fiscal de los gastos financieros. El tratamiento fiscal de los gastos financieros fue objeto de una profunda reforma en el Real Decreto-ley 12/2012, de 30 de marzo, por el que se introducen diversas medidas tributarias y administrativas dirigidas a la reducción del déficit público, que introdujo dos tipos de limitaciones. La primera de ellas estaba referida a la no deducibilidad de aquellos gastos financieros generados en el seno de un grupo mercantil, destinados a la realización de determinadas operaciones entre entidades que pertenecen al mismo grupo, salvando, no obstante, aquellas operaciones que fueran razonables desde la perspectiva económica, como pueden ser supuestos de reestructuración dentro del grupo, consecuencia directa de una adquisición a terceros, o bien aquellos supuestos en que se produce una auténtica gestión de las entidades participadas adquiridas desde el territorio español. La segunda limitación tuvo un alcance general, que se convierte en la práctica en una regla de imputación temporal específica. Es respecto de esta segunda medida en la que se incide aún más, siguiendo las referidas recomendaciones. En este sentido, se prevé una limitación adicional en relación con los gastos financieros asociados a la adquisición de participaciones en entidades cuando, posteriormente, la entidad adquirida se incorpora al grupo de consolidación fiscal al que pertenece la adquirente o bien es objeto de una operación de reestructuración, de manera que la actividad de la entidad adquirida o cualquier otra que sea objeto de incorporación al grupo fiscal o reestructuración con la adquirente en los 4 años posteriores, no soporte el gasto financiero derivado de su adquisición. No obstante, esta limitación no se aplicará cuando la deuda asociada a la adquisición de las participaciones alcance un máximo de un 70 por ciento y se reduzca al menos de manera proporcional durante un plazo de 8 años, hasta que alcance un nivel del 30 por ciento sobre el precio de adquisición.

e) El régimen de las operaciones vinculadas fue objeto de una profunda modificación con ocasión de la Ley 36/2006, de 29 de noviembre, de medidas para la prevención del fraude fiscal, y que tuvo como elemento esencial la introducción de unas obligaciones de documentación específicas exigibles a las operaciones vinculadas. Por otra parte, el tratamiento fiscal de las operaciones vinculadas constituye un elemento trascendental internacionalmente, al cual se dedican específicamente tanto la Unión Europea como la OCDE. En este sentido, debe tenerse en cuenta que la interpretación del precepto que regula estas operaciones debe realizarse, precisamente, en concordancia con las Directrices de Precios de Transferencia de la OCDE y con las recomendaciones del Foro Conjunto de Precios de Transferencia de la UE, en la medida en que no contradigan lo expresamente señalado en dicho precepto, o en su normativa de desarrollo.

En el ámbito de las operaciones vinculadas esta Ley presenta novedades en relación con la documentación específica a elaborar por las entidades afectadas, que tendrá un contenido simplificado para aquellas entidades o grupos de entidades cuyo importe neto de la cifra de negocios sea inferior a 45 millones de euros, y no será necesaria en relación con determinadas operaciones.

También es novedosa la restricción del perímetro de vinculación, perímetro que fue escasamente alterado en la Ley 36/2006 y respecto del cual se ha puesto de manifiesto la necesidad creciente de restringir los supuestos de vinculación en el ámbito de la relación socio-sociedad, que queda fijado en el 25 por ciento de participación.

Por otra parte, en relación con la propia metodología de valoración de las operaciones, se elimina la jerarquía de métodos que se contenía en la regulación anterior para determinar el valor de mercado de las operaciones vinculadas, admitiéndose, adicionalmente, con carácter subsidiario otros métodos y técnicas de valoración, siempre que respeten el principio de libre competencia. Asimismo, se establecen en esta Ley reglas específicas de valoración para las operaciones de los socios con las sociedades profesionales, ajustadas a la realidad económica.

Por último, deben mencionarse la modificación del régimen sancionador, que se convierte en menos gravoso, y la estanqueidad de la valoración realizada conforme a esta regulación específica de las operaciones vinculadas con la valoración que se pudiera hacer en otros ámbitos, como pudiera ser el supuesto del valor en aduana.

f) Se modifica sustancialmente el tratamiento de la compensación de bases imponibles negativas, destacando la aplicabilidad de dichas bases imponibles en un futuro sin límite temporal. No obstante, se introduce una limitación cuantitativa en el 70 por ciento de la base imponible previa a su compensación, y admitiéndose, en todo caso, un importe mínimo de 1 millón de euros. Adicionalmente, con el objeto de evitar la adquisición de sociedades inactivas o cuasi-inactivas con bases imponibles negativas, se establecen medidas que impiden su aprovechamiento, incidiendo en la lucha contra el fraude fiscal.

Adicionalmente, la extensión del plazo de compensación o deducción de determinados créditos fiscales más allá del plazo de prescripción en beneficio de los contribuyentes se acompaña de la limitación, a un período de 10 años, del plazo de que dispone la Administración para comprobar la procedencia de la compensación o deducción originada.

Con esta modificación se posibilita no solo garantizar el derecho del contribuyente a beneficiarse de esos créditos, sino que se asegura el correcto ejercicio de otros derechos, como, por ejemplo, el de rectificación de sus autoliquidaciones cuando en la comprobación de la procedencia de la rectificación la Administración deba verificar aspectos vinculados a ejercicios respecto de los que se produjo la prescripción del derecho a liquidar.

2. Uno de los aspectos más novedosos de esta Ley es el tratamiento de la doble imposición. Tras el dictamen motivado de la Comisión Europea n.º 2010/4111, relativo al tratamiento fiscal de los dividendos, resulta completamente necesaria una revisión del mecanismo de la eliminación de la doble imposición recogida en el Impuesto sobre Sociedades, con dos objetivos fundamentales: (i) equiparar el tratamiento de las rentas derivadas de participaciones en entidades residentes y no residentes, tanto en materia de dividendos como de transmisión de las mismas, y (ii) establecer un régimen de exención general en el ámbito de las participaciones significativas en entidades residentes.

La presente Ley incorpora un régimen de exención general para participaciones significativas, aplicable tanto en el ámbito interno como internacional, eliminando en este segundo ámbito el requisito relativo a la realización de actividad económica, si bien se incorpora un requisito de tributación mínima que se establece en el 10 por ciento de tipo nominal, entendiéndose cumplido este requisito en el supuesto de países con los que se haya suscrito un Convenio para evitar la doble imposición internacional.

Este nuevo mecanismo de exención constituye un mecanismo de indudable relevancia para favorecer la competitividad y la internacionalización de las empresas españolas. Asimismo, el régimen de exención en el tratamiento de las plusvalías de origen interno simplifica considerablemente la situación previa, que incluía un complejo mecanismo para garantizar la eliminación de la doble imposición. Este tratamiento de las rentas derivadas de la tenencia de participaciones se complementa con una importante reforma del régimen de transparencia fiscal internacional, reestructurándose todo el tratamiento de la doble imposición con un conjunto normativo cuyo principal objetivo es atraer a territorio español la tributación de aquellas rentas pasivas, en su mayoría, que se localizan fuera del territorio español con una finalidad eminentemente fiscal.

Por último, se modifica el tratamiento de la doble imposición en las operaciones de préstamo de valores y se homogeneiza con otro tipo de contratos con idénticos efectos económicos, como pudieran ser determinadas operaciones de venta con pacto de recompra de acciones o equity swap, cuando el denominador común en todas ellas es que el perceptor jurídico de los dividendos o participaciones en beneficios tiene la obligación de restituirlos a su titular económico. En este caso, se regula expresamente que la exención se aplicará, en caso de proceder, por aquella entidad que mantiene el registro contable de los valores, siempre que cumpla los requisitos necesarios para ello.

3. En relación con el tipo de gravamen del Impuesto, el mismo presenta dos elementos innovadores.

El primero consiste en la reducción del tipo de gravamen general, que pasa del 30 al 25 por ciento, de manera que España se sitúa en un nivel sustancialmente inferior de tributación en relación con países de nuestro entorno. No obstante, en el caso de entidades de nueva creación, el tipo de gravamen se mantiene en el 15 por ciento para el primer período impositivo en que obtienen una base imponible positiva y el siguiente. Todo ello incide directamente en la competitividad de la economía española y en la internacionalización empresarial.

Esta disminución va acompañada de un segundo elemento consistente en equiparar el tipo de gravamen general con el de la pequeña y mediana empresa, eliminándose de esta manera una diferencia de tipos de gravamen que organismos internacionales, como el Fondo Monetario Internacional, consideran como un desincentivo o un obstáculo al crecimiento empresarial, al incremento de la productividad, de manera que permite simplificar la aplicación del Impuesto. No obstante, se mantiene el tipo de gravamen del 30 por ciento para las entidades de crédito, que quedan sometidas al mismo tipo que aquellas otras entidades que se dedican a la exploración, investigación y explotación de hidrocarburos.

4. En materia de incentivos fiscales, destaca (i) una simplificación del Impuesto, eliminando determinados incentivos cuyo mantenimiento se considera innecesario, (ii) la introducción de dos nuevos incentivos vinculados al incremento del patrimonio neto, uno aplicable en el régimen general y otro específico para las empresas de reducida dimensión, y (iii) la potenciación de otros incentivos existentes como es el caso del destinado al sector cinematográfico.

a) En primer lugar, desaparece la deducción por inversiones medioambientales, teniendo en cuenta que las exigencias en materia medioambiental son cada vez superiores, tornándose en ocasiones obligatorias, por lo que resultaba paradójico el mantenimiento de un incentivo de estas características. De nuevo, prevalece la neutralidad del Impuesto, resultando preferible que sean otros parámetros los tenidos en cuenta para realizar inversiones de esta naturaleza.

b) En segundo lugar, es objeto de eliminación la deducción por reinversión de beneficios extraordinarios, y la recientemente creada deducción por inversión de beneficios, sustituyéndose ambos incentivos por uno nuevo denominado reserva de capitalización, y que se traduce en la no tributación de aquella parte del beneficio que se destine a la constitución de una reserva indisponible, sin que se establezca requisito de inversión alguno de esta reserva en algún tipo concreto de activo. Con esta medida se pretende potenciar la capitalización empresarial mediante el incremento del patrimonio neto, y, con ello, incentivar el saneamiento de las empresas y su competitividad. Asimismo, esta medida conjuntamente con la limitación de gastos financieros neutraliza en mayor medida el tratamiento que tiene en el Impuesto sobre Sociedades la financiación ajena frente a la financiación propia, objetivo primordial tras la crisis económica y en consonancia con las recomendaciones de los organismos internacionales.

c) Con destino exclusivo para la pequeña y mediana empresa destaca como novedad la creación de una reserva de nivelación de bases imponibles, a la que se hace referencia más adelante.

d) Se mantiene, mejorada, la deducción por investigación, desarrollo e innovación tecnológica y las deducciones por creación de empleo, incluyendo la correspondiente a los trabajadores con discapacidad, incentivos todos ellos que se consideran imprescindibles en la configuración actual del Impuesto sobre Sociedades. No obstante, dado que los porcentajes de deducción no se ven alterados, en general, respecto de la normativa anterior, la minoración del tipo de gravamen se traduce en un incremento efectivo de los referidos incentivos. Destaca el incremento del importe de la aplicación sin límite y abono de la deducción en el caso de investigación y desarrollo, respecto de aquellas entidades que realizan un considerable esfuerzo en este tipo de actividades.

e) El tratamiento del sector cinematográfico y de las artes escénicas requiere un apartado especial, recogiendo esta Ley un incremento sustancial en los incentivos fiscales vinculados al mismo.

Por una parte, con el objeto de beneficiar el desarrollo de la industria cinematográfica española, se incrementa el porcentaje de deducción por inversiones en producciones cinematográficas y series audiovisuales al 20 por ciento para el primer millón de euros, lo que, unido a la referida reducción del tipo de gravamen potencia sustancialmente la deducción destinada al cine y a las series audiovisuales. Si la producción supera dicho importe, el exceso tendrá una deducción del 18 por ciento. Asimismo, en consonancia con la Comunicación de la Comisión Europea sobre ayuda estatal a las obras cinematográficas y otras producciones del sector audiovisual, de 15 de noviembre de 2013, se introduce el requisito de territorialización, que garantiza la aplicación del incentivo en producciones realizadas sustancialmente en España. También se introduce un nuevo incentivo fiscal en el supuesto de espectáculos en vivo de las artes escénicas y musicales.

Por otra parte, se establece una deducción del 15 por ciento de los gastos realizados en territorio español, en el caso de grandes producciones internacionales, con la finalidad de atraer a España este tipo de producciones que tienen un alto impacto económico y, en especial, turístico. Con el objeto de garantizar la aplicación práctica de esta deducción de carácter internacional, se establece un mecanismo de monetización similar al ya existente para la deducción por I+D+i.

5. Los regímenes especiales del Impuesto también son objeto de revisión general, como consecuencia de (i) la incorporación de un nuevo sistema para eliminar la doble imposición basado en el método de exención, (ii) la necesidad de adaptar los regímenes especiales al ordenamiento comunitario, y (iii) la necesidad de actualizar, modernizar y establecer una coherencia de toda la normativa del Impuesto sobre Sociedades.

De entre ellos, merecen una especial mención, por su trascendencia, el régimen de consolidación fiscal, el régimen de las operaciones de reestructuración y el régimen de las empresas de reducida dimensión.

a) En el régimen de consolidación fiscal se incorporan novedades, en primer lugar, en la configuración del grupo fiscal, exigiendo, por un lado, que se posea la mayoría de los derechos de voto de las entidades incluidas en el perímetro de consolidación y permitiendo, por otro lado, la incorporación en el grupo fiscal de entidades indirectamente participadas a través de otras que no formaran parte del grupo fiscal, como puede ser el caso de entidades no residentes en territorio español o de entidades comúnmente participadas por otra no residente en dicho territorio.

En segundo lugar, destaca la configuración del grupo como tal, incluso en la determinación de la base imponible, de manera que cualquier requisito o calificación vendrá determinado por la configuración del grupo fiscal como una única entidad. Esta configuración se traduce en reglas específicas para la determinación de la base imponible del grupo fiscal, de manera que determinados ajustes, como es el caso de la reserva de capitalización o de nivelación, se realicen a nivel del grupo.

Finalmente, esta Ley establece que la integración de un grupo fiscal en otro no conlleve los efectos de la extinción de aquel, prevaleciendo el carácter económico de este tipo de operaciones, de manera que la fiscalidad permanezca neutral en operaciones de reestructuración que afectan a grupos de consolidación fiscal.

b) El régimen especial aplicable a las operaciones de reestructuración presenta cuatro novedades sustanciales.

En primer lugar, este régimen se configura expresamente como el régimen general aplicable a las operaciones de reestructuración, desapareciendo, por tanto, la opción para su aplicación, y estableciéndose una obligación genérica de comunicación a la Administración tributaria de la realización de operaciones que aplican el mismo.

La segunda novedad destacable se basa en la desaparición del tratamiento fiscal del fondo de comercio de fusión, consecuencia inmediata de la aplicación del régimen de exención en la transmisión de participaciones de origen interno, que hace innecesario el mantenimiento de este mecanismo complejo como instrumento para eliminar la doble imposición. Esta novedad simplifica de manera considerable la aplicación del Impuesto, eliminando la necesidad de prueba de una tributación en otro contribuyente, de difícil cumplimiento en ocasiones, como es el supuesto de adquisición de participaciones a través de un mercado organizado.

Como tercera novedad, se establece expresamente la subrogación de la entidad adquirente en las bases imponibles negativas generadas por una rama de actividad, cuando la misma es objeto de transmisión por otra entidad, de manera que las bases imponibles acompañan a la actividad que las ha generado, cualquiera que sea el titular jurídico de la misma.

Finalmente, se regula expresamente la inaplicación parcial del régimen y la circunscripción de las regularizaciones que pudieran efectuarse al ámbito de la ventaja fiscal obtenida en este tipo de operaciones.

c) Por último, el régimen de entidades de reducida dimensión se sigue configurando sobre el importe neto de la cifra de negocios, si bien destaca la eliminación de la escala de tributación que venía acompañando a este régimen fiscal, minorando el tipo de gravamen de estas entidades.

Esta minoración del tipo de gravamen se ve acentuada mediante la novedosa reserva de nivelación de bases imponibles negativas, que supone una reducción de la misma hasta un 10 por ciento de su importe. Esta medida resulta más incentivadora que el comúnmente denominado «carry back» en relación con el tratamiento de las bases imponibles negativas, ya que permite minorar la tributación de un determinado período impositivo respecto de las bases imponibles negativas que se vayan a generar en los 5 años siguientes, anticipando, así, en el tiempo la aplicación de las futuras bases imponibles negativas. De no generarse bases imponibles negativas en ese período, se produce un diferimiento durante 5 años de la tributación de la reserva constituida.

Esta medida pretende favorecer la competitividad y la estabilidad de la empresa española, permitiendo en la práctica reducir su tipo de gravamen hasta el 22,5 por ciento, y, adicionada a la reserva de capitalización anteriormente señalada, incide nuevamente en la equiparación en el tratamiento fiscal de la financiación ajena y propia.

IV

Las disposiciones adicionales recogen, básicamente, aquellas que figuraban en el texto refundido de la Ley del Impuesto sobre Sociedades y que actualmente se consideran en vigor.

Igual ocurre con una parte importante de las disposiciones transitorias, que recopilan aquellas que tenían tal carácter en la normativa anterior, ya que se estima necesario el mantenimiento del status quo que en ellas se establecía.

No obstante, se incluyen nuevas disposiciones transitorias, como pueden ser las que recogen el efecto de la primera aplicación de las nuevas tablas de amortización simplificada, el régimen transitorio para la reversión del deterioro de valor de determinados elementos patrimoniales, el tratamiento de las bases imponibles negativas pendientes de compensar y de las deducciones por doble imposición e incentivos fiscales pendientes de aplicar, las reglas específicas para los grupos fiscales que se configuren con ocasión de esta Ley, o los regímenes transitorios aplicables a participaciones adquiridas que hayan generado tributación en los transmitentes y para los que se requiere mantener el sistema anterior de eliminación de la doble imposición. Por último, se incluyen unas disposiciones transitorias que recogen las medidas temporales aplicables en 2015. En este sentido, se reproducen todas las medidas temporales que se habían establecido, en relación con el Impuesto sobre Sociedades, en la Ley 16/2013, de 29 de octubre, por la que se establecen determinadas medidas en materia de fiscalidad medioambiental y se adoptan otras medidas tributarias y financieras. Además, para el año 2015, destacan el establecimiento del tipo de gravamen general en el 28 por ciento y la no aplicación de la limitación de bases imponibles negativas que introduce esta Ley, resultando de aplicación las medidas temporales que afectaban exclusivamente a las grandes empresas.

Las disposiciones finales reconocen el mantenimiento de las normas específicas que resultan aplicables a las entidades cooperativas, a las entidades sin ánimo de lucro, y a las Sociedades Cotizadas de Inversión en el Mercado Inmobiliario.

Por otra parte, se modifica la Ley 20/1990, de 19 de diciembre, sobre Régimen Fiscal de Cooperativas, con el objeto de equiparar el tratamiento de las cuotas tributarias negativas al régimen previsto en esta Ley en relación con las bases imponibles negativas. Asimismo, en consonancia con el Real Decreto-ley 14/2013, de 29 de noviembre, de medidas urgentes para la adaptación del derecho español a la normativa de la Unión Europea en materia de supervisión y solvencia de entidades financieras, se establece el tratamiento fiscal específico en esta regulado para determinados activos por impuesto diferido, en relación con las cooperativas.

En el ámbito de la Ley 49/2002, de 23 de diciembre, de régimen fiscal de las entidades sin fines lucrativos y de los incentivos fiscales al mecenazgo, se establece un incremento del porcentaje de deducción aplicable por las personas físicas, del 25 al 30 por ciento, si bien transitoriamente para 2015 dicho porcentaje queda establecido en el 27,5 por ciento. Adicionalmente, se estimula la fidelización de las donaciones, realizadas tanto por personas físicas como jurídicas. En concreto, las personas físicas podrán aplicar una deducción del 75 por ciento respecto de los primeros 150 euros que sean objeto de donación, y un 35 por ciento por el exceso, siempre que se hayan efectuado donativos a la misma entidad en los últimos tres años, si bien dichos porcentajes se sitúan en el 50 y 32,5 por ciento, respectivamente, en el ejercicio 2015. Las donaciones fidelizadas durante un mínimo de 3 años, realizadas por las personas jurídicas, tendrán derecho a una deducción del 40 por ciento, si bien en 2015, dicho porcentaje se fija en el 37,5 por ciento.

Se modifica, también, la Ley 11/2009, de 26 de octubre, por la que se regulan las Sociedades Cotizadas de Inversión en el Mercado Inmobiliario, exceptuando la retención en la distribución de dividendos entre dos entidades acogidas al régimen fiscal especial en ella regulado, cuando ambas sean residentes fiscales en territorio español. Asimismo, se excepciona de tributación a la transmisión de participaciones en este tipo de entidades por parte de socios no residentes en territorio español, cuando estos no poseen una participación significativa en estas entidades.

Por último, se recoge la habilitación a la Ley de Presupuestos Generales del Estado para modificar determinados aspectos de esta Ley.

En suma, un conjunto de novedades que, volviendo a lo inicialmente señalado, adquieren entidad suficiente para configurar una nueva Ley del Impuesto sobre Sociedades, que resulta aquí objeto de aprobación.

TÍTULO I. Naturaleza y ámbito de aplicación del Impuesto

Artículo 1. *Naturaleza.*

El Impuesto sobre Sociedades es un tributo de carácter directo y naturaleza personal que grava la renta de las sociedades y demás entidades jurídicas de acuerdo con las normas de esta Ley.

Artículo 2. *Ámbito de aplicación espacial.*

1. El Impuesto sobre Sociedades se aplicará en todo el territorio español.

A efectos de lo dispuesto en el párrafo anterior, el territorio español comprende también aquellas zonas adyacentes a las aguas territoriales sobre las que España pueda ejercer los derechos que le correspondan, referentes al suelo y subsuelo marino, aguas suprayacentes, y a sus recursos naturales, de acuerdo con la legislación española y el derecho internacional.

2. Lo dispuesto en el apartado anterior se entenderá sin perjuicio de los regímenes tributarios forales de concierto y convenio económico en vigor, respectivamente, en los Territorios Históricos de la Comunidad Autónoma del País Vasco y en la Comunidad Foral de Navarra.

Artículo 3. *Tratados y convenios.*

Lo establecido en esta Ley se entenderá sin perjuicio de lo dispuesto en los tratados y convenios internacionales que hayan pasado a formar parte del ordenamiento interno, de conformidad con el artículo 96 de la Constitución Española.

TÍTULO II. El hecho imponible

Artículo 4. *Hecho imponible.*

1. Constituirá el hecho imponible la obtención de renta por el contribuyente, cualquiera que fuese su fuente u origen.

2. En el régimen especial de agrupaciones de interés económico, españolas y europeas, y de uniones temporales de empresas, se entenderá por obtención de renta la imputación al contribuyente de las bases imponibles, gastos o demás partidas, de las entidades sometidas a dicho régimen.

En el régimen de transparencia fiscal internacional se entenderá por obtención de renta la imputación en la base imponible de las rentas positivas obtenidas por la entidad no residente.

Artículo 5. *Concepto de actividad económica y entidad patrimonial.*

1. Se entenderá por actividad económica la ordenación por cuenta propia de los medios de producción y de recursos humanos o de uno de ambos con la finalidad de intervenir en la producción o distribución de bienes o servicios.

En el caso de arrendamiento de inmuebles, se entenderá que existe actividad económica, únicamente cuando para su ordenación se utilice, al menos, una persona empleada con contrato laboral y jornada completa.

En el supuesto de entidades que formen parte del mismo grupo de sociedades según los criterios establecidos en el artículo 42 del Código de Comercio, con independencia de la residencia y de la obligación de formular cuentas anuales consolidadas, el concepto de actividad económica se determinará teniendo en cuenta a todas las que formen parte del mismo.

2. A los efectos de lo previsto en esta Ley, se entenderá por entidad patrimonial y que, por tanto, no realiza una actividad económica[1], aquella en la que más de la mitad de su activo esté constituido por valores o no esté afecto, en los términos del apartado anterior, a una actividad económica.

---

[1]   Véase RIS DA única. *Concepto de entidad patrimonial en períodos impositivos iniciados con anterioridad a 1 de enero de 2015.*

El valor del activo, de los valores y de los elementos patrimoniales no afectos a una actividad económica será el que se deduzca de la media de los balances trimestrales del ejercicio de la entidad o, en caso de que sea dominante de un grupo según los criterios establecidos en el artículo 42 del Código de Comercio, con independencia de la residencia y de la obligación de formular cuentas anuales consolidadas, de los balances consolidados. A estos efectos no se computarán, en su caso, el dinero o derechos de crédito procedentes de la transmisión de elementos patrimoniales afectos a actividades económicas o valores a los que se refiere el párrafo siguiente, que se haya realizado en el período impositivo o en los dos períodos impositivos anteriores.

A estos efectos, no se computarán como valores:

a) Los poseídos para dar cumplimiento a obligaciones legales y reglamentarias.

b) Los que incorporen derechos de crédito nacidos de relaciones contractuales establecidas como consecuencia del desarrollo de actividades económicas.

c) Los poseídos por sociedades de valores como consecuencia del ejercicio de la actividad constitutiva de su objeto.

d) Los que otorguen, al menos, el 5 por ciento del capital de una entidad y se posean durante un plazo mínimo de un año, con la finalidad de dirigir y gestionar la participación, siempre que se disponga de la correspondiente organización de medios materiales y personales, y la entidad participada no esté comprendida en este apartado. Esta condición se determinará teniendo en cuenta a todas las sociedades que formen parte de un grupo de sociedades según los criterios establecidos en el artículo 42 del Código de Comercio, con independencia de la residencia y de la obligación de formular cuentas anuales consolidadas.

Artículo 6. *Atribución de rentas.*

1. Las rentas correspondientes a las sociedades civiles que no tengan la consideración de contribuyentes de este Impuesto, herencias yacentes, comunidades de bienes y demás entidades a que se refiere el artículo 35.4 de la Ley 58/2003, de 17 de diciembre, General Tributaria, así como las retenciones e ingresos a cuenta que hayan soportado, se atribuirán a los socios, herederos, comuneros o partícipes, respectivamente, de acuerdo con lo establecido en la Sección 2.ª del Título X de la Ley 35/2006, de 28 de noviembre, del Impuesto sobre la Renta de las Personas Físicas y de modificación parcial de las leyes de los Impuestos sobre Sociedades, sobre la Renta de no Residentes y sobre el Patrimonio.

2[2]. Las entidades en régimen de atribución de rentas no tributarán por el Impuesto sobre Sociedades, a excepción de lo dispuesto en el apartado 12 del artículo 15 bis de esta Ley.

TÍTULO III. Contribuyentes

Artículo 7. *Contribuyentes.*

1. Serán contribuyentes del Impuesto, cuando tengan su residencia en territorio español:

a)[3, 4] Las personas jurídicas, excluidas las sociedades civiles que no tengan objeto mercantil.

b) Las sociedades agrarias de transformación, reguladas en el Real Decreto 1776/1981, de 3 de agosto, por el que se aprueba el Estatuto que regula las Sociedades Agrarias de Transformación.

c) Los fondos de inversión, regulados en la Ley 35/2003, de 4 de noviembre, de Instituciones de Inversión Colectiva.

d) Las uniones temporales de empresas, reguladas en la Ley 18/1982, de 26 de mayo, sobre régimen fiscal de las agrupaciones y uniones temporales de Empresas y de las Sociedades de desarrollo industrial regional.

e) Los fondos de capital-riesgo, y los fondos de inversión colectiva de tipo cerrado regulados en la Ley 22/2014, de 12 de noviembre, por la que se regulan las entidades de capital-riesgo, otras entidades de inversión colectiva de tipo cerrado y las sociedades gestoras de entidades de inversión colectiva de tipo cerrado, y por la que se modifica la Ley 35/2003, de 4 de noviembre, de Instituciones de Inversión Colectiva.

f) Los fondos de pensiones, regulados en el Texto Refundido de la Ley de Regulación de los Planes y Fondos de Pensiones, aprobado por el Real Decreto Legislativo 1/2002, de 29 de noviembre.

g) Los fondos de regulación del mercado hipotecario, regulados en la Ley 2/1981, de 25 de marzo, de regulación del mercado hipotecario.

---

[2] Nueva redacción de este apartado por el Real Decreto-ley 18/2022 (DF 2ª.1), con efectos a partir del 1 de enero de 2022. Añade la excepción.

[3] Véase LIS DT 32ª. *Sociedades civiles sujetas a este Impuesto.*

[4] Según la LIS DT 34ª.a), con efectos para los períodos impositivos que se inicien dentro del año 2015, la redacción de esta letra será la siguiente:
    "a) Las personas jurídicas, excepto las sociedades civiles."

h)[5] Los fondos de titulización, regulados en la Ley 5/2015, de fomento de la financiación empresarial.

i)[6] Los fondos de garantía de inversiones, regulados en la Ley 24/1988, de 28 de julio, del Mercado de Valores.

j) Las comunidades titulares de montes vecinales en mano común reguladas por la Ley 55/1980, de 11 de noviembre, de montes vecinales en mano común, o en la legislación autonómica correspondiente.

k) Los Fondos de Activos Bancarios a que se refiere la Disposición adicional décima de la Ley 9/2012, de 14 de noviembre, de reestructuración y resolución de entidades de crédito.

2. Los contribuyentes serán gravados por la totalidad de la renta que obtengan, con independencia del lugar donde se hubiere producido y cualquiera que sea la residencia del pagador.

3. Los contribuyentes de este Impuesto se designarán abreviada e indistintamente por las denominaciones sociedades o entidades a lo largo de esta Ley.

Artículo 8. *Residencia y domicilio fiscal.*

1. Se considerarán residentes en territorio español las entidades en las que concurra alguno de los siguientes requisitos:

a) Que se hubieran constituido conforme a las leyes españolas.

b) Que tengan su domicilio social en territorio español.

c) Que tengan su sede de dirección efectiva en territorio español.

A estos efectos, se entenderá que una entidad tiene su sede de dirección efectiva en territorio español cuando en él radique la dirección y control del conjunto de sus actividades.

---

[5]   Nueva redacción de esta letra por Ley 5/2015 (DF 7ª.Uno) con efectos a partir de 29 de abril de 2015.
      Su redacción anterior era la siguiente: «*Los fondos de titulización hipotecaria, regulados en la Ley 19/1992, de 7 de julio, sobre Régimen de Sociedades y Fondos de Inversión Inmobiliaria y sobre Fondos de Titulización Hipotecaria*».

[6]   Letra derogada por la Ley 5/2015 (DF 7ª.Dos) con efectos a partir de 29 de abril de 2015. Las restantes letras j), k) y l) pasan a denominarse i), j) y k), respectivamente.
      Su redacción inicial era la siguiente: «*i) Los fondos de titulización de activos a que se refiere la Disposición adicional quinta.2 de la Ley 3/1994, de 14 de abril, por la que se adapta la legislación española en materia de crédito a la Segunda Directiva de Coordinación Bancaria y se introducen otras modificaciones relativas al sistema financiero*».

La Administración tributaria podrá presumir que una entidad radicada en algún país o territorio de nula tributación, según lo previsto en el apartado 2 de la Disposición adicional primera de la Ley 36/2006, de 29 de noviembre, de medidas para la prevención del fraude fiscal, o calificado como paraíso fiscal, según lo previsto en el apartado 1 de la referida disposición, tiene su residencia en territorio español cuando sus activos principales, directa o indirectamente, consistan en bienes situados o derechos que se cumplan o ejerciten en territorio español, o cuando su actividad principal se desarrolle en éste, salvo que dicha entidad acredite que su dirección y efectiva gestión tienen lugar en aquel país o territorio, así como que la constitución y operativa de la entidad responde a motivos económicos válidos y razones empresariales sustantivas distintas de la gestión de valores u otros activos.

2. El domicilio fiscal de los contribuyentes residentes en territorio español será el de su domicilio social, siempre que en él esté efectivamente centralizada la gestión administrativa y la dirección de sus negocios. En otro caso, se atenderá al lugar en que se realice dicha gestión o dirección.

En los supuestos en que no pueda establecerse el lugar del domicilio fiscal, de acuerdo con los criterios anteriores, prevalecerá aquél donde radique el mayor valor del inmovilizado.

Artículo 9. *Exenciones.*

1. Estarán totalmente exentos del Impuesto:

a) El Estado, las Comunidades Autónomas y las entidades locales.

b) Los organismos autónomos del Estado y entidades de derecho público de análogo carácter de las Comunidades Autónomas y de las entidades locales.

c) El Banco de España, el Fondo de Garantía de Depósitos de Entidades de Crédito y los Fondos de garantía de inversiones.

d) Las Entidades Gestoras y Servicios Comunes de la Seguridad Social.

e) El Instituto de España y las Reales Academias oficiales integradas en aquél y las instituciones de las Comunidades Autónomas con lengua oficial propia que tengan fines análogos a los de la Real Academia Española.

f) Los organismos públicos mencionados en las Disposiciones adicionales novena y décima, apartado 1, de la Ley 6/1997, de 14 de abril, de Organización y Funcionamiento de la Administración General del Estado, así como las entidades de derecho público de análogo carácter de las Comunidades Autónomas y de las entidades locales.

g) Las Agencias Estatales a que se refieren las Disposiciones adicionales primera, segunda y tercera de la Ley 28/2006, de 18 de julio, de las Agencias estatales para la mejora de los servicios públicos, así como aquellos Organismos públicos que estuvieran totalmente exentos de este Impuesto y se transformen en Agencias estatales.

h) El Consejo Internacional de Supervisión Pública en estándares de auditoría, ética profesional y materias relacionadas.

2[7]. Estarán parcialmente exentas del Impuesto, en los términos previstos en el título II de la Ley 49/2002, de 23 de diciembre, de régimen fiscal de las entidades sin fines lucrativos y de los incentivos fiscales al mecenazgo, las entidades e instituciones sin ánimo de lucro a las que sea de aplicación dicho título.

3. Estarán parcialmente exentos del Impuesto en los términos previstos en el capítulo XIV del título VII de esta Ley:

a) Las entidades e instituciones sin ánimo de lucro no incluidas en el apartado anterior.

b) Las uniones, federaciones y confederaciones de cooperativas.

c) Los colegios profesionales, las asociaciones empresariales, las cámaras oficiales y los sindicatos de trabajadores.

d) Los fondos de promoción de empleo constituidos al amparo del artículo veintidós de la Ley 27/1984, de 26 de julio, sobre reconversión y reindustrialización.

e) Las Mutuas Colaboradoras de la Seguridad Social, reguladas en el texto refundido de la Ley General de la Seguridad Social, aprobado por el Real Decreto Legislativo 1/1994, de 20 de junio.

f)[8] Las entidades de derecho público Puertos del Estado y las respectivas de las comunidades autónomas.

4. Estarán parcialmente exentos del Impuesto los partidos políticos, en los términos establecidos en la Ley Orgánica 8/2007, de 4 de julio, sobre financiación de los partidos políticos[9].

[7] Véase LIS DF 2ª y 5ª.
[8] Nueva redacción de esta letra por Real Decreto-ley 26/2020 (DF 6ª.1) con efectos para los períodos impositivos que se inicien a partir de 1 de enero de 2020 que no hayan concluido a la entrada en vigor de este real decreto-ley (9/7/2020). Elimina de la exención a las Autoridades Portuarias. Véase LIS 38 bis.
[9] Véase RIS 55 y 56.

TÍTULO IV. La base imponible

CAPÍTULO I. Concepto y determinación de la base imponible. Reglas de imputación temporal

Artículo 10. *Concepto y determinación de la base imponible*[10].

1. La base imponible estará constituida por el importe de la renta obtenida en el período impositivo minorada por la compensación de bases imponibles negativas de períodos impositivos anteriores.

2. La base imponible se determinará por el método de estimación directa, por el de estimación objetiva cuando esta Ley determine su aplicación y, subsidiariamente, por el de estimación indirecta, de conformidad con lo dispuesto en la Ley 58/2003, de 17 de diciembre, General Tributaria.

3. En el método de estimación directa, la base imponible se calculará, corrigiendo, mediante la aplicación de los preceptos establecidos en esta Ley, el resultado contable determinado de acuerdo con las normas previstas en el Código de Comercio, en las demás leyes relativas a dicha determinación y en las disposiciones que se dicten en desarrollo de las citadas normas.

4. En el método de estimación objetiva la base imponible se podrá determinar total o parcialmente mediante la aplicación de los signos, índices o módulos a los sectores de actividad que determine esta Ley.

Artículo 11. *Imputación temporal. Inscripción contable de ingresos y gastos.*

1. Los ingresos y gastos derivados de las transacciones o hechos económicos se imputarán al período impositivo en que se produzca su devengo, con arreglo a la normativa contable, con independencia de la fecha de su pago o de su cobro, respetando la debida correlación entre unos y otros.

2. La eficacia fiscal de los criterios de imputación temporal de ingresos y gastos, distintos de los previstos en el apartado anterior, utilizados excepcionalmente por el contribuyente para conseguir la imagen fiel del patrimonio, de la situación financiera y de los resultados, de acuerdo con lo previsto en los artículos 34.4 y 38.i) del Código de Comercio, estará supeditada a la aprobación por la Administración tributaria, en la forma que reglamentariamente se determine[11].

---

[10]   Véase LIS DA 3ª. *Subvenciones de la política agraria y pesquera comunitaria y ayudas públicas.*

[11]   Véase RIS 1 y 2.

3. 1.º No serán fiscalmente deducibles los gastos que no se hayan imputado contablemente en la cuenta de pérdidas y ganancias o en una cuenta de reservas si así lo establece una norma legal o reglamentaria, a excepción de lo previsto en esta Ley respecto de los elementos patrimoniales que puedan amortizarse libremente o de forma acelerada.

Los ingresos y los gastos imputados contablemente en la cuenta de pérdidas y ganancias o en una cuenta de reservas en un período impositivo distinto de aquel en el que proceda su imputación temporal, según lo previsto en los apartados anteriores, se imputarán en el período impositivo que corresponda de acuerdo con lo establecido en dichos apartados. No obstante, tratándose de gastos imputados contablemente en dichas cuentas en un período impositivo posterior a aquel en el que proceda su imputación temporal o de ingresos imputados en las mismas en un período impositivo anterior, la imputación temporal de unos y otros se efectuará en el período impositivo en el que se haya realizado la imputación contable, siempre que de ello no se derive una tributación inferior a la que hubiere correspondido por aplicación de las normas de imputación temporal prevista en los apartados anteriores.

2.º Los cargos o abonos a partidas de reservas, registrados como consecuencia de cambios de criterios contables, se integrarán en la base imponible del período impositivo en que los mismos se realicen.

No obstante, no se integrarán en la base imponible los referidos cargos y abonos a reservas que estén relacionados con ingresos o gastos, respectivamente, devengados y contabilizados de acuerdo con los criterios contables existentes en los períodos impositivos anteriores, siempre que se hubiesen integrado en la base imponible de dichos períodos. Tampoco se integrarán en la base imponible esos gastos e ingresos contabilizados de nuevo con ocasión de su devengo, de acuerdo con el cambio de criterio contable.

4. En el caso de operaciones a plazos o con precio aplazado, las rentas se entenderán obtenidas proporcionalmente a medida que sean exigibles los correspondientes cobros, excepto que la entidad decida aplicar el criterio del devengo.

Se considerarán operaciones a plazos o con precio aplazado, aquellas cuya contraprestación sea exigible, total o parcialmente, mediante pagos sucesivos o mediante un solo pago, siempre que el período transcurrido entre el devengo y el vencimiento del último o único plazo sea superior al año.

En caso de producirse el endoso, descuento o cobro anticipado de los importes aplazados, se entenderá obtenida, en dicho momento, la renta pendiente de imputación.

No resultará fiscalmente deducible el deterioro de valor de los créditos respecto de aquel importe que no haya sido objeto de integración en la base imponible por aplicación del criterio establecido en este apartado, hasta que esta se realice.

5. No se integrará en la base imponible la reversión de gastos que no hayan sido fiscalmente deducibles.

6. La reversión de un deterioro o corrección de valor que haya sido fiscalmente deducible, se imputará en la base imponible del período impositivo en el que se haya producido dicha reversión, sea en la entidad que practicó la corrección o en otra vinculada con ella. La misma regla se aplicará en el supuesto de pérdidas derivadas de la transmisión de elementos patrimoniales que hubieren sido nuevamente adquiridos.

7. Cuando se eliminen provisiones, por no haberse aplicado a su finalidad, sin abono a una cuenta de ingresos del ejercicio, su importe se integrará en la base imponible de la entidad que las hubiese dotado, en la medida en que dicha dotación se hubiese considerado gasto deducible.

8. Cuando la entidad sea beneficiaria o tenga reconocido el derecho de rescate de contratos de seguro de vida en los que, además, asuma el riesgo de inversión, integrará en todo caso en la base imponible la diferencia entre el valor liquidativo de los activos afectos a la póliza al final y al comienzo de cada período impositivo.

Lo dispuesto en este apartado no se aplicará a los seguros que instrumenten compromisos por pensiones asumidos por las empresas en los términos previstos en la Disposición adicional primera del Texto Refundido de la Ley de Regulación de los Planes y Fondos de Pensiones, aprobado por el Real Decreto Legislativo 1/2002, de 29 de noviembre, y en su normativa de desarrollo.

El importe de las rentas imputadas minorará el rendimiento derivado de la percepción de cantidades de los contratos.

9. Las rentas negativas generadas en la transmisión de elementos del inmovilizado material, inversiones inmobiliarias, inmovilizado intangible y valores representativos de deuda, cuando el adquirente sea una entidad del mismo grupo de sociedades según los criterios establecidos en el artículo 42 del Código de Comercio, con independencia de la residencia y de la obligación de formular cuentas anuales consolidadas, se imputarán en el período impositivo en que dichos elementos patrimoniales sean dados de baja en el balance de la entidad adquirente, sean transmitidos a terceros ajenos al referido grupo de sociedades, o bien cuando la entidad transmitente o la adquirente dejen de formar parte del mismo.

No obstante, en el caso de elementos patrimoniales amortizables, las rentas negativas se integrarán, con carácter previo a dichas circunstancias, en los períodos impositivos que restaran de vida útil a los elementos transmitidos, en función del método de amortización utilizado respecto de los referidos elementos.

10[12]. Las rentas negativas derivadas de la transmisión de valores representativos de la participación en el capital o en los fondos propios de entidades, cuando el adquirente sea una entidad del mismo grupo de sociedades según los criterios establecidos en el artículo 42 del Código de Comercio, con independencia de la residencia y de la obligación de formular cuentas anuales consolidadas, se imputarán en el período impositivo en que dichos elementos patrimoniales sean transmitidos a terceros ajenos al referido grupo de sociedades, o bien cuando la entidad transmitente o la adquirente dejen de formar parte del mismo, minoradas en el importe de las rentas positivas obtenidas en dicha transmisión a terceros, siempre que, respecto de los valores transmitidos, se den las siguientes circunstancias:

a) que, en ningún momento durante el año anterior al día en que se produzca la transmisión, se cumpla el requisito establecido en la letra a) del apartado 1 del artículo 21 de esta Ley, y

b) que, en caso de participación en el capital o en los fondos propios de entidades no residentes en territorio español, en el período impositivo en que se produzca la transmisión se cumpla el requisito establecido en la letra b) del apartado 1 del citado artículo.

---

[12] Apartado modificado por el Real Decreto-ley 3/2016 (art. 3.2º.1), con efectos para los periodos impositivos que se inicien a partir de 1 de enero de 2017. Su redacción inicial era la siguiente: *«Las rentas negativas generadas en la transmisión de valores representativos de la participación en el capital o en los fondos propios de entidades, cuando el adquirente sea una entidad del mismo grupo de sociedades según los criterios establecidos en el artículo 42 del Código de Comercio, con independencia de la residencia y de la obligación de formular cuentas anuales consolidadas, se imputarán en el período impositivo en que dichos elementos patrimoniales sean transmitidos a terceros ajenos al referido grupo de sociedades, o bien cuando la entidad transmitente o la adquirente dejen de formar parte del mismo, minoradas en el importe de las rentas positivas obtenidas en dicha transmisión a terceros. No obstante, la minoración de las rentas positivas no se producirá si el contribuyente prueba que esas rentas han tributado efectivamente a un tipo de gravamen de, al menos, un 10 por ciento.*
Lo dispuesto en el párrafo anterior resultará igualmente de aplicación en el supuesto de transmisión de participaciones en una unión temporal de empresas o en formas de colaboración análogas a estas situadas en el extranjero.
Lo dispuesto en este apartado no resultará de aplicación en el supuesto de extinción de la entidad transmitida, salvo que la misma sea consecuencia de una operación de reestructuración acogida al régimen especial establecido en el Capítulo VII del Título VII de esta Ley.»

Lo dispuesto en este apartado resultará de aplicación en el supuesto de transmisión de participaciones en una unión temporal de empresas o en formas de colaboración análogas a estas situadas en el extranjero.

Lo dispuesto en este apartado no resultará de aplicación en el supuesto de extinción de la entidad participada, salvo que la misma sea consecuencia de una operación de reestructuración o se continúe en el ejercicio de la actividad bajo cualquier otra forma jurídica.

11[13].

12[14], [15]. Las dotaciones por deterioro de los créditos u otros activos derivadas de las posibles insolvencias de los deudores no vinculados con el contribuyente, no adeudados por entidades de derecho público y cuya deducibilidad no se pro-

---

[13] Apartado derogado por el Real Decreto-ley 3/2016 (art. 3.2º.1), con efectos para los periodos impositivos que se inicien a partir de 1 de enero de 2017. Su redacción inicial era la siguiente: «*Las rentas negativas generadas en la transmisión de un establecimiento permanente, cuando el adquirente sea una entidad del mismo grupo de sociedades según los criterios establecidos en el artículo 42 del Código de Comercio, con independencia de la residencia y de la obligación de formular cuentas anuales consolidadas, se imputarán en el período impositivo en que el establecimiento permanente sea transmitido a terceros ajenos al referido grupo de sociedades, o bien cuando la entidad transmitente o la adquirente dejen de formar parte del mismo, minoradas en el importe de las rentas positivas obtenidas en dicha transmisión a terceros. No obstante, la minoración de las rentas positivas no se producirá si el contribuyente prueba que esas rentas han tributado efectivamente a un tipo de gravamen de, al menos, un 10 por ciento.*
Lo dispuesto en este apartado no resultará de aplicación en el caso de cese de la actividad del establecimiento permanente.»

[14] Régimen transitorio para el periodo impositivo 2015: véase LIS DT 34ª.h).

[15] Nueva redacción de este apartado por la Ley 48/2015 (art. 65.1), con efectos para los períodos impositivos que se inicien a partir de 1 de enero de 2016 y vigencia indefinida. La redacción inicial era la siguiente: «*12. Las dotaciones por deterioro de los créditos u otros activos derivadas de las posibles insolvencias de los deudores no vinculados con el contribuyente, no adeudados por entidades de derecho público y cuya deducibilidad no se produzca por aplicación de lo dispuesto en el artículo 13.1.a) de esta Ley, así como los derivados de la aplicación de los apartados 1 y 2 del artículo 14 de esta Ley, correspondientes a dotaciones o aportaciones a sistemas de previsión social y, en su caso, prejubilación, que hayan generado activos por impuesto diferido, se integrarán en la base imponible de acuerdo con lo establecido en esta Ley, con el límite del 70 por ciento de la base imponible positiva previa a su integración, a la aplicación de la reserva de capitalización establecida en el artículo 25 de esta Ley y a la compensación de bases imponibles negativas.*

duzca por aplicación de lo dispuesto en el artículo 13.1.a) de esta Ley, así como los derivados de la aplicación de los apartados 1 y 2 del artículo 14 de esta Ley, correspondientes a dotaciones o aportaciones a sistemas de previsión social y, en su caso, prejubilación, que hayan generado activos por impuesto diferido, a los que resulte de aplicación el derecho establecido en el artículo 130 de esta Ley, se integrarán en la base imponible de acuerdo con lo establecido en esta Ley, con el límite del 70 por ciento de la base imponible positiva previa a su integración, a la aplicación de la reserva de capitalización establecida en el artículo 25 de esta Ley y a la compensación de bases imponibles negativas.

Las cantidades no integradas en un período impositivo serán objeto de integración en los períodos impositivos siguientes con el mismo límite. A estos efectos, se integrarán en primer lugar las dotaciones correspondientes a los períodos impositivos más antiguos.

Si en un período impositivo se hubieran efectuado dotaciones por deterioro de los créditos u otros activos derivadas de las posibles insolvencias de los deudores no vinculados con el contribuyente, no adeudados por entidades de derecho público y cuya deducibilidad no se produzca por aplicación de lo dispuesto en el artículo 13.1.a) de esta Ley, así como los derivados de la aplicación de los apartados 1 y 2 del artículo 14 de esta Ley, correspondientes a dotaciones o aportaciones a sistemas de previsión social y, en su caso, prejubilación, que hayan generado activos por impuesto diferido, y el derecho establecido en el artículo 130 de esta Ley resultara de aplicación sólo a una parte de los mismos, se integrarán en la base imponible, en primer lugar, aquellas dotaciones correspondientes a los activos a los que no resulte de aplicación el referido derecho.

13. El ingreso correspondiente al registro contable de quitas y esperas consecuencia de la aplicación de la Ley 22/2003, de 9 de julio, Concursal, se imputará en la base imponible del deudor a medida que proceda registrar con posterioridad gastos financieros derivados de la misma deuda y hasta el límite del citado ingreso.

No obstante, en el supuesto de que el importe del ingreso a que se refiere el párrafo anterior sea superior al importe total de gastos financieros pendientes de registrar, derivados de la misma deuda, la imputación de aquel en la base imponible se realizará proporcionalmente a los gastos financieros registrados en cada período

Las cantidades no integradas en un período impositivo serán objeto de integración en los períodos impositivos siguientes con el mismo límite. A estos efectos, se integrarán en primer lugar, las dotaciones correspondientes a los períodos impositivos más antiguos.»

impositivo respecto de los gastos financieros totales pendientes de registrar derivados de la misma deuda.

CAPÍTULO II. Limitación a la deducibilidad de gastos

Artículo 12. *Correcciones de valor: amortizaciones*[16, 17, 18, 19].

1. Serán deducibles las cantidades que, en concepto de amortización del inmovilizado material, intangible y de las inversiones inmobiliarias, correspondan a la depreciación efectiva que sufran los distintos elementos por funcionamiento, uso, disfrute u obsolescencia.

Se considerará que la depreciación es efectiva cuando:

a) Sea el resultado de aplicar los coeficientes de amortización lineal establecidos en la siguiente tabla[20]:

---

[16] Véase RIS 3 a 7.

[17] Véase LIS DT 13ª. *Aplicación de la tabla de amortización prevista en esta Ley en elementos patrimoniales adquiridos con anterioridad. Libertad de amortización pendiente de aplicar.*

[18] Régimen transitorio para el periodo impositivo 2015: Libertad de amortización de la DA 11ª) del texto refundido de la Ley del Impuesto sobre Sociedades, aprobado por el Real Decreto Legislativo 4/2004, de 5 de marzo, véase LIS DT 34ª.b).

[19] Véase LIS DT 37ª. *Deducción por reversión de medidas temporales,* referida a contribuyentes que tributen al tipo general y que le haya resultado de aplicación la limitación de amortizaciones establecida en el artículo 7 de la Ley 16/2012.

[20] Según el art. 30 del RIRPF, en estimación directa simplificada, las amortizaciones del inmovilizado material se practicarán de forma lineal, en función de la tabla de amortizaciones simplificada aprobada por el Ministro de Hacienda y Administraciones Públicas (Orden de 27 de marzo de 1998, BOE 28/03/1998), que es la siguiente:

Grupo	Elementos patrimoniales	Coeficiente lineal máximo (%)	Período Máximo (Años)
1	Edificios y otras construcciones	3	68
2	Instalaciones, mobiliario, enseres y resto del inmovilizado material	10	20
3	Maquinaria	12	18
4	Elementos de Transporte	16	14
5	Equipos para tratamiento de la información y sistemas y programas informáticos	26	10
6	Útiles y herramientas	30	8
7	Ganado vacuno, porcino, ovino y caprino	16	14
8	Ganado equino y frutales no cítricos	8	25
9	Frutales cítricos y viñedos	4	50
10	Olivar	2	100

Tipo de elemento	Coeficiente línea máximo	Período de años máximo
Obra civil		
Obra civil general...	2%	100
Pavimentos	6%	34
Infraestructuras y obras mineras..	7%	30
Centrales		
Centrales hidráulicas...	2%	100
Centrales nucleares..	3%	60
Centrales de carbón..	4%	50
Centrales renovables...	7%	30
Otras centrales	5%	40
Edificios		
Edificios industriales..	3%	68
Terrenos dedicados exclusivamente a escombreras.............................	4%	50
Almacenes y depósitos (gaseosos, líquidos y sólidos).........................	7%	30
Edificios comerciales, administrativos, de servicios y viviendas	2%	100
Instalaciones		
Subestaciones. Redes de transporte y distribución de energía..............	5%	40
Cables...	7%	30
Resto instalaciones	10%	20
Maquinaria...	12%	18
Equipos médicos y asimilados	15%	14
Elementos de transporte		
Locomotoras, vagones y equipos de tracción	8%	25
Buques, aeronaves	10%	20
Elementos de transporte interno..	10%	20
Elementos de transporte externo	16%	14
Autocamiones...	20%	10
Mobiliario y enseres		
Mobiliario	10%	20
Lencería	25%	8
Cristalería...	50%	4
Útiles y herramientas...	25%	8
Moldes, matrices y modelos	33%	6
Otros enseres	15%	14
Equipos electrónicos e informáticos. Sistemas y programas		
Equipos electrónicos..	20%	10
Equipos para procesos de información	25%	8
Sistemas y programas informáticos	33%	6
Producciones cinematográficas, fonográficas, vídeos y series audiovisuales	33%	6
Otros elementos..	10%	20

Reglamentariamente se podrán modificar los coeficientes y períodos previstos en esta letra o establecer coeficientes y períodos adicionales.

b) Sea el resultado de aplicar un porcentaje constante sobre el valor pendiente de amortización.

El porcentaje constante se determinará ponderando el coeficiente de amortización lineal obtenido a partir del período de amortización según tablas de amortización oficialmente aprobadas, por los siguientes coeficientes:

1.º 1,5, si el elemento tiene un período de amortización inferior a 5 años.

2.º 2, si el elemento tiene un período de amortización igual o superior a 5 años e inferior a 8 años.

3.º 2,5, si el elemento tiene un período de amortización igual o superior a 8 años.

El porcentaje constante no podrá ser inferior al 11 por ciento.

Los edificios, mobiliario y enseres no podrán acogerse a la amortización mediante porcentaje constante.

c) Sea el resultado de aplicar el método de los números dígitos.

La suma de dígitos se determinará en función del período de amortización establecido en las tablas de amortización oficialmente aprobadas.

Los edificios, mobiliario y enseres no podrán acogerse a la amortización mediante números dígitos.

d) Se ajuste a un plan formulado por el contribuyente y aceptado por la Administración tributaria.

e) El contribuyente justifique su importe.

Reglamentariamente se aprobará el procedimiento para la resolución del plan a que se refiere la letra d).

2[21] [22]. El inmovilizado intangible se amortizará atendiendo a su vida útil. Cuando la misma no pueda estimarse de manera fiable, la amortización será deducible con el límite anual máximo de la veinteava parte de su importe.

La amortización del fondo de comercio será deducible con el límite anual máximo de la veinteava parte de su importe[23].

---

[21] Véase LIS DT 35ª. *Régimen fiscal aplicable a activos intangibles adquiridos con anterioridad a 1 de enero de 2015.*

[22] Nueva redacción de este apartado por la Ley 22/2015 (DF 5ª.Uno) con efectos para los periodos impositivos que se inicien a partir de 1 de enero de 2016.
Su redacción inicial era la siguiente: *«El inmovilizado intangible con vida útil definida se amortizará atendiendo a la duración de la misma».*

[23] Contablemente (CCo 39.4 y PGC NRV 5ª) los elementos del Intangible se amortizan en función de su vida útil. El Fondo de Comercio y aquellos elementos del Intangible cuya vida útil no pueda estimarse de manera fiable se amortizarán en 10 años, salvo que una norma establezca un plazo diferente.

3. No obstante, podrán amortizarse libremente[24]:

a) Los elementos del inmovilizado material, intangible e inversiones inmobiliarias de las sociedades anónimas laborales y de las sociedades limitadas laborales afectos a la realización de sus actividades, adquiridos durante los cinco primeros años a partir de la fecha de su calificación como tales.

b) Los elementos del inmovilizado material e intangible, excluidos los edificios, afectos a las actividades de investigación y desarrollo.

Los edificios podrán amortizarse de forma lineal durante un período de 10 años, en la parte que se hallen afectos a las actividades de investigación y desarrollo.

c) Los gastos de investigación y desarrollo activados como inmovilizado intangible, excluidas las amortizaciones de los elementos que disfruten de libertad de amortización.

d) Los elementos del inmovilizado material o intangible de las entidades que tengan la calificación de explotaciones asociativas prioritarias de acuerdo con lo dispuesto en la Ley 19/1995, de 4 de julio, de modernización de las explotaciones agrarias, adquiridos durante los cinco primeros años a partir de la fecha de su reconocimiento como explotación prioritaria.

e) Los elementos del inmovilizado material nuevos, cuyo valor unitario no exceda de 300 euros, hasta el límite de 25.000 euros referido al período impositivo. Si el período impositivo tuviera una duración inferior a un año, el límite señalado será el resultado de multiplicar 25.000 euros por la proporción existente entre la duración del período impositivo respecto del año.

Las cantidades aplicadas a la libertad de amortización minorarán, a efectos fiscales, el valor de los elementos amortizados.

Artículo 13. *Correcciones de valor: pérdida por deterioro del valor de los elementos patrimoniales*[25].

1. Serán deducibles las pérdidas por deterioro de los créditos derivadas de las posibles insolvencias de los deudores, cuando en el momento del devengo del Impuesto concurra alguna de las siguientes circunstancias:

---

[24] Véase DA 16ª: Libertad de amortización en inversiones realizadas en la cadena de valor de movilidad eléctrica, sostenible o conectada, DA 17ª: Libertad de amortización en inversiones que utilicen energía procedente de fuentes renovables, y DA 18ª: Amortización acelerada de determinados vehículos.

[25] Véase LIS DT 15ª. *Pérdidas por deterioro del inmovilizado material, inversiones inmobiliarias, inmovilizado intangible y valores representativos de deuda*; LIS DT 16ª. *Régimen transitorio aplicable a las pérdidas por deterioro de los valores representativos de la*

a) Que haya transcurrido el plazo de 6 meses desde el vencimiento de la obligación.

b) Que el deudor esté declarado en situación de concurso.

c) Que el deudor esté procesado por el delito de alzamiento de bienes.

d) Que las obligaciones hayan sido reclamadas judicialmente o sean objeto de un litigio judicial o procedimiento arbitral de cuya solución dependa su cobro.

No serán deducibles las siguientes pérdidas por deterioro de créditos:

1.º Las correspondientes a créditos adeudados por entidades de derecho público, excepto que sean objeto de un procedimiento arbitral o judicial que verse sobre su existencia o cuantía.

2.º Las correspondientes a créditos adeudados por personas o entidades vinculadas, salvo que estén en situación de concurso y se haya producido la apertura de la fase de liquidación por el juez, en los términos establecidos en la Ley 22/2003, de 9 de julio, Concursal.

3.º Las correspondientes a estimaciones globales del riesgo de insolvencias de clientes y deudores.

Reglamentariamente se establecerán las normas relativas a las circunstancias determinantes de la deducibilidad de las dotaciones por deterioro de los créditos y otros activos derivados de las posibles insolvencias de los deudores de las entidades financieras y las concernientes al importe de las pérdidas para la cobertura del citado riesgo. Dichas normas resultarán igualmente de aplicación en relación con la deducibilidad de las correcciones valorativas por deterioro de valor de los instrumentos de deuda valorados por su coste amortizado que posean los fondos de titulización hipotecaria y los fondos de titulización de activos a que se refieren las letras h) e i), respectivamente, del apartado 1 del artículo 7 de la presente Ley[26].

2[27]. No serán deducibles:

---

participación en el capital o en los fondos propios de entidades, y a las rentas negativas obtenidas en el extranjero a través de un establecimiento permanente, generadas en períodos impositivos iniciados con anterioridad a 1 de enero de 2013; y LIS DT 35ª. *Régimen fiscal aplicable a activos intangibles adquiridos con anterioridad a 1 de enero de 2015.*

[26] Véase RIS 8 y 9.

[27] Apartado modificado por el Real Decreto-ley 3/2016 (art. 3.2º.2), con efectos para los periodos impositivos que se inicien a partir de 1 de enero de 2017. Su redacción inicial era la siguiente: «*2. No serán deducibles:*

a) Las pérdidas por deterioro del inmovilizado material, inversiones inmobiliarias e inmovilizado intangible, incluido el fondo de comercio.

a) Las pérdidas por deterioro del inmovilizado material, inversiones inmobiliarias e inmovilizado intangible, incluido el fondo de comercio.

b) Las pérdidas por deterioro de los valores representativos de la participación en el capital o en los fondos propios de entidades respecto de la que se den las siguientes circunstancias:

1.ª que, en el período impositivo en que se registre el deterioro, no se cumpla el requisito establecido en la letra a) del apartado 1 del artículo 21 de esta Ley, y

2.ª que, en caso de participación en el capital o en los fondos propios de entidades no residentes en territorio español, en dicho período impositivo se cumpla el requisito establecido en la letra b) del apartado 1 del citado artículo.

c) Las pérdidas por deterioro de los valores representativos de deuda.

Las pérdidas por deterioro señaladas en este apartado serán deducibles en los términos establecidos en el artículo 20 de esta Ley. En el supuesto previsto en la letra b) anterior, aquellas serán deducibles siempre que las circunstancias señaladas se den durante el año anterior al día en que se produzca la transmisión o baja de la participación.

3[28] [29].

Artículo 14. *Provisiones y otros gastos.*

1. No serán deducibles los gastos por provisiones y fondos internos para la cobertura de contingencias idénticas o análogas a las que son objeto del Texto Refundido de la Ley de Regulación de los Planes y Fondos de Pensiones, aprobado por el Real Decreto Legislativo 1/2002, de 29 de noviembre.

b) Las pérdidas por deterioro de los valores representativos de la participación en el capital o en los fondos propios de entidades.

c) Las pérdidas por deterioro de los valores representativos de deuda.

Las pérdidas por deterioro señaladas en este apartado serán deducibles en los términos establecidos en el artículo 20 de esta Ley.»

[28]   Régimen transitorio para el periodo impositivo 2015: Fondo de comercio, véase LIS DT 34ª.d) y Otro inmovilizado intangible con vida útil indefinida: LIS DT 34ª.e).

[29]   Apartado derogado por la Ley 22/2015 (DF 5ª.Dos) con efectos para los periodos impositivos que se inicien a partir de 1 de enero de 2016. Su redacción inicial era la siguiente: *«Será deducible el precio de adquisición del activo intangible de vida útil indefinida, incluido el correspondiente a fondos de comercio, con el límite anual máximo de la veinteava parte de su importe.*

Esta deducción no está condicionada a su imputación contable en la cuenta de pérdidas y ganancias. Las cantidades deducidas minorarán, a efectos fiscales, el valor del correspondiente inmovilizado intangible.»

Estos gastos serán fiscalmente deducibles en el período impositivo en que se abonen las prestaciones.

2. No serán deducibles los gastos relativos a retribuciones a largo plazo al personal mediante sistemas de aportación definida o prestación definida. No obstante, serán deducibles las contribuciones de los promotores de planes de pensiones regulados en el Texto Refundido de la Ley de Regulación de los Planes y Fondos de Pensiones, así como las realizadas a planes de previsión social empresarial. Dichas contribuciones se imputarán a cada partícipe o asegurado, en la parte correspondiente, salvo las realizadas a planes de pensiones de manera extraordinaria por aplicación del artículo 5.3.c) del citado Texto Refundido de la Ley de Regulación de los Planes y Fondos de Pensiones.

Serán igualmente deducibles las contribuciones para la cobertura de contingencias análogas a las de los planes de pensiones, siempre que se cumplan los siguientes requisitos:

1.º Que sean imputadas fiscalmente a las personas a quienes se vinculen las prestaciones.

2.º Que se transmita de forma irrevocable el derecho a la percepción de las prestaciones futuras.

3.º Que se transmita la titularidad y la gestión de los recursos en que consistan dichas contribuciones.

Asimismo, serán deducibles las contribuciones efectuadas por las empresas promotoras previstas en la Directiva 2003/41/CE del Parlamento Europeo y del Consejo, de 3 de junio de 2003, relativa a las actividades y la supervisión de fondos de pensiones de empleo, siempre que se cumplan los requisitos anteriores, y las contingencias cubiertas sean las previstas en el artículo 8.6 del Texto Refundido de la Ley de Regulación de los Planes y Fondos de Pensiones.

3. No serán deducibles los siguientes gastos asociados a provisiones:

a) Los derivados de obligaciones implícitas o tácitas.

b) Los concernientes a los costes de cumplimiento de contratos que excedan a los beneficios económicos que se esperan recibir de los mismos.

c) Los derivados de reestructuraciones, excepto si se refieren a obligaciones legales o contractuales y no meramente tácitas.

d) Los relativos al riesgo de devoluciones de ventas.

e) Los de personal que se correspondan con pagos basados en instrumentos de patrimonio, utilizados como fórmula de retribución a los empleados, y se satisfagan en efectivo.

4. Los gastos correspondientes a actuaciones medioambientales serán deducibles cuando se correspondan a un plan formulado por el contribuyente y aceptado

por la Administración tributaria. Reglamentariamente se establecerá el procedimiento para la resolución de los planes que se formulen[30].

5. Los gastos que, de conformidad con los tres apartados anteriores, no hubieran resultado fiscalmente deducibles, se integrarán en la base imponible del período impositivo en el que se aplique la provisión o se destine el gasto a su finalidad.

6. Los gastos de personal que se correspondan con pagos basados en instrumentos de patrimonio, utilizados como fórmula de retribución a los empleados, y se satisfagan mediante la entrega de los mismos, serán fiscalmente deducibles cuando se produzca esta entrega.

7. Los gastos relativos a las provisiones técnicas realizadas por las entidades aseguradoras, serán deducibles hasta el importe de las cuantías mínimas establecidas por las normas aplicables. Con ese mismo límite, el importe de la dotación en el ejercicio a la reserva de estabilización será deducible en la determinación de la base imponible, aun cuando no se haya integrado en la cuenta de pérdidas y ganancias. Cualquier aplicación de dicha reserva se integrará en la base imponible del período impositivo en el que se produzca.

Las correcciones por deterioro de primas o cuotas pendientes de cobro serán incompatibles, para los mismos saldos, con la dotación para la cobertura de posibles insolvencias de deudores.

8. Serán deducibles los gastos relativos al fondo de provisiones técnicas efectuados por las sociedades de garantía recíproca, con cargo a su cuenta de pérdidas y ganancias, hasta que el mencionado fondo alcance la cuantía mínima obligatoria a que se refiere el artículo 9 de la Ley 1/1994, de 11 de marzo, sobre Régimen Jurídico de las Sociedades de Garantía Recíproca. Las dotaciones que excedan las cuantías obligatorias serán deducibles en un 75 por ciento.

No se integrarán en la base imponible las subvenciones otorgadas por las Administraciones públicas a las sociedades de garantía recíproca ni las rentas que se deriven de dichas subvenciones, siempre que unas y otras se destinen al fondo de provisiones técnicas. Lo previsto en este apartado también se aplicará a las sociedades de reafianzamiento en cuanto a las actividades que de acuerdo con lo previsto en el artículo 11 de la Ley sobre Régimen Jurídico de las Sociedades de Garantía Recíproca, han de integrar necesariamente su objeto social.

9. Los gastos inherentes a los riesgos derivados de garantías de reparación y revisión, serán deducibles hasta el importe necesario para determinar un saldo de la provisión no superior al resultado de aplicar a las ventas con garantías vivas a

---

[30]   Véase RIS 10 y 12.

la conclusión del período impositivo el porcentaje determinado por la proporción en que se hubieran hallado los gastos realizados para hacer frente a las garantías habidas en el período impositivo y en los dos anteriores en relación a las ventas con garantías realizadas en dichos períodos impositivos.

Lo dispuesto en el párrafo anterior también se aplicará a las dotaciones para la cobertura de gastos accesorios por devoluciones de ventas.

Las entidades de nueva creación también podrán deducir las dotaciones a que hace referencia el párrafo primero, mediante la fijación del porcentaje referido en este respecto de los gastos y ventas realizados en los períodos impositivos que hubieren transcurrido.

Artículo 15. *Gastos no deducibles.*

No tendrán la consideración de gastos fiscalmente deducibles:

a) Los que representen una retribución de los fondos propios.

A los efectos de lo previsto en esta Ley, tendrá la consideración de retribución de fondos propios, la correspondiente a los valores representativos del capital o de los fondos propios de entidades, con independencia de su consideración contable.

Asimismo, tendrán la consideración de retribución de fondos propios la correspondiente a los préstamos participativos[31] otorgados por entidades que formen parte del mismo grupo de sociedades según los criterios establecidos en el artículo 42 del Código de Comercio, con independencia de la residencia y de la obligación de formular cuentas anuales consolidadas.

b)[32] Los derivados de la contabilización del Impuesto sobre Sociedades y del Impuesto Complementario. No tendrán la consideración de ingresos los procedentes de dicha contabilización.

c) Las multas y sanciones penales y administrativas, los recargos del período ejecutivo y el recargo por declaración extemporánea sin requerimiento previo.

d) Las pérdidas del juego.

e) Los donativos[33] y liberalidades.

No se entenderán comprendidos en esta letra e) los gastos por atenciones a clientes o proveedores ni los que con arreglo a los usos y costumbres se efectúen

---

[31]   Véase LIS DT 17ª. *Régimen aplicable a determinados instrumentos financieros emitidos u otorgados con anterioridad a 20 de junio de 2014.*

[32]   Apartado modificado por la Ley 7/2024 (DF 8ª.1) con efectos para los periodos impositivos que se inicien a partir del 1 de enero de 2024.

[33]   Véase LIS DF 5ª. *Modificaciones en la Ley 49/2002, de 23 de diciembre, de régimen fiscal de las entidades sin fines lucrativos y de los incentivos fiscales al mecenazgo.*

con respecto al personal de la empresa ni los realizados para promocionar, directa o indirectamente, la venta de bienes y prestación de servicios, ni los que se hallen correlacionados con los ingresos.

No obstante, los gastos por atenciones a clientes o proveedores serán deducibles con el límite del 1 por ciento del importe neto de la cifra de negocios del período impositivo.

Tampoco se entenderán comprendidos en esta letra e) las retribuciones a los administradores por el desempeño de funciones de alta dirección, u otras funciones derivadas de un contrato de carácter laboral con la entidad.

f) Los gastos de actuaciones contrarias al ordenamiento jurídico.

g) Los gastos de servicios correspondientes a operaciones realizadas, directa o indirectamente, con personas o entidades residentes en países o territorios calificados como paraísos fiscales, o que se paguen a través de personas o entidades residentes en estos, excepto que el contribuyente pruebe que el gasto devengado responde a una operación o transacción efectivamente realizada.

Las normas sobre transparencia fiscal internacional no se aplicarán en relación con las rentas correspondientes a los gastos calificados como fiscalmente no deducibles.

h) Los gastos financieros devengados en el período impositivo, derivados de deudas con entidades del grupo según los criterios establecidos en el artículo 42 del Código de Comercio, con independencia de la residencia y de la obligación de formular cuentas anuales consolidadas, destinadas a la adquisición, a otras entidades del grupo, de participaciones en el capital o fondos propios de cualquier tipo de entidades, o a la realización de aportaciones en el capital o fondos propios de otras entidades del grupo, salvo que el contribuyente acredite que existen motivos económicos válidos para la realización de dichas operaciones.

i) Los gastos derivados de la extinción de la relación laboral, común o especial, o de la relación mercantil a que se refiere el artículo 17.2.e) de la Ley 35/2006, de 28 de noviembre, del Impuesto sobre la Renta de las Personas Físicas y de modificación parcial de las leyes de los Impuestos sobre Sociedades, sobre la Renta de no Residentes y sobre el Patrimonio, o de ambas, aun cuando se satisfagan en varios períodos impositivos, que excedan, para cada perceptor, del mayor de los siguientes importes:

1.º 1 millón de euros.

2.º El importe establecido con carácter obligatorio en el Estatuto de los Trabajadores, en su normativa de desarrollo o, en su caso, en la normativa reguladora de la ejecución de sentencias, sin que pueda considerarse como tal la establecida en virtud de convenio, pacto o contrato. No obstante, en los supuestos de despidos colectivos realizados de conformidad con lo dispuesto en el artículo 51 del Estatuto de los Trabajadores, o producidos por las causas previstas en la letra c) del artículo 52 del citado Estatuto, siempre que, en ambos casos, se deban a causas económicas, técnicas, organizativas, de producción o por fuerza mayor, será el importe establecido con carácter obligatorio en el mencionado Estatuto para el despido improcedente.

A estos efectos, se computarán las cantidades satisfechas por otras entidades que formen parte de un mismo grupo de sociedades en las que concurran las circunstancias previstas en el artículo 42 del Código de Comercio, con independencia de su residencia y de la obligación de formular cuentas anuales consolidadas.

j)[34]

k)[35] Las pérdidas por deterioro de los valores representativos de la participación en el capital o en los fondos propios de entidades respecto de la que se de alguna de las siguientes circunstancias:

1.º que, en el período impositivo en que se registre el deterioro, se cumplan los requisitos establecidos en el artículo 21 de esta Ley,

o 2.º que, en caso de participación en el capital o en los fondos propios de entidades no residentes en territorio español, en dicho período impositivo no se cumpla el requisito establecido en la letra b) del apartado 1 del artículo 21 de esta Ley.

l)[36] Las disminuciones de valor originadas por aplicación del criterio del valor razonable correspondientes a valores representativos de las participaciones en el capital o en los fondos propios de entidades a que se refiere la letra anterior, que se imputen en la cuenta de pérdidas y ganancias, salvo que, con carácter previo, se haya integrado en la base imponible, en su caso, un incremento de valor correspondiente a valores homogéneos del mismo importe.

---

[34] Letra derogada por Real Decreto-ley 4/2021 (DD única) y por la Ley 5/2022 (DD única.1) con efectos para los períodos impositivos que se inicien a partir de 1 de enero de 2020 que no hayan concluido a la entrada en vigor del Real Decreto-ley (11/3/2021). La derogación es consecuencia de la introducción del art. 15 bis (Asimetrías híbridas). La redacción anterior era la siguiente: *"j) Los gastos correspondientes a operaciones realizadas con personas o entidades vinculadas que, como consecuencia de una calificación fiscal diferente en estas, no generen ingreso o generen un ingreso exento o sometido a un tipo de gravamen nominal inferior al 10 por ciento."*

[35] Letra añadida por el Real Decreto-ley 3/2016 (art. 3.2º.3), con efectos para los periodos impositivos que se inicien a partir de 1 de enero de 2017.

[36] Letra añadida por el Real Decreto-ley 3/2016 (art. 3.2º.3), con efectos para los periodos impositivos que se inicien a partir de 1 de enero de 2017.

m)[37] La deuda tributaria del Impuesto sobre Transmisiones Patrimoniales y Actos Jurídicos Documentados, modalidad Actos Jurídicos Documentados, documentos notariales, en los supuestos a que se refiere el párrafo segundo del artículo 29 del Texto refundido de la Ley del Impuesto sobre Transmisiones Patrimoniales y Actos Jurídicos Documentados, aprobado por el Real Decreto Legislativo 1/1993, de 24 de septiembre.

n)[38] Los que sean objeto de la deducción establecida en el artículo 38 bis de esta ley, incluidos los correspondientes a la amortización de los activos cuya inversión haya generado el derecho a la mencionada deducción.

Artículo 15 bis[39]. *Asimetrías híbridas.*

1. No serán fiscalmente deducibles los gastos correspondientes a operaciones realizadas con personas o entidades vinculadas residentes en otro país o territorio que, como consecuencia de una calificación fiscal diferente en estas del gasto o de la operación, no generen un ingreso, generen un ingreso exento o sujeto a una reducción del tipo impositivo o a cualquier deducción o devolución de impuestos distinta de una deducción para evitar la doble imposición jurídica.

En caso de que el ingreso se genere en un período impositivo que se inicie dentro de los doce meses siguientes a la conclusión del período impositivo en el que se haya devengado el gasto para el contribuyente, dicho gasto será fiscalmente deducible en el período impositivo en el que el mencionado ingreso se integre en la base imponible del beneficiario.

2. No serán fiscalmente deducibles los gastos correspondientes a operaciones realizadas con personas o entidades vinculadas residentes en otro país o territorio que, como consecuencia de una calificación fiscal diferente del contribuyente en dicho país o territorio, no generen un ingreso, en la parte que no se compense con ingresos que generen renta de doble inclusión.

El importe de los gastos no deducidos por aplicación de lo dispuesto en el párrafo anterior podrá deducirse en los períodos impositivos que concluyan dentro

---

[37] Letra añadida por el Real Decreto-ley 17/2018 (DF 1), con efecto para los períodos impositivos que se inicien a partir del 10 de noviembre de 2018.

[38] Nueva letra añadida por Real Decreto-ley 26/2020 (DF 6ª.2) con efectos para los períodos impositivos que se inicien a partir de 1 de enero de 2020 que no hayan concluido a la entrada en vigor de este real decreto-ley (9/7/2020).

[39] Nuevo artículo añadido por Real Decreto-ley 4/2021 (Art. 1.1) y por Ley 5/2022 (art. 1.1) con efectos para los períodos impositivos que se inicien a partir de 1 de enero de 2020 que no hayan concluido a la entrada en vigor del Real Decreto-ley (11/3/2021).

de los tres años siguientes a la conclusión del período impositivo en el que se devengaron tales gastos, en la medida en que se compense con ingresos del contribuyente que generen renta de doble inclusión.

Se integrará en la base imponible el importe correspondiente a las operaciones realizadas con personas o entidades vinculadas residentes en otro país o territorio que, como consecuencia de una diferente calificación fiscal de estas, haya tenido la consideración de gasto fiscalmente deducible en ese otro país o territorio, en la parte que no se compense con ingresos que generen renta de doble inclusión.

El importe integrado en la base imponible por aplicación de lo dispuesto en el párrafo anterior podrá minorarse de la base imponible de los períodos impositivos que concluyan dentro de los tres años siguientes a la conclusión del período impositivo en el que se integró el ingreso, en la medida en que tal gasto se compense en el otro país o territorio con ingresos de la persona o entidad vinculada que generen renta de doble inclusión.

3. No serán fiscalmente deducibles los gastos correspondientes a operaciones realizadas con personas o entidades vinculadas residentes en otro país o territorio que, como consecuencia de una calificación fiscal diferente de estas en dicho país o territorio y en el de su partícipe o inversor, no generen un ingreso.

Lo dispuesto en el párrafo anterior también será de aplicación cuando la relación de vinculación exista, exclusivamente, entre el contribuyente y el mencionado partícipe o inversor.

4. No serán fiscalmente deducibles los gastos correspondientes a operaciones realizadas con o por personas o entidades vinculadas residentes en otro país o territorio que, como consecuencia de la diferente calificación fiscal de estas, sean, asimismo, gastos fiscalmente deducibles en dichas personas o entidades vinculadas, en la parte que no se compense con ingresos que generen renta de doble inclusión.

Los importes no deducidos conforme a lo establecido en el párrafo anterior podrán ser deducidos en los períodos impositivos que concluyan en los tres años siguientes a la conclusión del período impositivo en el que se devengaron tales gastos, en la medida en que se compensen con ingresos de la persona o entidad vinculada que generen renta de doble inclusión.

No serán fiscalmente deducibles los gastos correspondientes a operaciones realizadas por el contribuyente cuando tengan, asimismo, la consideración de fiscalmente deducibles en el país o territorio de una persona o entidad vinculada como consecuencia de una diferente calificación fiscal del contribuyente, en la parte que no se compense con ingresos que generen renta de doble inclusión.

Los importes no deducidos conforme a lo establecido en el párrafo anterior podrán ser deducidos en los períodos impositivos que concluyan en los tres años siguientes a la conclusión del período impositivo en el que se devengaron tales gastos, en la medida en que se compensen con ingresos del contribuyente que generen renta de doble inclusión.

5. No serán fiscalmente deducibles:

a) Los gastos correspondientes a operaciones realizadas con un establecimiento permanente del contribuyente o de una entidad vinculada, o con una entidad vinculada que tenga establecimientos permanentes, cuando como consecuencia de una diferencia fiscal en su atribución entre el establecimiento permanente y su casa central, o entre dos o más establecimientos permanentes, no generen un ingreso.

b) Los gastos correspondientes a operaciones realizadas con un establecimiento permanente del contribuyente o de una persona o entidad vinculada que, como consecuencia de que dicho establecimiento no es reconocido fiscalmente por el país o territorio de situación, no generen un ingreso.

c) Los gastos estimados en operaciones internas realizadas con un establecimiento permanente del contribuyente, en aquellos supuestos en que así estén reconocidos en un convenio para evitar la doble imposición internacional que resulte de aplicación, cuando, debido a la legislación del país o territorio del establecimiento permanente, no generen un ingreso, en la parte que no se compense con ingresos del establecimiento permanente que generen renta de doble inclusión.

El importe de los gastos no deducidos por aplicación de lo dispuesto en el párrafo anterior podrá deducirse en los períodos impositivos que concluyan dentro de los tres años siguientes, en la medida en que se integren en la base imponible del contribuyente con ingresos del establecimiento permanente que generen renta de doble inclusión.

d) Los gastos correspondientes a operaciones realizadas con o por un establecimiento permanente del contribuyente que sean, asimismo, fiscalmente deducibles en dicho establecimiento permanente o en una entidad vinculada con él, en la parte que no se compense con ingresos de dicho establecimiento permanente o entidad vinculada que generen renta de doble inclusión.

Los importes no deducidos conforme a lo establecido en el párrafo anterior podrán ser deducidos en los períodos impositivos que concluyan en los tres años siguientes a la conclusión del período impositivo en el que se devengaron tales gastos, en la medida en que se compensen con ingresos del establecimiento permanente o entidad vinculada que generen renta de doble inclusión.

6. No resultará de aplicación lo previsto en el artículo 22 de esta ley en el caso de rentas obtenidas a través de un establecimiento permanente que no es reconocido fiscalmente por el país o territorio de situación.

7. No serán fiscalmente deducibles los gastos correspondientes a una transacción o serie de transacciones realizadas con personas o entidades vinculadas residentes en otro país o territorio, cuando financien, directa o indirectamente, gastos deducibles realizados en el marco de operaciones que generen los efectos derivados de las asimetrías híbridas a que se refieren los apartados anteriores de este artículo, excepto cuando uno de los países o territorios afectados haya realizado un ajuste para evitar la deducción del gasto o someter el ingreso a tributación, en los términos expuestos en dichos apartados.

8. Será deducible en la cuota íntegra de este Impuesto el importe de la retención practicada a cuenta del mismo en la proporción que se corresponda con la renta integrada en la base imponible obtenida en una trasferencia híbrida realizada con una persona o entidad vinculada no residente en territorio español.

A estos efectos, se considera como transferencia híbrida cualquier operación relativa a la transferencia de un instrumento financiero cuando el rendimiento subyacente del instrumento financiero transferido se considere, a efectos fiscales, como obtenido simultáneamente por más de una de las partes que intervienen en la operación.

9. Lo dispuesto en los apartados anteriores de este artículo se aplicará, asimismo, cuando las operaciones a que se refieren, con independencia de que se realicen entre personas o entidades vinculadas o no, tengan lugar en el marco de un mecanismo estructurado.

A estos efectos, se considera mecanismo estructurado todo acuerdo, negocio jurídico, esquema u operación en el que la ventaja fiscal derivada de las asimetrías híbridas a que se refieren dichos apartados en los términos en ellos señalados, esté cuantificada o considerada en sus condiciones o contraprestaciones o bien que haya sido diseñado para producir los resultados de tales asimetrías, excepto que el contribuyente o una persona o entidad vinculada con él no hubiera podido conocerlos razonablemente y no compartiera la ventaja fiscal indicada.

10. No serán fiscalmente deducibles los gastos o pérdidas que resulten fiscalmente deducibles en otro país o territorio en el que el contribuyente sea, asimismo, residente fiscal, en la parte que se compense con ingresos que no generen renta de doble inclusión. En el caso de que dicho gasto o pérdida se compense en el otro país o territorio en un período impositivo posterior al de la deducción del gasto o pérdida en el contribuyente, este deberá integrar en su base imponible el importe correspondiente a la referida compensación en el período impositivo en que esta se produzca.

Lo dispuesto en el párrafo anterior no será de aplicación cuando el otro país sea un Estado miembro de la Unión Europea con el que España tenga suscrito un convenio para evitar la doble imposición internacional en virtud del cual el contribuyente sea considerado residente fiscal en territorio español.

11. A efectos de lo dispuesto en este artículo, se considera que un ingreso genera renta de doble inclusión cuando esté sometido a tributación con arreglo a esta ley y a la legislación del otro país o territorio.

12[40]. Una entidad en régimen de atribución de rentas en la que una o varias entidades, vinculadas entre sí en el sentido del apartado 13 del artículo 15.bis de esta ley, participen directa o indirectamente en cualquier día del año, en el capital, en los fondos propios, en los resultados o en los derechos de voto en un porcentaje igual o superior al 50 por ciento y sean residentes en países o territorios que califiquen a la entidad en régimen de atribución como contribuyente por un impuesto personal sobre la renta, tributará, en calidad de contribuyente, por las siguientes rentas positivas que corresponda atribuir a todos los partícipes residentes en países o territorios que consideren a la entidad en atribución de rentas como contribuyente por imposición personal sobre la renta:

– Rentas obtenidas en territorio español que estén sujetas y exentas de tributación en el Impuesto sobre la Renta de no Residentes.

– Rentas de fuente extranjera que no estén sujetas o estén exentas de tributación por un impuesto exigido por el país o territorio de la entidad o entidades pagadoras de tales rentas.

El período impositivo coincidirá con el año natural en el que se obtengan tales rentas.

El resto de rentas obtenidas por la entidad en atribución de rentas se atribuirán a los socios, herederos, comuneros o partícipes y tributarán de acuerdo con lo dispuesto en la sección 2.ª del título X de la Ley 35/2006, de 28 de noviembre, del Impuesto sobre la Renta de las Personas Físicas y de modificación parcial de las leyes de los Impuesto sobre Sociedades, sobre la Renta de no Residentes y sobre el Patrimonio.

13. A efectos de la aplicación de lo dispuesto en este artículo, la referencia a personas o entidades vinculadas comprenderá:

a) Las personas o entidades vinculadas de acuerdo con lo dispuesto en el artículo 18 de esta ley.

---

[40]   El RD-l 18/2022 (DF 2ª.2) añade un nuevo apartado 12 en el artículo 15 bis, con efectos a partir del 1 de enero de 2022, pasando los anteriores apartados 12 y 13 a numerarse como apartados 13 y 14, respectivamente.

b) Una entidad que ostente, directa o indirectamente, una participación de, al menos, un 25 por ciento en los derechos de voto del contribuyente o tenga derecho a percibir, al menos, un 25 por ciento de los beneficios del mismo, o en la que el contribuyente ostente dichas participaciones o derechos.

c) La persona o entidad sobre la que el contribuyente actúe conjuntamente con otra persona o entidad respecto de los derechos de voto o la propiedad del capital de aquella, o la persona o entidad que actúe conjuntamente con otra respecto de los derechos de voto o la propiedad del capital del contribuyente.

A estos efectos, el contribuyente o, en el segundo supuesto, la persona o entidad, será tratado como el titular de una participación en relación con todos los derechos de voto o la propiedad del capital de la entidad o del contribuyente, respectivamente, que sean propiedad de la otra persona o entidad.

d) Una entidad en cuya gestión el contribuyente tenga una influencia significativa o una entidad que tenga una influencia significativa en la gestión del contribuyente. A estos efectos, se considera que existe influencia significativa cuando se tenga el poder de intervenir en las decisiones de política financiera y de explotación de otra entidad, sin llegar a tener el control ni el control conjunto de la misma.

14. No resultará de aplicación lo previsto en los apartados anteriores cuando la asimetría híbrida se deba a que el beneficiario esté exento del Impuesto, se produzca en el marco de una operación o transacción que se base en un instrumento o contrato financiero sujeto a un régimen tributario especial, ni cuando la diferencia en el valor imputado se deba a diferencias de valoración, incluidas las derivadas de la aplicación de la normativa de operaciones vinculadas.

Artículo 16. *Limitación en la deducibilidad de gastos financieros*[41].

1. Los gastos financieros netos serán deducibles con el límite del 30 por ciento del beneficio operativo del ejercicio.

A estos efectos, se entenderá por gastos financieros netos el exceso de gastos financieros respecto de los ingresos derivados de la cesión a terceros de capitales propios devengados en el período impositivo, excluidos aquellos gastos no deducibles a que se refieren las letras g) y h) del artículo 15 y el artículo 15 bis de esta ley.

El beneficio operativo se determinará a partir del resultado de explotación de la cuenta de pérdidas y ganancias del ejercicio determinado de acuerdo con el Código

---

[41] Nueva redacción de este artículo por la Ley 12/2023 (DF 5ª) con efectos para los periodos impositivos que se inicien a partir del 1 de enero de 2024.

de Comercio y demás normativa contable de desarrollo, eliminando la amortización del inmovilizado, la imputación de subvenciones de inmovilizado no financiero y otras, el deterioro y resultado por enajenaciones de inmovilizado, y adicionando los ingresos financieros de participaciones en instrumentos de patrimonio, siempre que se correspondan con dividendos o participaciones en beneficios de entidades en las que el porcentaje de participación, directo o indirecto, sea al menos el 5 por ciento, excepto que dichas participaciones hayan sido adquiridas con deudas cuyos gastos financieros no resulten deducibles por aplicación de la letra h) del apartado 1 del artículo 15 de esta ley. En ningún caso, formarán parte del beneficio operativo los ingresos, gastos o rentas que no se hubieran integrado en la base imponible de este Impuesto.

En todo caso, serán deducibles gastos financieros netos del período impositivo por importe de 1 millón de euros.

Los gastos financieros netos que no hayan sido objeto de deducción podrán deducirse en los períodos impositivos siguientes, conjuntamente con los del período impositivo correspondiente, y con el límite previsto en este apartado.

2. En el caso de que los gastos financieros netos del período impositivo no alcanzaran el límite establecido en el apartado 1 de este artículo, la diferencia entre el citado límite y los gastos financieros netos del período impositivo se adicionará al límite previsto en el apartado 1 de este artículo, respecto de la deducción de gastos financieros netos en los períodos impositivos que concluyan en los cinco años inmediatos y sucesivos, hasta que se deduzca dicha diferencia.

3. Los gastos financieros netos imputados a los socios de las entidades que tributen con arreglo a lo establecido en el artículo 43 de esta Ley se tendrán en cuenta por aquellos a los efectos de la aplicación del límite previsto en este artículo.

4. Si el período impositivo de la entidad tuviera una duración inferior al año, el importe previsto en el párrafo cuarto del apartado 1 de este artículo será el resultado de multiplicar 1 millón de euros por la proporción existente entre la duración del período impositivo respecto del año.

5. A los efectos de lo previsto en este artículo, los gastos financieros derivados de deudas destinadas a la adquisición de participaciones en el capital o fondos propios de cualquier tipo de entidades se deducirán con el límite adicional del 30 por ciento del beneficio operativo de la propia entidad que realizó dicha adquisición, sin incluir en dicho beneficio operativo el correspondiente a cualquier entidad que se fusione con aquella en los 4 años posteriores a dicha adquisición, cuando la fusión no aplique el régimen fiscal especial previsto en el capítulo VII del título VII de esta Ley. Estos gastos financieros se tendrán en cuenta, igualmente, en el límite a que se refiere el apartado 1 de este artículo.

Los gastos financieros no deducibles que resulten de la aplicación de lo dispuesto en este apartado serán deducibles en períodos impositivos siguientes con el límite previsto en este apartado y en el apartado 1 de este artículo.

El límite previsto en este apartado no resultará de aplicación en el período impositivo en que se adquieran las participaciones en el capital o fondos propios de entidades si la adquisición se financia con deuda, como máximo, en un 70 por ciento del precio de adquisición. Asimismo, este límite no se aplicará en los períodos impositivos siguientes siempre que el importe de esa deuda se minore, desde el momento de la adquisición, al menos en la parte proporcional que corresponda a cada uno de los ocho años siguientes, hasta que la deuda alcance el 30 por ciento del precio de adquisición.

6. La limitación prevista en este artículo no resultará de aplicación:

a) A las entidades de crédito y aseguradoras. A estos efectos, recibirán el tratamiento de las entidades de crédito aquellas entidades cuyos derechos de voto correspondan, directa o indirectamente, íntegramente a aquellas, y cuya única actividad consista en la emisión y colocación en el mercado de instrumentos financieros para reforzar el capital regulatorio y la financiación de tales entidades.

b) En el período impositivo en que se produzca la extinción de la entidad, salvo que la misma sea consecuencia de una operación de reestructuración.

CAPÍTULO III. Reglas de valoración

Artículo 17. *Regla general y reglas especiales de valoración en los supuestos de transmisiones lucrativas y societarias.*

1[42].Los elementos patrimoniales se valorarán de acuerdo con los criterios previstos en el Código de Comercio, corregidos por la aplicación de los preceptos establecidos en esta Ley.

---

[42] Apartado modificado por el Real Decreto-ley 27/2018 (art. 2.1), con efectos para los períodos impositivos que se inicien a partir del 1 de enero de 2018. El Real Decreto-ley 3/2016 (art. 3.2º.4), modificó la redacción inicial, con efectos para los periodos impositivos que se inicien a partir de 1 de enero de 2017, de la siguiente manera: «Los elementos patrimoniales se valorarán de acuerdo con los criterios previstos en el Código de Comercio, corregidos por la aplicación de los preceptos establecidos en esta Ley.

No obstante, las variaciones de valor originadas por aplicación del criterio del valor razonable no tendrán efectos fiscales mientras no deban imputarse a la cuenta de pérdidas y ganancias, sin perjuicio de lo señalado en la letra l) del artículo 15 de esta Ley. El importe de las revalorizaciones contables no se integrará en la base imponible, excepto cuando

No obstante, las variaciones de valor originadas por aplicación del criterio del valor razonable no tendrán efectos fiscales mientras no deban imputarse a la cuenta de pérdidas y ganancias, sin perjuicio de lo señalado en la letra l) del artículo 15 de esta Ley o mientras no deban imputarse a una cuenta de reservas si así lo establece una norma legal o reglamentaria. El importe de las revalorizaciones contables no se integrará en la base imponible, excepto cuando se lleven a cabo en virtud de normas legales o reglamentarias que obliguen a incluir su importe en la cuenta de pérdidas y ganancias. El importe de la revalorización no integrada en la base imponible no determinará un mayor valor, a efectos fiscales, de los elementos revalorizados.

2. Las operaciones de aumento de capital o fondos propios por compensación de créditos se valorarán fiscalmente por el importe de dicho aumento desde el punto de vista mercantil, con independencia de cuál sea la valoración contable.

3. Los elementos patrimoniales transmitidos en virtud de fusión y escisión total o parcial, se valorarán, en sede de las entidades y de sus socios, de acuerdo con lo establecido en el Capítulo VII del Título VII de esta Ley.

Los elementos patrimoniales aportados a entidades y los valores recibidos en contraprestación, así como los valores adquiridos por canje, se valorarán de acuerdo con lo establecido en el Capítulo VII del Título VII de esta Ley.

No obstante, en caso de no resultar de aplicación el régimen establecido en el Capítulo VII del Título VII de esta Ley en cualquiera de las operaciones mencionadas en este apartado, los referidos elementos patrimoniales se valorarán de acuerdo con lo establecido en el apartado siguiente.

4. Se valorarán por su valor de mercado los siguientes elementos patrimoniales:

se lleven a cabo en virtud de normas legales o reglamentarias que obliguen a incluir su importe en la cuenta de pérdidas y ganancias. El importe de la revalorización no integrada en la base imponible no determinará un mayor valor, a efectos fiscales, de los elementos revalorizados.»

Su redacción inicial era la siguiente: «*1. Los elementos patrimoniales se valorarán de acuerdo con los criterios previstos en el Código de Comercio, corregidos por la aplicación de los preceptos establecidos en esta Ley.*

No obstante, las variaciones de valor originadas por aplicación del criterio del valor razonable no tendrán efectos fiscales mientras no deban imputarse a la cuenta de pérdidas y ganancias. El importe de las revalorizaciones contables no se integrará en la base imponible, excepto cuando se lleven a cabo en virtud de normas legales o reglamentarias que obliguen a incluir su importe en la cuenta de pérdidas y ganancias. El importe de la revalorización no integrada en la base imponible no determinará un mayor valor, a efectos fiscales, de los elementos revalorizados.»

a) Los transmitidos o adquiridos a título lucrativo. No tendrán esta consideración las subvenciones.

b) Los aportados a entidades y los valores recibidos en contraprestación, salvo
que resulte de aplicación el régimen previsto en el Capítulo VII del Título VII de
esta Ley o bien que resulte de aplicación el apartado 2 anterior.

c) Los transmitidos a los socios por causa de disolución, separación de estos,
reducción del capital con devolución de aportaciones, reparto de la prima de emisión y distribución de beneficios.

d) Los transmitidos en virtud de fusión, y escisión total o parcial, salvo que resulte de aplicación el régimen previsto en el Capítulo VII del Título VII de esta Ley.

e) Los adquiridos por permuta.

f) Los adquiridos por canje o conversión, salvo que resulte de aplicación el
régimen previsto en el Capítulo VII del Título VII de esta Ley.

Se entenderá por valor de mercado el que hubiera sido acordado entre partes
independientes, pudiendo admitirse cualquiera de los métodos previstos en el artículo 18.4 de esta Ley.

5. En los supuestos previstos en las letras a), b), c) y d) del apartado anterior,
la entidad transmitente integrará en su base imponible la diferencia entre el valor
de mercado de los elementos transmitidos y su valor fiscal. No obstante, en el
supuesto de aumento de capital o fondos propios por compensación de créditos, la
entidad transmitente integrará en su base imponible la diferencia entre el importe
del aumento de capital o fondos propios, en la proporción que le corresponda, y el
valor fiscal del crédito capitalizado.

En los supuestos previstos en las letras e) y f) del apartado anterior, las entidades integrarán en la base imponible la diferencia entre el valor de mercado de los
elementos adquiridos y el valor fiscal de los entregados.

En la adquisición a título lucrativo, la entidad adquirente integrará en su base
imponible el valor de mercado del elemento patrimonial adquirido.

La integración en la base imponible de las rentas a las que se refiere este artículo se efectuará en el período impositivo en el que se realicen las operaciones de
las que derivan dichas rentas.

6. En la reducción de capital con devolución de aportaciones se integrará en
la base imponible de los socios el exceso del valor de mercado de los elementos
recibidos sobre el valor fiscal de la participación.

La misma regla se aplicará en el caso de distribución de la prima de emisión de
acciones o participaciones.

No obstante, tratándose de operaciones realizadas por sociedades de inversión
de capital variable reguladas en la Ley 35/2003, de 4 de noviembre, de Institucio-

nes de Inversión Colectiva, no sometidas al tipo general de gravamen, el importe total percibido en la reducción de capital con el límite del aumento del valor liquidativo de las acciones desde su adquisición o suscripción hasta el momento de la reducción de capital social, se integrará en la base imponible del socio sin derecho a ninguna deducción en la cuota íntegra.

Cualquiera que sea la cuantía que se perciba en concepto de distribución de la prima de emisión realizada por dichas sociedades de inversión de capital variable, se integrará en la base imponible del socio sin derecho a deducción alguna en la cuota íntegra.

Se aplicará lo anteriormente señalado a organismos de inversión colectiva equivalentes a las sociedades de inversión de capital variable que estén registrados en otro Estado, con independencia de cualquier limitación que tuvieran respecto de grupos restringidos de inversores, en la adquisición, cesión o rescate de sus acciones; en todo caso resultará de aplicación a las sociedades amparadas por la Directiva 2009/65/CE del Parlamento Europeo y del Consejo, de 13 de julio de 2009, por la que se coordinan las disposiciones legales, reglamentarias y administrativas sobre determinados organismos de inversión colectiva en valores mobiliarios.

7. En la distribución de beneficios se integrará en la base imponible de los socios el valor de mercado de los elementos recibidos.

8. En la disolución de entidades y separación de socios se integrará en la base imponible de éstos la diferencia entre el valor de mercado de los elementos recibidos y el valor fiscal de la participación anulada.

9. En la fusión, absorción o escisión total o parcial se integrará en la base imponible de los socios la diferencia entre el valor de mercado de la participación recibida y el valor fiscal de la participación anulada, salvo que resulte de aplicación el régimen fiscal especial previsto en el Capítulo VII del Título VII de esta Ley.

10. La reducción de capital cuya finalidad sea diferente a la devolución de aportaciones no determinará para los socios rentas, positivas o negativas, integrables en la base imponible.

11. En los casos de coberturas contables y partidas cubiertas con cambios de valor reconocidos en la cuenta de pérdidas y ganancias, aquellas minorarán el valor de estas a los efectos de determinar el tratamiento fiscal que corresponda a la renta obtenida.

Artículo 18. *Operaciones vinculadas.*

1. Las operaciones efectuadas entre personas o entidades vinculadas se valorarán por su valor de mercado. Se entenderá por valor de mercado aquel que se habría

acordado por personas o entidades independientes en condiciones que respeten el principio de libre competencia.

2. Se considerarán personas o entidades vinculadas las siguientes:

a) Una entidad y sus socios o partícipes.

b) Una entidad y sus consejeros o administradores, salvo en lo correspondiente a la retribución por el ejercicio de sus funciones.

c) Una entidad y los cónyuges o personas unidas por relaciones de parentesco, en línea directa o colateral, por consanguinidad o afinidad hasta el tercer grado de los socios o partícipes, consejeros o administradores.

d) Dos entidades que pertenezcan a un grupo.

e) Una entidad y los consejeros o administradores de otra entidad, cuando ambas entidades pertenezcan a un grupo.

f)[43] Una entidad y otra entidad participada por la primera indirectamente en, al menos, el 25 por ciento del capital social o de los fondos propios.

g) Dos entidades en las cuales los mismos socios, partícipes o sus cónyuges, o personas unidas por relaciones de parentesco, en línea directa o colateral, por consanguinidad o afinidad hasta el tercer grado, participen, directa o indirectamente en, al menos, el 25 por ciento del capital social o los fondos propios.

h) Una entidad residente en territorio español y sus establecimientos permanentes en el extranjero.

En los supuestos en los que la vinculación se defina en función de la relación de los socios o partícipes con la entidad, la participación deberá ser igual o superior al 25 por ciento. La mención a los administradores incluirá a los de derecho y a los de hecho.

Existe grupo cuando una entidad ostente o pueda ostentar el control de otra u otras según los criterios establecidos en el artículo 42 del Código de Comercio, con independencia de su residencia y de la obligación de formular cuentas anuales consolidadas.

3. Las personas o entidades vinculadas, con objeto de justificar que las operaciones efectuadas se han valorado por su valor de mercado, deberán mantener a disposición de la Administración tributaria, de acuerdo con principios de propor-

---

[43]   Letra derogada por la Ley 34/2015 (DF 6ª.1), con efectos para los períodos impositivos iniciados a partir de 1 de enero de 2015. Las letras g), h) e i) pasan a denominarse respectivamente f), g) y h). La redacción inicial de este apartado era la siguiente: «*f) Una entidad y los cónyuges o personas unidas por relaciones de parentesco, en línea directa o colateral, por consanguinidad o afinidad hasta el tercer grado de los socios o partícipes de otra entidad cuando ambas entidades pertenezcan a un grupo.*»

cionalidad y suficiencia, la documentación específica que se establezca reglamentariamente[44].

Dicha documentación tendrá un contenido simplificado en relación con las personas o entidades vinculadas cuyo importe neto de la cifra de negocios, definido en los términos establecidos en el artículo 101 de esta Ley, sea inferior a 45 millones de euros.

En ningún caso, el contenido simplificado de la documentación resultará de aplicación a las siguientes operaciones:

1.º Las realizadas por contribuyentes del Impuesto sobre la Renta de las Personas Físicas, en el desarrollo de una actividad económica, a la que resulte de aplicación el método de estimación objetiva con entidades en las que aquellos o sus cónyuges, ascendientes o descendientes, de forma individual o conjuntamente entre todos ellos, tengan un porcentaje igual o superior al 25 por ciento del capital social o de los fondos propios.

2.º Las operaciones de transmisión de negocios.

3.º Las operaciones de transmisión de valores o participaciones representativos de la participación en los fondos propios de cualquier tipo de entidades no admitidas a negociación en alguno de los mercados regulados de valores, o que estén admitidos a negociación en mercados regulados situados en países o territorios calificados como paraísos fiscales.

4.º Las operaciones sobre inmuebles.

5.º Las operaciones sobre activos intangibles.

La documentación específica no será exigible:

a) A las operaciones realizadas entre entidades que se integren en un mismo grupo de consolidación fiscal, sin perjuicio de lo previsto en el artículo 65.2 de esta Ley.

b) A las operaciones realizadas con sus miembros o con otras entidades integrantes del mismo grupo de consolidación fiscal por las agrupaciones de interés económico, de acuerdo con lo previsto en la Ley 12/1991, de 29 de abril, de Agrupaciones de interés Económico, y las uniones temporales de empresas, reguladas en la Ley 18/1982, de 26 de mayo, sobre régimen fiscal de agrupaciones y uniones temporales de Empresas y de Sociedades de desarrollo industrial regional, e inscritas en el registro especial del Ministerio de Hacienda y Administraciones Públicas. No obstante, la documentación específica será exigible en el caso de uniones tem-

---

[44] Véase RIS 13 a 16.

porales de empresas o fórmulas de colaboración análogas a las uniones temporales, que se acojan al régimen establecido en el artículo 22 de esta Ley.

c) Las operaciones realizadas en el ámbito de ofertas públicas de venta o de ofertas públicas de adquisición de valores.

d) A las operaciones realizadas con la misma persona o entidad vinculada, siempre que el importe de la contraprestación del conjunto de operaciones no supere los 250.000 euros, de acuerdo con el valor de mercado.

4. Para la determinación del valor de mercado se aplicará cualquiera de los siguientes métodos[45]:

a) Método del precio libre comparable, por el que se compara el precio del bien o servicio en una operación entre personas o entidades vinculadas con el precio de un bien o servicio idéntico o de características similares en una operación entre personas o entidades independientes en circunstancias equiparables, efectuando, si fuera preciso, las correcciones necesarias para obtener la equivalencia y considerar las particularidades de la operación.

b) Método del coste incrementado, por el que se añade al valor de adquisición o coste de producción del bien o servicio el margen habitual en operaciones idénticas o similares con personas o entidades independientes o, en su defecto, el margen que personas o entidades independientes aplican a operaciones equiparables, efectuando, si fuera preciso, las correcciones necesarias para obtener la equivalencia y considerar las particularidades de la operación.

c) Método del precio de reventa, por el que se sustrae del precio de venta de un bien o servicio el margen que aplica el propio revendedor en operaciones idénticas o similares con personas o entidades independientes o, en su defecto, el margen que personas o entidades independientes aplican a operaciones equiparables, efectuando, si fuera preciso, las correcciones necesarias para obtener la equivalencia y considerar las particularidades de la operación.

d) Método de la distribución del resultado, por el que se asigna a cada persona o entidad vinculada que realice de forma conjunta una o varias operaciones la parte del resultado común derivado de dicha operación u operaciones, en función de un criterio que refleje adecuadamente las condiciones que habrían suscrito personas o entidades independientes en circunstancias similares.

e) Método del margen neto operacional, por el que se atribuye a las operaciones realizadas con una persona o entidad vinculada el resultado neto, calculado sobre costes, ventas o la magnitud que resulte más adecuada en función de las

---

[45]   Véase RIS 17 a 20.

características de las operaciones idénticas o similares realizadas entre partes independientes, efectuando, cuando sea preciso, las correcciones necesarias para obtener la equivalencia y considerar las particularidades de las operaciones.

La elección del método de valoración tendrá en cuenta, entre otras circunstancias, la naturaleza de la operación vinculada, la disponibilidad de información fiable y el grado de comparabilidad entre las operaciones vinculadas y no vinculadas.

Cuando no resulte posible aplicar los métodos anteriores, se podrán utilizar otros métodos y técnicas de valoración generalmente aceptados que respeten el principio de libre competencia.

5. En el supuesto de prestaciones de servicios entre personas o entidades vinculadas, valorados de acuerdo con lo establecido en el apartado 4, se requerirá que los servicios prestados produzcan o puedan producir una ventaja o utilidad a su destinatario.

Cuando se trate de servicios prestados conjuntamente en favor de varias personas o entidades vinculadas, y siempre que no fuera posible la individualización del servicio recibido o la cuantificación de los elementos determinantes de su remuneración, será posible distribuir la contraprestación total entre las personas o entidades beneficiarias de acuerdo con unas reglas de reparto que atiendan a criterios de racionalidad. Se entenderá cumplido este criterio cuando el método aplicado tenga en cuenta, además de la naturaleza del servicio y las circunstancias en que éste se preste, los beneficios obtenidos o susceptibles de ser obtenidos por las personas o entidades destinatarias.

6. A los efectos de lo previsto en el apartado 4 anterior, el contribuyente podrá considerar que el valor convenido coincide con el valor de mercado en el caso de una prestación de servicios por un socio profesional, persona física, a una entidad vinculada y se cumplan los siguientes requisitos:

a) Que más del 75 por ciento de los ingresos de la entidad procedan del ejercicio de actividades profesionales y cuente con los medios materiales y humanos adecuados para el desarrollo de la actividad.

b) Que la cuantía de las retribuciones correspondientes a la totalidad de los socios-profesionales por la prestación de servicios a la entidad no sea inferior al 75 por ciento del resultado previo a la deducción de las retribuciones correspondientes a la totalidad de los socios-profesionales por la prestación de sus servicios.

c) Que la cuantía de las retribuciones correspondientes a cada uno de los socios-profesionales cumplan los siguientes requisitos:

1.º Se determine en función de la contribución efectuada por estos a la buena marcha de la entidad, siendo necesario que consten por escrito los criterios cualitativos y/o cuantitativos aplicables.

2.º No sea inferior a 1,5 veces el salario medio de los asalariados de la entidad que cumplan funciones análogas a las de los socios profesionales de la entidad. En ausencia de estos últimos, la cuantía de las citadas retribuciones no podrá ser inferior a 5 veces el Indicador Público de Renta de Efectos Múltiples.

El incumplimiento del requisito establecido en este número 2.º en relación con alguno de los socios-profesionales, no impedirá la aplicación de lo previsto en este apartado a los restantes socios-profesionales.

7. En el supuesto de acuerdos de reparto de costes de bienes o servicios suscritos entre personas o entidades vinculadas, deberán cumplirse los siguientes requisitos:

a) Las personas o entidades participantes que suscriban el acuerdo deberán acceder a la propiedad u otro derecho que tenga similares consecuencias económicas sobre los activos o derechos que en su caso sean objeto de adquisición, producción o desarrollo como resultado del acuerdo.

b) La aportación de cada persona o entidad participante deberá tener en cuenta la previsión de utilidades o ventajas que cada uno de ellos espere obtener del acuerdo en atención a criterios de racionalidad.

c) El acuerdo deberá contemplar la variación de sus circunstancias o personas o entidades participantes, estableciendo los pagos compensatorios y ajustes que se estimen necesarios.

El acuerdo suscrito entre personas o entidades vinculadas deberá cumplir los requisitos que reglamentariamente se fijen.

8. En el caso de contribuyentes que posean un establecimiento permanente en el extranjero, en aquellos supuestos en que así esté establecido en un convenio para evitar la doble imposición internacional que les resulte de aplicación, se incluirán en la base imponible de aquellos las rentas estimadas por operaciones internas realizadas con el establecimiento permanente, valoradas por su valor de mercado.

9. Los contribuyentes podrán solicitar a la Administración tributaria que determine la valoración de las operaciones efectuadas entre personas o entidades vinculadas con carácter previo a la realización de éstas. Dicha solicitud se acompañará de una propuesta que se fundamentará en el principio de libre competencia.

La Administración tributaria podrá formalizar acuerdos con otras Administraciones a los efectos de determinar conjuntamente el valor de mercado de las operaciones.

El acuerdo de valoración surtirá efectos respecto de las operaciones realizadas con posterioridad a la fecha en que se apruebe, y tendrá validez durante los períodos impositivos que se concreten en el propio acuerdo, sin que pueda exceder de los 4 períodos impositivos siguientes al de la fecha en que se apruebe. Asimismo, podrá determinarse que sus efectos alcancen a las operaciones de períodos impositivos anteriores siempre que no hubiese prescrito el derecho de la Administración a determinar la deuda tributaria mediante la oportuna liquidación ni hubiese liquidación firme que recaiga sobre las operaciones objeto de solicitud.

En el supuesto de variación significativa de las circunstancias económicas existentes en el momento de la aprobación del acuerdo de la Administración tributaria, éste podrá ser modificado para adecuarlo a las nuevas circunstancias económicas.

Las propuestas a que se refiere este apartado podrán entenderse desestimadas una vez transcurrido el plazo de resolución.

Reglamentariamente se fijará el procedimiento para la resolución de los acuerdos de valoración de operaciones vinculadas, así como el de sus posibles prórrogas[46].

10. La Administración tributaria podrá comprobar las operaciones realizadas entre personas o entidades vinculadas y efectuará, en su caso, las correcciones que procedan en los términos que se hubieran acordado entre partes independientes de acuerdo con el principio de libre competencia, respecto de las operaciones sujetas a este Impuesto, al Impuesto sobre la Renta de las Personas Físicas o al Impuesto sobre la Renta de no Residentes, con la documentación aportada por el contribuyente y los datos e información de que disponga. La Administración tributaria quedará vinculada por dicha corrección en relación con el resto de personas o entidades vinculadas.

La corrección practicada no determinará la tributación por este Impuesto ni, en su caso, por el Impuesto sobre la Renta de las Personas Físicas o por el Impuesto sobre la Renta de no Residentes de una renta superior a la efectivamente derivada de la operación para el conjunto de las personas o entidades que la hubieran realizado. Para efectuar la comparación se tendrá en cuenta aquella parte de la renta que no se integre en la base imponible por resultar de aplicación algún método de estimación objetiva.

11. En aquellas operaciones en las que se determine que el valor convenido es distinto del valor de mercado, la diferencia entre ambos valores tendrá, para las personas o entidades vinculadas, el tratamiento fiscal que corresponda a la naturaleza de las rentas puestas de manifiesto como consecuencia de la existencia de dicha diferencia.

---

[46]   Véase RIS 21 a 36.

En particular, en los supuestos en los que la vinculación se defina en función de la relación socios o partícipes-entidad, la diferencia tendrá, con carácter general, el siguiente tratamiento:

a) Cuando la diferencia fuese a favor del socio o partícipe, la parte de la misma que se corresponda con el porcentaje de participación en la entidad se considerará como retribución de fondos propios para la entidad y como participación en beneficios para el socio. La parte de la diferencia que no se corresponda con aquel porcentaje, tendrá para la entidad la consideración de retribución de fondos propios y para el socio o partícipe de utilidad percibida de una entidad por la condición de socio, accionista, asociado o partícipe de acuerdo con lo previsto en el artículo 25.1.d) de la Ley 35/2006, de 28 de noviembre, del Impuesto sobre la Renta de las Personas Físicas y de modificación parcial de las leyes de los Impuestos sobre Sociedades, sobre la Renta de no Residentes y sobre el Patrimonio.

b) Cuando la diferencia fuese a favor de la entidad, la parte de la diferencia que se corresponda con el porcentaje de participación en la misma tendrá la consideración de aportación del socio o partícipe a los fondos propios de la entidad, y aumentará el valor de adquisición de la participación del socio o partícipe. La parte de la diferencia que no se corresponda con el porcentaje de participación en la entidad, tendrá la consideración de renta para la entidad, y de liberalidad para el socio o partícipe. Cuando se trate de contribuyentes del Impuesto sobre la Renta de no Residentes sin establecimiento permanente, la renta se considerará como ganancia patrimonial de acuerdo con lo previsto en el artículo 13.1.i).4.º del texto refundido de la Ley del Impuesto sobre la Renta de no Residentes, aprobado por el Real Decreto Legislativo 5/2004, de 5 de marzo.

No se aplicará lo dispuesto en este apartado cuando se proceda a la restitución patrimonial entre las personas o entidades vinculadas en los términos que reglamentariamente se establezcan. Esta restitución no determinará la existencia de renta en las partes afectadas.

12. Reglamentariamente se regulará la comprobación de las operaciones vinculadas, con arreglo a las siguientes normas:

1.º La comprobación de las operaciones vinculadas se llevará a cabo en el seno del procedimiento iniciado respecto del obligado tributario cuya situación tributaria sea objeto de comprobación. Sin perjuicio de lo dispuesto en el siguiente párrafo, estas actuaciones se entenderán exclusivamente con dicho obligado tributario.

2.º Si contra la liquidación provisional practicada a dicho obligado tributario como consecuencia de la comprobación, éste interpusiera el correspondiente recurso o reclamación, se notificará dicha circunstancia a las demás personas o entidades vinculadas afectadas, al objeto de que puedan personarse en el correspondiente procedimiento y presentar las oportunas alegaciones.

Transcurridos los plazos oportunos sin que el obligado tributario haya interpuesto recurso o reclamación, se notificará la liquidación practicada a las demás personas o entidades vinculadas afectadas, para que aquellos que lo deseen puedan optar de forma conjunta por interponer el oportuno recurso o reclamación. La interposición de recurso o reclamación interrumpirá el plazo de prescripción del derecho de la Administración tributaria a efectuar las oportunas liquidaciones al obligado tributario y a las demás personas o entidades afectadas, a quienes se comunicará dicha interrupción, iniciándose de nuevo el cómputo de dicho plazo cuando la liquidación practicada por la Administración haya adquirido firmeza.

3.º La firmeza de la liquidación determinará su eficacia y firmeza frente a las demás personas o entidades vinculadas. La Administración tributaria efectuará las regularizaciones que correspondan, salvo que dichas regularizaciones se hayan efectuado por la propia persona o entidad vinculada afectada, en los términos que reglamentariamente se establezcan.

4.º Lo dispuesto en este apartado será aplicable respecto de las personas o entidades vinculadas afectadas por la corrección que sean contribuyentes del Impuesto sobre Sociedades, del Impuesto sobre la Renta de las Personas Físicas o del Impuesto sobre la Renta de no Residentes.

5.º Lo dispuesto en este apartado se entenderá sin perjuicio de lo previsto en los tratados y convenios internacionales que hayan pasado a formar parte del ordenamiento interno.

6.º Cuando en el seno de la comprobación a que se refiere este apartado se efectuase la comprobación del valor de la operación, no resultará de aplicación lo dispuesto en el apartado 2 del artículo 57 y en el artículo 135 de la Ley 58/2003, de 17 de diciembre, General Tributaria.

13. 1.º Constituye infracción tributaria la falta de aportación o la aportación de forma incompleta, o con datos falsos, de la documentación que, conforme a lo previsto en el apartado 3 de este artículo y en su normativa de desarrollo, deban mantener a disposición de la Administración tributaria las personas o entidades vinculadas, cuando la Administración tributaria no realice correcciones en aplicación de lo dispuesto en este artículo.

Esta infracción tendrá la consideración de infracción grave y se sancionará de acuerdo con las siguientes normas:

a) La sanción consistirá en multa pecuniaria fija de 1.000 euros por cada dato y 10.000 euros por conjunto de datos, omitido, o falso, referidos a cada una de las obligaciones de documentación que se establezcan reglamentariamente para el grupo o para cada persona o entidad en su condición de contribuyente.

b) La sanción prevista en la letra anterior tendrá como límite máximo la menor de las dos cuantías siguientes:

– El 10 por ciento del importe conjunto de las operaciones sujetas a este Impuesto, al Impuesto sobre la Renta de las Personas Físicas o al Impuesto sobre la Renta de no Residentes realizadas en el período impositivo.

– El 1 por ciento del importe neto de la cifra de negocios.

2.º Constituyen infracción tributaria los siguientes supuestos, siempre que conlleven la realización de correcciones por la Administración tributaria, en aplicación de lo dispuesto en este artículo respecto de las operaciones sujetas a este Impuesto, al Impuesto sobre la Renta de las Personas Físicas o al Impuesto sobre la Renta de no Residentes:

(i) la falta de aportación o la aportación de documentación incompleta, o con datos falsos de la documentación que, conforme a lo previsto en el apartado 3 de este artículo y en su normativa de desarrollo, deban mantener a disposición de la Administración tributaria las personas o entidades vinculadas.

(ii) que el valor de mercado que se derive de la documentación prevista en este artículo y en su normativa de desarrollo no sea el declarado en el Impuesto sobre Sociedades, el Impuesto sobre la Renta de las Personas Físicas o el Impuesto sobre la Renta de no Residentes.

Estas infracciones tendrán la consideración de infracción grave y se sancionarán con multa pecuniaria proporcional del 15 por ciento sobre el importe de las cantidades que resulten de las correcciones que correspondan a cada operación. Esta sanción será incompatible con la que proceda, en su caso, por la aplicación de los artículos 191, 192, 193 o 195 de la Ley General Tributaria, por la parte de bases que hubiesen dado lugar a la imposición de la infracción prevista en este número 2.º

3.º Las correcciones realizadas por la Administración tributaria en aplicación de lo dispuesto en este artículo respecto de operaciones sujetas a este Impuesto, al Impuesto sobre la Renta de las Personas Físicas o al Impuesto sobre la Renta de no Residentes, que determinen falta de ingreso, obtención indebida de devoluciones tributarias o determinación o acreditación improcedente de partidas a compensar en declaraciones futuras o se declare incorrectamente la renta neta sin que produzca falta de ingreso u obtención de devoluciones por haberse compensado en un procedimiento de comprobación o investigación cantidades pendientes de compensación, habiéndose cumplido la obligación de documentación específica a que se refiere el apartado 3 de este artículo, no constituirá la comisión de las infracciones de los artículos 191, 192, 193 o 195 de la Ley 58/2003, de 17 de diciembre, General Tributaria, por la parte de bases que hubiesen dado lugar a las referidas correcciones.

4.º Las sanciones previstas en este apartado serán compatibles con la establecida para la resistencia, obstrucción, excusa o negativa a las actuaciones de la Administración tributaria en el artículo 203 de la Ley General Tributaria, por la desatención de los requerimientos realizados.

Respecto de las sanciones impuestas conforme a lo dispuesto en este artículo resultará de aplicación lo establecido en los apartados 1.b) y 3 del artículo 188 de la Ley General Tributaria.

14. El valor de mercado a efectos de este Impuesto, del Impuesto sobre la Renta de las Personas Físicas o del Impuesto sobre la Renta de no Residentes, no producirá efectos respecto a otros impuestos, salvo disposición expresa en contrario. Asimismo, el valor a efectos de otros impuestos no producirá efectos respecto del valor de mercado de las operaciones entre personas o entidades vinculadas de este impuesto, del Impuesto sobre la Renta de las Personas Físicas o del Impuesto sobre la Renta de no Residentes, salvo disposición expresa en contrario.

Artículo 19. *Cambios de residencia, operaciones realizadas con o por personas o entidades residentes en paraísos fiscales y cantidades sujetas a retención. Reglas especiales.*

1[47]. Se integrará en la base imponible la diferencia entre el valor de mercado y el valor fiscal de los elementos patrimoniales que sean propiedad de una entidad residente en territorio español que traslada su residencia fuera de éste, excepto que dichos elementos patrimoniales queden afectados a un establecimiento permanente situado en territorio español de la mencionada entidad. En caso de afectación a un establecimiento permanente, será de aplicación a dichos elementos patrimoniales lo previsto en el artículo 78 de esta Ley.

En el supuesto de elementos patrimoniales transferidos a un Estado miembro de la Unión Europea o del Espacio Económico Europeo que haya celebrado un acuerdo con España o con la Unión Europea sobre asistencia mutua en materia de cobro de créditos tributarios que sea equivalente a la asistencia mutua prevista en la Directiva 2010/24/UE del Consejo, de 16 de marzo de 2010, sobre la asistencia mutua en materia de cobro de los créditos correspondientes a determinados impuestos, derechos y otras medidas, el contribuyente podrá optar por fraccionar el pago de la

---

[47] Nueva redacción de este apartado por Ley 11/2021 (Art. 1.1), con efectos para los períodos impositivos que se inicien a partir de 1 de enero de 2021.

deuda tributaria resultante de la aplicación de lo dispuesto en el párrafo anterior por quintas partes anuales iguales.

El ejercicio de la opción se realizará exclusivamente en la propia declaración del impuesto correspondiente al período impositivo concluido con ocasión del cambio de residencia, debiéndose efectuar el pago de la primera fracción en el plazo voluntario de declaración correspondiente a dicho período impositivo.

El vencimiento y exigibilidad de cada una de las cuatro fracciones anuales restantes, junto con los intereses de demora devengados por cada una de ellas, se producirá de forma sucesiva transcurrido un año desde la finalización del plazo voluntario de declaración correspondiente al último período impositivo.

Salvo las especialidades contenidas en este apartado, a este fraccionamiento le será de aplicación lo dispuesto en la Ley 58/2003, de 17 de diciembre, General Tributaria, y su normativa de desarrollo, en cuanto al devengo de intereses de demora y a la constitución de garantías. No obstante, únicamente será exigible la constitución de garantías cuando se justifique la existencia de indicios racionales de que el cobro de la deuda se podría ver frustrado o gravemente dificultado.

En el caso de que dichos indicios racionales sean apreciados por el órgano de recaudación en el plazo de los 6 meses siguientes a la finalización del plazo voluntario de pago de la primera fracción, se pondrá en conocimiento del contribuyente mediante el oportuno requerimiento para que aporte garantías suficientes en el plazo de 10 días contados a partir del siguiente a la notificación del mismo. Si el requerimiento no es atendido o, siéndolo, no se considera aportada garantía suficiente o debidamente justificada lo innecesario de la misma, se exigirá la totalidad de la deuda pendiente en los plazos a los que se refiere el artículo 62.2 de la Ley 58/2003, de 17 de diciembre, General Tributaria. De no producirse el ingreso en dicho plazo, comenzará el periodo ejecutivo y deberá iniciarse el procedimiento de apremio en los términos previstos en el artículo 167.1 de la Ley 58/2003, de 17 de diciembre, General Tributaria.

El fraccionamiento perderá su vigencia en los siguientes supuestos:

a) Cuando los elementos patrimoniales afectados sean objeto de transmisión a terceros.

b) Cuando los elementos patrimoniales afectados se trasladen con posterioridad a un tercer Estado distinto de los señalados en el párrafo segundo de este apartado.

c) Cuando el contribuyente traslade con posterioridad su residencia fiscal a un tercer Estado distinto de los señalados en el párrafo segundo de este apartado.

d) Cuando el contribuyente se encuentre en liquidación o esté incurso en un procedimiento de ejecución colectiva, como concurso, o cualquier procedimiento equivalente.

e) Cuando el contribuyente no efectúe el ingreso en el plazo previsto en el fraccionamiento.

En los casos de transmisión o traslado a los que se refieren las letras a) y b) de este apartado, cuando se trate de una transmisión o traslado parcial de los elementos patrimoniales, el fraccionamiento perderá su vigencia únicamente respecto de la parte proporcional de la deuda tributaria correspondiente a la diferencia positiva entre el valor de mercado y el valor fiscal de dichos elementos, cuando el contribuyente pruebe que dicha transmisión o traslado afecta solo a alguno o algunos de los elementos patrimoniales.

En los supuestos de pérdida de vigencia contemplados en las letras a), b) y c) de este apartado, las cantidades para las cuales ha perdido su vigencia el fraccionamiento deberán ser ingresadas en el plazo de un mes contado a partir de que se produzca la pérdida de vigencia del fraccionamiento. La falta de ingreso en el referido plazo de un mes determinará que se proceda, exclusivamente respecto de las cantidades para las cuales ha perdido su vigencia el fraccionamiento, a iniciar el procedimiento de apremio, con su exigencia en los plazos a que se refiere el artículo 62.5 de la Ley 58/2003, de 17 de diciembre, General Tributaria. El importe que se ingrese será aplicado a los últimos vencimientos del fraccionamiento. De no producirse el ingreso de las cantidades exigidas en dichos plazos, se considerará vencida, en su caso, el resto de deuda fraccionada, debiendo iniciarse el procedimiento de apremio respecto de la misma.

La pérdida de vigencia del fraccionamiento a que se refiere la letra d) de este apartado determinará el vencimiento y exigibilidad de la totalidad de la deuda pendiente en el plazo de un mes contado a partir de que se produzca la misma. La falta de ingreso en el referido plazo determinará el inicio del periodo ejecutivo debiendo iniciarse el procedimiento de apremio en los términos previstos en el artículo 167.1 de la Ley 58/2003, de 17 de diciembre, General Tributaria.

Si concurre el supuesto de pérdida de vigencia del fraccionamiento al que se refiere la letra e) de este apartado, se procederá a iniciar el procedimiento de apremio exclusivamente respecto de dicha fracción incumplida, exigiéndose en los plazos a que se refiere el artículo 62.5 de la Ley 58/2003, de 17 de diciembre, General Tributaria. Se exigirá el importe de dicha fracción, los intereses de demora devengados a partir del día siguiente al del vencimiento del plazo de ingreso en período voluntario hasta la fecha del vencimiento del plazo concedido, y el recargo del período ejecutivo sobre la suma de ambos conceptos.

De no producirse el ingreso de las cantidades exigidas conforme al párrafo anterior se considerarán vencidas el resto de las fracciones pendientes, debiendo iniciarse el procedimiento de apremio respecto de todas las deudas. Se exigirán los intereses de demora devengados a partir del día siguiente al del vencimiento del plazo de ingreso en periodo voluntario hasta la fecha del vencimiento de pago de la fracción incumplida.

En el caso de cambio de residencia, transferencia a España de elementos patrimoniales o actividades que, de acuerdo con lo previsto en el artículo 5 de la Directiva (UE) 2016/1164 del Consejo, de 12 de julio de 2016, por la que se establecen normas contra las prácticas de elusión fiscal que inciden directamente en el funcionamiento del mercado interior, haya sido objeto de una imposición de salida en un Estado miembro de la Unión Europea, el valor determinado por el Estado miembro de salida tendrá la consideración de valor fiscal en España, salvo que no refleje el valor de mercado.

No será de aplicación lo dispuesto en el presente apartado y, por tanto, no se integrará en la base imponible, la diferencia entre el valor de mercado y el valor fiscal de los elementos patrimoniales transferidos, que estén relacionados con la financiación o entrega de garantías o para cumplir requisitos prudenciales de capital o a efectos de gestión de liquidez, siempre que se prevea que deben volver a territorio español para afectarse en el plazo máximo de un año a un establecimiento permanente situado en España.

2. Las operaciones que se efectúen con personas o entidades residentes en países o territorios calificados como paraísos fiscales se valorarán por su valor de mercado.

Quienes realicen las operaciones señaladas en el párrafo anterior estarán sujetos a la obligación de documentación a que se refiere el artículo 18.3 de esta Ley con las especialidades que reglamentariamente se establezcan[48].

3. El perceptor de cantidades sobre las que deba retenerse a cuenta de este Impuesto computará aquéllas por la contraprestación íntegra devengada.

Cuando la retención no se hubiera practicado o lo hubiera sido por importe inferior al debido, por causa imputable exclusivamente al retenedor, el perceptor deducirá de la cuota la cantidad que debió ser retenida.

En el caso de retribuciones legalmente establecidas que hubieran sido satisfechas por el sector público, el perceptor sólo podrá deducir las cantidades efectivamente retenidas.

---

[48]   Véase RIS 37.

Cuando no pudiera probarse la contraprestación íntegra devengada, la Administración tributaria podrá computar como importe íntegro una cantidad que, una vez restada de ella la retención procedente, arroje la efectivamente percibida. En este caso se deducirá de la cuota, como retención a cuenta, la diferencia entre lo realmente percibido y el importe íntegro.

4. La renta que se ponga de manifiesto como consecuencia del ejercicio del derecho de rescate de los contratos de seguro colectivo que instrumenten compromisos por pensiones, en los términos previstos en la Disposición adicional primera del Texto Refundido de la Ley de Regulación de los Planes y Fondos de Pensiones, aprobado por el Real Decreto Legislativo 1/2002, de 29 de noviembre, no estará sujeta al Impuesto sobre Sociedades del titular de los recursos económicos que en cada caso corresponda, en los siguientes supuestos:

a) Para la integración total o parcial de los compromisos instrumentados en la póliza en otro contrato de seguro que cumpla los requisitos de la citada Disposición adicional primera.

b) Para la integración en otro contrato de seguro colectivo, de los derechos que correspondan al trabajador según el contrato de seguro original en el caso de cese de la relación laboral.

Los supuestos establecidos en las letras a) y b) anteriores no alterarán la naturaleza de las primas respecto de su imputación fiscal por parte de la empresa, ni el cómputo de la antigüedad de las primas satisfechas en el contrato de seguro original. No obstante, en el supuesto establecido en la letra b) anterior, si las primas no fueran imputadas, la empresa podrá deducirlas con ocasión de esta movilización.

No quedará sujeta la renta que se ponga de manifiesto como consecuencia de la participación en beneficios de los contratos de seguro que instrumenten compromisos por pensiones de acuerdo con lo previsto en la Disposición adicional primera del Texto Refundido de la Ley de Regulación de los Planes y Fondos de Pensiones, cuando dicha participación en beneficios se destine al aumento de las prestaciones aseguradas en dichos contratos.

5. No se integrarán en la base imponible las rentas positivas o negativas que se pongan de manifiesto con ocasión del pago de las deudas tributarias a que se refiere el apartado 2 del artículo 125 de esta Ley y de las deudas tributarias a que se refiere el artículo 73 de la Ley 16/1985, de 25 de junio, del Patrimonio Histórico Español.

6. No se integrarán en la base imponible las subvenciones concedidas a los contribuyentes de este Impuesto que exploten fincas forestales gestionadas de acuerdo con planes técnicos de gestión forestal, ordenación de montes, planes dasocráticos o planes de repoblación forestal aprobadas por la Administración forestal competente, siempre que el período de producción medio, según la especie

de que se trate, determinado en cada caso por la Administración forestal competente, sea igual o superior a 20 años.

Artículo 20. *Efectos de la valoración contable diferente a la fiscal.*

Cuando un elemento patrimonial o un servicio tengan diferente valoración contable y fiscal, la entidad adquirente de aquél integrará en su base imponible la
diferencia entre ambas, de la siguiente manera:

a) Tratándose de elementos patrimoniales integrantes del activo circulante, en
el período impositivo en que éstos motiven el devengo de un ingreso o un gasto.

b) Tratándose de elementos patrimoniales no amortizables integrantes del inmovilizado, en el período impositivo en que éstos se transmitan o se den de baja.

c) Tratándose de elementos patrimoniales amortizables integrantes del inmovilizado, en los períodos impositivos que resten de vida útil, aplicando a la citada
diferencia el método de amortización utilizado respecto de los referidos elementos,
salvo que sean objeto de transmisión o baja con anterioridad, en cuyo caso, se
integrará con ocasión de la misma.

d) Tratándose de servicios, en el período impositivo en que se reciban, excepto
que su importe deba incorporarse a un elemento patrimonial en cuyo caso se estará
a lo previsto en los párrafos anteriores.

CAPÍTULO IV. Exención en valores representativos de los fondos
propios de entidades y establecimientos permanentes[49]

Artículo 21. *Exención sobre dividendos y rentas derivadas de la transmisión de
valores representativos de los fondos propios de entidades residentes y no residentes
en territorio español*[50, 51].

1. Estarán exentos los dividendos o participaciones en beneficios de entidades,
cuando se cumplan los siguientes requisitos:

---

[49] Título modificado por el Real Decreto-ley 3/2016 (art. 3.2°.5), con efectos para los periodos impositivos que se inicien a partir de 1 de enero de 2017.

[50] Título modificado por el Real Decreto-ley 3/2016 (art. 3.2°.6), con efectos para los periodos impositivos que se inicien a partir de 1 de enero de 2017.

[51] Véase LIS DA 1ª. *Restricciones a la exención por doble imposición de dividendos*. Véase
también LIS DT 16ª, 19ª, 23ª, 24ª.6, 31, 34.l), 34.m) y DF 7ª.

a)[52] Que el porcentaje de participación, directa o indirecta, en el capital o en los fondos propios de la entidad sea, al menos, del 5 por ciento.

La participación correspondiente se deberá poseer de manera ininterrumpida durante el año anterior al día en que sea exigible el beneficio que se distribuya o, en su defecto, se deberá mantener posteriormente durante el tiempo necesario para completar dicho plazo. Para el cómputo del plazo se tendrá también en cuenta el período en que la participación haya sido poseída ininterrumpidamente por otras entidades que reúnan las circunstancias a que se refiere el artículo 42 del Código de Comercio para formar parte del mismo grupo de sociedades, con independencia de la residencia y de la obligación de formular cuentas anuales consolidadas.

En el supuesto de que la entidad participada obtenga dividendos, participaciones en beneficios o rentas derivadas de la transmisión de valores representativos del capital o de los fondos propios de entidades en más del 70 por ciento de sus ingresos, la aplicación de esta exención respecto de dichas rentas requerirá que el contribuyente tenga una participación indirecta en esas entidades que cumpla los requisitos señalados en esta letra. El referido porcentaje de ingresos se calculará sobre el resultado consolidado del ejercicio, en el caso de que la entidad directamente participada sea dominante de un grupo según los criterios establecidos en el artículo 42 del Código de Comercio, y formule cuentas anuales consolidadas. No obstante, la participación indirecta en filiales de segundo o ulterior nivel deberá respetar el porcentaje mínimo del 5 por ciento, salvo que dichas filiales reúnan las circunstancias a que se refiere el artículo 42 del Código de Comercio para formar parte del mismo grupo de sociedades con la entidad directamente participada y formulen estados contables consolidados.

El requisito exigido en el párrafo anterior no resultará de aplicación cuando el contribuyente acredite que los dividendos o participaciones en beneficios percibidos se han integrado en la base imponible de la entidad directa o indirectamente participada como dividendos, participaciones en beneficios o rentas derivadas de la transmisión de valores representativos del capital o de los fondos propios de entidades sin tener derecho a la aplicación de un régimen de exención o de deducción por doble imposición.

---

[52] Letra modificada por Ley 11/2020 (art. 65.2), con efectos para los períodos impositivos que se inicien a partir de 1 de enero de 2021. Elimina la exención a las participaciones cuyo valor de adquisición sea superior a 20 millones de euros. Véase DT 40ª.

b)[53] Adicionalmente, en el caso de participaciones en el capital o en los fondos propios de entidades no residentes en territorio español, que la entidad participada haya estado sujeta y no exenta por un impuesto extranjero de naturaleza idéntica o análoga a este Impuesto a un tipo nominal de, al menos, el 10 por ciento en el ejercicio en que se hayan obtenido los beneficios que se reparten o en los que se participa, con independencia de la aplicación de algún tipo de exención, bonificación, reducción o deducción sobre aquellos.

[53]   Letra modificada por el Real Decreto-ley 3/2016 (art. 3.2º.7), con efectos para los periodos impositivos que se inicien a partir de 1 de enero de 2017. Su redacción inicial era la
siguiente: «b) Adicionalmente, en el caso de participaciones en el capital o en los fondos
propios de entidades no residentes en territorio español, que la entidad participada haya estado sujeta y no exenta por un impuesto extranjero de naturaleza idéntica o análoga a este
Impuesto a un tipo nominal de, al menos, el 10 por ciento en el ejercicio en que se hayan
obtenido los beneficios que se reparten o en los que se participa, con independencia de la
aplicación de algún tipo de exención, bonificación, reducción o deducción sobre aquellos.
A estos efectos, se tendrán en cuenta aquellos tributos extranjeros que hayan tenido por
finalidad la imposición de la renta obtenida por la entidad participada, con independencia
de que el objeto del tributo lo constituya la renta, los ingresos o cualquier otro elemento
indiciario de aquella.
Se considerará cumplido este requisito, cuando la entidad participada sea residente en un
país con el que España tenga suscrito un convenio para evitar la doble imposición internacional, que le sea de aplicación y que contenga cláusula de intercambio de información.
En el supuesto de que la entidad participada no residente obtenga dividendos, participaciones en beneficios o rentas derivadas de la transmisión de valores representativos del capital
o de los fondos propios de entidades, la aplicación de esta exención respecto de dichas
rentas requerirá que el requisito previsto en esta letra se cumpla, al menos, en la entidad
indirectamente participada.
En el supuesto de que la entidad participada, residente o no residente en territorio español,
obtenga dividendos, participaciones en beneficios o rentas derivadas de la transmisión de
valores representativos del capital o de los fondos propios de entidades procedentes de
dos o más entidades respecto de las que solo en alguna o algunas de ellas se cumplan los
requisitos señalados en las letras a) o a) y b) anteriores, la aplicación de la exención se
referirá a aquella parte de los dividendos o participaciones en beneficios recibidos por el
contribuyente respecto de entidades en las que se cumplan los citados requisitos.
No se aplicará la exención prevista en este apartado, respecto del importe de aquellos
dividendos o participaciones en beneficios cuya distribución genere un gasto fiscalmente
deducible en la entidad pagadora.
Para la aplicación de este artículo, en el caso de distribución de reservas se atenderá a la
designación contenida en el acuerdo social y, en su defecto, se considerarán aplicadas las
últimas cantidades abonadas a dichas reservas.»

A estos efectos, se tendrán en cuenta aquellos tributos extranjeros que hayan tenido por finalidad la imposición de la renta obtenida por la entidad participada, con independencia de que el objeto del tributo lo constituya la renta, los ingresos o cualquier otro elemento indiciario de aquella.

Se considerará cumplido este requisito, cuando la entidad participada sea residente en un país con el que España tenga suscrito un convenio para evitar la doble imposición internacional, que le sea de aplicación y que contenga cláusula de intercambio de información.

En ningún caso se entenderá cumplido este requisito cuando la entidad participada sea residente en un país o territorio calificado como paraíso fiscal, excepto que resida en un Estado miembro de la Unión Europea y el contribuyente acredite que su constitución y operativa responde a motivos económicos válidos y que realiza actividades económicas.

En el supuesto de que la entidad participada no residente obtenga dividendos, participaciones en beneficios o rentas derivadas de la transmisión de valores representativos del capital o de los fondos propios de entidades, la aplicación de esta exención respecto de dichas rentas requerirá que el requisito previsto en esta letra se cumpla, al menos, en la entidad indirectamente participada.

En el supuesto de que la entidad participada, residente o no residente en territorio español, obtenga dividendos, participaciones en beneficios o rentas derivadas de la transmisión de valores representativos del capital o de los fondos propios de entidades procedentes de dos o más entidades respecto de las que solo en alguna o algunas de ellas se cumplan los requisitos señalados en las letras a) o a) y b) anteriores, la aplicación de la exención se referirá a aquella parte de los dividendos o participaciones en beneficios recibidos por el contribuyente respecto de entidades en las que se cumplan los citados requisitos.

No se aplicará la exención prevista en este apartado, respecto del importe de aquellos dividendos o participaciones en beneficios cuya distribución genere un gasto fiscalmente deducible en la entidad pagadora.

Para la aplicación de este artículo, en el caso de distribución de reservas se atenderá a la designación contenida en el acuerdo social y, en su defecto, se considerarán aplicadas las últimas cantidades abonadas a dichas reservas.

2. 1.º Tendrán la consideración de dividendos o participaciones en beneficios, los derivados de los valores representativos del capital o de los fondos propios de entidades, con independencia de su consideración contable.

2.º Tendrán la consideración de dividendos o participaciones en beneficios exentos las retribuciones correspondientes a préstamos participativos otorgados por entidades que formen parte del mismo grupo de sociedades según los criterios establecidos en el artículo 42 del Código de Comercio, con independencia de la residencia y de la obligación de formular cuentas anuales consolidadas, salvo que generen un gasto fiscalmente deducible en la entidad pagadora.

3.º La exención prevista en el apartado 1 de este artículo no resultará de aplicación en relación con los dividendos o participaciones en beneficios recibidos cuyo importe deba ser objeto de entrega a otra entidad con ocasión de un contrato que verse sobre los valores de los que aquellos proceden, registrando un gasto al efecto.

La entidad receptora de dicho importe en virtud del referido contrato podrá aplicar la exención prevista en el referido apartado 1 en la medida en que se cumplan los siguientes requisitos:

a) Que conserve el registro contable de dichos valores.

b) Que pruebe que el dividendo ha sido percibido por la otra entidad contratante o una entidad perteneciente al mismo grupo de sociedades de cualquiera de las dos entidades, en los términos establecidos en el artículo 42 del Código de Comercio.

c) Que se cumplan las condiciones establecidas en el apartado anterior para la aplicación de la exención.

3. Estará exenta la renta positiva obtenida en la transmisión de la participación en una entidad, cuando se cumplan los requisitos establecidos en el apartado 1 de este artículo. El mismo régimen se aplicará a la renta obtenida en los supuestos de liquidación de la entidad, separación del socio, fusión, escisión total o parcial, reducción de capital, aportación no dineraria o cesión global de activo y pasivo.

El requisito previsto en la letra a) del apartado 1 de este artículo deberá cumplirse el día en que se produzca la transmisión. El requisito previsto en la letra b) del apartado 1 deberá ser cumplido en todos y cada uno de los ejercicios de tenencia de la participación.

No obstante, en el caso de que el requisito previsto en la letra b) del apartado 1 no se cumpliera en alguno o algunos de los ejercicios de tenencia de la participación, la exención prevista en este apartado se aplicará de acuerdo con las siguientes reglas:

a) Respecto de aquella parte de la renta que se corresponda con un incremento neto de beneficios no distribuidos generados por la entidad participada durante el tiempo de tenencia de la participación, se considerará exenta aquella parte que se corresponda con los beneficios generados en aquellos ejercicios en los que se cumpla el requisito establecido en la letra b) del apartado 1.

b) Respecto de aquella parte de la renta que no se corresponda con un incremento neto de beneficios no distribuidos generados por la entidad participada durante el tiempo de tenencia de la participación, la misma se entenderá generada de forma lineal, salvo prueba en contrario, durante el tiempo de tenencia de la participación, considerándose exenta aquella parte que proporcionalmente se corresponda con la tenencia en los ejercicios en que se haya cumplido el requisito establecido en la letra b) del apartado 1.

En el caso de transmisión de la participación en el capital o en los fondos propios de una entidad residente o no residente en territorio español que, a su vez, participara en dos o más entidades respecto de las que sólo en alguna o algunas de ellas se cumplieran los requisitos previstos en las letras a) o b) del apartado 1, la exención prevista en este apartado se aplicará de acuerdo con las siguientes reglas:

1.º Respecto de aquella parte de la renta que se corresponda con un incremento neto de beneficios no distribuidos generados por las entidades indirectamente participadas durante el tiempo de tenencia de la participación, se considerará exenta aquella parte de la renta que se corresponda con los beneficios generados por las entidades en las que se cumpla el requisito establecido en la letra b) del apartado 1.

2.º Respecto de aquella parte de la renta que no se corresponda con un incremento neto de beneficios no distribuidos generados por las entidades indirectamente participadas durante el tiempo de tenencia de la participación, se considerará exenta aquella parte que proporcionalmente sea atribuible a las entidades en que se haya cumplido el requisito establecido en la letra b) del apartado 1.

La parte de la renta que no tenga derecho a la exención en los términos señalados en este apartado se integrará en la base imponible, teniendo derecho a la deducción establecida en el artículo 31 de esta Ley, en caso de proceder su aplicación, siempre que se cumplan los requisitos necesarios para ello. No obstante, a los efectos de lo establecido en la letra a) del apartado 1 del citado artículo, se tomará exclusivamente el importe efectivo de lo satisfecho en el extranjero por razón de gravamen de naturaleza idéntica o análoga a este Impuesto, por la parte que proporcionalmente se corresponda con la renta que no tenga derecho a la exención correspondiente a aquellos ejercicios o entidades respecto de los que no se haya cumplido el requisito establecido en la letra b) del apartado 1 de este artículo, en relación con la renta total obtenida en la transmisión de la participación.

4[54]. En los siguientes supuestos, la aplicación de la exención prevista en el apartado anterior tendrá las especialidades que se indican a continuación:

---

[54] Apartado modificado por el Real Decreto-ley 3/2016 (art. 3.2º.7), con efectos para los periodos impositivos que se inicien a partir de 1 de enero de 2017. Su redacción inicial

a) Cuando la participación en la entidad hubiera sido valorada conforme a las reglas del régimen especial del Capítulo VII del Título VII de esta Ley y la aplicación de dichas reglas hubiera determinado la no integración de rentas en la base imponible de este Impuesto, o del Impuesto sobre la Renta de no Residentes, derivadas de:

1.ª La aportación de la participación en una entidad que no cumpla el requisito de la letra a) o, total o parcialmente al menos en algún ejercicio, el requisito a que se refiere la letra b) del apartado 1 de este artículo.

2.ª La aportación no dineraria de otros elementos patrimoniales distintos a las participaciones en el capital o fondos propios de entidades.

En este supuesto, la exención no se aplicará sobre la renta diferida en la entidad transmitente como consecuencia de la operación de aportación, salvo que se acredite que la entidad adquirente ha integrado esa renta en su base imponible.

b) Cuando la participación en la entidad hubiera sido valorada conforme a las reglas del régimen especial del Capítulo VII del Título VII de esta Ley y la aplicación de dichas reglas hubiera determinado la no integración de rentas en la base imponible del Impuesto sobre la Renta de las Personas Físicas, derivadas de la aportación de participaciones en entidades.

era la siguiente: «4. En los siguientes supuestos, la aplicación de la exención prevista en el apartado anterior tendrá las especialidades que se indican a continuación:

a) Cuando la participación en la entidad hubiera sido valorada conforme a las reglas del régimen especial del Capítulo VII del Título VII de esta Ley y la aplicación de dichas reglas, incluso en una transmisión anterior, hubiera determinado la no integración de rentas en la base imponible de este Impuesto, del Impuesto sobre la Renta de las Personas Físicas o del Impuesto sobre la Renta de no Residentes, derivadas de:

1.ª La transmisión de la participación en una entidad que no cumpla el requisito de la letra a) o, total o parcialmente al menos en algún ejercicio, el requisito a que se refiere la letra b) del apartado 1 de este artículo.

2.ª La aportación no dineraria de otros elementos patrimoniales distintos a las participaciones en el capital o fondos propios de entidades.

En este supuesto, la exención sólo se aplicará sobre la renta que corresponda a la diferencia positiva entre el valor de transmisión de la participación en la entidad y el valor de mercado de aquella en el momento de su adquisición por la entidad transmitente, en los términos establecidos en el apartado 3. En los mismos términos se integrará en la base imponible del período la renta diferida con ocasión de la operación acogida al Capítulo VII del Título VII de esta Ley, en caso de aplicación parcial de la exención prevista en el apartado anterior.

b) En el supuesto de transmisiones sucesivas de valores homogéneos, la exención se limitará al exceso sobre el importe de las rentas negativas netas obtenidas en las transmisiones previas que hayan sido objeto de integración en la base imponible.»

En este supuesto, cuando las referidas participaciones sean objeto de transmisión en los dos años posteriores a la fecha en que se realizó la operación de aportación, la exención no se aplicará sobre la diferencia positiva entre el valor fiscal de las participaciones recibidas por la entidad adquirente y el valor de mercado en el momento de su adquisición, salvo que se acredite que las personas físicas han transmitido su participación en la entidad durante el referido plazo.

5. No se aplicará la exención prevista en el apartado 3 de este artículo:

a) A aquella parte de las rentas derivadas de la transmisión de la participación, directa o indirecta, en una entidad que tenga la consideración de entidad patrimonial, en los términos establecidos en el apartado 2 del artículo 5 de esta Ley, que no se corresponda con un incremento de beneficios no distribuidos generados por la entidad participada durante el tiempo de tenencia de la participación.

b) A aquella parte de las rentas derivadas de la transmisión de la participación en una agrupación de interés económico española o europea, que no se corresponda con un incremento de beneficios no distribuidos generados por la entidad participada durante el tiempo de tenencia de la participación.

c) A las rentas derivadas de la transmisión de la participación, directa o indirecta, en una entidad que cumpla los requisitos establecidos en el artículo 100 de esta Ley, siempre que, al menos, el 15 por ciento de sus rentas queden sometidas al régimen de transparencia fiscal internacional regulado en dicho artículo.

Cuando las circunstancias señaladas en las letras a) o c) de este apartado se cumplan solo en alguno o algunos de los períodos impositivos de tenencia de la participación, no se aplicará la exención respecto de aquella parte de las rentas a que se refieren dichas letras que proporcionalmente se corresponda con aquellos períodos impositivos.

Lo dispuesto en este apartado resultará igualmente de aplicación en los supuestos de liquidación de la entidad, separación del socio, fusión, escisión total o parcial, reducción de capital, aportación no dineraria o cesión global de activo y pasivo.

6[55]. No se integrarán en la base imponible las rentas negativas derivadas de la transmisión de la participación en una entidad, respecto de la que se de alguna de las siguientes circunstancias:

---

[55] Apartado modificado por el Real Decreto-ley 3/2016 (art. 3.2º.7), con efectos para los periodos impositivos que se inicien a partir de 1 de enero de 2017. Su redacción inicial era la siguiente: «6. Si se obtuviera una renta negativa en la transmisión de la participación en una entidad que hubiera sido previamente transmitida por otra entidad que reúna las circunstancias a que se refiere el artículo 42 del Código de Comercio para formar parte de un

a)[56] que se cumplan los requisitos establecidos en el apartado 3 de este artículo.

No obstante, el requisito relativo al porcentaje de participación se entenderá cumplido cuando el mismo se haya alcanzado en algún momento durante el año anterior al día en que se produzca la transmisión.

b) en caso de participación en el capital o en los fondos propios de entidades no residentes en territorio español, que no se cumpla el requisito establecido en la letra b) del apartado 1 del artículo 21 de esta Ley.

En el supuesto de que los requisitos señalados se cumplan parcialmente, en los términos establecidos en el apartado 3 de este artículo, la aplicación de lo dispuesto en este apartado se realizará de manera parcial.

7[57]. Las rentas negativas derivadas de la transmisión de la participación en entidades que sean objeto de integración en la base imponible por no producirse ninguna de las circunstancias previstas en el apartado anterior, tendrán las especialidades que se indican a continuación:

a) En el caso de que la participación hubiera sido previamente transmitida por otra entidad que reúna las circunstancias a que se refiere el artículo 42 del Código de Comercio para formar parte del mismo grupo de sociedades con el contribuyente, con independencia de la residencia y de la obligación de formular cuentas anuales consolidadas, dichas rentas negativas se minorarán en el importe de la renta posi-

---

mismo grupo de sociedades con el contribuyente, con independencia de la residencia y de la obligación de formular cuentas anuales consolidadas, dicha renta negativa se minorará en el importe de la renta positiva obtenida en la transmisión precedente y a la que se hubiera aplicado un régimen de exención.»

[56]   Letra modificada por Ley 11/2020 (art. 65.2), con efectos para los períodos impositivos que se inicien a partir de 1 de enero de 2021.

[57]   Apartado modificado por el Real Decreto-ley 3/2016 (art. 3.2º.7), con efectos para los períodos impositivos que se inicien a partir de 1 de enero de 2017. Su redacción inicial era la siguiente: «7. El importe de las rentas negativas derivadas de la transmisión de la participación en una entidad se minorará en el importe de los dividendos o participaciones en beneficios recibidos de la entidad participada a partir del período impositivo que se haya iniciado en el año 2009, siempre que los referidos dividendos o participaciones en beneficios no hayan minorado el valor de adquisición y que hayan tenido derecho a la aplicación de la exención prevista en el apartado 1 de este artículo.

En el supuesto de transmisiones sucesivas de valores homogéneos, el importe de las rentas negativas se minorará, adicionalmente, en el importe de las rentas positivas netas obtenidas en las transmisiones previas que hayan tenido derecho a la aplicación de la exención prevista en este artículo.»

tiva generada en la transmisión precedente a la que se hubiera aplicado un régimen de exención o de deducción para la eliminación de la doble imposición.

b) El importe de las rentas negativas se minorará, en su caso, en el importe de los dividendos o participaciones en beneficios recibidos de la entidad participada a partir del período impositivo que se haya iniciado en el año 2009, siempre que los referidos dividendos o participaciones en beneficios no hayan minorado el valor de adquisición y hayan tenido derecho a la aplicación de la exención prevista en el apartado 1 de este artículo.

8[58]. Serán fiscalmente deducibles las rentas negativas generadas en caso de extinción de la entidad participada, salvo que la misma sea consecuencia de una operación de reestructuración.

En este caso, el importe de las rentas negativas se minorará en el importe de los dividendos o participaciones en beneficios recibidos de la entidad participada en los diez años anteriores a la fecha de la extinción, siempre que los referidos dividendos o participaciones en beneficios no hayan minorado el valor de adquisición y hayan tenido derecho a la aplicación de un régimen de exención o de deducción para la eliminación de la doble imposición, por el importe de la misma.

9[59]. No se aplicará la exención prevista en este artículo:

a) A las rentas distribuidas por el fondo de regulación de carácter público del mercado hipotecario.

b) A las rentas obtenidas por agrupaciones de interés económico españolas y europeas, y por uniones temporales de empresas, cuando, al menos uno de sus socios, tenga la condición de persona física.

c) A las rentas de fuente extranjera que la entidad integre en su base imponible y en relación con las cuales opte por aplicar, si procede, la deducción establecida en los artículos 31 o 32 de esta Ley.

---

[58] Apartado modificado por el Real Decreto-ley 3/2016 (art. 3.2º.7), con efectos para los periodos impositivos que se inicien a partir de 1 de enero de 2017. El apartado 8 anterior pasa a ser el 9.

[59] Apartado derogado por el Real Decreto-ley 3/2016 (art. 3.2º.7), con efectos para los periodos impositivos que se inicien a partir de 1 de enero de 2017. Su redacción inicial era la siguiente: «9. En ningún caso se aplicará lo dispuesto en este artículo cuando la entidad participada sea residente en un país o territorio calificado como paraíso fiscal, excepto que resida en un Estado miembro de la Unión Europea y el contribuyente acredite que su constitución y operativa responde a motivos económicos válidos y que realiza actividades económicas.» El apartado 8 anterior pasa a ser el 9..

10[60]. El importe de los dividendos o participaciones en beneficios de entidades y el importe de la renta positiva obtenida en la transmisión de la participación en una entidad y en el resto de supuestos a que se refiere el apartado 3 anterior, a los que resulte de aplicación la exención prevista en este artículo, se reducirá, a efectos de la aplicación de dicha exención, en un 5 por ciento en concepto de gastos de gestión referidos a dichas participaciones.

11[61]. La reducción aplicable a dividendos o participaciones en beneficios de entidades a que se refiere el apartado anterior no será de aplicación cuando concurran las siguientes circunstancias:

a) los dividendos o participaciones en beneficios sean percibidos por una entidad cuyo importe neto de la cifra de negocios habida en el período impositivo inmediato anterior sea inferior a 40 millones de euros.

A efectos de determinar el importe neto de la cifra de negocios será de aplicación lo dispuesto en el apartado 2 del artículo 101 de esta Ley.

La entidad a que se refiere esta letra deberá cumplir los siguientes requisitos:

i) no tener la consideración de entidad patrimonial en los términos establecidos en el apartado 2 del artículo 5 de esta Ley;

ii) no formar parte, con carácter previo a la constitución de la entidad a que se refiere la letra b) de este apartado, de un grupo de sociedades en el sentido del artículo 42 del Código de Comercio, con independencia de la residencia y de la obligación de formular cuentas anuales consolidadas;

iii) no tener, con carácter previo a la constitución de la entidad a que se refiere la letra b) de este apartado, un porcentaje de participación, directa o indirecta, en el capital o en los fondos propios de otra entidad igual o superior al 5 por ciento

b) los dividendos o participaciones en beneficios procedan de una entidad constituida con posterioridad al 1 de enero de 2021 en la que se ostente, de forma directa y desde su constitución, la totalidad del capital o los fondos propios.

c) los dividendos o participaciones en beneficios se perciban en los períodos impositivos que concluyan en los 3 años inmediatos y sucesivos al año de constitución de la entidad que los distribuya.

---

[60] Apartado añadido por Ley 11/2020 (art. 65.2), con efectos para los períodos impositivos que se inicien a partir de 1 de enero de 2021.

[61] Apartado añadido por Ley 11/2020 (art. 65.2), con efectos para los períodos impositivos que se inicien a partir de 1 de enero de 2021.

Artículo 22. *Exención de las rentas obtenidas en el extranjero a través de un establecimiento permanente.*

1[62]. Estarán exentas las rentas positivas obtenidas en el extranjero a través de un establecimiento permanente situado fuera del territorio español cuando el mismo haya estado sujeto y no exento a un impuesto de naturaleza idéntica o análoga a este Impuesto con un tipo nominal de, al menos, un 10 por ciento, en los términos del apartado 1 del artículo anterior.

Estarán exentas, igualmente, las rentas positivas derivadas de la transmisión de un establecimiento permanente o cese de su actividad cuando se cumpla el requisito de tributación señalado.

2[63]. No se integrarán en la base imponible las rentas negativas obtenidas en el extranjero a través de un establecimiento permanente.

Tampoco serán objeto de integración las rentas negativas derivadas de la transmisión de un establecimiento permanente.

No obstante, serán fiscalmente deducibles las rentas negativas generadas en caso de cese del establecimiento permanente. En este caso, el importe de las rentas negativas se minorará en el importe de las rentas positivas netas obtenidas con anterioridad y que hayan tenido derecho a la aplicación de un régimen de exención

---

[62]   Apartado modificado por el Real Decreto-ley 3/2016 (art. 3.2º.8), con efectos para los periodos impositivos que se inicien a partir de 1 de enero de 2017. Su redacción inicial era la siguiente: *«1. Estarán exentas las rentas positivas obtenidas en el extranjero a través de un establecimiento permanente situado fuera del territorio español cuando el mismo haya estado sujeto y no exento a un impuesto de naturaleza idéntica o análoga a este Impuesto con un tipo nominal de, al menos, un 10 por ciento, en los términos del apartado 1 del artículo anterior.*
No se integrarán en la base imponible las rentas negativas obtenidas en el extranjero a través de un establecimiento permanente, excepto en el caso de transmisión del mismo o cese de su actividad.»

[63]   Apartado modificado por el Real Decreto-ley 3/2016 (art. 3.2º.8), con efectos para los periodos impositivos que se inicien a partir de 1 de enero de 2017. Su redacción inicial era la siguiente: *«2. Estarán exentas, igualmente, las rentas positivas derivadas de la transmisión de un establecimiento permanente respecto del que se cumpla el requisito de tributación en los términos del artículo anterior.*
El importe de las rentas negativas derivadas de la transmisión de un establecimiento permanente o cese de su actividad se minorará en el importe de las rentas positivas netas obtenidas con anterioridad que hayan tenido derecho a la exención prevista en este artículo o a la deducción por doble imposición prevista en el artículo 31 de esta Ley, procedentes del mismo.»

o de deducción para la eliminación de la doble imposición, por el importe de la misma.

3. Se considerará que una entidad opera mediante un establecimiento permanente en el extranjero cuando, por cualquier título, disponga fuera del territorio español, de forma continuada o habitual, de instalaciones o lugares de trabajo en los que realice toda o parte de su actividad, o actúe en él por medio de un agente autorizado para contratar, en nombre y por cuenta del contribuyente, que ejerza con habitualidad dichos poderes. En particular, se entenderá que constituyen establecimiento permanente las sedes de dirección, las sucursales, las oficinas, las fábricas, los talleres, los almacenes, tiendas u otros establecimientos, las minas, los pozos de petróleo o de gas, las canteras, las explotaciones agrícolas, forestales o pecuarias o cualquier otro lugar de exploración o de extracción de recursos naturales, y las obras de construcción, instalación o montaje cuya duración exceda de 6 meses. Si el establecimiento permanente se encuentra situado en un país con el que España tenga suscrito un convenio para evitar la doble imposición internacional, que le sea de aplicación, se estará a lo que de él resulte.

4. Se considerará que un contribuyente opera mediante establecimientos permanentes distintos en un determinado país, cuando concurran las siguientes circunstancias:

a) Que realicen actividades claramente diferenciables.

b) Que la gestión de estas se lleve de modo separado.

5. Se considerarán rentas de un establecimiento permanente aquellas que el mismo hubiera podido obtener si fuera una entidad distinta e independiente, teniendo en cuenta las funciones desarrolladas, los activos utilizados y los riesgos asumidos por la entidad a través del establecimiento permanente.

A estos efectos, se tendrán en cuenta las rentas estimadas por operaciones internas con la propia entidad en aquellos supuestos en que así esté establecido en un convenio para evitar la doble imposición internacional que resulte de aplicación.

6[64]. No se aplicará el régimen previsto en este artículo cuando se den, respecto de las rentas obtenidas en el extranjero, las circunstancias previstas en el apartado

---

[64]   Apartado modificado por el Real Decreto-ley 3/2016 (art. 3.2º.8), con efectos para los periodos impositivos que se inicien a partir de 1 de enero de 2017. Su redacción inicial era la siguiente: «6. No se aplicará el régimen previsto en este artículo cuando se den, respecto de las rentas obtenidas en el extranjero, las circunstancias previstas en el apartado 8 del artículo anterior. La opción a que se refiere la letra c) de dicho apartado se ejercerá por cada establecimiento permanente fuera del territorio español, incluso en el caso de que existan varios en el territorio de un solo país.»

9 del artículo anterior. La opción a que se refiere la letra c) de dicho apartado se ejercerá por cada establecimiento permanente fuera del territorio español, incluso en el caso de que existan varios en el territorio de un solo país.

7[65].

CAPÍTULO V. Reducciones en la base imponible

Artículo 23. *Reducción de las rentas procedentes de determinados activos intangibles*[66, 67].

1. Las rentas positivas procedentes de la cesión del derecho de uso o de explotación de patentes, modelos de utilidad, certificados complementarios de protección de medicamentos y de productos fitosanitarios, dibujos y modelos legalmente

---

[65]   Apartado derogado el Real Decreto-ley 3/2016 (art. 3.2º.8), con efectos para los periodos impositivos que se inicien a partir de 1 de enero de 2017. Su redacción inicial era la siguiente: «*7. En ningún caso se aplicará lo dispuesto en este artículo cuando el establecimiento permanente esté situado en un país o territorio calificado como paraíso fiscal, excepto que se trate de un Estado miembro de la Unión Europea y el contribuyente acredite que su constitución y operativa responde a motivos económicos válidos y que realiza actividades económicas.*»

[66]   Véase LIS DT 20ª. *Régimen transitorio de la reducción de ingresos procedentes de determinados activos intangibles.*

[67]   Nueva redacción de este artículo por la Ley 6/2018 (art. 68) con efectos para los períodos impositivos que se inicien a partir del 1 de enero de 2018 y vigencia indefinida. La Ley 48/2015 (art. 62), con efectos a partir de 1 de julio de 2016 y vigencia indefinida, modifica los apartados 1, 2 y 3, pasando los anteriores 3, 4, 5 y 6 a numerarse como 4, 5, 6 y 7, su redacción era la siguiente: «*1. Las rentas procedentes de la cesión del derecho de uso o de explotación de patentes, dibujos o modelos, planos, fórmulas o procedimientos secretos, de derechos sobre informaciones relativas a experiencias industriales, comerciales o científicas, tendrán derecho a una reducción en la base imponible en el porcentaje que resulte de multiplicar por un 60 por ciento el resultado del siguiente coeficiente:*

a) En el numerador, los gastos incurridos por la entidad cedente directamente relacionados con la creación del activo, incluidos los derivados de la subcontratación con terceros no vinculados con aquella. Estos gastos se incrementarán en un 30 por ciento, sin que, en ningún caso, el numerador pueda superar el importe del denominador.

b) En el denominador, los gastos incurridos por la entidad cedente directamente relacionados con la creación del activo, incluidos los derivados de la subcontratación y, en su caso, de la adquisición del activo.

En ningún caso se incluirán en el coeficiente anterior gastos financieros, amortizaciones de inmuebles u otros gastos no relacionados directamente con la creación del activo.

La reducción prevista en este apartado también resultará de aplicación en el caso de transmisión de los activos intangibles referidos en el mismo, cuando dicha transmisión se realice entre entidades que no tengan la condición de vinculadas.

2. Para la aplicación de la reducción prevista en el apartado anterior deberán cumplirse los siguientes requisitos:

a) Que el cesionario utilice los derechos de uso o de explotación en el desarrollo de una actividad económica y que los resultados de esa utilización no se materialicen en la entrega de bienes o prestación de servicios por el cesionario que generen gastos fiscalmente deducibles en la entidad cedente, siempre que, en este último caso, dicha entidad esté vinculada con el cesionario.

b) Que el cesionario no resida en un país o territorio de nula tributación o calificado como paraíso fiscal, salvo que esté situado en un Estado miembro de la Unión Europea y el contribuyente acredite que la operativa responde a motivos económicos válidos y que realice actividades económicas.

c) Cuando un mismo contrato de cesión incluya prestaciones accesorias de servicios deberá diferenciarse en dicho contrato la contraprestación correspondiente a los mismos.

d) Que la entidad disponga de los registros contables necesarios para poder determinar los ingresos y gastos directos correspondientes a los activos objeto de cesión.

3. En el caso de cesión de activos intangibles, a los efectos de lo dispuesto en este artículo, con independencia de que el activo esté o no reconocido en el balance de la entidad, se entenderá por rentas la diferencia positiva entre los ingresos del ejercicio procedentes de la cesión del derecho de uso o de explotación de los activos y las cantidades que sean deducidas en el mismo por aplicación del artículo 12.2 de esta Ley, y por aquellos gastos del ejercicio directamente relacionados con el activo cedido.

4. Esta reducción deberá tenerse en cuenta a efectos de la determinación del importe de la cuota íntegra a que se refiere el artículo 31.1.b) de esta Ley.

5. En ningún caso darán derecho a la reducción las rentas procedentes de la cesión del derecho de uso o de explotación, o de la transmisión, de marcas, obras literarias, artísticas o científicas, incluidas las películas cinematográficas, de derechos personales susceptibles de cesión, como los derechos de imagen, de programas informáticos, equipos industriales, comerciales o científicos, ni de cualquier otro derecho o activo distinto de los señalados en el apartado 1.

6. A efectos de aplicar la presente reducción, con carácter previo a la realización de las operaciones, el contribuyente podrá solicitar a la Administración tributaria la adopción de un acuerdo previo de valoración en relación con los ingresos procedentes de la cesión de los activos y de los gastos asociados, así como de las rentas generadas en la transmisión. Dicha solicitud se acompañará de una propuesta de valoración, que se fundamentará en el valor de mercado.

La propuesta podrá entenderse desestimada una vez transcurrido el plazo de resolución.

Reglamentariamente se fijará el procedimiento para la resolución de los acuerdos previos de valoración a que se refiere este apartado.

7. Asimismo, con carácter previo a la realización de las operaciones, el contribuyente podrá solicitar a la Administración tributaria un acuerdo previo de calificación de los activos como pertenecientes a alguna de las categorías a que se refiere el apartado 1 de este artículo, y de valoración en relación con los ingresos procedentes de la cesión de aquellos y de los gastos asociados, así como de las rentas generadas en la transmisión. Dicha solicitud se acompañará de una propuesta de valoración, que se fundamentará en el valor de mercado. La propuesta podrá entenderse desestimada una vez transcurrido el plazo de resolución.

La resolución de este acuerdo requerirá informe vinculante emitido por la Dirección General de Tributos, en relación con la calificación de los activos. En caso de estimarlo procedente, la Dirección General de Tributos podrá solicitar opinión no vinculante al respecto, al Ministerio de Economía y Competitividad.

Reglamentariamente se fijará el procedimiento para la resolución de los acuerdos previos de calificación y valoración a que se refiere este apartado.»

La redacción inicial de los apartados 1 y 2 era la siguiente: *«1. Las rentas procedentes de la cesión del derecho de uso o de explotación de patentes, dibujos o modelos, planos, fórmulas o procedimientos secretos, de derechos sobre informaciones relativas a experiencias industriales, comerciales o científicas, se integrarán en la base imponible en un 40 por ciento de su importe, cuando se cumplan los siguientes requisitos:*

a) Que la entidad cedente haya creado los activos objeto de cesión, al menos, en un 25 por ciento de su coste.

b) Que el cesionario utilice los derechos de uso o de explotación en el desarrollo de una actividad económica y que los resultados de esa utilización no se materialicen en la entrega de bienes o prestación de servicios por el cesionario que generen gastos fiscalmente deducibles en la entidad cedente, siempre que, en este último caso, dicha entidad esté vinculada con el cesionario.

c) Que el cesionario no resida en un país o territorio de nula tributación o calificado como paraíso fiscal, salvo que esté situado en un Estado miembro de la Unión Europea y el contribuyente acredite que la operativa responde a motivos económicos válidos y que realice actividades económicas.

d) Cuando un mismo contrato de cesión incluya prestaciones accesorias de servicios, deberá diferenciarse en dicho contrato la contraprestación correspondiente a los mismos.

e) Que la entidad disponga de los registros contables necesarios para poder determinar los ingresos y gastos directos correspondientes a los activos objeto de cesión.

Lo dispuesto en este apartado también resultará de aplicación en el caso de transmisión de los activos intangibles referidos en el mismo, cuando dicha transmisión se realice entre entidades que no formen parte de un grupo de sociedades según los criterios establecidos en el artículo 42 del Código de Comercio, con independencia de la residencia y de la obligación de formular cuentas anuales consolidadas.

2. En el caso de cesión de activos intangibles, a los efectos de lo dispuesto en el apartado anterior, con independencia de que el activo esté o no reconocido en el balance de la entidad, se entenderá por rentas la diferencia positiva entre los ingresos del ejercicio proce-

protegidos, que deriven de actividades de investigación y desarrollo e innovación tecnológica, y software avanzado registrado que derive de actividades de investigación y desarrollo, tendrán derecho a una reducción en la base imponible en el porcentaje que resulte de multiplicar por un 60 por ciento el resultado del siguiente coeficiente:

a) En el numerador, los gastos incurridos por la entidad cedente directamente relacionados con la creación del activo, incluidos los derivados de la subcontratación con terceros no vinculados con aquella. Estos gastos se incrementarán en un 30 por ciento, sin que, en ningún caso, el numerador pueda superar el importe del denominador.

b) En el denominador, los gastos incurridos por la entidad cedente directamente relacionados con la creación del activo, incluidos los derivados de la subcontratación tanto con terceros no vinculados con aquella como con personas o entidades vinculadas con aquella y de la adquisición del activo.

En ningún caso se incluirán en el coeficiente anterior gastos financieros, amortizaciones de inmuebles u otros gastos no relacionados directamente con la creación del activo.

La reducción prevista en este apartado también resultará de aplicación a las rentas positivas procedentes de la transmisión de los activos intangibles referidos en el mismo, cuando dicha transmisión se realice entre entidades que no tengan la condición de vinculadas.

A efectos de determinar el régimen de protección legal de los activos intangibles a que se refiere el párrafo primero de este apartado, se estará a lo dispuesto en la normativa española, de la Unión Europea e internacional en materia de propiedad industrial e intelectual que resulte aplicable en territorio español.

2. A efectos de aplicar esta reducción, tendrán la consideración de rentas positivas susceptibles de reducción, los ingresos procedentes de la cesión del derecho de uso o de explotación de los activos y las rentas positivas procedentes de su transmisión, que superen la suma de los gastos incurridos por la entidad directamente relacionados con la creación de los activos que no hubieran sido incorporados al valor de los activos, de las cantidades deducidas por aplicación del artículo 12.2 de esta Ley en relación con los activos, y de aquellos gastos directamente relacionados con los activos, que se hubieran integrado en la base imponible.

dentes de la cesión del derecho de uso o de explotación de los activos, y las cantidades que sean deducidas en el mismo por aplicación de los artículos 12.2 o 13.3 de esta Ley, en su caso, y por aquellos gastos del ejercicio directamente relacionados con el activo cedido.»

En caso de que en un período impositivo se obtengan rentas negativas y en períodos impositivos anteriores la entidad hubiera obtenido rentas positivas a las que hubiera aplicado la reducción prevista en este artículo, la renta negativa de ese período impositivo se reducirá en el porcentaje que resulte de la aplicación del apartado 1.

Lo dispuesto en el párrafo anterior se aplicará en tanto las rentas negativas no superen el importe de las rentas positivas integradas en períodos impositivos anteriores aplicando la reducción prevista en este artículo. El exceso se integrará en su totalidad en la base imponible y, en tal caso, las rentas positivas obtenidas en un período impositivo posterior se integrarán en su totalidad hasta dicho importe, pudiendo aplicar al exceso el porcentaje que resulte de la aplicación del apartado 1.

3. Para la aplicación de la reducción prevista en el apartado 1 deberán cumplirse los siguientes requisitos:

a) Que el cesionario utilice los derechos de uso o de explotación en el desarrollo de una actividad económica y que los resultados de esa utilización no se materialicen en la entrega de bienes o prestación de servicios por el cesionario que generen gastos fiscalmente deducibles en la entidad cedente, siempre que, en este último caso, dicha entidad esté vinculada con el cesionario.

b) Que el cesionario no resida en un país o territorio de nula tributación o calificado como paraíso fiscal, salvo que esté situado en un Estado miembro de la Unión Europea y el contribuyente acredite que la operativa responde a motivos económicos válidos y que realice actividades económicas.

c) Cuando un mismo contrato de cesión incluya prestaciones accesorias de bienes o servicios deberá diferenciarse en dicho contrato la contraprestación correspondiente a los mismos.

d) Que la entidad disponga de los registros contables necesarios para poder determinar cada uno de los ingresos y de los gastos directos a que se refiere este artículo, correspondientes a los activos objeto de cesión.

4. Esta reducción deberá tenerse en cuenta a efectos de la determinación del importe de la cuota íntegra a que se refiere el artículo 31.1.b) de esta Ley.

5. En ningún caso darán derecho a la reducción las rentas procedentes de la cesión del derecho de uso o de explotación, o de la transmisión, de marcas, obras literarias, artísticas o científicas, incluidas las películas cinematográficas, de derechos personales susceptibles de cesión, como los derechos de imagen, de programas informáticos distintos de los referidos en el apartado 1, equipos industriales, comerciales o científicos, planos, fórmulas o procedimientos secretos, de derechos sobre informaciones relativas a experiencias industriales, comerciales o científicas, ni de cualquier otro derecho o activo distinto de los señalados en el apartado 1.

6. A efectos de aplicar la presente reducción, con carácter previo a la realización de las operaciones, el contribuyente podrá solicitar a la Administración tributaria la adopción de un acuerdo previo de valoración en relación con los ingresos procedentes de la cesión de los activos y de los gastos asociados, así como de las rentas generadas en la transmisión. Dicha solicitud se acompañará de una propuesta de valoración, que se fundamentará en el valor de mercado.

La propuesta podrá entenderse desestimada una vez transcurrido el plazo de resolución.

Reglamentariamente se fijará el procedimiento para la resolución de los acuerdos previos de valoración a que se refiere este apartado[68].

7. Asimismo, con carácter previo a la realización de las operaciones, el contribuyente podrá solicitar a la Administración tributaria un acuerdo previo de calificación de los activos como pertenecientes a alguna de las categorías a que se refiere el apartado 1 de este artículo, y de valoración en relación con los ingresos procedentes de la cesión de aquellos y de los gastos asociados, así como de las rentas generadas en la transmisión. Dicha solicitud se acompañará de una propuesta de valoración, que se fundamentará en el valor de mercado.

La propuesta podrá entenderse desestimada una vez transcurrido el plazo de resolución.

La resolución de este acuerdo requerirá informe vinculante emitido por la Dirección General de Tributos, en relación con la calificación de los activos. En caso de estimarlo procedente, la Dirección General de Tributos podrá solicitar opinión no vinculante al respecto, al Ministerio de Economía, Industria y Competitividad.

Reglamentariamente se fijará el procedimiento para la resolución de los acuerdos previos de calificación y valoración a que se refiere este apartado.

Artículo 24. *Obra benéfico-social de las cajas de ahorro y fundaciones bancarias.*

1. Serán deducibles fiscalmente las cantidades que las cajas de ahorro y las fundaciones bancarias destinen de sus resultados a la financiación de obras benéfico-sociales, de conformidad con las normas por las que se rigen.

2. Las cantidades asignadas a la obra benéfico-social de las cajas de ahorro y de las fundaciones bancarias deberán aplicarse, al menos, en un 50 por ciento, en el mismo período impositivo al que corresponda la asignación, o en el inmediato siguiente, a la realización de las inversiones afectas, o a sufragar gastos de sostenimiento de las instituciones o establecimientos acogidas a aquélla.

---

[68]   Véase rIS 39 a 44.

3. No se integrarán en la base imponible:

a) Los gastos de mantenimiento de la obra benéfico-social que se realicen con cargo al fondo de obra social, aun cuando excedieran de las asignaciones efectuadas, sin perjuicio de que tengan la consideración de aplicación de futuras asignaciones. No obstante, dichos gastos serán fiscalmente deducibles cuando, de conformidad con la normativa contable que resulte aplicable, se registren con cargo a la cuenta de pérdidas y ganancias.

b) Las rentas derivadas de la transmisión de inversiones afectas a la obra benéfico-social.

4. La dotación a la obra benéfico-social realizada por las fundaciones bancarias o, en su caso, los gastos de mantenimiento de la obra benéfico-social que, de acuerdo con la normativa contable que resulte aplicable, se registren con cargo a la cuenta de pérdidas y ganancias, podrán reducir la base imponible de las entidades de crédito en las que participen, en la proporción que los dividendos percibidos de las citadas entidades representen respecto de los ingresos totales de las fundaciones bancarias, hasta el límite máximo de los citados dividendos. Para ello, la fundación bancaria deberá comunicar a la entidad de crédito que hubiera satisfecho los dividendos el importe de la reducción así calculada y la no aplicación de dicha cantidad como partida fiscalmente deducible en su declaración de este Impuesto.

En el caso de no aplicación del importe señalado a los fines de su obra benéfico-social, la fundación bancaria deberá comunicar el incumplimiento de la referida finalidad a la entidad de crédito, al objeto de que esta regularice las cantidades indebidamente deducidas en los términos establecidos en el artículo 125.3 de esta Ley.

Artículo 25. *Reserva de capitalización.*

1[69]. Los contribuyentes que tributen al tipo de gravamen previsto en los apartados 1 o 6 del artículo 29 de esta ley tendrán derecho a una reducción en la base

---

[69] Apartado modificado por la Ley 7/2024 (DF 8ª.2) con efectos para los periodos impositivos que se inicien a partir del 1 de enero de 2025.
Dicho apartado fue modificado por el RD-Ley 4/2024 (art. 4.2) con efectos para los periodos impositivos que se inicien a partir del 1/1/2024 y redactado del siguiente modo:
Artículo 25. Reserva de capitalización.
1. Los contribuyentes que tributen al tipo de gravamen previsto en los apartados 1 o 6 del artículo 29 de esta Ley tendrán derecho a una reducción en la base imponible del 15 por ciento del importe del incremento de sus fondos propios, siempre que se cumplan los siguientes requisitos:

imponible del 20 por ciento del importe del incremento de sus fondos propios, siempre que se cumplan los siguientes requisitos:

a) Que el importe del incremento de los fondos propios de la entidad se mantenga durante un plazo de 3 años desde el cierre del período impositivo al que corresponda esta reducción, salvo por la existencia de pérdidas contables en la entidad.

b) Que se dote una reserva por el importe de la reducción, que deberá figurar en el balance con absoluta separación y título apropiado y será indisponible durante el plazo previsto en la letra anterior.

A estos efectos, no se entenderá que se ha dispuesto de la referida reserva, en los siguientes casos:

a) Cuando el socio o accionista ejerza su derecho a separarse de la entidad.

b) Cuando la reserva se elimine, total o parcialmente, como consecuencia de operaciones a las que resulte de aplicación el régimen fiscal especial establecido en el capítulo VII del título VII de esta ley.

a) Que el importe del incremento de los fondos propios de la entidad se mantenga durante un plazo de 3 años desde el cierre del período impositivo al que corresponda esta reducción, salvo por la existencia de pérdidas contables en la entidad.

b) Que se dote una reserva por el importe de la reducción, que deberá figurar en el balance con absoluta separación y título apropiado y será indisponible durante el plazo previsto en la letra anterior.

A estos efectos, no se entenderá que se ha dispuesto de la referida reserva, en los siguientes casos:

a) Cuando el socio o accionista ejerza su derecho a separarse de la entidad.

b) Cuando la reserva se elimine, total o parcialmente, como consecuencia de operaciones a las que resulte de aplicación el régimen fiscal especial establecido en el Capítulo VII del Título VII de esta Ley.

c) Cuando la entidad deba aplicar la referida reserva en virtud de una obligación de carácter legal.

En ningún caso, el derecho a la reducción prevista en este apartado podrá superar el importe del 10 por ciento de la base imponible positiva del período impositivo previa a esta reducción, a la integración a que se refiere el apartado 12 del artículo 11 de esta Ley y a la compensación de bases imponibles negativas.

No obstante, en caso de insuficiente base imponible para aplicar la reducción, las cantidades pendientes podrán ser objeto de aplicación en los períodos impositivos que finalicen en los 2 años inmediatos y sucesivos al cierre del período impositivo en que se haya generado el derecho a la reducción, conjuntamente con la reducción que pudiera corresponder, en su caso, por aplicación de lo dispuesto en este artículo en el período impositivo correspondiente, y con el límite previsto en el párrafo anterior.

c) Cuando la entidad deba aplicar la referida reserva en virtud de una obligación de carácter legal.

Sin perjuicio de lo anterior, el contribuyente tendrá derecho a una reducción en la base imponible, en los términos previstos en este apartado, del 23 por ciento del importe del incremento de los fondos propios, siempre que la plantilla media total del contribuyente, en el período impositivo, se haya incrementado, respecto de la plantilla media total del período impositivo inmediato anterior en un mínimo de un 2 por ciento sin superar un 5 por ciento. En el supuesto de que el incremento de la plantilla media total del contribuyente, en el período impositivo, respecto de la plantilla media total del período impositivo inmediato anterior, se encuentre entre un 5 y un 10 por ciento, el contribuyente tendrá derecho a una reducción en la base imponible del 26,5 por ciento del importe del incremento de los fondos propios. Cuando el referido incremento resulte superior a un 10 por ciento, la reducción a la que tendrá derecho el contribuyente será del 30 por ciento.

El referido incremento de plantilla deberá mantenerse durante un plazo de 3 años desde el cierre del período impositivo al que corresponda la reducción.

En ningún caso, el derecho a la reducción prevista en este apartado podrá superar el siguiente importe:

i) El 20 por ciento de la base imponible positiva del período impositivo previa a esta reducción, a la integración a que se refiere el apartado 12 del artículo 11 de esta ley y a la compensación de bases imponibles negativas.

ii) El 25 por ciento de la base imponible positiva del período impositivo previa a esta reducción, a la integración a que se refiere el apartado 12 del artículo 11 de esta ley y a la compensación de bases imponibles negativas, tratándose de contribuyentes cuyo importe neto de la cifra de negocios sea inferior a 1 millón de euros durante los 12 meses anteriores a la fecha en que se inicie el período impositivo al que corresponda esta reducción.

No obstante, en caso de insuficiente base imponible para aplicar la reducción, las cantidades pendientes podrán ser objeto de aplicación en los períodos impositivos que finalicen en los 2 años inmediatos y sucesivos al cierre del período impositivo en que se haya generado el derecho a la reducción, conjuntamente con la reducción que pudiera corresponder, en su caso, por aplicación de lo dispuesto en este artículo en el período impositivo correspondiente, y con el límite previsto en las letras i) e ii) anteriores.

2. El incremento de fondos propios vendrá determinado por la diferencia positiva entre los fondos propios existentes al cierre del ejercicio sin incluir los resultados del mismo, y los fondos propios existentes al inicio del mismo, sin incluir los resultados del ejercicio anterior.

No obstante, a los efectos de determinar el referido incremento, no se tendrán en cuenta como fondos propios al inicio y al final del período impositivo:

a) Las aportaciones de los socios.

b) Las ampliaciones de capital o fondos propios por compensación de créditos.

c) Las ampliaciones de fondos propios por operaciones con acciones propias o de reestructuración.

d) Las reservas de carácter legal o estatutario.

e) Las reservas indisponibles que se doten por aplicación de lo dispuesto en el artículo 105 de esta Ley y en el artículo 27 de la Ley 19/1994, de 6 de julio, de modificación del Régimen Económico y Fiscal de Canarias.

f) Los fondos propios que correspondan a una emisión de instrumentos financieros compuestos.

g) Los fondos propios que se correspondan con variaciones en activos por impuesto diferido derivadas de una disminución o aumento del tipo de gravamen de este Impuesto.

Estas partidas tampoco se tendrán en cuenta para determinar el mantenimiento del incremento de fondos propios en cada período impositivo en que resulte exigible.

3. La reducción correspondiente a la reserva prevista en este artículo será incompatible en el mismo período impositivo con la reducción en base imponible en concepto de factor de agotamiento prevista en los artículos 91 y 95 de esta Ley.

4. El incumplimiento de los requisitos previstos en este artículo dará lugar a la regularización de las cantidades indebidamente reducidas, así como de los correspondientes intereses de demora, en los términos establecidos en el artículo 125.3 de esta Ley.

Artículo 26. *Compensación de bases imponibles negativas*[70].

1[71, 72]. Las bases imponibles negativas que hayan sido objeto de liquidación o autoliquidación podrán ser compensadas con las rentas positivas de los períodos impositivos siguientes con el límite del 70 por ciento de la base imponible previa a la aplicación de la reserva de capitalización establecida en el artículo 25 de esta Ley y a su compensación.

---

[70]   Véase LIS DT 21ª. *Bases imponibles negativas pendientes de compensar en el Impuesto sobre Sociedades.*

[71]   Régimen transitorio para el periodo impositivo 2015: véase LIS DT 34ª.g).

[72]   Régimen transitorio para el periodo impositivo 2016. Véase LIS DT 36ª.

En todo caso, se podrán compensar en el período impositivo bases imponibles negativas hasta el importe de 1 millón de euros.

La limitación a la compensación de bases imponibles negativas no resultará de aplicación en el importe de las rentas correspondientes a quitas o esperas consecuencia de un acuerdo con los acreedores del contribuyente. Las bases imponibles negativas que sean objeto de compensación con dichas rentas no se tendrán en consideración respecto del importe de 1 millón de euros a que se refiere el párrafo anterior.

El límite previsto en este apartado no se aplicará en el período impositivo en que se produzca la extinción de la entidad, salvo que la misma sea consecuencia de una operación de reestructuración a la que resulte de aplicación el régimen fiscal especial establecido en el Capítulo VII del Título VII de esta Ley.

2. Si el período impositivo tuviera una duración inferior al año, las bases imponibles negativas que podrán ser objeto de compensación en el período impositivo, en los términos establecidos en el segundo párrafo del apartado anterior, serán el resultado de multiplicar 1 millón de euros por la proporción existente entre la duración del período impositivo respecto del año.

3. El límite establecido en el primer párrafo del apartado 1 de este artículo no resultará de aplicación en el caso de entidades de nueva creación a que se refiere el artículo 29.1 de esta Ley, en los 3 primeros períodos impositivos en que se genere una base imponible positiva previa a su compensación.

4. No podrán ser objeto de compensación las bases imponibles negativas cuando concurran las siguientes circunstancias:

a) La mayoría del capital social o de los derechos a participar en los resultados de la entidad que hubiere sido adquirida por una persona o entidad o por un conjunto de personas o entidades vinculadas, con posterioridad a la conclusión del período impositivo al que corresponde la base imponible negativa.

b) Las personas o entidades a que se refiere el párrafo anterior hubieran tenido una participación inferior al 25 por ciento en el momento de la conclusión del período impositivo al que corresponde la base imponible negativa.

c) La entidad adquirida se encuentre en alguna de las siguientes circunstancias:

1.º No viniera realizando actividad económica alguna dentro de los 3 meses anteriores a la adquisición;

2.º Realizara una actividad económica en los 2 años posteriores a la adquisición diferente o adicional a la realizada con anterioridad, que determinara, en sí misma, un importe neto de la cifra de negocios en esos años posteriores superior al 50 por ciento del importe medio de la cifra de negocios de la entidad correspondiente a los 2 años anteriores. Se entenderá por actividad diferente o adicional aquella que tenga asignado diferente grupo a la realizada con anterioridad, en la Clasificación Nacional de Actividades Económicas.

3.º Se trate de una entidad patrimonial en los términos establecidos en el apartado 2 del artículo 5 de esta Ley.

4.º La entidad haya sido dada de baja en el índice de entidades por aplicación de lo dispuesto en la letra b) del apartado 1 del artículo 119 de esta Ley.

5[73]. El derecho de la Administración para iniciar el procedimiento de comprobación de las bases imponibles negativas compensadas o pendientes de compensación prescribirá a los 10 años a contar desde el día siguiente a aquel en que finalice el plazo establecido para presentar la declaración o autoliquidación correspondiente al período impositivo en que se generó el derecho a su compensación.

Transcurrido dicho plazo, el contribuyente deberá acreditar las bases imponibles negativas cuya compensación pretenda mediante la exhibición de la liquidación o autoliquidación y la contabilidad, con acreditación de su depósito durante el citado plazo en el Registro Mercantil.

TÍTULO V. Período impositivo y devengo del impuesto

Artículo 27. *Período impositivo.*

1. El período impositivo coincidirá con el ejercicio económico de la entidad.

2. En todo caso concluirá el período impositivo:

a) Cuando la entidad se extinga.

b) Cuando tenga lugar un cambio de residencia de la entidad residente en territorio español al extranjero.

c) Cuando se produzca la transformación de la forma jurídica de la entidad y ello determine la no sujeción a este Impuesto de la entidad resultante.

---

[73]   Nueva redacción de este apartado por la Ley 34/2015 (DF 6ª.2), con efectos para los períodos impositivos iniciados a partir de 1 de enero de 2015. Su redacción inicial era la siguiente: *«5. El derecho de la Administración para comprobar o investigar las bases imponibles negativas pendientes de compensación prescribirá a los 10 años a contar desde el día siguiente a aquel en que finalice el plazo establecido para presentar la declaración o autoliquidación correspondiente al período impositivo en que se generó el derecho a su compensación.*

Transcurrido dicho plazo, el contribuyente deberá acreditar que las bases imponibles negativas cuya compensación pretenda resultan procedentes, así como su cuantía, mediante la exhibición de la liquidación o autoliquidación y de la contabilidad, con acreditación de su depósito durante el citado plazo en el Registro Mercantil.»

Al objeto de determinar la base imponible correspondiente a este período impositivo se entenderá que la entidad se ha disuelto con los efectos establecidos en el artículo 17.5 de esta Ley.

d) Cuando se produzca la transformación de la forma societaria de la entidad, o la modificación de su estatuto o de su régimen jurídico, y ello determine la modificación de su tipo de gravamen o la aplicación de un régimen tributario distinto.

La renta derivada de la transmisión posterior de los elementos patrimoniales existentes en el momento de la transformación o modificación, se entenderá generada de forma lineal, salvo prueba en contrario, durante todo el tiempo de tenencia del elemento transmitido. La parte de dicha renta generada hasta el momento de la transformación o modificación se gravará aplicando el tipo de gravamen y el régimen tributario que hubiera correspondido a la entidad de haber conservado su forma, estatuto o régimen originario.

3. El período impositivo no excederá de 12 meses.

Artículo 28. *Devengo del impuesto.*
El impuesto se devengará el último día del período impositivo.

TÍTULO VI. Deuda tributaria

CAPÍTULO I. Tipo de gravamen y cuota íntegra

Artículo 29. *El tipo de gravamen.*
1[74]. El tipo general de gravamen para los contribuyentes de este Impuesto será el 25 por ciento, excepto para las entidades cuyo importe neto de la cifra de negocios del período impositivo inmediato anterior sea inferior a 1 millón de euros que aplicarán los tipos que se indican en la siguiente escala, salvo que de acuerdo con lo previsto en este artículo deban tributar a un tipo diferente del general.

a) Por la parte de base imponible comprendida entre 0 y 50.000 euros, al tipo del 17 por ciento.

b) Por la parte de base imponible restante, al tipo del 20 por ciento.

Cuando el período impositivo tenga una duración inferior al año, la parte de la base imponible que tributará al tipo del 17 por ciento será la resultante de aplicar a 50.000 euros la proporción en la que se hallen el número de días del período

---

[74] Apartado modificado por la Ley 7/2024 (DF 8ª.3) con efectos para los periodos impositivos que se inicien a partir del 1 de enero de 2025.

impositivo entre 365 días, o la base imponible del período impositivo cuando esta fuera inferior.

A estos efectos, el importe neto de la cifra de negocios se determinará con arreglo a lo dispuesto en los apartados 2 y 3 del artículo 101 de esta ley.

No obstante, las entidades que cumplan las previsiones previstas en el artículo 101 de esta ley tributarán al tipo del 20 por ciento, excepto si de acuerdo con lo previsto en este artículo deban tributar a un tipo diferente del general.

Finalmente, las entidades de nueva creación que realicen actividades económicas tributarán, en el primer período impositivo en que la base imponible resulte positiva y en el siguiente, al tipo del 15 por ciento, excepto si, de acuerdo con lo previsto en este artículo, deban tributar a un tipo inferior.

A estos efectos, no se entenderá iniciada una actividad económica:

a) Cuando la actividad económica hubiera sido realizada con carácter previo por otras personas o entidades vinculadas en el sentido del artículo 18 de esta ley y transmitida, por cualquier título jurídico, a la entidad de nueva creación.

b) Cuando la actividad económica hubiera sido ejercida, durante el año anterior a la constitución de la entidad, por una persona física que ostente una participación, directa o indirecta, en el capital o en los fondos propios de la entidad de nueva creación superior al 50 por ciento.

No tendrán la consideración de entidades de nueva creación aquellas que formen parte de un grupo en los términos establecidos en el artículo 42 del Código de Comercio, con independencia de la residencia y de la obligación de formular cuentas anuales consolidadas.

Los tipos de gravamen del 20 por ciento, 17 por ciento y del 15 por ciento previstos en este apartado no resultarán de aplicación a aquellas entidades que tengan la consideración de entidad patrimonial, en los términos establecidos en el apartado 2 del artículo 5 de esta ley.

2[75]. Las sociedades cooperativas fiscalmente protegidas tributarán a los tipos de gravamen resultantes de minorar en tres puntos porcentuales los tipos de gravamen previstos en el apartado anterior, siempre que el tipo resultante no supere el 20 por ciento, excepto por lo que se refiere a los resultados extracooperativos que tributarán a los tipos previstos en el apartado anterior.

---

[75]   Apartado modificado por la Ley 7/2024 (DF 8ª.3) con efectos para los periodos impositivos que se inicien a partir del 1 de enero de 2025.

Las cooperativas de crédito y cajas rurales tributarán a los tipos de gravamen previstos en el apartado anterior, excepto por lo que se refiere a los resultados extracooperativos, que tributarán al tipo del 30 por ciento.

3. Tributarán al 10 por ciento las entidades a las que sea de aplicación el régimen fiscal establecido en la Ley 49/2002, de 23 de diciembre, de régimen fiscal de las entidades sin fines lucrativos y de los incentivos fiscales al mecenazgo.

4. Tributarán al tipo del 1 por ciento:

a)[76] Las sociedades de inversión de capital variable reguladas por la Ley 35/2003, de 4 de noviembre, de Instituciones de Inversión Colectiva, siempre que el número de accionistas requerido sea, como mínimo, el previsto en su artículo 9.4.

A los efectos de la aplicación del tipo de gravamen establecido en este apartado, para determinar el número mínimo de accionistas a que se refiere el párrafo anterior se seguirán las siguientes reglas:

1.º Se computarán exclusivamente aquellos accionistas que sean titulares de acciones por importe igual o superior a 2.500 euros determinado de acuerdo con el valor liquidativo correspondiente a la fecha de adquisición de las acciones.

Además, tratándose de sociedades de inversión de capital variable por compartimentos, a efectos de determinar el número mínimo de accionistas de cada compartimento se computarán exclusivamente aquellos accionistas que sean titulares de acciones por importe igual o superior a 12.500 euros, determinado conforme a lo previsto en el párrafo anterior.

2.º El número mínimo de accionistas determinado conforme a lo previsto en el número 1.º anterior deberá concurrir durante el número de días que represente al menos las tres cuartas partes del período impositivo.

Lo previsto en los cuatro párrafos anteriores no se aplicará a las sociedades de inversión libre ni a las sociedades cuyos accionistas sean exclusivamente otras instituciones de inversión colectiva, a que se refiere el apartado 5 del artículo 6 del Reglamento de desarrollo de la Ley 35/2003, de 4 de noviembre, de instituciones de inversión colectiva, aprobado por el Real Decreto 1082/2012, de 13 de julio, ni a las sociedades de inversión de capital variable índice cotizadas a que se refiere el artículo 79 de dicho Reglamento.

---

[76] Letra modificada por Ley 11/2021 (art. 1.2), con efectos para los períodos impositivos que se inicien a partir de 1 de enero de 2022. El primer párrafo coincide con la redacción original. Véase DT 41ª.

El cumplimiento de las reglas establecidas en los párrafos anteriores para determinar el número mínimo de accionistas podrá ser comprobado por la Administración Tributaria, a cuyo efecto la sociedad de inversión deberá mantener y conservar durante el período de prescripción los datos correspondientes a la inversión de los socios en la sociedad.

b) Los fondos de inversión de carácter financiero previstos en la citada Ley, siempre que el número de partícipes requerido sea, como mínimo, el previsto en su artículo 5.4.

c) Las sociedades de inversión inmobiliaria y los fondos de inversión inmobiliaria regulados en la citada Ley, distintos de los previstos en la letra d) siguiente, siempre que el número de accionistas o partícipes requerido sea, como mínimo, el previsto en los artículos 5.4 y 9.4 de dicha Ley y que, con el carácter de instituciones de inversión colectiva no financieras, tengan por objeto exclusivo la inversión en cualquier tipo de inmueble de naturaleza urbana para su arrendamiento.

La aplicación de los tipos de gravamen previstos en este apartado requerirá que los bienes inmuebles que integren el activo de las Instituciones de Inversión Colectiva a que se refiere el párrafo anterior no se enajenen hasta que no hayan transcurrido al menos 3 años desde su adquisición, salvo que, con carácter excepcional, medie la autorización expresa de la Comisión Nacional del Mercado de Valores.

La transmisión de dichos inmuebles antes del transcurso del período mínimo a que se refiere esta letra c) determinará que la renta derivada de dicha transmisión tributará al tipo general de gravamen del Impuesto. Además, la entidad estará obligada a ingresar, junto con la cuota del período impositivo correspondiente al período en el que se transmitió el bien, los importes resultantes de aplicar a las rentas correspondientes al inmueble en cada uno de los períodos impositivos anteriores en los que hubiera resultado de aplicación el régimen previsto en esta letra c), la diferencia entre el tipo general de gravamen vigente en cada período y el tipo del 1 por ciento, sin perjuicio de los intereses de demora, recargos y sanciones que, en su caso, resulten procedentes.

d) Las sociedades de inversión inmobiliaria y los fondos de inversión inmobiliaria regulados en la Ley de Instituciones de Inversión Colectiva que, además de reunir los requisitos previstos en la letra c), desarrollen la actividad de promoción exclusivamente de viviendas para destinarlas a su arrendamiento y cumplan las siguientes condiciones:

1.ª Las inversiones en bienes inmuebles afectas a la actividad de promoción inmobiliaria no podrán superar el 20 por ciento del total del activo de la sociedad o fondo de inversión inmobiliaria.

2.ª La actividad de promoción inmobiliaria y la de arrendamiento deberán ser objeto de contabilización separada para cada inmueble adquirido o promovido, con el desglose que resulte necesario para conocer la renta correspondiente a cada vivienda, local o finca registral independiente en que éstos se dividan, sin perjuicio del cómputo de las inversiones en el total del activo a efectos del porcentaje previsto en la letra c).

3.ª Los inmuebles derivados de la actividad de promoción deberán permanecer arrendados u ofrecidos en arrendamiento por la sociedad o fondo de inversión inmobiliaria durante un período mínimo de 7 años. Este plazo se computará desde la fecha de terminación de la construcción. A estos efectos, la terminación de la construcción del inmueble se acreditará mediante el certificado final de obra a que se refiere el artículo 6 de la Ley 38/1999, de 5 de noviembre, de Ordenación de la Edificación.

La transmisión de dichos inmuebles antes del transcurso del período mínimo a que se refiere esta letra d) o la letra c) anterior, según proceda, determinará que la renta derivada de dicha transmisión tributará al tipo general de gravamen del impuesto. Además, la entidad estará obligada a ingresar, junto con la cuota del período impositivo correspondiente al período en el que se transmitió el bien, los importes resultantes de aplicar a las rentas correspondientes al inmueble en cada uno de los períodos impositivos anteriores en los que hubiera resultado de aplicación el régimen previsto en esta letra d) la diferencia entre el tipo general de gravamen vigente en cada período y el tipo del 1 por ciento, sin perjuicio de los intereses de demora, recargos y sanciones que, en su caso, resulten procedentes.

Las sociedades de inversión inmobiliaria o los fondos de inversión inmobiliaria que desarrollen la actividad de promoción de viviendas para su arrendamiento estarán obligadas a comunicar dicha circunstancia a la Administración tributaria en el período impositivo en que se inicie la citada actividad.

e) El fondo de regulación del mercado hipotecario, establecido en el artículo veinticinco de la Ley 2/1981, de 25 de marzo, de regulación del mercado hipotecario.

5. Tributarán al tipo del cero por ciento los fondos de pensiones regulados en el texto refundido de la Ley de Regulación de los Planes y Fondos de Pensiones, aprobado por el Real Decreto Legislativo 1/2002, de 29 de noviembre.

6. Tributarán al tipo del 30 por ciento las entidades de crédito, así como las entidades que se dediquen a la exploración, investigación y explotación de yacimientos y almacenamientos subterráneos de hidrocarburos en los términos establecidos en la Ley 34/1998, de 7 de octubre, del sector de hidrocarburos.

Las actividades relativas al refino y cualesquiera otras distintas de las de exploración, investigación, explotación, transporte, almacenamiento, depuración y venta de hidrocarburos extraídos, o de la actividad de almacenamiento subterráneo de hidrocarburos propiedad de terceros, quedarán sometidas al tipo general de gravamen.

A las entidades que desarrollen exclusivamente la actividad de almacenamiento de hidrocarburos propiedad de terceros no les resultará aplicable el régimen especial establecido en el Capítulo IX del Título VII de esta Ley y tributarán al tipo del 25 por ciento.

7. Tributarán al tipo de gravamen especial que resulte de lo establecido en el artículo 43 de la Ley 19/1994, de 6 de julio, de modificación del Régimen Económico y Fiscal de Canarias, las entidades de la Zona Especial Canaria, por la parte de base imponible correspondiente a las operaciones realizadas efectiva y materialmente en el ámbito geográfico de la Zona Especial Canaria.

Artículo 30. *Cuota íntegra y cuota líquida*[77].

1. Se entenderá por cuota íntegra la cantidad resultante de aplicar a la base imponible el tipo de gravamen.

En el supuesto de entidades que apliquen lo dispuesto en el artículo 105 de esta Ley, la cuota íntegra vendrá determinada por el resultado de aplicar el tipo de gravamen a la base imponible minorada o incrementada, según corresponda, por las cantidades derivadas del citado artículo 105.

2. Sobre la cuota íntegra se aplicarán las bonificaciones y deducciones que procedan previstas en la normativa del Impuesto dando lugar a la cuota líquida del mismo que, en ningún caso, podrá ser negativa.

Artículo 30 bis. *Tributación mínima*[78].

1[79]. En el caso de contribuyentes cuyo importe neto de la cifra de negocios sea al menos de 20 millones de euros durante los 12 meses anteriores a la fecha en que se inicie el período impositivo o que tributen en el régimen de consolidación fiscal regulado en el capítulo VI del título VII de esta ley, con independencia de

---

[77] Artículo modificado por Ley 22/2021 (art. 61.1), con efectos para los períodos impositivos que se inicien a partir de 1 de enero de 2022.

[78] Artículo añadido por Ley 22/2021 (art. 61.2), con efectos para los períodos impositivos que se inicien a partir de 1 de enero de 2022.

[79] Apartado modificado por la Ley 7/2024 (DF 8ª.4) con efectos para los periodos impositivos que se inicien a partir del 1 de enero de 2025.

su importe neto de la cifra de negocios, la cuota líquida no podrá ser inferior al resultado de aplicar el 15 por ciento a la base imponible, minorada o incrementada, en su caso y según corresponda, por las cantidades derivadas del artículo 105 de esta ley y minorada en la Reserva por Inversiones regulada en el artículo 27 de la Ley 19/1994, de 6 de julio, de modificación del Régimen Económico y Fiscal de Canarias. Dicha cuota tendrá el carácter de cuota líquida mínima.

Lo dispuesto en el párrafo anterior no será de aplicación a los contribuyentes que tributen a los tipos de gravamen previstos en los apartados 3, 4 y 5 del artículo 29 de esta ley ni a las entidades de la Ley 11/2009, de 26 de octubre, por la que se regulan las Sociedades Anónimas Cotizadas de Inversión en el Mercado Inmobiliario.

A los efectos de determinar la cuota líquida mínima a la que se refiere el primer párrafo de éste apartado, el porcentaje señalado en el mismo será el 10 por ciento en las entidades de nueva creación que tributen al tipo del 15 por ciento según lo dispuesto en el apartado 1 del artículo 29 de esta ley, y el 18 por ciento si se trata de entidades que tributen al tipo de gravamen previsto en el primer párrafo del apartado 6 del artículo 29 de esta ley.

Tratándose de entidades cuyo importe neto de la cifra de negocios del período impositivo inmediato anterior sea inferior a 1 millón de euros, a los efectos de determinar la cuota líquida mínima a la que se refiere el primer párrafo de este apartado, el porcentaje señalado en el mismo será el resultado de multiplicar la escala prevista en el apartado 1 del artículo 29 de esta ley por quince veinticincoavos, redondeado por exceso. Tratándose de entidades que cumplan las previsiones previstas en el artículo 101 de esta ley, el porcentaje señalado en el primer párrafo de este apartado será el resultado de multiplicar el tipo de gravamen previsto en el apartado 1 del artículo 29 de esta ley por quince veinticincoavos, redondeado por exceso.

En el caso de las cooperativas, la cuota líquida mínima no podrá ser inferior al resultado de aplicar el 60 por ciento a la cuota íntegra calculada de acuerdo con lo dispuesto en la Ley 20/1990, de 19 de diciembre, sobre Régimen Fiscal de las Cooperativas.

En las entidades de la Zona Especial Canaria, la base imponible positiva sobre la que se aplique el porcentaje al que se refiere este apartado no incluirá la parte de la misma correspondiente a las operaciones realizadas material y efectivamente en el ámbito geográfico de dicha Zona que tribute al tipo de gravamen especial regulado en el artículo 43 de la Ley 19/1994, de 6 de julio, de modificación del Régimen Económico y Fiscal de Canarias

2. A efectos de lo previsto en el apartado anterior, se tendrán en cuenta las siguientes reglas:

a) En primer lugar, se minorará la cuota íntegra en el importe de las bonificaciones que sean de aplicación, incluidas las reguladas en la Ley 19/1994, de 6 de julio, de modificación del Régimen Económico y Fiscal de Canarias, y en el importe de la deducción prevista en el artículo 38 bis de esta Ley.

En segundo lugar, se aplicarán las deducciones por doble imposición reguladas en los artículos 31, 32, 100 y disposición transitoria vigésima tercera de esta Ley, respetando los límites que resulten de aplicación en cada caso.

En caso de que, como resultado de lo dispuesto en los dos párrafos anteriores, resulte una cuantía inferior a la cuota líquida mínima calculada según lo regulado en el apartado 1 de este artículo, esa cuantía tendrá, como excepción a lo dispuesto en ese apartado, la consideración de cuota líquida mínima.

b) En caso de que tras la minoración de las bonificaciones y deducciones a que se refieren la letra a) anterior resultara una cuantía superior al importe de la cuota líquida mínima calculada según lo regulado en el apartado 1 de este artículo, se aplicarán las restantes deducciones que resulten procedentes, con los límites aplicables en cada caso, hasta el importe de dicha cuota líquida mínima.

Las deducciones cuyo importe se determine con arreglo a lo dispuesto en la Ley 20/1991, de 7 de junio, de modificación de los aspectos fiscales del Régimen Económico Fiscal de Canarias, y en la Ley 19/1994, de 6 de julio, de modificación del Régimen Económico y Fiscal de Canarias, se aplicarán, respetando sus propios límites, aunque la cuota líquida resultante sea inferior a la mencionada cuota líquida mínima.

3. Las cantidades no deducidas por aplicación de lo dispuesto en el apartado anterior podrán deducirse en los períodos impositivos siguientes de acuerdo con la normativa aplicable en cada caso.

CAPÍTULO II. Deducciones para evitar la doble imposición internacional[80]

Artículo 31. *Deducción para evitar la doble imposición jurídica: impuesto soportado por el contribuyente.*

1[81]. Cuando en la base imponible del contribuyente se integren rentas positivas obtenidas y gravadas en el extranjero, se deducirá de la cuota íntegra la menor de las dos cantidades siguientes:

---

[80] Véase LIS DT 23ª. *Régimen transitorio en el Impuesto sobre Sociedades de las deducciones para evitar la doble imposición.*

[81] Apartado modificado por el Real Decreto-ley 3/2016 (art. 3.2º.9), con efectos para los periodos impositivos que se inicien a partir de 1 de enero de 2017. Su redacción inicial

a) El importe efectivo de lo satisfecho en el extranjero por razón del gravamen de naturaleza idéntica o análoga a este Impuesto.

No se deducirán los impuestos no pagados en virtud de exención, bonificación o cualquier otro beneficio fiscal.

Siendo de aplicación un convenio para evitar la doble imposición, la deducción no podrá exceder del impuesto que corresponda según aquél.

b) El importe de la cuota íntegra que en España correspondería pagar por las mencionadas rentas si se hubieran obtenido en territorio español.

2. El importe del impuesto satisfecho en el extranjero se incluirá en la renta a los efectos previstos en el apartado anterior e, igualmente, formará parte de la base imponible, aun cuando no fuese plenamente deducible.

Tendrá la consideración de gasto deducible aquella parte del importe del impuesto satisfecho en el extranjero que no sea objeto de deducción en la cuota íntegra por aplicación de lo señalado en el apartado anterior, siempre que se corresponda con la realización de actividades económicas en el extranjero.

3. Cuando el contribuyente haya obtenido en el período impositivo varias rentas del extranjero, la deducción se realizará agrupando las procedentes de un mismo país salvo las rentas de establecimientos permanentes, que se computarán aisladamente por cada uno de éstos.

4[82]. La determinación de las rentas obtenidas en el extranjero a través de un establecimiento permanente se realizará de acuerdo con lo establecido en el apartado 5 del artículo 22 de esta Ley.

---

era la siguiente: *«1. Cuando en la base imponible del contribuyente se integren rentas obtenidas y gravadas en el extranjero, se deducirá de la cuota íntegra la menor de las dos cantidades siguientes:*

a) El importe efectivo de lo satisfecho en el extranjero por razón de gravamen de naturaleza idéntica o análoga a este Impuesto.

No se deducirán los impuestos no pagados en virtud de exención, bonificación o cualquier otro beneficio fiscal.

Siendo de aplicación un convenio para evitar la doble imposición, la deducción no podrá exceder del impuesto que corresponda según aquél.

b) El importe de la cuota íntegra que en España correspondería pagar por las mencionadas rentas si se hubieran obtenido en territorio español.»

[82] Apartado modificado por el Real Decreto-ley 3/2016 (art. 3.2º.9), con efectos para los periodos impositivos que se inicien a partir de 1 de enero de 2017. Su redacción inicial era la siguiente: *«4. La determinación de las rentas obtenidas en el extranjero a través de un establecimiento permanente se realizará de acuerdo con lo establecido en el apartado 5 del artículo 22 de esta Ley.*

5[83].

6. Las cantidades no deducidas por insuficiencia de cuota íntegra podrán deducirse en los períodos impositivos siguientes.

7[84]. El derecho de la Administración para iniciar el procedimiento de comprobación de las deducciones por doble imposición aplicadas o pendientes de aplicar prescribirá a los 10 años a contar desde el día siguiente a aquel en que finalice el plazo establecido para presentar la declaración o autoliquidación correspondiente al período impositivo en que se generó el derecho a su aplicación.

Transcurrido dicho plazo, el contribuyente deberá acreditar las deducciones cuya aplicación pretenda, mediante la exhibición de la liquidación o autoliquidación y la contabilidad, con acreditación de su depósito durante el citado plazo en el Registro Mercantil.»

No se integrarán en la base imponible las rentas negativas obtenidas en el extranjero a través de un establecimiento permanente, excepto en el caso de transmisión del establecimiento permanente o cese de su actividad.

En el supuesto de establecimientos permanentes que hubieran obtenido en anteriores períodos impositivos rentas negativas que no se hayan integrado en la base imponible de la entidad, no se integrarán las rentas positivas obtenidas con posterioridad hasta el importe de aquellas.»

[83] Apartado derogado por el Real Decreto-ley 3/2016 (art. 3.2º.9), con efectos para los períodos impositivos que se inicien a partir de 1 de enero de 2017. Su redacción inicial era la siguiente: «*5. En el caso de rentas negativas derivadas de la transmisión de un establecimiento permanente, su importe se minorará en el importe de las rentas positivas netas obtenidas con anterioridad que hayan tenido derecho a la exención prevista en el artículo 22 de esta Ley o a la deducción por doble imposición prevista en este artículo, procedentes del mismo.»*

[84] Nueva redacción de este apartado por la Ley 34/2015 (DF 6ª.3), con efectos para los períodos impositivos iniciados a partir de 1 de enero de 2015. Su redacción inicial era la siguiente: «*7. El derecho de la Administración para comprobar las deducciones por doble imposición pendientes de aplicar prescribirá a los 10 años a contar desde el día siguiente a aquel en que finalice el plazo establecido para presentar la declaración o autoliquidación correspondiente al período impositivo en que se generó el derecho a su aplicación.*

Transcurrido dicho plazo, el contribuyente deberá acreditar que las deducciones cuya aplicación pretenda resultan procedentes, así como su cuantía, mediante la exhibición de la liquidación o autoliquidación y de la contabilidad, con acreditación de su depósito durante el citado plazo en el Registro Mercantil.»

Artículo 32. *Deducción para evitar la doble imposición económica internacional: dividendos y participaciones en beneficios.*

1. Cuando en la base imponible se computen dividendos o participaciones en beneficios pagados por una entidad no residente en territorio español, se deducirá el impuesto efectivamente pagado por esta última respecto de los beneficios con cargo a los cuales se abonan los dividendos, en la cuantía correspondiente de tales dividendos, siempre que dicha cuantía se incluya en la base imponible del contribuyente. Para la aplicación de esta deducción será necesario el cumplimiento de los siguientes requisitos:

a)[85] Que el porcentaje de participación, directa o indirecta, en el capital o en los fondos propios de la entidad no residente sea, al menos, del 5 por ciento.

b) Que la participación se hubiera poseído de manera ininterrumpida durante el año anterior al día en que sea exigible el beneficio que se distribuya o, en su defecto, que se mantenga durante el tiempo que sea necesario para completar un año. Para el cómputo del plazo se tendrá también en cuenta el período en que la participación haya sido poseída ininterrumpidamente por otras entidades que reúnan las circunstancias a que se refiere el artículo 42 del Código de Comercio para formar parte del mismo grupo de sociedades, con independencia de la residencia y de la obligación de formular cuentas anuales consolidadas.

En caso de distribución de reservas se atenderá a la designación contenida en el acuerdo social y, en su defecto, se considerarán aplicadas las últimas cantidades abonadas a dichas reservas.

2. 1.º Tendrán la consideración de dividendos o participaciones en beneficios, los derivados de los valores representativos del capital o de los fondos propios de entidades, con independencia de su consideración contable.

2.º La deducción prevista en el apartado 1 de este artículo no resultará de aplicación en relación con los dividendos o participaciones en beneficios recibidos cuyo importe deba ser objeto de entrega a otra entidad con ocasión de un contrato que verse sobre los valores de los que aquellos proceden, registrando un gasto al efecto. La entidad receptora de dicho importe podrá aplicar la deducción prevista en el referido apartado 1 en la medida en que conserve el registro contable de dichos valores y estos cumplan las condiciones establecidas en el apartado anterior.

---

[85] Letra modificada por Ley 11/2020 (art. 65.3), con efectos para los períodos impositivos que se inicien a partir de 1 de enero de 2021. Elimina la deducción a las participaciones cuyo valor de adquisición sea superior a 20 millones de euros. Véase DT 40ª.

3. Tendrá también la consideración de impuesto efectivamente pagado el impuesto satisfecho por las entidades participadas directamente por la sociedad que distribuye el dividendo y por las que, a su vez, estén participadas directamente por aquellas, y así sucesivamente, en la parte imputable a los beneficios con cargo a los cuales se pagan los dividendos siempre que la participación indirecta en dichas entidades sea, al menos, del 5 por ciento y se cumpla el requisito a que se refiere el apartado anterior en lo concerniente al tiempo de tenencia de la participación.

4[86]. Esta deducción, conjuntamente con la establecida en el artículo anterior respecto de los dividendos o participaciones en los beneficios, no podrá exceder de la cuota íntegra que correspondería pagar en España por estas rentas si se hubieren obtenido en territorio español. Para calcular dicha cuota íntegra los dividendos o participaciones en los beneficios se reducirán en un 5 por ciento en concepto de gastos de gestión referidos a dichas participaciones. Dicha reducción no se practicará en el caso de los dividendos o participaciones en los beneficios en los que concurran las circunstancias establecidas en el apartado 11 del artículo 21 de esta Ley.

El exceso sobre dicho límite no tendrá la consideración de gasto fiscalmente deducible, sin perjuicio de lo establecido en el apartado 2 del artículo 31 de esta Ley.

5. Las cantidades no deducidas por insuficiencia de cuota íntegra podrán deducirse en los períodos impositivos siguientes.

6[87].

7[88].

---

[86]   Apartado modificado por Ley 11/2020 (art. 65.3), con efectos para los períodos impositivos que se inicien a partir de 1 de enero de 2021.

[87]   Apartado derogado por el Real Decreto-ley 3/2016 (art. 3.2º.10), con efectos para los periodos impositivos que se inicien a partir de 1 de enero de 2017. Su redacción inicial era la siguiente: «6. Si se obtuviera una renta negativa en la transmisión de la participación en una entidad que hubiera sido previamente transmitida por otra entidad que reúna las circunstancias a que se refiere el artículo 42 del Código de Comercio para formar parte de un mismo grupo de sociedades con el contribuyente, con independencia de la residencia y de la obligación de formular cuentas anuales consolidadas, dicha renta negativa se minorará en el importe de la renta positiva obtenida en la transmisión precedente y a la que se hubiera aplicado un régimen de exención.»

[88]   Apartado derogado por el Real Decreto-ley 3/2016 (art. 3.2º.10), con efectos para los periodos impositivos que se inicien a partir de 1 de enero de 2017. Su redacción inicial era la siguiente: «7. El importe de las rentas negativas derivadas de la transmisión de la participación en una entidad no residente se minorará en el importe de los dividendos o participaciones en beneficios recibidos de la entidad participada a partir del periodo impositivo que se haya iniciado en el año 2009, siempre que los referidos dividendos o participaciones

8[89]. El derecho de la Administración para iniciar el procedimiento de comprobación de las deducciones por doble imposición aplicadas o pendientes de aplicar prescribirá a los 10 años a contar desde el día siguiente a aquel en que finalice el plazo establecido para presentar la declaración o autoliquidación correspondiente al período impositivo en que se generó el derecho a su aplicación.

Transcurrido dicho plazo, el contribuyente deberá acreditar las deducciones cuya aplicación pretenda, mediante la exhibición de la liquidación o autoliquidación y la contabilidad, con acreditación de su depósito durante el citado plazo en el Registro Mercantil.

CAPÍTULO III. Bonificaciones

Artículo 33. *Bonificación por rentas obtenidas en Ceuta o Melilla.*

1. Tendrá una bonificación del 50 por ciento, la parte de cuota íntegra que corresponda a las rentas obtenidas en Ceuta o Melilla por entidades que operen efectiva y materialmente en dichos territorios.

Las entidades a que se refiere el párrafo anterior serán las siguientes:

a) Entidades españolas domiciliadas fiscalmente en dichos territorios.

b) Entidades españolas domiciliadas fiscalmente fuera de dichos territorios y que operen en ellos mediante establecimiento o sucursal.

c) Entidades extranjeras no residentes en España y que operen en dichos territorios mediante establecimiento permanente.

---

en beneficios no hayan minorado el valor de adquisición de la misma y hayan tenido derecho a la aplicación de la exención prevista en el artículo 21 de esta Ley o a la deducción prevista en este artículo.

En el supuesto de transmisiones sucesivas de valores homogéneos, el importe de las rentas negativas se minorará, adicionalmente, en el importe de las rentas positivas netas obtenidas en transmisiones previas que hayan tenido derecho a la aplicación de la exención prevista en el artículo 21 de esta Ley.»

[89]   Nueva redacción de este apartado por la Ley 34/2015 (DF 6ª.4), con efectos para los períodos impositivos iniciados a partir de 1 de enero de 2015. Su redacción inicial era la siguiente: «*8. El derecho de la Administración para comprobar las deducciones por doble imposición pendientes de aplicar prescribirá a los 10 años a contar desde el día siguiente a aquel en que finalice el plazo establecido para presentar la declaración o autoliquidación correspondiente al período impositivo en que se generó el derecho a su aplicación.*

Transcurrido dicho plazo, el contribuyente deberá acreditar que las deducciones cuya aplicación pretenda resultan procedentes, así como su cuantía, mediante la exhibición de la liquidación o autoliquidación y de la contabilidad, con acreditación de su depósito durante el citado plazo en el Registro Mercantil.»

2. Se entenderá por rentas obtenidas en Ceuta o Melilla aquellas que correspondan a actividades que determinen en dichos territorios el cierre de un ciclo mercantil con resultados económicos.

A estos efectos, se considerará cumplido lo dispuesto en el párrafo anterior en el caso de arrendamiento de inmuebles situados en estos territorios.

No se estimará que median dichas circunstancias cuando se trate de operaciones aisladas de extracción, fabricación, compra, transporte, entrada y salida de géneros o efectos en aquellos y, en general, cuando las operaciones no determinen por sí solas rentas.

3. A los efectos de la aplicación de la bonificación prevista en este artículo, tendrán la consideración de rentas obtenidas en Ceuta o Melilla aquellas correspondientes a las entidades relacionadas en el apartado 1 de este artículo, que posean, como mínimo, un lugar fijo de negocios en dichos territorios, hasta un importe de 50.000 euros por persona empleada con contrato laboral y a jornada completa que ejerza sus funciones en Ceuta o Melilla, con un límite máximo total de 400.000 euros. En el supuesto de que se obtengan rentas superiores al citado importe, la aplicación de la bonificación prevista en este artículo exigirá la acreditación del cierre en Ceuta o Melilla de un ciclo mercantil que determine resultados económicos. Las cantidades a que se refiere este apartado se determinarán a nivel del grupo de sociedades, en el supuesto de entidades que formen parte del mismo según los criterios establecidos en el artículo 42 del Código de Comercio, con independencia de la residencia y de la obligación de formular cuentas anuales consolidadas.

Asimismo, se entenderán obtenidas en Ceuta o Melilla las rentas procedentes del comercio al por mayor cuando esta actividad se organice, dirija, contrate y facture a través de un lugar fijo de negocios situado en dichos territorios que cuente en los mismos con los medios materiales y personales necesarios para ello.

4. Excepcionalmente, para la determinación de la renta imputable a Ceuta o Melilla, obtenida por entidades pesqueras, se procederá asignando los siguientes porcentajes:

a) El 20 por ciento de la renta total al territorio en que esté la sede de dirección efectiva.

b) El 40 por ciento de la renta total se distribuirá en proporción al volumen de desembarcos de capturas que realicen en Ceuta o Melilla.

Las exportaciones se imputarán al territorio en que radique la sede de dirección efectiva.

c) El 40 por ciento restante de la renta total, en proporción al valor contable de los buques según estén matriculados en Ceuta o Melilla y en territorios distintos.

El porcentaje previsto en la letra c) solo será aplicable cuando la entidad de que se trate tenga la sede de dirección efectiva en Ceuta o Melilla. En otro caso el porcentaje acrecerá el de la letra b).

5. En las entidades de navegación marítima y aérea se atribuirá la renta a Ceuta o Melilla con arreglo a los mismos criterios y porcentajes aplicables a las empresas pesqueras, sustituyendo la referencia a desembarcos de las capturas por la de pasajes, fletes y arrendamientos allí contratados.

6. Las entidades a las que se refiere la letra a) que tengan su sede de dirección efectiva en Ceuta o Melilla y las referidas en la letra c), del apartado 1 de este artículo, que operen efectiva y materialmente en Ceuta o Melilla durante un plazo no inferior a 3 años, podrán aplicar la bonificación prevista en este artículo por las rentas obtenidas fuera de dichas ciudades en los períodos impositivos que finalicen una vez transcurrido el citado plazo cuando, al menos, la mitad de sus activos estén situados en aquellas. No obstante, quedan exceptuadas de lo previsto en este apartado las rentas que procedan del arrendamiento de bienes inmuebles situados fuera de dichos territorios.

El importe máximo de rentas con derecho a bonificación será el de las rentas obtenidas en Ceuta o Melilla, en los términos señalados en este artículo.

Artículo 34. *Bonificación por prestación de servicios públicos locales.*

Tendrá una bonificación del 99 por ciento la parte de cuota íntegra que corresponda a las rentas derivadas de la prestación de cualquiera de los servicios comprendidos en el apartado 2 del artículo 25 o en el apartado 1.a), b) y c) del artículo 36 de la Ley 7/1985, de 2 de abril, Reguladora de las Bases del Régimen Local, de competencias de las entidades locales territoriales, municipales y provinciales, excepto cuando se exploten por el sistema de empresa mixta o de capital íntegramente privado.

La bonificación también se aplicará cuando los servicios referidos en el párrafo anterior se presten por entidades íntegramente dependientes del Estado o de las comunidades autónomas.

CAPÍTULO IV. Deducciones para incentivar la realización de determinadas actividades[90]

Artículo 35. *Deducción por actividades de investigación y desarrollo e innovación tecnológica.*

1. Deducción por actividades de investigación y desarrollo.

---

[90] Véase LIS DT 24ª. *Deducciones para incentivar la realización de determinadas actividades pendientes de aplicar en el Impuesto sobre Sociedades.*

La realización de actividades de investigación y desarrollo dará derecho a practicar una deducción de la cuota íntegra, en las condiciones establecidas en este apartado.

a) Concepto de investigación y desarrollo.

Se considerará investigación a la indagación original planificada que persiga descubrir nuevos conocimientos y una superior comprensión en el ámbito científico y tecnológico, y desarrollo a la aplicación de los resultados de la investigación o de cualquier otro tipo de conocimiento científico para la fabricación de nuevos materiales o productos o para el diseño de nuevos procesos o sistemas de producción, así como para la mejora tecnológica sustancial de materiales, productos, procesos o sistemas preexistentes.

Se considerará también actividad de investigación y desarrollo la materialización de los nuevos productos o procesos en un plano, esquema o diseño, así como la creación de un primer prototipo no comercializable y los proyectos de demostración inicial o proyectos piloto, siempre que éstos no puedan convertirse o utilizarse para aplicaciones industriales o para su explotación comercial.

Asimismo, se considerará actividad de investigación y desarrollo el diseño y elaboración del muestrario para el lanzamiento de nuevos productos. A estos efectos, se entenderá como lanzamiento de un nuevo producto su introducción en el mercado y como nuevo producto, aquel cuya novedad sea esencial y no meramente formal o accidental.

También se considerará actividad de investigación y desarrollo la creación, combinación y configuración de software avanzado, mediante nuevos teoremas y algoritmos o sistemas operativos, lenguajes, interfaces y aplicaciones destinados a la elaboración de productos, procesos o servicios nuevos o mejorados sustancialmente. Se asimilará a este concepto el software destinado a facilitar el acceso a los servicios de la sociedad de la información a las personas con discapacidad, cuando se realice sin fin de lucro. No se incluyen las actividades habituales o rutinarias relacionadas con el mantenimiento del software o sus actualizaciones menores.

b) Base de la deducción.

La base de la deducción estará constituida por el importe de los gastos de investigación y desarrollo y, en su caso, por las inversiones en elementos de inmovilizado material e intangible excluidos los edificios y terrenos.

Se considerarán gastos de investigación y desarrollo los realizados por el contribuyente, incluidas las amortizaciones de los bienes afectos a las citadas actividades, en cuanto estén directamente relacionados con dichas actividades y se apliquen efectivamente a la realización de éstas, constando específicamente individualizados por proyectos.

La base de la deducción se minorará en el importe de las subvenciones recibidas para el fomento de dichas actividades e imputables como ingreso en el período impositivo.

Los gastos de investigación y desarrollo que integran la base de la deducción deben corresponder a actividades efectuadas en España o en cualquier Estado miembro de la Unión Europea o del Espacio Económico Europeo.

Igualmente tendrán la consideración de gastos de investigación y desarrollo las cantidades pagadas para la realización de dichas actividades en España o en cualquier Estado miembro de la Unión Europea o del Espacio Económico Europeo, por encargo del contribuyente, individualmente o en colaboración con otras entidades.

Las inversiones se entenderán realizadas cuando los elementos patrimoniales sean puestos en condiciones de funcionamiento.

c) Porcentajes de deducción.

1.º El 25 por ciento de los gastos efectuados en el período impositivo por este concepto.

En el caso de que los gastos efectuados en la realización de actividades de investigación y desarrollo en el período impositivo sean mayores que la media de los efectuados en los 2 años anteriores, se aplicará el porcentaje establecido en el párrafo anterior hasta dicha media, y el 42 por ciento sobre el exceso respecto de ésta. Además de la deducción que proceda conforme a lo dispuesto en los párrafos anteriores se practicará una deducción adicional del 17 por ciento del importe de los gastos de personal de la entidad correspondientes a investigadores cualificados adscritos en exclusiva a actividades de investigación y desarrollo.

2.º El 8 por ciento de las inversiones en elementos de inmovilizado material e intangible, excluidos los edificios y terrenos, siempre que estén afectos exclusivamente a las actividades de investigación y desarrollo.

Los elementos en que se materialice la inversión deberán permanecer en el patrimonio del contribuyente, salvo pérdidas justificadas, hasta que cumplan su finalidad específica en las actividades de investigación y desarrollo, excepto que su vida útil conforme al método de amortización, admitido en la letra a) del apartado 1 del artículo 12, que se aplique, fuese inferior.

2. Deducción por actividades de innovación tecnológica.

La realización de actividades de innovación tecnológica dará derecho a practicar una deducción de la cuota íntegra en las condiciones establecidas en este apartado.

a) Concepto de innovación tecnológica.

Se considerará innovación tecnológica la actividad cuyo resultado sea un avance tecnológico en la obtención de nuevos productos o procesos de producción o mejoras sustanciales de los ya existentes. Se considerarán nuevos aquellos productos o procesos cuyas características o aplicaciones, desde el punto de vista tecnológico, difieran sustancialmente de las existentes con anterioridad.

Esta actividad incluirá la materialización de los nuevos productos o procesos en un plano, esquema o diseño, la creación de un primer prototipo no comercializable, los proyectos de demostración inicial o proyectos piloto, incluidos los relacionados con la animación y los videojuegos y los muestrarios textiles, de la industria del calzado, del curtido, de la marroquinería, del juguete, del mueble y de la madera, siempre que no puedan convertirse o utilizarse para aplicaciones industriales o para su explotación comercial.

b) Base de la deducción.

La base de la deducción estará constituida por el importe de los gastos del período en actividades de innovación tecnológica que correspondan a los siguientes conceptos:

1.º Actividades de diagnóstico tecnológico tendentes a la identificación, la definición y la orientación de soluciones tecnológicas avanzadas, con independencia de los resultados en que culminen.

2.º Diseño industrial e ingeniería de procesos de producción, que incluirán la concepción y la elaboración de los planos, dibujos y soportes destinados a definir los elementos descriptivos, especificaciones técnicas y características de funcionamiento necesarios para la fabricación, prueba, instalación y utilización de un producto, así como la elaboración de muestrarios textiles, de la industria del calzado, del curtido, de la marroquinería, del juguete, del mueble y de la madera.

3.º Adquisición de tecnología avanzada en forma de patentes, licencias, «know-how» y diseños. No darán derecho a la deducción las cantidades satisfechas a personas o entidades vinculadas al contribuyente. La base correspondiente a este concepto no podrá superar la cuantía de 1 millón de euros.

4.º Obtención del certificado de cumplimiento de las normas de aseguramiento de la calidad de la serie ISO 9000, GMP o similares, sin incluir aquellos gastos correspondientes a la implantación de dichas normas.

Se consideran gastos de innovación tecnológica los realizados por el contribuyente en cuanto estén directamente relacionados con dichas actividades, se apliquen efectivamente a la realización de éstas y consten específicamente individualizados por proyectos.

Los gastos de innovación tecnológica que integran la base de la deducción deben corresponder a actividades efectuadas en España o en cualquier Estado miembro de la Unión Europea o del Espacio Económico Europeo.

Igualmente, tendrán la consideración de gastos de innovación tecnológica las cantidades pagadas para la realización de dichas actividades en España o en cualquier Estado miembro de la Unión Europea o del Espacio Económico Europeo, por encargo del contribuyente, individualmente o en colaboración con otras entidades.

La base de la deducción se minorará en el importe de las subvenciones recibidas para el fomento de dichas actividades e imputables como ingreso en el período impositivo.

c) Porcentaje de deducción.

El 12 por ciento de los gastos efectuados en el período impositivo por este concepto[91].

---

[91] El Real Decreto-ley 23/2020 (art. 7), con efectos para los periodos impositivos que se inicien dentro de los años 2020 y 2021, incrementa este porcentaje en las actividades de innovación tecnológica de procesos de producción en la cadena de valor de la industria de la automoción.

«Artículo 7. Incremento de la deducción en el Impuesto sobre Sociedades por actividades de innovación tecnológica de procesos de producción en la cadena de valor de la industria de la automoción.

1. En el ámbito de la deducción por actividades de innovación tecnológica regulada en el apartado 2 del artículo 35 de la Ley 27/2014, de 27 de noviembre, del Impuesto sobre Sociedades, y con efectos para los períodos impositivos que se inicien dentro de los años 2020 y 2021, el porcentaje de deducción al que se refiere la letra c) del citado apartado 2 se incrementará en 38 puntos porcentuales para los gastos efectuados en proyectos iniciados a partir del 25 de junio de 2020 consistentes en la realización de actividades de innovación tecnológica cuyo resultado sea un avance tecnológico en la obtención de nuevos procesos de producción en la cadena de valor de la industria de la automoción o mejoras sustanciales de los ya existentes.

2. Podrán aplicar este incremento aquellos contribuyentes que tengan la consideración de pequeñas y medianas empresas de acuerdo con lo dispuesto en el anexo I del Reglamento (UE) n.º 651/2014 de la Comisión, de 17 de junio de 2014, por el que se declaran determinadas categorías de ayudas compatibles con el mercado interior en aplicación de los artículos 107 y 108 del Tratado.

En el caso de contribuyentes que no tengan la consideración señalada en el párrafo anterior, el incremento previsto en el apartado 1 será de 3 puntos porcentuales. Estos contribuyentes podrán aplicar la deducción siempre que se cumplan los siguientes requisitos:

a) Que colaboren de manera efectiva con una pequeña o mediana empresa en la realización de las actividades objeto de esta deducción. A estos efectos, se entenderá por colaboración efectiva la colaboración entre al menos dos entidades no vinculadas para el intercambio de conocimientos o tecnología, o para alcanzar un objetivo común sobre la base de la división del trabajo, en la que las partes implicadas definen conjuntamente el ámbito del proyecto en colaboración, contribuyen a su aplicación y comparten sus riesgos y sus resultados; una

3. Exclusiones.

No se considerarán actividades de investigación y desarrollo ni de innovación tecnológica las consistentes en:

a) Las actividades que no impliquen una novedad científica o tecnológica signi-ficativa. En particular, los esfuerzos rutinarios para mejorar la calidad de productos o procesos, la adaptación de un producto o proceso de producción ya existente a los requisitos específicos impuestos por un cliente, los cambios periódicos o de temporada, excepto los muestrarios textiles y de la industria del calzado, del curtido, de la marroquinería, del juguete, del mueble y de la madera, así como las modificaciones estéticas o menores de productos ya existentes para diferenciarlos de otros similares.

b) Las actividades de producción industrial y provisión de servicios o de distri-bución de bienes y servicios. En particular, la planificación de la actividad producti-va: la preparación y el inicio de la producción, incluyendo el reglaje de herramien-tas y aquellas otras actividades distintas de las descritas en la letra b) del apartado

o varias de las partes pueden soportar la totalidad de los costes del proyecto y liberar así a otras partes de sus riesgos financieros; la investigación bajo contrato y la prestación de servicios de investigación no se consideran formas de colaboración.

b) Que las pequeñas y medianas empresas con las que colaboren asuman, al menos, el 30 por ciento de los gastos del proyecto que formen parte de la base de esta deducción.

El importe de la deducción que se corresponda con el incremento previsto en este artículo no podrá ser superior a 7,5 millones de euros por cada proyecto desarrollado por el contribuyen-te. Adicionalmente, el importe de la citada deducción, conjuntamente con el resto de ayu-das percibidas por el contribuyente, no podrá superar el 50 por ciento del coste del proyecto que haya sido objeto de subvención, o el 15 por ciento en el caso de contribuyentes que no tengan la consideración de pequeñas o medianas empresas de acuerdo con lo dispuesto en el anexo I del Reglamento (UE) n.º 651/2014 de la Comisión, de 17 de junio de 2014, por el que se declaran determinadas categorías de ayudas compatibles con el mercado interior en aplicación de los artículos 107 y 108 del Tratado.

3. Para la aplicación del incremento previsto en este artículo:

a) Se deberán cumplir las condiciones previstas en el capítulo I y en el artículo 29, excepto en lo relativo a la base de la deducción, del Reglamento (UE) n.º 651/2014 de la Comisión, de 17 de junio de 2014, por el que se declaran determinadas categorías de ayudas compa-tibles con el mercado interior en aplicación de los artículos 107 y 108 del Tratado.

b) Será necesario que la entidad haya obtenido un informe motivado sobre la calificación de la actividad como innovación tecnológica cuyo resultado sea un avance tecnológico en la obtención de nuevos procesos o mejoras sustanciales de los ya existentes, en los términos establecidos en la letra a) del apartado 4 del artículo 35 de la Ley 27/2014, de 27 de noviembre, del Impuesto sobre Sociedades.»

anterior; la incorporación o modificación de instalaciones, máquinas, equipos y sistemas para la producción que no estén afectados a actividades calificadas como de investigación y desarrollo o de innovación; la solución de problemas técnicos de procesos productivos interrumpidos; el control de calidad y la normalización de productos y procesos; la prospección en materia de ciencias sociales y los estudios de mercado; el establecimiento de redes o instalaciones para la comercialización; el adiestramiento y la formación del personal relacionada con dichas actividades.

c) La exploración, sondeo o prospección de minerales e hidrocarburos.

4. Aplicación e interpretación de la deducción.

a) Para la aplicación de la deducción regulada en este artículo, los contribuyentes podrán aportar informe motivado emitido por el Ministerio de Economía y Competitividad, o por un organismo adscrito a éste, relativo al cumplimiento de los requisitos científicos y tecnológicos exigidos en la letra a) del apartado 1 de este artículo para calificar las actividades del contribuyente como investigación y desarrollo, o en la letra a) de su apartado 2, para calificarlas como innovación, teniendo en cuenta en ambos casos lo establecido en el apartado 3. Dicho informe tendrá carácter vinculante para la Administración tributaria.

b) El contribuyente podrá presentar consultas sobre la interpretación y aplicación de la presente deducción, cuya contestación tendrá carácter vinculante para la Administración tributaria, en los términos previstos en los artículos 88 y 89 de la Ley 58/2003, de 17 de diciembre, General Tributaria.

A estos efectos, los contribuyentes podrán aportar informe motivado emitido por el Ministerio de Economía y Competitividad, o por un organismo adscrito a éste, relativo al cumplimiento de los requisitos científicos y tecnológicos exigidos en la letra a) del apartado 1 de este artículo para calificar las actividades del contribuyente como investigación y desarrollo, o en la letra a) de su apartado 2, para calificarlas como innovación tecnológica, teniendo en cuenta en ambos casos lo establecido en el apartado 3. Dicho informe tendrá carácter vinculante para la Administración tributaria.

c) Igualmente, a efectos de aplicar la presente deducción, el contribuyente podrá solicitar a la Administración tributaria la adopción de acuerdos previos de valoración de los gastos e inversiones correspondientes a proyectos de investigación y desarrollo o de innovación tecnológica, conforme a lo previsto en el artículo 91 de la Ley General Tributaria.

A estos efectos, los contribuyentes podrán aportar informe motivado emitido por el Ministerio de Economía y Competitividad, o por un organismo adscrito a éste, relativo al cumplimiento de los requisitos científicos y tecnológicos exigidos en la letra a) del apartado 1 de este artículo, para calificar las actividades del contribuyente como investigación y desarrollo, o en la letra a) de su apartado 2, para calificarlas como innovación tecnológica, teniendo en cuenta en ambos casos lo establecido en el apartado 3, así como a la identificación de los gastos e inversiones que puedan ser imputados a dichas actividades. Dicho informe tendrá carácter vinculante para la Administración tributaria exclusivamente en relación con la calificación de las actividades.

5. Desarrollo reglamentario.

Reglamentariamente se podrán concretar los supuestos de hecho que determinan la aplicación de las deducciones contempladas en este precepto, así como el procedimiento de adopción de acuerdos de valoración a que se refiere el apartado anterior[92].

Artículo 36. *Deducción por inversiones en producciones cinematográficas, series audiovisuales y espectáculos en vivo de artes escénicas y musicales.*

1[93]. Las inversiones en producciones españolas de largometrajes y cortometrajes cinematográficos y de series audiovisuales de ficción, animación o documental, que permitan la confección de un soporte físico previo a su producción industrial seriada darán derecho al productor o a los contribuyentes que participen en la financiación a una deducción:

a) Del 30 por ciento respecto del primer millón de base de la deducción.

b) Del 25 por ciento sobre el exceso de dicho importe.

La base de la deducción estará constituida por el coste total de la producción, así como por los gastos para la obtención de copias y los gastos de publicidad y promoción a cargo del productor hasta el límite para ambos del 40 por ciento del coste de producción.

Al menos el 50 por ciento de la base de la deducción deberá corresponderse con gastos realizados en territorio español. El importe de esta deducción no podrá ser superior a 20 millones de euros. En el caso de series audiovisuales, la deducción se determinará por episodio y el límite a que se refiere el párrafo anterior será de 10 millones de euros por cada episodio producido. En el supuesto de una

---

[92]   Véase RIS 38.

[93]   Apartado modificado por la Ley 38/2022(DF 5ª.2), con efectos para los períodos impositivos que se inicien a partir de 1 de enero de 2023. Ha de tenerse en cuenta para su aplicación la DA 1ª de dicha Ley que condiciona la deducción a su compatibilidad con el derecho de la Unión Europea en materia de ayudas de Estado. Apartado anteriormente modificado por Real Decreto-ley 17/2020 (DF 1ª.1), con efectos para los períodos impositivos que se inicien a partir de 1 de enero de 2020.

coproducción, los importes señalados en este apartado se determinarán, para cada coproductor, en función de su respectivo porcentaje de participación en aquella.

Para la aplicación de la deducción, será necesario el cumplimiento de los siguientes requisitos:

a') Que la producción obtenga el correspondiente certificado de nacionalidad y el certificado que acredite el carácter cultural en relación con su contenido, su vinculación con la realidad cultural española o su contribución al enriquecimiento de la diversidad cultural de las obras cinematográficas que se exhiben en España, emitidos por el Instituto de la Cinematografía y de las Artes Audiovisuales, o por el órgano correspondiente de la Comunidad Autónoma con competencia en la materia. Dichos certificados serán vinculantes para la Administración tributaria competente en materia de acreditación y aplicación de los anteriores incentivos fiscales e identificación del productor beneficiario, con independencia del momento de emisión de los mismos.

b') Que se entregue una copia nueva y en perfecto estado de la producción en la Filmoteca Española o la filmoteca oficialmente reconocida por la respectiva Comunidad Autónoma.

La deducción prevista en este apartado se generará en cada período impositivo por el coste de producción incurrido en el mismo, si bien se aplicará a partir del período impositivo en el que finalice la producción de la obra.

No obstante, en el supuesto de producciones de animación, la deducción prevista en este apartado se aplicará a partir del período impositivo en que se obtenga el certificado de nacionalidad señalado en la letra a') anterior.

La base de la deducción se minorará en el importe de las subvenciones recibidas para financiar las inversiones que generan derecho a deducción.

El importe de esta deducción, conjuntamente con el resto de ayudas percibidas, no podrá superar el 50 por ciento del coste de producción. No obstante, dicho límite se elevará hasta:

a'') El 85 por ciento para los cortometrajes.

b'') El 80 por ciento para las producciones dirigidas por una persona que no haya dirigido o codirigido más de dos largometrajes calificados para su explotación comercial en salas de exhibición cinematográfica, cuyo presupuesto de producción no supere 1.500.000 euros.

c'') El 80 por ciento en el caso de las producciones rodadas íntegramente en alguna de las lenguas cooficiales distintas al castellano que se proyecten en España en dicho idioma cooficial o subtitulado.

d") El 80 por ciento en el caso de producciones dirigidas exclusivamente por personas con un grado de discapacidad igual o superior al 33 por ciento reconocido por el órgano competente.

e") El 75 por ciento en el caso de producciones realizadas exclusivamente por directoras.

f") El 75 por ciento en el caso de producciones con un especial valor cultural y artístico que necesiten un apoyo excepcional de financiación según los criterios que se establezcan mediante orden ministerial o en las correspondientes convocatorias de ayudas.

g") El 75 por ciento en el caso de los documentales.

h") El 75 por ciento en el caso de las obras de animación cuyo presupuesto de producción no supere 2.500.000 euros.

i") El 60 por ciento en el caso de producciones transfronterizas financiadas por más de un Estado miembro de la Unión Europea y en las que participen productores de más de un Estado miembro.

j") El 60 por ciento en el caso de coproducciones internacionales con países iberoamericanos.

2[94]. Los productores registrados en el Registro Administrativo de Empresas Cinematográficas y Audiovisuales del Instituto de la Cinematografía y de las Artes Audiovisuales que se encarguen de la ejecución de una producción extranjera de largometrajes cinematográficos o de obras audiovisuales que permitan la confección de un soporte físico previo a su producción industrial seriada tendrán derecho a la deducción prevista en este apartado por los gastos realizados en territorio español.

La base de la deducción estará constituida por los siguientes gastos realizados en territorio español directamente relacionados con la producción:

1.º Los gastos de personal creativo, siempre que tenga residencia fiscal en España o en algún Estado miembro del Espacio Económico Europeo.

2.º Los gastos derivados de la utilización de industrias técnicas y otros proveedores.

El importe de la deducción será:

a) Del 30 por ciento respecto del primer millón de base de la deducción y del 25 por ciento sobre el exceso de dicho importe.

---

[94] Apartado modificado por la Ley 38/2022(DF 5ª.2), con efectos para los períodos impositivos que se inicien a partir de 1 de enero de 2023. Apartado anterior modificado por Ley 11/2021 (art. 1.3), con efectos para los períodos impositivos que se inicien a partir de 1 de enero de 2021. Véase DT 42ª.

La deducción se aplicará siempre que los gastos realizados en territorio español sean, al menos, de 1 millón de euros. No obstante, en el supuesto de producciones de animación tales gastos serán, al menos, de 200.000 euros.

El importe de esta deducción no podrá ser superior a 20 millones de euros, por cada producción realizada.

En el caso de series audiovisuales, la deducción se determinará por episodio y el límite a que se refiere el párrafo anterior será de 10 millones de euros por cada episodio producido.

El importe de esta deducción, conjuntamente con el resto de ayudas percibidas por la empresa contribuyente, no podrá superar el 50 por ciento del coste de producción.

b) Del 30 por ciento de la base de la deducción, cuando el productor se encargue de la ejecución de servicios de efectos visuales y los gastos realizados en territorio español sean inferiores a 1 millón de euros.

El importe de esta deducción no podrá superar el importe que establece el Reglamento (UE) 1407/2013 de la Comisión, de 18 de diciembre de 2013, relativo a la aplicación de los artículos 107 y 108 del Tratado de Funcionamiento de la Unión a las ayudas de *minimis*.

La deducción prevista en este apartado queda excluida del límite a que se refiere el último párrafo del apartado 1 del artículo 39 de esta ley. A efectos del cálculo de dicho límite no se computará esta deducción.

Para la aplicación de la deducción, será necesario el cumplimiento de los siguientes requisitos:

a') que la producción obtenga el correspondiente certificado que acredite el carácter cultural en relación con su contenido o su vinculación con la realidad cultural española o europea, emitido por el Instituto de la Cinematografía y de las Artes Audiovisuales, o por el órgano correspondiente de la Comunidad Autónoma con competencia en la materia. Este requisito no será exigible para la aplicación de la deducción recogida en la letra b) de este apartado.

b') Que se incorpore en los títulos de crédito finales de la producción una referencia específica a haberse acogido al incentivo fiscal; la colaboración, en su caso, del Gobierno de España, las Comunidades Autónomas, las Film Commissions o las Film Offices que hayan intervenido de forma directa en la realización del rodaje u otros procesos de producción desarrollados en España, así como, en su caso, los lugares específicos de rodaje en España y, para el caso de obras audiovisuales de animación, el lugar donde radique el estudio al que se le ha encargado el servicio de producción.

c′) Que los titulares de los derechos autoricen el uso del título de la obra y del material gráfico y audiovisual de prensa que incluya de forma expresa lugares específicos del rodaje o de cualquier otro proceso de producción realizado en España, para la realización de actividades y elaboración de materiales de promoción en España y en el extranjero con fines culturales o turísticos, que puedan llevar a cabo las entidades estatales, autonómicas o locales con competencias en materia de cultura, turismo y economía, así como por las Film Commissions o Film Offices que hayan intervenido en la realización del rodaje o producción.

Reglamentariamente se podrán establecer otros requisitos y obligaciones para tener derecho a la práctica de esta deducción.

3. Los gastos realizados en la producción y exhibición de espectáculos en vivo de artes escénicas y musicales tendrán una deducción del 20 por ciento.

La base de la deducción estará constituida por los costes directos de carácter artístico, técnico y promocional incurridos en las referidas actividades.

La deducción generada en cada período impositivo no podrá superar el importe de 500.000 euros por contribuyente.

Para la aplicación de esta deducción, será necesario el cumplimiento de los siguientes requisitos:

a) Que el contribuyente haya obtenido un certificado al efecto, en los términos que se establezcan por Orden Ministerial, por el Instituto Nacional de las Artes Escénicas y de la Música[95].

b) Que, de los beneficios obtenidos en el desarrollo de estas actividades en el ejercicio en el que se genere el derecho a la deducción, el contribuyente destine al menos el 50 por ciento a la realización de actividades que dan derecho a la aplicación de la deducción prevista en este apartado. El plazo para el cumplimiento de esta obligación será el comprendido entre el inicio del ejercicio en que se hayan obtenido los referidos beneficios y los 4 años siguientes al cierre de dicho ejercicio.

La base de esta deducción se minorará en el importe de las subvenciones recibidas para financiar los gastos que generen el derecho a la misma. El importe de la deducción, junto con las subvenciones percibidas por el contribuyente, no podrá superar el 80 por ciento de dichos gastos.

---

[95] Véase la Orden ECD/2836/2015, de 18 de diciembre, por la que se regula el procedimiento para la obtención del certificado del Instituto Nacional de las Artes Escénicas y de la Música, previsto en la Ley 27/2014, de 27 de noviembre, del Impuesto sobre Sociedades (BOE 30/12/2015).

Artículo 37. *Deducciones por creación de empleo.*

1. Las entidades que contraten a su primer trabajador a través de un contrato de trabajo por tiempo indefinido de apoyo a los emprendedores, definido en el artículo 4 de la Ley 3/2012, de 6 de julio, de medidas urgentes para la reforma del mercado laboral, que sea menor de 30 años, podrán deducir de la cuota íntegra la cantidad de 3.000 euros.

2. Sin perjuicio de lo dispuesto en el apartado anterior, las entidades que tengan una plantilla inferior a 50 trabajadores en el momento en que concierten contratos de trabajo por tiempo indefinido de apoyo a los emprendedores, definido en el artículo 4 de la Ley de medidas urgentes para la reforma del mercado laboral, con desempleados beneficiarios de una prestación contributiva por desempleo regulada en el Título III del texto refundido de la Ley General de la Seguridad Social, aprobado por el Real Decreto Legislativo 1/1994, de 20 de junio, podrán deducir de la cuota íntegra el 50 por ciento del menor de los siguientes importes:

a) El importe de la prestación por desempleo que el trabajador tuviera pendiente de percibir en el momento de la contratación.

b) El importe correspondiente a doce mensualidades de la prestación por desempleo que tuviera reconocida.

Esta deducción resultará de aplicación respecto de aquellos contratos realizados en el periodo impositivo hasta alcanzar una plantilla de 50 trabajadores, y siempre que, en los 12 meses siguientes al inicio de la relación laboral, se produzca, respecto de cada trabajador, un incremento de la plantilla media total de la entidad en, al menos, una unidad respecto a la existente en los 12 meses anteriores.

La aplicación de esta deducción estará condicionada a que el trabajador contratado hubiera percibido la prestación por desempleo durante, al menos, 3 meses antes del inicio de la relación laboral. A estos efectos, el trabajador proporcionará a la entidad un certificado del Servicio Público de Empleo Estatal sobre el importe de la prestación pendiente de percibir en la fecha prevista de inicio de la relación laboral.

3. Las deducciones previstas en los apartados anteriores se aplicarán en la cuota íntegra del periodo impositivo correspondiente a la finalización del periodo de prueba de un año exigido en el correspondiente tipo de contrato y estarán condicionadas al mantenimiento de esta relación laboral durante al menos 3 años desde la fecha de su inicio. El incumplimiento de cualquiera de los requisitos señalados en este artículo determinará la pérdida de la deducción, que se regularizará en la forma establecida en el artículo 125.3 de esta Ley.

No obstante, no se entenderá incumplida la obligación de mantenimiento del empleo cuando el contrato de trabajo se extinga, una vez transcurrido el periodo de prueba, por causas objetivas o despido disciplinario cuando uno u otro sea declarado o reconocido como procedente, dimisión, muerte, jubilación o incapacidad permanente total, absoluta o gran invalidez del trabajador.

El trabajador contratado que diera derecho a una de las deducciones previstas en este artículo no se computará a efectos del incremento de plantilla establecido en el artículo 102 de esta Ley.

4. En el supuesto de contratos a tiempo parcial, las deducciones previstas en este artículo se aplicarán de manera proporcional a la jornada de trabajo pactada en el contrato.

Artículo 38. *Deducción por creación de empleo para trabajadores con discapacidad.*

1. Será deducible de la cuota íntegra la cantidad de 9.000 euros por cada persona/año de incremento del promedio de plantilla de trabajadores con discapacidad en un grado igual o superior al 33 por ciento e inferior al 65 por ciento, contratados por el contribuyente, experimentado durante el período impositivo, respecto a la plantilla media de trabajadores de la misma naturaleza del período inmediato anterior.

2. Será deducible de la cuota íntegra la cantidad de 12.000 euros por cada persona/año de incremento del promedio de plantilla de trabajadores con discapacidad en un grado igual o superior al 65 por ciento, contratados por el contribuyente, experimentado durante el período impositivo, respecto a la plantilla media de trabajadores de la misma naturaleza del período inmediato anterior.

3. Los trabajadores contratados que dieran derecho a la deducción prevista en este artículo no se computarán a efectos de la libertad de amortización con creación de empleo regulada en el artículo 102 de esta Ley.

Artículo 38 bis. *Deducción por inversiones realizadas por las autoridades portuarias*[96].

1. Las autoridades portuarias podrán deducir de la cuota íntegra:

a) Las inversiones y gastos relacionados con:

1.º La infraestructura y los servicios de control del tráfico marítimo.

2.º Los servicios e infraestructuras destinados a mejorar la seguridad de la navegación y los movimientos de los buques en el mar litoral español, incluidos los

---

[96]   Nuevo artículo añadido por Real Decreto-ley 26/2020 (DF 6ª.3) con efectos para los períodos impositivos que se inicien a partir de 1 de enero de 2020 que no hayan concluido a la entrada en vigor de este real decreto-ley (9/7/2020).

elementos de señalización marítima, balizamiento y ayudas a la navegación, cuyos beneficiarios no sean principalmente los usuarios del puerto que los construye y mantiene.

3.º Los accesos terrestres viarios y ferroviarios de servicio público general, los accesos marítimos, los dragados, que beneficien a la colectividad en su conjunto y cuyos beneficiarios no sean principalmente los usuarios del puerto, así como las infraestructuras de mejora de las redes generales de transporte de uso común.

4.º Las infraestructuras de protección y resistencia contra condiciones climáticas extremas cuyos beneficiarios no sean principalmente los usuarios del puerto.

5.º Los servicios e infraestructuras de salvamento marítimo asociados al ejercicio del poder público, siempre y cuando dichas infraestructuras no se exploten comercialmente, y la formación de los servicios públicos responsables en materia de emergencias, seguridad y salvamento, siempre y cuando dicha formación no sea obligatoria para las empresas.

6.º La elaboración e implantación de planes de seguridad y protección, en la medida en que estos costes no estén asociados a requisitos obligatorios de seguridad que todas las compañías deban cumplir, y la atención de emergencias de protección civil, en ambos casos, cuando estas actividades estén asociadas al ejercicio de poder público y siempre que sus beneficiarios no sean principalmente los usuarios del puerto.

7.º Los servicios e infraestructuras de defensa contra incendios, desprendimientos y otros riesgos relacionados con la protección civil, asociados al ejercicio de poder público, que no se exploten comercialmente, que no sean obligatorios para las empresas, que beneficien a la colectividad en su conjunto y cuyos beneficiarios no sean principalmente los usuarios del puerto.

8.º Los servicios e infraestructura utilizados exclusivamente por las Fuerzas y Cuerpos de Seguridad y por la Policía portuaria en el ejercicio de poder público.

9.º Los servicios e infraestructuras sanitarias para la atención a personas en situaciones de vulnerabilidad, siempre y cuando las infraestructuras no se utilicen para actividades económicas del puerto.

10.º Las infraestructuras y servicios para el control aduanero de mercancías, para la inspección en frontera exigidos por normas con rango de ley en los ámbitos de sanidad animal, sanidad vegetal, sanidad exterior y seguridad industrial e interés público, y las relacionadas con el control de pasajeros y la inmigración.

11.º Las infraestructuras y servicios para la vigilancia de la contaminación, las emergencias en materia medioambiental y lucha contra la contaminación asociadas al ejercicio de poder público, cuyos costes no sean legalmente repercutibles al causante de la emergencia, ni sean costes en los que se incurra simplemente para cumplir la normativa legalmente obligatoria para todas las empresas, la descontaminación de suelos que no se destinen al desarrollo de una actividad económica, el desguace de embarcaciones y equipos abandonados, cuyo tratamiento recaiga legalmente sobre la autoridad portuaria por haber quedado desiertos los procedimientos destinados a identificar el interés privado en su desguace, retirada o achatarramiento, y el saneamiento, limpieza general portuaria y retirada de residuos distintos de los generados por los usuarios del puerto, tales como los desechos generados por los buques, los residuos de la carga y similares.

12.º Los servicios e infraestructuras realizados para organismos internacionales como consecuencia de obligaciones contraídas por el Reino de España en el marco de un tratado internacional.

13.º Los servicios e infraestructuras dedicadas a la Defensa Nacional.

14.º Los servicios e instalaciones utilizados para el desarrollo de actividades científicas cuyos resultados no tengan por objeto su explotación económica y a las actuaciones de monitorización y predicción del medio físico con fines de investigación e información meteorológica cuyos resultados no se exploten comercialmente.

15.º Los servicios de alumbrado de zonas comunes en beneficio de la colectividad, de uso público y abiertas cuyos beneficiarios no sean principalmente los usuarios del puerto.

16.º Las actuaciones de protección o corrección de la deriva litoral cuyos beneficiarios no sean principalmente los usuarios del puerto.

17.º Las inversiones y servicios relacionados con el fomento de la cultura y el patrimonio histórico y cultural, incluidos los previstos en el apartado 1 del artículo sesenta y ocho de la Ley 16/1985, de 25 de junio, del Patrimonio Histórico Español, en los supuestos en los que las obras públicas no estén relacionadas con la actividad económica de la autoridad portuaria, así como las actuaciones de rehabilitación de bienes con protección cultural que no se exploten comercialmente y beneficien a la sociedad en su conjunto.

18.º Las actuaciones de urbanización y en desarrollo y revitalización de suelo público para su uso público sin explotación comercial.

b) Las inversiones y gastos realizados para la construcción, sustitución o mejora de las infraestructuras de los puertos marítimos, para la construcción, sustitución o mejora de las infraestructuras de acceso a los mismos o para las actividades de dragado, en los términos y con las condiciones previstas en el capítulo I y en los artículos 56 ter y 56 quater del Reglamento (UE) Nº 651/2014, de la Comisión, de 17 de junio de 2014, por el que se declaran determinadas categorías de ayudas compatibles con el mercado interior en aplicación de los artículos 107 y 108 del Tratado. El importe de la deducción será el que resulte de aplicar a dichas inversiones y gastos el porcentaje de intensidad máxima de ayuda permitida calculada con arreglo a lo dispuesto en el artículo 56 ter y 56 quater, respectivamente, del Reglamento (UE) Nº 651/2014.

c) Las inversiones que superen los umbrales establecidos en las letras ee) y ff) del apartado 1 del artículo 4 del Reglamento (UE) Nº 651/2014 podrán deducirse en la medida en que la Comisión Europea haya declarado su compatibilidad con el mercado interior de conformidad con lo previsto en el apartado 3 del artículo 108 del Tratado de Funcionamiento de la Unión Europea y se cumplan las condiciones establecidas por la Comisión en la Decisión correspondiente. El importe de la deducción será el que resulte de aplicar a dichas inversiones el porcentaje de intensidad máxima de ayuda autorizada por la Comisión.

2. La deducción de la letra c) del apartado 1 de este artículo solo se podrá aplicar a partir del período impositivo en el que la Comisión Europea haya declarado la compatibilidad de las inversiones a las que se refiere dicha letra.

3. Las inversiones o gastos objeto de esta deducción se minorarán en el importe de las subvenciones recibidas.

4. Las autoridades portuarias deberán llevar los oportunos registros contables y documentales específicos que permitan identificar los gastos e inversiones a los que se refiere la deducción prevista en este artículo.

5. La deducción prevista en este artículo queda excluida del límite a que se refiere el último párrafo del apartado 1 del artículo 39 de esta ley. A efectos del cálculo de dicho límite no se computará esta deducción.

Las cantidades no deducidas por insuficiencia de cuota íntegra podrán aplicarse en las liquidaciones de los períodos impositivos siguientes en el plazo establecido en el apartado 1 del artículo 39 de esta ley.

6. Reglamentariamente se podrán dictar cuantas disposiciones sean necesarias para el desarrollo y aplicación de la presente deducción.

Artículo 38 ter. *Deducción por contribuciones empresariales a sistemas de previsión social empresarial*[97].

El sujeto pasivo podrá practicar una deducción en la cuota íntegra del 10 por ciento de las contribuciones empresariales imputadas a favor de los trabajadores con retribuciones brutas anuales inferiores a 27.000 euros, siempre que tales contribuciones se realicen en planes de pensiones de empleo, a planes de previsión

---

[97]   Nuevo artículo añadido por la Ley 12/2022 (DF 5ª), con efectos a partir del 2 de julio de 2022.

social empresarial, a planes de pensiones regulados en la Directiva (UE) 2016/2341 del Parlamento Europeo y del Consejo, de 14 de diciembre de 2016, relativa a las actividades y la supervisión de los fondos de pensiones de empleo y a mutualidades de previsión social que actúen como instrumento de previsión social de los que sea promotor el sujeto pasivo.

Cuando se trate de trabajadores con retribuciones brutas anuales iguales o superiores a 27.000 euros, la deducción prevista en el párrafo anterior se aplicará sobre la parte proporcional de las contribuciones empresariales que correspondan al importe de la retribución bruta anual reseñado en dicho párrafo.

Artículo 39. *Normas comunes a las deducciones previstas en este capítulo.*

1. Las deducciones previstas en el presente Capítulo se practicarán una vez realizadas las deducciones y bonificaciones de los Capítulos II y III de este Título.

Las cantidades correspondientes al período impositivo no deducidas podrán aplicarse en las liquidaciones de los periodos impositivos que concluyan en los 15 años inmediatos y sucesivos. No obstante, las cantidades correspondientes a la deducción prevista en el artículo 35 de esta Ley podrán aplicarse en las liquidaciones de los períodos impositivos que concluyan en los 18 años inmediatos y sucesivos.

El cómputo de los plazos para la aplicación de las deducciones previstas en este Capítulo podrá diferirse hasta el primer ejercicio en que, dentro del periodo de prescripción, se produzcan resultados positivos, en los siguientes casos:

a) En las entidades de nueva creación.

b) En las entidades que saneen pérdidas de ejercicios anteriores mediante la aportación efectiva de nuevos recursos, sin que se considere como tal la aplicación o capitalización de reservas.

El importe de las deducciones previstas en este Capítulo a las que se refiere este apartado, aplicadas en el periodo impositivo, no podrán exceder conjuntamente del 25 por ciento de la cuota íntegra minorada en las deducciones para evitar la doble imposición internacional y las bonificaciones. No obstante, el límite se elevará al 50 por ciento cuando el importe de las deducciones previstas en los artículos 35 y 36 de esta Ley, que corresponda a gastos e inversiones efectuados en el propio período impositivo, exceda del 10 por ciento de la cuota íntegra, minorada en las deducciones para evitar la doble imposición internacional y las bonificaciones[98].

---

[98]   Apartado modificado por la Ley 11/2020 (DF 31.2), con efectos para los periodos impositivos que se inicien a partir de 1 de enero de 2021.

2. No obstante, en el caso de entidades a las que resulte de aplicación el tipo de gravamen previsto en el apartado 1 o en el apartado 6 del artículo 29 de esta Ley, las deducciones por actividades de investigación y desarrollo e innovación tecnológica a que se refieren los apartados 1 y 2 del artículo 35 de esta Ley, podrán, opcionalmente, quedar excluidas del límite establecido en el último párrafo del apartado anterior, y aplicarse con un descuento del 20 por ciento de su importe, en los términos establecidos en este apartado. En el caso de insuficiencia de cuota, se podrá solicitar su abono a la Administración tributaria a través de la declaración de este Impuesto, una vez finalizado el plazo a que se refiere la letra a) siguiente. Este abono se regirá por lo dispuesto en el artículo 31 de la Ley 58/2003, de 17 de diciembre, General Tributaria, y en su normativa de desarrollo, sin que, en ningún caso, se produzca el devengo del interés de demora a que se refiere el apartado 2 de dicho artículo 31.

El importe de la deducción aplicada o abonada, de acuerdo con lo dispuesto en este apartado, en el caso de las actividades de innovación tecnológica no podrá superar conjuntamente el importe de 1 millón de euros anuales. Asimismo, el importe de la deducción aplicada o abonada por las actividades de investigación y desarrollo e innovación tecnológica, de acuerdo con lo dispuesto en este apartado, no podrá superar conjuntamente, y por todos los conceptos, los 3 millones de euros anuales. Ambos límites se aplicarán a todo el grupo de sociedades, en el supuesto de entidades que formen parte del mismo grupo según los criterios establecidos en el artículo 42 del Código de Comercio, con independencia de su residencia y de la obligación de formular cuentas anuales consolidadas.

Para la aplicación de lo dispuesto en este apartado, será necesario el cumplimiento de los siguientes requisitos:

a) Que transcurra, al menos, un año desde la finalización del período impositivo en que se generó la deducción, sin que la misma haya sido objeto de aplicación.

b) Que la plantilla media o, alternativamente, la plantilla media adscrita a actividades de investigación y desarrollo e innovación tecnológica no se vea reducida desde el final del período impositivo en que se generó la deducción hasta la finalización del plazo a que se refiere la letra c) siguiente.

c) Que se destine un importe equivalente a la deducción aplicada o abonada, a gastos de investigación y desarrollo e innovación tecnológica o a inversiones en elementos del inmovilizado material o inmovilizado intangible exclusivamente afectos a dichas actividades, excluidos los inmuebles, en los 24 meses siguientes a la finalización del período impositivo en cuya declaración se realice la correspondiente aplicación o la solicitud de abono.

d) Que la entidad haya obtenido un informe motivado sobre la calificación de la actividad como investigación y desarrollo o innovación tecnológica o un acuerdo previo de valoración de los gastos e inversiones correspondientes a dichas actividades, en los términos establecidos en el apartado 4 del artículo 35 de esta Ley.

Adicionalmente, en el supuesto de que los gastos de investigación y desarrollo del período impositivo superen el 10 por ciento del importe neto de la cifra de negocios del mismo, la deducción prevista en el apartado 1 del artículo 35 de esta Ley generada en dicho período impositivo podrá quedar excluida del límite establecido en el último párrafo del apartado anterior, y aplicarse o abonarse con un descuento del 20 por ciento de su importe en la primera declaración que se presente transcurrido el plazo a que se refiere la letra a) anterior, hasta un importe adicional de 2 millones de euros.

El incumplimiento de cualquiera de estos requisitos conllevará la regularización de las cantidades indebidamente aplicadas o abonadas, en la forma establecida en el artículo 125.3 de esta Ley.

3. En el caso de insuficiencia de cuota en la aplicación de la deducción prevista en el apartado 2 del artículo 36 de esta Ley, se podrá solicitar su abono a la Administración tributaria a través de la declaración de este Impuesto. Este abono se regirá por lo dispuesto en el artículo 31 de la Ley General Tributaria y en su normativa de desarrollo, sin que, en ningún caso, se produzca el devengo del interés de demora a que se refiere el apartado 2 de dicho artículo 31.

4. Una misma inversión no podrá dar lugar a la aplicación de más de una deducción en la misma entidad salvo disposición expresa, ni podrá dar lugar a la aplicación de una deducción en más de una entidad.

5. Los elementos patrimoniales afectos a las deducciones previstas en los artículos anteriores deberán permanecer en funcionamiento durante 5 años, o 3 años, si se trata de bienes muebles, o durante su vida útil si fuera Inferior. En el caso de producciones cinematográficas y series audiovisuales, se entenderá este requisito cumplido en la medida que la productora mantenga el mismo porcentaje de titularidad de la obra durante el plazo de 3 años, sin perjuicio de su facultad para comercializar total o parcialmente los derechos de explotación derivados de la misma a uno o más terceros.

Conjuntamente con la cuota correspondiente al período impositivo en el que se manifieste el incumplimiento de este requisito, se ingresará la cantidad deducida, además de los intereses de demora[99].

---

[99]   Apartado modificado por la Ley 11/2020 (DF 31.2), en vigor a partir del 1/1/2021.

6[100]. El derecho de la Administración para iniciar el procedimiento de comprobación de las deducciones previstas en este Capítulo aplicadas o pendientes de aplicar prescribirá a los 10 años a contar desde el día siguiente a aquel en que finalice el plazo establecido para presentar la declaración o autoliquidación correspondiente al período impositivo en que se generó el derecho a su aplicación.

Transcurrido dicho plazo, el contribuyente deberá acreditar las deducciones cuya aplicación pretenda, mediante la exhibición de la liquidación o autoliquidación y la contabilidad, con acreditación de su depósito durante el citado plazo en el Registro Mercantil.

7[101]. El contribuyente que participe en la financiación de producciones españolas de largometrajes, cortometrajes cinematográficos, series audiovisuales de ficción, animación o documental, o en la producción y exhibición de espectáculos en vivo de artes escénicas y musicales realizadas por otros contribuyentes, podrá aplicar las deducciones previstas en los apartados 1 y 3 del artículo 36 de esta ley, en las condiciones y términos en ellos señalados, determinándose su importe en las mismas condiciones que se hubieran aplicado al productor, siempre que hayan sido generadas por este último, cuando aporte cantidades destinadas a financiar la totalidad o parte de los costes de la producción, así como los gastos para la obtención de copias, publicidad y promoción a cargo del productor hasta el límite del 30 % de los costes de producción, sin adquirir derechos de propiedad intelectual o de otra índole respecto de los resultados de las producciones o espectáculos, cuya propiedad deberá ser en todo caso del productor.

Las cantidades para financiar costes de producción podrán aportarse en cualquier fase de la producción, con carácter previo o posterior al momento en que el productor incurra en los citados costes de producción, y hasta la obtención de los

---

[100] Nueva redacción de este apartado por la Ley 34/2015 (DF 6ª.5), con efectos para los períodos impositivos iniciados a partir de 1 de enero de 2015. Su redacción inicial era la siguiente: «6. *El derecho de la Administración para comprobar las deducciones previstas en este capítulo prescribirá a los 10 años a contar desde el día siguiente a aquel en que finalice el plazo establecido para presentar la declaración o autoliquidación correspondiente al período impositivo en que se generó el derecho a su aplicación.*
Transcurrido dicho plazo, el contribuyente deberá acreditar que las deducciones cuya aplicación pretenda resultan procedentes, así como su cuantía, mediante la exhibición de la liquidación o autoliquidación y de la contabilidad, con acreditación de su depósito durante el citado plazo en el Registro Mercantil.»

[101] Apartado añadido por la Ley 11/2020 (DF 31.2) y modificado por la Ley 38/2022 (DF 5ª.1), con efectos para los períodos impositivos que se inicien a partir de 1 de enero de 2023.

certificados a que se refiere la letra a') del apartado 1 o a la letra a) del apartado 3 del artículo 36 de esta ley, según proceda. Las cantidades para financiar gastos para obtención de copias, publicidad y promoción a cargo del productor a que se refiere el apartado anterior podrán aportarse con carácter previo o posterior al momento en que el productor incurra en los citados gastos, pero nunca después del período impositivo en que el productor incurra en los mismos.

El importe máximo de la deducción generada por el productor que el contribuyente que participe en la financiación podrá aplicar será el resultado de multiplicar por 1,20 el importe de las cantidades que este último haya aportado para financiar los citados costes de producción o los gastos para la obtención de copias, publicidad y promoción a cargo del productor a que se refieren los párrafos anteriores. El exceso de deducción podrá ser aplicado por el productor que haya generado el derecho a la misma.

El productor y los contribuyentes que participen en la financiación de la producción deberán suscribir uno o más contratos de financiación, que podrán firmarse asimismo en cualquier fase de la producción, que contengan, entre otros, los siguientes extremos:

a) Identidad de los contribuyentes que participan en la producción y en la financiación.

b) Descripción de la producción.

c) Presupuesto de la producción con descripción detallada de los gastos y, en particular, de los que se vayan a realizar en territorio español. También se incluirán el presupuesto de los gastos para obtención de copias, publicidad y promoción a cargo del productor con descripción detallada de los que se vayan a realizar en territorio español.

d) Forma de financiación de la producción y de los gastos para la obtención de copias, publicidad y promoción a cargo del productor, especificando separadamente las cantidades que aporte el productor, las que aporte el contribuyente que participe en su financiación y las que correspondan a subvenciones y otras medidas de apoyo.

Para la aplicación de la deducción será necesario que el contribuyente que participe en la financiación presente el contrato de financiación y certificación del cumplimiento de los requisitos señalados en las letras a') y b') del apartado 1 o del requisito establecido en la letra a) del apartado 3 del artículo 36 de esta ley, según corresponda, en una comunicación a la Administración tributaria, suscrita tanto por el productor como por el contribuyente que participa en la financiación de la producción, con anterioridad a la finalización del período impositivo en que este último tenga derecho a aplicar la deducción.

Lo dispuesto en este apartado no resultará de aplicación cuando el contribuyente que participa en la financiación esté vinculado, en el sentido del artículo 18 de esta ley, con el contribuyente que genere el derecho a la deducción prevista en los apartados 1 y 3 del artículo 36 de esta ley.

La aplicación de la deducción por el contribuyente que participa en la financiación será incompatible, total o parcialmente, con la deducción a la que tendría derecho el productor por aplicación de lo dispuesto en los apartados 1 y 3 del artículo 36 de esta ley.

El importe de la deducción que aplique el contribuyente que participa en la financiación deberá tenerse en cuenta a los efectos de la aplicación del límite conjunto del 25 por ciento establecido en el apartado 1 del artículo 39 de esta ley. No obstante, dicho límite se elevará al 50 por ciento cuando el importe de la deducción prevista en los apartados 1 y 3 del artículo 36 de esta ley, que corresponda al contribuyente que participa en la financiación, sea igual o superior al 25 por ciento de su cuota íntegra minorada en las deducciones para evitar la doble imposición internacional y las bonificaciones.

CAPÍTULO V. Pago fraccionado

Artículo 40. *El pago fraccionado.*

1. En los primeros 20 días naturales de los meses de abril, octubre y diciembre, los contribuyentes deberán efectuar un pago fraccionado a cuenta de la liquidación correspondiente al período impositivo que esté en curso el día 1 de cada uno de los meses indicados.

No deberán efectuar el referido pago fraccionado ni estarán obligadas a presentar la correspondiente declaración las entidades a las que se refieren los apartados 4 y 5 del artículo 29 de esta Ley.

2. La base para calcular el pago fraccionado será la cuota íntegra del último período impositivo cuyo plazo de declaración estuviese vencido el primer día de los 20 naturales a que hace referencia el apartado anterior, minorado en las deducciones y bonificaciones que le fueren de aplicación al contribuyente, así como en las retenciones e ingresos a cuenta correspondientes a aquél.

Cuando el último período impositivo concluido sea de duración inferior al año se tomará también en cuenta la parte proporcional de la cuota de períodos impositivos anteriores, hasta completar un período de 12 meses.

La cuantía del pago fraccionado previsto en este apartado será el resultado de aplicar a la base el porcentaje del 18 por ciento.

3[102, 103]. Los pagos fraccionados también podrán realizarse, a opción del contribuyente, sobre la parte de la base imponible del período de los 3, 9 u 11 primeros meses de cada año natural determinada según las normas previstas en esta Ley.

Los contribuyentes cuyo período impositivo no coincida con el año natural realizarán el pago fraccionado sobre la parte de la base imponible correspondiente a los días transcurridos desde el inicio del período impositivo hasta el día anterior al inicio de cada uno de los períodos de ingreso del pago fraccionado a que se refiere el apartado 1. En estos supuestos, el pago fraccionado será a cuenta de la liquidación correspondiente al período impositivo que esté en curso el día anterior al inicio de cada uno de los citados períodos de pago.

Para que la opción a que se refiere este apartado sea válida y produzca efectos, deberá ser ejercida en la correspondiente declaración censal, durante el mes de febrero del año natural a partir del cual deba surtir efectos, siempre y cuando el período impositivo a que se refiera la citada opción coincida con el año natural. En caso contrario, el ejercicio de la opción deberá realizarse en la correspondiente declaración censal, durante el plazo de 2 meses a contar desde el inicio de dicho período impositivo o dentro del plazo comprendido entre el inicio de dicho período impositivo y la finalización del plazo para efectuar el primer pago fraccionado correspondiente al referido período impositivo cuando este último plazo fuera inferior a 2 meses.

El contribuyente quedará vinculado a esta modalidad del pago fraccionado respecto de los pagos correspondientes al mismo período impositivo y siguientes, en tanto no se renuncie a su aplicación a través de la correspondiente declaración censal que deberá ejercitarse en los mismos plazos establecidos en el párrafo anterior.

No obstante, estarán obligados a aplicar la modalidad a que se refiere este apartado los contribuyentes cuyo importe neto de la cifra de negocios haya superado la cantidad de 6 millones de euros durante los 12 meses anteriores a la fecha en que se inicie el período impositivo al que corresponda el pago fraccionado.

La cuantía del pago fraccionado previsto en este apartado será el resultado de aplicar a la base el porcentaje que resulte de multiplicar por cinco séptimos el tipo de gravamen redondeado por defecto. De la cuota resultante se deducirán las boni-

---

102   Régimen transitorio para el periodo impositivo 2015: véase LIS DT 34ª.l), m) y n).
103   Véase LIS DA 5ª. *Incidencia de la reserva para inversiones en Canarias en el cálculo de los pagos fraccionados.*

ficaciones del Capítulo III del presente título, otras bonificaciones que le fueren de aplicación al contribuyente, las retenciones e ingresos a cuenta practicados sobre los ingresos del contribuyente, y los pagos fraccionados efectuados correspondientes al período impositivo.

4. Los porcentajes previstos en los dos apartados anteriores podrán ser modificados por la Ley de Presupuestos Generales del Estado.

5. El pago fraccionado tendrá la consideración de deuda tributaria.

CAPÍTULO VI. Deducción de los pagos a cuenta

Artículo 41. *Deducción de las retenciones, ingresos a cuenta y pagos fraccionados*[104].

Serán deducibles de la cuota líquida o, en su caso, de la cuota líquida mínima:

a) Las retenciones a cuenta.

b) Los ingresos a cuenta.

c) Los pagos fraccionados.

Cuando dichos conceptos superen el importe de la cuota líquida del Impuesto o, en su caso, de la cuota líquida mínima, la Administración tributaria procederá a devolver, de oficio, el exceso.

TÍTULO VII. Regímenes tributarios especiales

CAPÍTULO I. Definición y reglas de aplicación de los regímenes tributarios especiales

Artículo 42. *Definición y reglas de aplicación.*

1. Son regímenes tributarios especiales los regulados en este título, sea por razón de la naturaleza de los contribuyentes afectados o por razón de la naturaleza de los hechos, actos u operaciones de que se trate.

2. Las normas contenidas en este título se aplicarán, con carácter preferente, respecto de las previstas en el resto de títulos de esta Ley, que tendrán carácter supletorio.

---

[104] Artículo modificado por Ley 22/2021 (art. 61.3), con efectos para los períodos impositivos que se inicien a partir de 1 de enero de 2022.

CAPÍTULO II. Agrupaciones de interés económico, españolas y
europeas, y de uniones temporales de empresas[105]

Artículo 43. *Agrupaciones de interés económico españolas.*

1. A las agrupaciones de interés económico reguladas por la Ley 12/1991, de 29 de abril, de Agrupaciones de Interés Económico, se aplicarán las normas generales de este Impuesto con las siguientes especialidades:

a) Estarán sujetas a las obligaciones tributarias derivadas de la aplicación de esta Ley, a excepción del pago de la deuda tributaria por la parte de base imponible imputable a los socios residentes en territorio español.

En el supuesto de que la entidad aplique la modalidad de pagos fraccionados regulada en el apartado 3 del artículo 40 de esta Ley, la base de cálculo no incluirá la parte de la base imponible atribuible a los socios que deban soportar la imputación de la base imponible. En ningún caso procederá la devolución a que se refiere el artículo 41 de esta Ley en relación con esa misma parte.

b) Se imputarán a sus socios residentes en territorio español o no residentes con establecimiento permanente en el mismo:

1.º Los gastos financieros netos que, de acuerdo con el artículo 16 de esta Ley, no hayan sido objeto de deducción en estas entidades en el período impositivo. Los gastos financieros netos que se imputen a sus socios no serán deducibles por la entidad.

2.º La reserva de capitalización que, de acuerdo con lo dispuesto en el artículo 25 de esta Ley, no haya sido aplicada por estas entidades en el período impositivo. La reserva de capitalización que se impute a sus socios no podrá ser aplicada por la entidad, salvo que el socio sea contribuyente del Impuesto sobre la Renta de las Personas Físicas.

3.º Las bases imponibles positivas, minoradas o incrementadas, en su caso, en la reserva de nivelación a que se refiere el artículo 105 de esta Ley, o negativas, obtenidas por estas entidades. Las bases imponibles negativas que imputen a sus socios no serán compensables por la entidad que las obtuvo.

4.º Las bases de las deducciones y de las bonificaciones en la cuota a las que tenga derecho la entidad. Las bases de las deducciones y bonificaciones se integrarán en la liquidación de los socios, minorando la cuota según corresponda por aplicación de las normas de este Impuesto o del Impuesto sobre la Renta de las Personas Físicas.

---

[105]   Véase RIS 46.

5.º Las retenciones e ingresos a cuenta correspondientes a la entidad.

La reserva de nivelación de bases imponibles a que se refiere el artículo 105 de esta Ley se adicionará, en su caso, a la base imponible de la agrupación de interés económico.

2. Los dividendos y participaciones en beneficios que correspondan a socios no residentes en territorio español tributarán en tal concepto, de conformidad con las normas establecidas en el Texto Refundido de Ley del Impuesto sobre la Renta de no Residentes, aprobado por el Real Decreto Legislativo 5/2004, de 5 de marzo, y los convenios para evitar la doble imposición suscritos por España.

3. Los dividendos y participaciones en beneficios que correspondan a socios que deban soportar la imputación de la base imponible y procedan de períodos impositivos durante los cuales la entidad se hallase en el presente régimen, no tributarán por este Impuesto ni por el Impuesto sobre la Renta de las Personas Físicas.

El importe de estos dividendos o participaciones en beneficios no se integrará en el valor de adquisición de las participaciones de los socios a quienes hubiesen sido imputadas. Tratándose de los socios que adquieran las participaciones con posterioridad a la imputación, se disminuirá su valor de adquisición en dicho importe.

4. En la transmisión de participaciones en el capital, fondos propios o resultados de entidades acogidas al presente régimen, el valor de adquisición se incrementará en el importe de los beneficios sociales que, sin efectiva distribución, hubiesen sido imputados a los socios como rentas de sus participaciones en el período de tiempo comprendido entre su adquisición y transmisión.

Igualmente, el valor de adquisición se minorará en el importe de las pérdidas sociales que hayan sido imputadas a los socios. No obstante, cuando así lo establezcan los criterios contables, el valor de adquisición se minorará en el importe de los gastos financieros, las bases imponibles negativas, la reserva de capitalización, y las deducciones y bonificaciones, que hayan sido imputadas a los socios en el período de tiempo comprendido entre su adquisición y transmisión, hasta que se anule el referido valor, integrándose en la base imponible igualmente el correspondiente ingreso financiero.

5. Este régimen fiscal no será aplicable en aquellos períodos impositivos en que se realicen actividades distintas de las adecuadas a su objeto o se posean, directa o indirectamente, participaciones en sociedades que sean socios suyos, o dirijan o controlen, directa o indirectamente, las actividades de sus socios o de terceros.

Artículo 44. *Agrupaciones europeas de interés económico.*

1. A las agrupaciones europeas de interés económico reguladas por el Reglamento (CEE) n.º 2137/1985 del Consejo, de 25 de julio de 1985, y sus

socios, se aplicarán lo establecido en el artículo anterior, con las siguientes especialidades:

a) Estarán sujetas a las obligaciones tributarias derivadas de la aplicación de esta Ley, a excepción del pago de la deuda tributaria.

Estas entidades no efectuarán los pagos fraccionados a los que se refiere el artículo 40 de esta Ley, ni tampoco procederá para ellas la devolución que recoge el artículo 41 de la misma Ley.

b) Si la entidad no es residente en territorio español, sus socios residentes en España integrarán en la base imponible del Impuesto sobre Sociedades o del Impuesto sobre la Renta de las Personas Físicas, según proceda, la parte correspondiente de los beneficios o pérdidas determinadas en la agrupación, corregidas por la aplicación de las normas para determinar la base imponible establecidas en esta Ley.

Cuando la actividad realizada por los socios a través de la agrupación hubiere dado lugar a la existencia de un establecimiento permanente en el extranjero, serán de aplicación las normas previstas en esta Ley o en el respectivo convenio para evitar la doble imposición internacional suscrito por España.

c) Los socios no residentes en territorio español, con independencia de que la entidad resida en España o fuera de ella, estarán sujetos por el Impuesto sobre la Renta de no Residentes únicamente si, de acuerdo con lo establecido en el artículo 13 del texto refundido de Ley del Impuesto sobre la Renta de no Residentes, aprobado por el Real Decreto Legislativo 5/2004, de 5 de marzo, o en el respectivo convenio de doble imposición internacional, resultase que la actividad realizada por aquéllos a través de la agrupación da lugar a la existencia de un establecimiento permanente en dicho territorio.

d) Los beneficios imputados a los socios no residentes en territorio español que hayan sido sometidos a tributación en virtud de normas del Impuesto sobre Rentas de no Residentes no estarán sujetos a tributación por razón de su distribución.

2. El régimen previsto en los apartados anteriores no será de aplicación en el período impositivo en que la agrupación europea de interés económico realice actividades distintas a las propias de su objeto o las prohibidas en el apartado 2 del artículo 3 del Reglamento CEE 2137/1985, de 25 de julio.

Artículo 45. *Uniones temporales de empresas.*

1. Las uniones temporales de empresas reguladas en la Ley 18/1982, de 26 de mayo, sobre régimen fiscal de agrupaciones y uniones temporales de Empresas y de Sociedades de desarrollo industrial regional, e inscritas en el registro especial del Ministerio de Hacienda y Administraciones Públicas, así como sus empresas

miembros, tributarán con arreglo a lo establecido en el artículo 43 de esta Ley, excepto en relación con la regla de valoración establecida en el segundo párrafo del apartado 4 del citado artículo.

En el caso de participaciones en uniones temporales de empresas, el valor de adquisición se minorará en el importe de las pérdidas sociales que hayan sido imputadas a los socios.

2. Las empresas miembros de una unión temporal de empresas que opere en el extranjero, así como las entidades que participen en obras, servicios o suministros que realicen o presten en el extranjero mediante fórmulas de colaboración análogas a las uniones temporales, podrán acogerse por las rentas procedentes del extranjero a la exención prevista en el artículo 22 o a la deducción por doble imposición prevista en el artículo 31 de esta Ley, siempre que se cumplan los requisitos allí establecidos.

3. Lo previsto en el presente artículo no será aplicable en aquellos períodos impositivos en los que el contribuyente realice actividades distintas a aquéllas en que debe consistir su objeto social.

Artículo 46. *Criterios de imputación.*

1. Las imputaciones a que se refiere el presente capítulo se efectuarán a las personas o entidades que ostenten los derechos económicos inherentes a la cualidad de socio o de empresa miembro el día de la conclusión del período impositivo de la entidad sometida al presente régimen, en la proporción que resulte de los estatutos de la entidad.

2. La imputación se efectuará:

a) Cuando los socios o empresas miembros sean entidades sometidas a este régimen, en la fecha de finalización del período impositivo de la entidad sometida a este régimen.

b) En los demás supuestos, en el siguiente período impositivo, salvo que se decida hacerlo de manera continuada en la misma fecha de finalización del período impositivo de la entidad sometida a este régimen.

La opción se manifestará en la primera declaración del impuesto en que haya de surtir efecto y deberá mantenerse durante tres años.

Artículo 47. *Identificación de socios o empresas miembros.*

Las entidades a las que sea de aplicación lo dispuesto en este capítulo deberán presentar, conjuntamente con su declaración del Impuesto sobre Sociedades, una relación de las personas que ostenten los derechos inherentes o la cualidad de socio o empresa miembro el último día de su período impositivo, así como la proporción en la que cada una de ellas participe en los resultados de dichas entidades.

CAPÍTULO III. Entidades dedicadas al arrendamiento de vivienda

Artículo 48. *Ámbito de aplicación.*

1. Podrán acogerse al régimen previsto en este capítulo las sociedades que tengan como actividad económica principal el arrendamiento de viviendas situadas en territorio español que hayan construido, promovido o adquirido. Dicha actividad será compatible con la realización de otras actividades complementarias, y con la transmisión de los inmuebles arrendados una vez transcurrido el período mínimo de mantenimiento a que se refiere la letra b) del apartado 2 siguiente.

A efectos de la aplicación de este régimen especial, únicamente se entenderá por arrendamiento de vivienda el definido en el artículo 2.1 de la Ley 29/1994, de 24 de noviembre, de Arrendamientos Urbanos, siempre que se cumplan los requisitos y condiciones establecidos en dicha Ley para los contratos de arrendamiento de viviendas.

Se asimilarán a viviendas el mobiliario, los trasteros, las plazas de garaje con el máximo de dos, y cualesquiera otras dependencias, espacios arrendados o servicios cedidos como accesorios de la finca por el mismo arrendador, excluidos los locales de negocio, siempre que unos y otros se arrienden conjuntamente con la vivienda.

2. La aplicación del régimen fiscal especial regulado en este capítulo requerirá el cumplimiento de los siguientes requisitos:

a) Que el número de viviendas arrendadas u ofrecidas en arrendamiento por la entidad en cada período impositivo sea en todo momento igual o superior a 8.

b) Que las viviendas permanezcan arrendadas u ofrecidas en arrendamiento durante al menos 3 años. Este plazo se computará:

1.º En el caso de viviendas que figuren en el patrimonio de la entidad antes del momento de acogerse al régimen, desde la fecha de inicio del período impositivo en que se comunique la opción por el régimen, siempre que a dicha fecha la vivienda se encontrara arrendada. De lo contrario, se estará a lo dispuesto en el párrafo siguiente.

2.º En el caso de viviendas adquiridas o promovidas con posterioridad por la entidad, desde la fecha en que fueron arrendadas por primera vez por ella.

El incumplimiento de este requisito implicará para cada vivienda, la pérdida de la bonificación que hubiera correspondido. Junto con la cuota del período impositivo en el que se produjo el incumplimiento, deberá ingresarse el importe de las bonificaciones aplicadas en la totalidad de los períodos impositivos en los que hubiera resultado de aplicación este régimen especial, sin perjuicio de los intereses de demora, recargos y sanciones que, en su caso, resulten procedentes.

c) Que las actividades de promoción inmobiliaria y de arrendamiento sean objeto de contabilización separada para cada inmueble adquirido o promovido, con el desglose que resulte necesario para conocer la renta correspondiente a cada vivienda, local o finca registral independiente en que éstos se dividan.

d) En el caso de entidades que desarrollen actividades complementarias a la actividad económica principal de arrendamiento de viviendas, que al menos el 55 por ciento de las rentas del período impositivo, excluidas las derivadas de la transmisión de los inmuebles arrendados una vez transcurrido el período mínimo de mantenimiento a que se refiere la letra b) anterior, o, alternativamente que al menos el 55 por ciento del valor del activo de la entidad sea susceptible de generar rentas que tengan derecho a la aplicación de la bonificación a que se refiere el artículo 49.1 de esta Ley.

3. La opción por este régimen deberá comunicarse a la Administración tributaria. El régimen fiscal especial se aplicará en el período impositivo que finalice con posterioridad a dicha comunicación y en los sucesivos que concluyan antes de que se comunique a la Administración tributaria la renuncia al régimen.

4. Cuando a la entidad le resulte de aplicación cualquiera de los restantes regímenes especiales previstos en este Título VII, excepto el de consolidación fiscal, transparencia fiscal internacional y el de las fusiones, escisiones, aportaciones de activo, canje de valores y el de determinados contratos de arrendamiento financiero, no podrá optar por el régimen regulado en este capítulo, sin perjuicio de lo establecido en el párrafo siguiente.

Las entidades a las que, de acuerdo con lo establecido en el artículo 101 de esta Ley, les sean de aplicación los incentivos fiscales para las empresas de reducida dimensión previstos en el Capítulo XI de este Título VII, podrán optar entre aplicar dichos incentivos o aplicar el régimen regulado en este capítulo.

Artículo 49. *Bonificaciones.*

1[106]. Tendrá una bonificación del 40 por ciento la parte de cuota íntegra que corresponda a las rentas derivadas del arrendamiento de viviendas que cumplan los requisitos del artículo anterior.

---

[106] Nueva redacción de este apartado por Ley 22/2021 (art. 61.4), con efectos para los períodos impositivos que se inicien a partir de 1 de enero de 2022. Reduce el porcentaje de bonificación del 85 al 40 por ciento.

La bonificación prevista en este apartado resultará incompatible, en relación con las rentas bonificadas, con la reserva de capitalización prevista en el artículo 25 de esta Ley.

2. La renta que se bonifica derivada del arrendamiento estará integrada para cada vivienda por el ingreso íntegro obtenido, minorado en los gastos fiscalmente deducibles directamente relacionados con la obtención de dicho ingreso y en la parte de los gastos generales que correspondan proporcionalmente al citado ingreso.

Tratándose de viviendas que hayan sido adquiridas en virtud de los contratos de arrendamiento financiero a los que se refiere el Capítulo XII del Título VII de esta Ley, para calcular la renta que se bonifica no se tendrán en cuenta las correcciones derivadas de la aplicación del citado régimen especial.

3. En el caso de dividendos o participaciones en beneficios distribuidos con cargo a las rentas a las que haya resultado de aplicación la bonificación prevista en el apartado 1 anterior, la exención prevista en el artículo 21 de esta Ley se aplicará sobre 50 por ciento de su importe. No serán objeto de eliminación dichos dividendos o participaciones en beneficios cuando la entidad tribute en el régimen de consolidación fiscal. A estos efectos, se considerará que el primer beneficio distribuido procede de rentas no bonificadas.

En el caso de rentas derivadas de la transmisión de participaciones en el capital de entidades que hayan aplicado este régimen fiscal, se aplicarán las reglas generales de este Impuesto. No obstante, en caso de que proceda la aplicación del artículo 21 de esta Ley, la parte de la renta que se corresponda con reservas procedentes de beneficios no distribuidos bonificados, tendrá derecho a la exención prevista en el mismo sobre el 50 por ciento de dichas reservas. No serán objeto de eliminación dichas rentas cuando la transmisión corresponda a una operación interna dentro de un grupo fiscal.

CAPÍTULO IV. Sociedades y fondos de capital-riesgo y
SOCIEDADES DE DESARROLLO INDUSTRIAL REGIONAL

Artículo 50. *Entidades de capital-riesgo y sus socios.*

1[107]. Las entidades de capital-riesgo, reguladas en la Ley 22/2014, de 12 de noviembre, por la que se regulan las entidades de capital-riesgo, otras entidades

---

[107] Nueva redacción de este apartado por la Ley 34/2015 (DF 6ª.6), con efectos para los períodos impositivos iniciados a partir de 1 de enero de 2015. Su redacción inicial era la

de inversión colectiva de tipo cerrado y las sociedades gestoras de entidades de inversión colectiva de tipo cerrado, y por la que se modifica la Ley 35/2003, de 4 de noviembre, de Instituciones de Inversión Colectiva, estarán exentas en el 99 por ciento de las rentas positivas que obtengan en la transmisión de valores representativos de la participación en el capital o en fondos propios de las entidades de capital-riesgo a que se refiere el artículo 3 de la Ley 22/2014, en relación con aquellas rentas que no cumplan los requisitos establecidos en el artículo 21 de esta Ley, siempre que la transmisión se produzca a partir del inicio del segundo año de

siguiente: «1. Las entidades de capital-riesgo, reguladas en la Ley 22/2014, de 12 de noviembre, por la que se regulan las entidades de capital-riesgo, otras entidades de inversión colectiva de tipo cerrado y las sociedades gestoras de entidades de inversión colectiva de tipo cerrado, y por la que se modifica la Ley 35/2003, de 4 de noviembre, de Instituciones de Inversión Colectiva, estarán exentas en el 99 por ciento de las rentas positivas que obtengan en la transmisión de valores representativos de la participación en el capital o en fondos propios de las empresas o entidades de capital-riesgo a que se refiere el artículo 2 de la citada Ley, en relación con aquellas rentas que no cumplan los requisitos establecidos en el artículo 21 de esta Ley, siempre que la transmisión se produzca a partir del inicio del segundo año de tenencia computado desde el momento de adquisición o de la exclusión de cotización y hasta el decimoquinto, inclusive.

Excepcionalmente podrá admitirse una ampliación de este último plazo hasta el vigésimo año, inclusive. Reglamentariamente se determinarán los supuestos, condiciones y requisitos que habilitan para dicha ampliación.

Con excepción del supuesto previsto en el párrafo anterior, no se aplicará la exención en el primer año y a partir del decimoquinto.

No obstante, tratándose de rentas que se obtengan en la transmisión de valores representativos de la participación en el capital o en fondos propios de las empresas a que se refiere el segundo párrafo del apartado 1 del citado artículo 2 que no cumplan los requisitos establecidos en el artículo 21 de esta Ley, la aplicación de la exención quedará condicionada a que, al menos, los inmuebles que representen el 85 por ciento del valor contable total de los inmuebles de la entidad participada estén afectos, ininterrumpidamente durante el tiempo de tenencia de los valores, al desarrollo de una actividad económica en los términos previstos en el Impuesto sobre la Renta de las Personas Físicas, distinta de la financiera, tal y como se define en la Ley reguladora de las entidades de capital-riesgo y de sus sociedades gestoras, o inmobiliaria.

En el caso de que la entidad participada acceda a la cotización en un mercado de valores regulado, la aplicación de la exención prevista en los párrafos anteriores quedará condicionada a que la entidad de capital-riesgo proceda a transmitir su participación en el capital de la empresa participada en un plazo no superior a tres años, contados desde la fecha en que se hubiera producido la admisión a cotización de esta última.»

tenencia computado desde el momento de adquisición o de la exclusión de cotización y hasta el decimoquinto, inclusive.

Excepcionalmente, podrá admitirse una ampliación de este último plazo, hasta el vigésimo año, inclusive. Reglamentariamente se determinarán los supuestos, condiciones y requisitos que habilitan para dicha ampliación.

Con excepción del supuesto previsto en el párrafo anterior, no se aplicará la exención en el primer año y a partir del decimoquinto.

No obstante, tratándose de rentas que se obtengan en la transmisión de valores representativos de la participación en el capital o en fondos propios de las empresas a que se refiere la letra a) del apartado 2 del artículo 9 de la Ley 22/2014 que no cumplan los requisitos establecidos en el artículo 21 de esta Ley, la aplicación de la exención quedará condicionada a que, al menos, los inmuebles que representen el 85 por ciento del valor contable total de los inmuebles de la entidad participada estén afectos, ininterrumpidamente durante el tiempo de tenencia de los valores, al desarrollo de una actividad económica en los términos previstos en el Impuesto sobre la Renta de las Personas Físicas, distinta de la financiera, tal y como se define en la Ley 22/2014.

En el caso de que la entidad participada acceda a la cotización en un mercado de valores regulado, la aplicación de la exención prevista en los párrafos anteriores quedará condicionada a que la entidad de capital-riesgo proceda a transmitir su participación en el capital de la empresa participada en un plazo no superior a 3 años, contados desde la fecha en que se hubiera producido la admisión a cotización de esta última.

2[108]. Las entidades de capital-riesgo, reguladas en la Ley 22/2014, podrán aplicar la exención prevista en el artículo 21.1 de esta Ley a los dividendos y participaciones en beneficios procedentes de las sociedades o entidades que promuevan o fomenten, cualquiera que sea el porcentaje de participación y el tiempo de tenencia de las acciones o participaciones.

---

[108] Nueva redacción de este apartado por la Ley 34/2015 (DF 6ª.6), con efectos para los períodos impositivos iniciados a partir de 1 de enero de 2015. Su redacción inicial era la siguiente: «*2. Las entidades de capital-riesgo, reguladas en la Ley 25/2005, de 24 de noviembre, reguladora de las entidades de capital-riesgo y de sus sociedades gestoras, podrán aplicar la exención prevista en el artículo 21.1 de esta Ley a los dividendos y participaciones en beneficios procedentes de las sociedades o entidades que promuevan o fomenten, cualquiera que sea el porcentaje de participación y el tiempo de tenencia de las acciones o participaciones.*»

3. Los dividendos o participaciones en beneficios percibidos por los socios de las entidades de capital-riesgo tendrán el siguiente tratamiento:

a) Darán derecho a la exención prevista en el artículo 21.1 de esta Ley cualquiera que sea el porcentaje de participación y el tiempo de tenencia de las acciones o participaciones cuando su perceptor sea un contribuyente de este Impuesto o del Impuesto sobre la Renta de no Residentes con establecimiento permanente en España.

b) No se entenderán obtenidos en territorio español cuando su perceptor sea una persona física o entidad contribuyente del Impuesto sobre la Renta de no Residentes sin establecimiento permanente en España.

4. Las rentas positivas puestas de manifiesto en la transmisión o reembolso de acciones o participaciones representativas del capital o los fondos propios de las entidades de capital-riesgo tendrán el siguiente tratamiento:

a) Darán derecho a la exención prevista en el artículo 21.3 de esta Ley, cualquiera que sea el porcentaje de participación y el tiempo de tenencia de las acciones o participaciones cuando su perceptor sea un contribuyente de este Impuesto o del Impuesto sobre la Renta de no Residentes con establecimiento permanente en España.

b) No se entenderán obtenidas en territorio español cuando su perceptor sea una persona física o entidad contribuyente del Impuesto sobre la Renta de no Residentes sin establecimiento permanente en España.

5. Lo dispuesto en este artículo no será de aplicación en relación con aquella renta que se obtenga a través de un país o territorio calificado como paraíso fiscal o cuando el adquirente resida en dicho país o territorio.

6. No será aplicable la exención prevista en el apartado 1 de este artículo en caso de no cumplirse los requisitos establecidos en el artículo 21 de esta Ley, cuando:

a) El adquirente resida en un país o territorio calificado como paraíso fiscal.

b) La persona o entidad adquirente esté vinculada con la entidad de capital-riesgo, salvo que sea otra entidad de capital-riesgo, en cuyo caso, esta última se subrogará en el valor y la fecha de adquisición de la entidad transmitente.

c) Los valores transmitidos hubiesen sido adquiridos a una persona o entidad vinculada con la entidad de capital-riesgo.

Artículo 51. *Socios de las sociedades de desarrollo industrial regional.*

Los dividendos o participaciones en beneficios percibidos de las sociedades participadas por las sociedades de desarrollo industrial regional reguladas en la Ley 18/1982, de 26 de mayo, sobre régimen fiscal de agrupaciones y uniones temporales de Empresas y de las Sociedades de desarrollo industrial regional, disfrutarán de la exención prevista en el artículo 21.1 de esta Ley cualquiera que sea el porcentaje de participación y el tiempo de tenencia de las acciones o participaciones.

CAPÍTULO V. Instituciones de Inversión Colectiva

Artículo 52. *Tributación de las Instituciones de Inversión Colectiva.*

1. Las Instituciones de Inversión Colectiva reguladas en la Ley 35/2003, de 4 de noviembre, de Instituciones de Inversión Colectiva con excepción de las sometidas al tipo general de gravamen, no tendrán derecho a la exención prevista en el artículo 21 de esta Ley ni a las deducciones para evitar la doble imposición internacional previstas en los artículos 31 y 32 de esta Ley.

2. Cuando el importe de los pagos fraccionados, retenciones e ingresos a cuenta practicados sobre los ingresos supere la cuantía de la cuota íntegra, la Administración tributaria procederá a devolver, de oficio, el exceso.

Artículo 53. *Tributación de los socios o partícipes de las Instituciones de Inversión Colectiva.*

1. Los socios o partícipes de las Instituciones de Inversión Colectiva a que se refiere el artículo anterior, que tengan la consideración de contribuyentes de este Impuesto, o del Impuesto sobre la Renta de no Residentes que obtengan sus rentas mediante establecimiento permanente en territorio español, integrarán en la base imponible los dividendos o participaciones en beneficios distribuidos por esas Instituciones, así como las rentas derivadas de la transmisión de acciones o participaciones o del reembolso de estas, sin que les resulte posible aplicar la exención prevista en el artículo 21 de esta Ley, ni las deducciones para evitar la doble imposición internacional previstas en los artículos 31 y 32 de esta Ley.

2. El régimen previsto en este artículo será de aplicación a los socios o partícipes de instituciones de inversión colectiva, reguladas por la Directiva 2009/65/CE del Parlamento y del Consejo, de 13 de julio de 2009, por la que se coordinan las disposiciones legales, reglamentarias y administrativas sobre determinados organismos de inversión colectiva en valores mobiliarios, distintas de las previstas en el artículo 54 de esta Ley, constituidas y domiciliadas en algún Estado miembro de la Unión Europea e inscritas en el registro especial de la Comisión Nacional del Mercado de Valores, a efectos de su comercialización por entidades residentes en España.

Artículo 54. *Tributación de los socios o partícipes de las Instituciones de Inversión Colectiva constituidas en países o territorios calificados como paraísos fiscales.*

1. Los contribuyentes de este Impuesto y del Impuesto sobre la Renta de no Residentes que obtengan sus rentas mediante establecimiento permanente en territorio español, que participen en Instituciones de Inversión Colectiva constituidas en países o territorios calificados reglamentariamente como paraísos fiscales, integrarán en la base imponible la diferencia positiva entre el valor liquidativo de la participación al día del cierre del período impositivo y su valor de adquisición.

La cantidad integrada en la base imponible se considerará mayor valor de adquisición.

2. Los beneficios distribuidos por la Institución de Inversión Colectiva no se integrarán en la base imponible y minorarán el valor de adquisición de la participación.

3. Se presumirá, salvo prueba en contrario, que la diferencia a que se refiere el apartado 1 es el 15 por ciento del valor de adquisición de la acción o participación.

CAPÍTULO VI. Régimen de consolidación fiscal[109, 110]

Artículo 55. *Definición.*

1. Los grupos fiscales podrán optar por el régimen tributario previsto en el presente capítulo. En tal caso las entidades que en ellos se integran no tributarán en régimen individual.

2. Se entenderá por régimen individual de tributación el que correspondería a cada entidad en caso de no ser de aplicación el régimen de consolidación fiscal.

Artículo 56. *Contribuyente.*

1. El grupo fiscal tendrá la consideración de contribuyente.

2. La entidad representante del grupo fiscal estará sujeta al cumplimiento de las obligaciones tributarias materiales y formales que se deriven del régimen de consolidación fiscal. Tendrá la consideración de entidad representante del grupo fiscal la entidad dominante cuando sea residente en territorio español, o aquella entidad del grupo fiscal que este designe cuando no exista ninguna entidad resi-

---

[109] Véase RIS 47.
[110] Véase LIS DT 25ª. *Grupos fiscales* y LIS DT 26ª. *Régimen de consolidación fiscal de los grupos formados por entidades de crédito integrantes de un sistema institucional de protección de las cajas de ahorros.*

dente en territorio español que cumpla los requisitos para tener la condición de dominante.

3. Las entidades que integren el grupo fiscal estarán igualmente sujetas a las obligaciones tributarias que se derivan del régimen de tributación individual, excepción hecha del pago de la deuda tributaria.

4. Las actuaciones administrativas de comprobación o investigación realizadas frente a cualquier entidad del grupo fiscal, con el conocimiento formal de la entidad representante del mismo, interrumpirán el plazo de prescripción del Impuesto sobre Sociedades que afecta al citado grupo fiscal.

Artículo 57. *Responsabilidades tributarias derivadas de la aplicación del régimen de consolidación fiscal.*

Las entidades del grupo fiscal responderán solidariamente del pago de la deuda tributaria, excluidas las sanciones.

Artículo 58. *Definición del grupo fiscal. Entidad dominante. Entidades dependientes.*

1. Se entenderá por grupo fiscal el conjunto de entidades residentes en territorio español que cumplan los requisitos establecidos en este artículo y tengan la forma de sociedad anónima, de responsabilidad limitada y comanditaria por acciones, así como las fundaciones bancarias a que se refiere el apartado 3 de este artículo.

Cuando una entidad no residente en territorio español ni residente en un país o territorio calificado como paraíso fiscal, con personalidad jurídica y sujeta y no exenta a un Impuesto idéntico o análogo al Impuesto sobre Sociedades español tenga la consideración de entidad dominante respecto de dos o más entidades dependientes, el grupo fiscal estará constituido por todas las entidades dependientes que cumplan los requisitos señalados en el apartado 3 de este artículo.

A los solos efectos de aplicar el régimen de consolidación fiscal, los establecimientos permanentes de entidades no residentes se considerarán entidades residentes participadas al 100 por ciento del capital y derechos de voto por aquellas entidades no residentes.

2. Se entenderá por entidad dominante aquella que cumpla los requisitos siguientes:

a) Tener personalidad jurídica y estar sujeta y no exenta al Impuesto sobre Sociedades o a un Impuesto idéntico o análogo al Impuesto sobre Sociedades español, siempre que no sea residente en un país o territorio calificado como paraíso fiscal. Los establecimientos permanentes de entidades no residentes situados en territorio español que no residan en un país o territorio calificado como paraíso fiscal podrán ser considerados entidades dominantes respecto de las entidades cuyas participaciones estén afectas al mismo.

b) Que tenga una participación, directa o indirecta, al menos, del 75 por ciento del capital social y se posea la mayoría de los derechos de voto de otra u otras entidades que tengan la consideración de dependientes el primer día del período impositivo en que sea de aplicación este régimen de tributación.

El porcentaje anterior será de, al menos, el 70 por ciento del capital social, si se trata de entidades cuyas acciones estén admitidas a negociación en un mercado regulado. Este último porcentaje también será aplicable cuando se tengan participaciones indirectas en otras entidades siempre que se alcance dicho porcentaje a través de entidades participadas cuyas acciones estén admitidas a negociación en un mercado regulado.

c) Que dicha participación y los referidos derechos de voto se mantengan durante todo el período impositivo.

El requisito de mantenimiento de la participación y de los derechos de voto durante todo el período impositivo no será exigible en el supuesto de disolución de la entidad participada.

d) Que no sea dependiente, directa o indirectamente, de ninguna otra que reúna los requisitos para ser considerada como dominante.

e) Que no esté sometida al régimen especial de las agrupaciones de interés económico, españolas y europeas, de uniones temporales de empresas o regímenes análogos a ambos.

f) Que, tratándose de establecimientos permanentes de entidades no residentes en territorio español, dichas entidades no sean dependientes, directa o indirectamente, de ninguna otra que reúna los requisitos para ser considerada como dominante y no residan en un país o territorio calificado como paraíso fiscal.

3. Se entenderá por entidad dependiente aquella que sea residente en territorio español sobre la que la entidad dominante posea una participación que reúna los requisitos contenidos en las letras b) y c) del apartado anterior, así como los establecimientos permanentes de entidades no residentes en territorio español respecto de las cuales una entidad cumpla los requisitos establecidos en el apartado anterior.

También tendrán esta misma consideración las entidades de crédito integradas en un sistema institucional de protección a que se refiere la letra d) del apartado 3 del artículo 8 de la Ley 13/1985, de 25 de mayo, de coeficientes de inversión, recursos propios y obligaciones de información de los intermediarios financieros, siempre que la entidad central del sistema forme parte del grupo fiscal y sea del 100 por ciento la puesta en común de los resultados de las entidades integrantes del sistema y que el compromiso mutuo de solvencia y liquidez entre dichas entidades alcance el 100 por ciento de los recursos propios computables de cada una de ellas. Se considerarán también entidades dependientes las fundaciones bancarias a que se refiere el artículo 43.1 de la Ley 26/2013, de 27 de diciembre, de cajas de ahorro y fundaciones bancarias, siempre que no tengan la condición de entidad dominante del grupo fiscal, así como cualquier entidad íntegramente participada por aquellas a través de las cuales se ostente la participación en la entidad de crédito.

4. No podrán formar parte de los grupos fiscales las entidades en las que concurra alguna de las siguientes circunstancias:

a) Que no sean residentes en territorio español.

b) Que estén exentas de este Impuesto.

c) Que al cierre del período impositivo haya sido declarada en situación de concurso y durante los períodos impositivos en que surta efectos esa declaración.

d) Que al cierre del período impositivo se encuentre en la situación patrimonial prevista en el artículo 363.1.e) del Texto Refundido de la Ley de Sociedades de Capital, aprobado por el Real Decreto Legislativo 1/2010, de 2 de julio, de acuerdo con sus cuentas anuales, aun cuando no tuvieran la forma de sociedades anónimas, a menos que a la conclusión del ejercicio en el que se aprueban las cuentas anuales esta última situación hubiese sido superada.

e) Las entidades dependientes que estén sujetas al Impuesto sobre Sociedades a un tipo de gravamen diferente al de la entidad representante del grupo fiscal, salvo el supuesto previsto en el apartado siguiente.

f) Las entidades dependientes cuyo ejercicio social, determinado por imperativo legal, no pueda adaptarse al de la entidad representante.

5. No obstante lo dispuesto en la letra e) del apartado anterior, en el supuesto de que se cumplan el resto de requisitos señalados en este artículo para la configuración de un grupo fiscal en el que se integre, al menos, una entidad de crédito, sea como entidad dominante o como entidad dependiente, con otras entidades sujetas al tipo general de gravamen, se podrá optar por la inclusión de las referidas entidades de crédito dentro del grupo fiscal, con aplicación al citado grupo del régimen previsto en este capítulo. La inclusión requerirá la adopción del correspondiente acuerdo por parte de la entidad de crédito y, en su caso, por parte de la entidad dominante el grupo fiscal y será comunicada a la Administración tributaria en los términos previstos en el artículo 61 de esta Ley.

6. El grupo fiscal se extinguirá cuando la entidad dominante pierda dicho carácter. No obstante, no se extinguirá el grupo fiscal cuando la entidad dominante pierda tal condición y sea no residente en territorio español, siempre que se cumplan

las condiciones para que todas las entidades dependientes sigan constituyendo un grupo de consolidación fiscal, salvo que se incorporen a otro grupo fiscal.

7. En el supuesto de que una fundación bancaria pierda la condición de entidad dominante de un grupo fiscal en un período impositivo, la entidad de crédito se subrogará en dicha condición desde el inicio del mismo, sin que se produzcan los efectos de la extinción del grupo fiscal a que se refiere el artículo 74 de esta Ley, salvo para aquellas entidades que dejen de formar parte del grupo por no tener la condición de dependientes en los términos señalados en el apartado 3 de este artículo.

8. Las sociedades para la gestión de activos, constituidas de acuerdo con lo dispuesto en la Ley 8/2012, de 30 de octubre, sobre saneamiento y venta de los activos inmobiliarios del sector financiero, se incluirán en el mismo grupo fiscal de las entidades de crédito, siempre que se cumplan los requisitos establecidos en las letras b) y c) del apartado 2 de este artículo.

Artículo 59. *Inclusión o exclusión de entidades en el grupo fiscal.*

1. Las entidades sobre las que se adquiera una participación, directa o indirecta, como la definida en la letra b) del apartado 2 del artículo anterior, y se cumplan el resto de requisitos señalados en dicho apartado, se integrarán obligatoriamente en el grupo fiscal con efecto del período impositivo siguiente.

En el caso de entidades de nueva constitución la integración se producirá desde ese momento, siempre que se cumplan los restantes requisitos necesarios para formar parte del grupo fiscal.

2. Las entidades dependientes que pierdan tal condición quedarán excluidas del grupo fiscal con efecto del propio período impositivo en que se produzca tal circunstancia.

Artículo 60. *Determinación del dominio y de los derechos de voto en las participaciones indirectas.*

1. Cuando una entidad participe en otra, y esta segunda en una tercera, y así sucesivamente, para calcular la participación indirecta de la primera sobre las demás entidades, se multiplicarán, respectivamente, los porcentajes de participación en el capital social, de manera que el resultado de dichos productos deberá ser, al menos, el 75 por ciento o, al menos, el 70 por ciento del capital social, si se trata bien de entidades cuyas acciones estén admitidas a negociación en un mercado regulado o de entidades participadas, directa o indirectamente, por estas últimas.

2. Si en un grupo fiscal coexisten relaciones de participación, directa e indirecta, para calcular la participación total de una entidad en otra, directa e indi-

rectamente controlada por la primera, se sumarán los porcentajes de participación directa e indirecta. Para que la entidad participada deba integrarse en el grupo fiscal de sociedades, dicha suma deberá ser, al menos, el 75 por ciento o, al menos, el 70 por ciento del capital social, si se trata bien de entidades cuyas acciones estén admitidas a negociación en un mercado regulado o de entidades participadas, directa o indirectamente, por estas últimas siempre que a través de las mismas se alcance ese porcentaje.

3. Si existen relaciones de participación recíproca, circular o compleja, deberá probarse, en su caso, con datos objetivos la participación de, al menos, el 75 por ciento del capital social o, al menos, el 70 por ciento del capital social, si se trata bien de entidades cuyas acciones estén admitidas a negociación en un mercado regulado o de entidades participadas, directa o indirectamente, por estas últimas siempre que a través de las mismas se alcance ese porcentaje.

4. Para determinar los derechos de voto, se aplicará lo establecido en el artículo 3 de las Normas para la Formulación de Cuentas Anuales Consolidadas, aprobadas por el Real Decreto 1159/2010, de 17 de septiembre.

Artículo 61. *Aplicación del régimen de consolidación fiscal.*

1. El régimen de consolidación fiscal se aplicará cuando así lo acuerden todas y cada una de las entidades que deban integrar el grupo fiscal.

2. Los acuerdos a los que se refiere el apartado anterior deberán adoptarse por el Consejo de Administración u órgano equivalente, en cualquier fecha del período impositivo inmediato anterior al que sea de aplicación el régimen de consolidación fiscal.

3. Las entidades que en lo sucesivo se integren en el grupo fiscal deberán cumplir las obligaciones a que se refieren los apartados anteriores, dentro de un plazo que finalizará el día en que concluya el primer período impositivo en el que deban tributar en el régimen de consolidación fiscal.

4. La falta de los acuerdos a los que se refieren los apartados 1 y 2 de este artículo determinará la imposibilidad de aplicar el régimen de consolidación fiscal.

La falta de los acuerdos correspondientes a las entidades que en lo sucesivo deban integrarse en el grupo fiscal constituirá infracción tributaria grave de la entidad representante. La sanción consistirá en multa pecuniaria fija de 20.000 euros por el primer período impositivo en que se haya aplicado el régimen sin cumplir este requisito y de 50.000 euros por el segundo y siguientes, y no impedirá la efectiva integración en el grupo de las entidades afectadas.

La sanción impuesta de acuerdo con lo previsto en este apartado se reducirá conforme a lo dispuesto en el apartado 3 del artículo 188 de la Ley 58/2003, de 17 de diciembre, General Tributaria.

5. Ejercitada la opción, el grupo fiscal quedará vinculado a este régimen de forma indefinida durante los períodos impositivos siguientes, en tanto se cumplan los requisitos del artículo 58 y mientras no se renuncie a su aplicación a través de la correspondiente declaración censal, que deberá ejercitarse, en su caso, en el plazo de 2 meses a contar desde la finalización del último período impositivo de su aplicación.

6. La entidad representante del grupo fiscal comunicará los acuerdos mencionados en el apartado 1 de este artículo a la Administración tributaria con anterioridad al inicio del período impositivo en que sea de aplicación este régimen.

En el supuesto de un grupo fiscal constituido en los términos establecidos en el segundo párrafo del apartado 1 del artículo 58 de esta Ley, la entidad representante comunicará, en los mismos términos previstos en el párrafo anterior, el acuerdo adoptado por la entidad dominante no residente en territorio español, por el que se designe a la entidad representante del grupo fiscal. La falta de comunicación de este acuerdo tendrá los efectos establecidos en el apartado 4 de este artículo.

Asimismo, cuando se produzcan variaciones en la composición del grupo fiscal, la entidad representante lo comunicará a la Administración tributaria, identificando las entidades que se han integrado en él y las que han sido excluidas. Dicha comunicación se realizará en la declaración del primer pago fraccionado al que afecte la nueva composición.

Artículo 62. *Determinación de la base imponible del grupo fiscal.*

1. La base imponible del grupo fiscal se determinará sumando:

a) Las bases imponibles individuales correspondientes a todas y cada una de las entidades integrantes del grupo fiscal, teniendo en cuenta las especialidades contenidas en el artículo 63 de esta Ley. No obstante, los requisitos o calificaciones establecidos tanto en la normativa contable para la determinación del resultado contable, como en esta Ley para la aplicación de cualquier tipo de ajustes a aquel, en los términos establecidos en el apartado 3 del artículo 10 de esta Ley, se referirán al grupo fiscal.

b) Las eliminaciones.

c) Las incorporaciones de las eliminaciones practicadas en períodos impositivos anteriores, cuando corresponda de acuerdo con el artículo 65 de esta Ley.

d) Las cantidades correspondientes a la reserva de capitalización prevista en el artículo 25 de esta Ley, que se referirá al grupo fiscal. No obstante, la dotación de la reserva se realizará por cualquiera de las entidades del grupo.

e)[111] Las dotaciones a que se refiere el apartado 12 del artículo 11 de esta Ley, referidas al grupo fiscal, con el límite del 70 por ciento del importe positivo de la agregación de los conceptos señalados en las letras anteriores.

f) La compensación de las bases imponibles negativas del grupo fiscal, cuando el importe de la suma de los párrafos anteriores resultase positiva, así como de las bases imponibles negativas referidas en la letra e) del artículo 67 de esta Ley.

Las cantidades correspondientes a la reserva de nivelación prevista en el artículo 105 de esta Ley minorarán o incrementarán, según proceda, la base imponible del grupo fiscal. La dotación de la citada reserva la podrá realizar cualquier entidad del grupo fiscal.

2. El importe de las rentas negativas derivadas de la transmisión de la participación de una entidad del grupo fiscal que deje de formar parte del mismo se minorará por la parte de aquel que se corresponda con bases imponibles negativas generadas dentro del grupo fiscal por la entidad transmitida y que hayan sido compensadas en el mismo.

Artículo 63. *Reglas especiales aplicables en la determinación de las bases imponibles individuales de las entidades integrantes del grupo fiscal.*

Las bases imponibles individuales correspondientes a las entidades integrantes del grupo fiscal, a que se refiere la letra a) del apartado 1 del artículo anterior, se determinarán de acuerdo con las reglas generales previstas en esta Ley, con las siguientes especialidades:

a) El límite establecido en el artículo 16 de esta Ley en relación con la deducibilidad de gastos financieros se referirá al grupo fiscal. Este límite no resultará de aplicación en los supuestos de extinción de la entidad, salvo que la extinción se realice dentro del grupo fiscal y la entidad extinguida tuviera gastos financieros pendientes de deducir en el momento de su integración en el mismo.

No obstante, en el caso de entidades de crédito o aseguradoras que tributen en el régimen de consolidación fiscal conjuntamente con otras entidades que no tengan esta consideración, el límite establecido en el artículo 16 de esta Ley se calculará teniendo en cuenta el beneficio operativo y los gastos financieros netos

---

[111]   Régimen transitorio para el periodo impositivo 2016. Véase LIS DT 36ª.

de estas últimas entidades, así como las eliminaciones e incorporaciones que correspondan en relación con todo el grupo.

b) No se incluirá en las bases imponibles individuales la reserva de capitalización a que se refiere el artículo 25 de esta Ley.

c) No se incluirán en las bases imponibles individuales las dotaciones a que se refiere el apartado 12 del artículo 11 de esta Ley.

d) No se incluirá en las bases imponibles individuales la compensación de bases imponibles negativas que hubieran correspondido a la entidad en régimen individual.

e) No se incluirá en las bases imponibles individuales la reserva de nivelación a que se refiere el artículo 105 de esta Ley.

Artículo 64. *Eliminaciones.*

Las eliminaciones se realizarán de acuerdo con los criterios establecidos en las Normas para la Formulación de Cuentas Anuales Consolidadas, aprobadas por el Real Decreto 1159/2010, de 17 de septiembre, siempre que afecten a las bases imponibles individuales y con las especificidades previstas en esta Ley.

No serán objeto de eliminación los importes que deban integrarse en las bases imponibles individuales por aplicación de lo establecido en el apartado 10 del artículo 21 de esta Ley[112].

Artículo 65. *Incorporaciones.*

1. Los resultados eliminados se incorporarán a la base imponible del grupo fiscal cuando así se establezca en las Normas para la Formulación de Cuentas Anuales Consolidadas, aprobadas por el Real Decreto 1159/2010, de 17 de septiembre.

No obstante, los resultados eliminados se incorporarán a la base imponible individual de la entidad que hubiera generado esos resultados y deje de formar parte del grupo fiscal, en el período impositivo en que se produzca dicha exclusión.

2. Se incorporarán los ingresos, gastos o resultados relativos a la reducción prevista en el artículo 23 de esta Ley en la base imponible del grupo fiscal en el período impositivo en que aquellos se entiendan realizados frente a terceros y, en ese caso, la cesión de los referidos activos estará sometida a las obligaciones de documentación a que se refiere el apartado 3 del artículo 18 de esta Ley.

---

[112] Párrafo añadido por Ley 11/2020 (art. 65.4), con efectos para los períodos impositivos que se inicien a partir de 1 de enero de 2021.

Artículo 66. *Compensación de bases imponibles negativas.*

Si en virtud de las normas aplicables para la determinación de la base imponible del grupo fiscal ésta resultase negativa, su importe podrá ser compensado con las bases imponibles positivas del grupo fiscal en los términos previstos en el artículo 26 de esta Ley.

Artículo 67. *Reglas especiales de incorporación de entidades en el grupo fiscal.*

En el supuesto de que una entidad se incorpore a un grupo fiscal, en la determinación de la base imponible del grupo fiscal resultarán de aplicación las siguientes reglas:

a) Los gastos financieros netos pendientes de deducir en el momento de su integración en el grupo fiscal a que se refiere el artículo 16 de esta Ley se deducirán con el límite del 30 por ciento del beneficio operativo de la propia entidad, teniendo en cuenta las eliminaciones e incorporaciones que correspondan a dicha entidad, de acuerdo con lo previsto en los artículos 64 y 65 de esta Ley. Estos gastos financieros se tendrán en cuenta, igualmente, en el límite a que se refiere el apartado 1 del referido artículo 16.

Asimismo, la diferencia establecida en el apartado 2 del artículo 16 de esta Ley generada por una entidad con anterioridad a su integración en el grupo fiscal será aplicable en relación con los gastos financieros generados por la propia entidad.

b)[113] A los efectos de lo previsto en el artículo 16 de esta Ley, los gastos financieros derivados de deudas destinadas a la adquisición de participaciones en el capital o fondos propios de cualquier tipo de entidades que se incorporen a un grupo de consolidación fiscal se deducirán con el límite adicional del 30 por ciento del beneficio operativo de la entidad o grupo fiscal adquirente, teniendo en cuenta las eliminaciones e incorporaciones que correspondan, de acuerdo con lo previsto en los artículos 64 y 65 de esta Ley, sin incluir en dicho beneficio operativo el correspondiente a la entidad adquirida o cualquier otra que se incorpore al grupo fiscal en los períodos impositivos que se inicien en los 4 años posteriores a dicha adquisición. Estos gastos financieros se tendrán en cuenta, igualmente, en el límite a que se refiere el apartado 1 del referido artículo 16.

Los gastos financieros no deducibles que resulten de la aplicación de lo dispuesto en esta letra serán deducibles en períodos impositivos siguientes con el límite previsto en la misma y en el apartado 1 del artículo 16 de esta Ley.

---

[113]   Véase LIS DT 18ª.1.

El límite previsto en esta letra no resultará de aplicación en el período impositivo en que se adquieran las participaciones en el capital o fondos propios de entidades si la adquisición se financia con deuda, como máximo, en un 70 por ciento del precio de adquisición. Asimismo, este límite no se aplicará en los períodos impositivos siguientes siempre que el importe de esa deuda se minore, desde el momento de la adquisición, al menos en la parte proporcional que corresponda a cada uno de los 8 años siguientes, hasta que la deuda alcance el 30 por ciento del precio de adquisición.

c) Las cantidades correspondientes a la reserva de capitalización prevista en el artículo 25 de esta Ley pendientes de aplicar, se aplicarán en la base imponible del grupo fiscal, con el límite del 10 por ciento de la base imponible positiva individual de la propia entidad previa a su aplicación, a la integración de las dotaciones a que se refiere el apartado 12 del artículo 11 de esta Ley y a la compensación de bases imponibles negativas, teniendo en cuenta las eliminaciones e incorporaciones que correspondan a dicha entidad, de acuerdo con lo previsto en los artículos 64 y 65 de esta Ley.

d)[114] Las dotaciones a que se refiere el apartado 12 del artículo 11 de esta Ley pendientes de integrar en la base imponible, se integrarán en la base imponible del grupo fiscal, con el límite del 70 por ciento de la base imponible positiva individual de la propia entidad previa a la integración de las dotaciones de la referida naturaleza y a la compensación de bases imponibles negativas, teniendo en cuenta las eliminaciones e incorporaciones que correspondan a dicha entidad, de acuerdo con lo previsto en los artículos 64 y 65 de esta Ley.

e)[115] Las bases imponibles negativas de cualquier entidad pendientes de compensar en el momento de su integración en el grupo fiscal podrán ser compensadas en la base imponible de este, con el límite del 70 por ciento de la base imponible individual de la propia entidad, teniendo en cuenta las eliminaciones e incorporaciones que correspondan a dicha entidad, de acuerdo con lo establecido en los artículos 64 y 65 de esta Ley.

f) Las cantidades correspondientes a la reserva de nivelación de bases imponibles prevista en el artículo 105 de esta Ley pendiente de adicionar en el momento de su integración en el grupo fiscal se adicionarán a la base imponible de este.

---

[114] Régimen transitorio para el periodo impositivo 2016. Véase LIS DT 36ª.
[115] Véase nota anterior.

Artículo 68. *Período impositivo.*

1. El período impositivo del grupo fiscal coincidirá con el de la entidad representante del mismo.

2. Cuando alguna de las entidades dependientes concluyere un período impositivo de acuerdo con las normas reguladoras de la tributación en régimen individual, dicha conclusión no determinará la del grupo fiscal.

Artículo 69. *Tipo de gravamen del grupo fiscal.*

El tipo de gravamen del grupo fiscal será el correspondiente a la entidad representante del mismo.

No obstante, en el caso de un grupo de consolidación fiscal en el que se integre, al menos, una entidad de crédito, en los términos establecidos en el apartado 5 del artículo 58 de esta Ley, el tipo de gravamen será del 30 por ciento.

Artículo 70. *Cuota íntegra del grupo fiscal.*

Se entenderá por cuota íntegra del grupo fiscal la cuantía resultante de aplicar el tipo de gravamen que corresponda, de acuerdo con el artículo anterior, a la base imponible del grupo fiscal.

En el supuesto de un grupo fiscal que aplique lo dispuesto en el artículo 105 de esta Ley, la cuota íntegra vendrá determinada por el resultado de aplicar el tipo de gravamen a la base imponible minorada o incrementada, según corresponda, por las cantidades derivadas del citado artículo 105.

Artículo 71. *Deducciones y bonificaciones de la cuota íntegra del grupo fiscal.*

1[116]. La cuota íntegra del grupo fiscal se minorará en el importe de las deducciones y bonificaciones previstas en los Capítulos II, III y IV del Título VI de esta Ley, así como cualquier otra deducción que pudiera resultar de aplicación, dando lugar a la cuota líquida del mismo que, en ningún caso, podrá ser negativa.

Los requisitos establecidos para la aplicación de las mencionadas deducciones y bonificaciones se referirán al grupo fiscal.

2. Las deducciones de cualquier entidad pendientes de aplicación en el momento de su inclusión en el grupo fiscal podrán deducirse en la cuota íntegra del grupo fiscal con el límite que hubiere correspondido a dicha entidad en el régimen individual de tributación, teniendo en cuenta las eliminaciones e incorporaciones

---

[116] Nueva redacción de este apartado por Ley 22/2021 (art. 61.5), con efectos para los períodos impositivos que se inicien a partir de 1 de enero de 2022.

que correspondan a dicha entidad, de acuerdo con lo establecido en los artículos 64 y 65 de esta Ley.

Artículo 72. *Obligaciones de información.*

1. La entidad representante del grupo fiscal deberá formular, a efectos fiscales, el balance, la cuenta de pérdidas y ganancias, un estado que refleje los cambios en el patrimonio neto del ejercicio y un estado de flujos de efectivo consolidados, aplicando el método de integración global a todas las entidades que integran el grupo fiscal.

2. Los estados consolidados se referirán a la misma fecha de cierre y período que las cuentas anuales de la entidad representante del grupo fiscal, debiendo el resto de entidades que forman parte del grupo fiscal cerrar su ejercicio social en la fecha en que lo haga aquella entidad.

3. A los documentos a que se refiere el apartado 1, se acompañará la siguiente información:

a) Las eliminaciones practicadas en períodos impositivos anteriores pendientes de incorporación.

b) Las eliminaciones practicadas en el período impositivo debidamente justificadas en su procedencia y cuantía.

c) Las incorporaciones realizadas en el período impositivo, igualmente justificadas en su procedencia y cuantía.

d) Las diferencias, debidamente explicadas, que pudieran existir entre las eliminaciones e incorporaciones realizadas a efectos de la determinación de la base imponible del grupo fiscal y las realizadas a efectos de la elaboración de los documentos a que se refiere el apartado 1.

Artículo 73. *Causas determinantes de la pérdida del régimen de consolidación fiscal.*

1. El régimen de consolidación fiscal se perderá por las siguientes causas:

a) La concurrencia en alguna o algunas de las entidades integrantes del grupo fiscal de alguna de las circunstancias que de acuerdo con lo establecido en la Ley 58/2003, de 17 de diciembre, General Tributaria determinan la aplicación del método de estimación indirecta.

b) El incumplimiento de las obligaciones de información a que se refiere el apartado 1 del artículo anterior.

2. La pérdida del régimen de consolidación fiscal se producirá con efectos del período impositivo en que concurra alguna o algunas de las causas a que se refiere el apartado anterior, debiendo las entidades integrantes del grupo fiscal tributar por el régimen individual en dicho período.

Artículo 74. *Efectos de la pérdida del régimen de consolidación fiscal o de la extinción del grupo fiscal.*

1. En el supuesto de pérdida del régimen de consolidación fiscal o de extinción del grupo fiscal, se procederá de la forma siguiente:

a) Las eliminaciones pendientes de incorporación se integrarán en la base imponible individual de las entidades que forman parte del mismo, en la medida en que hubieran generado la renta objeto de eliminación.

b) Las entidades que integren el grupo fiscal en el período impositivo en que se produzca la pérdida o extinción de este régimen asumirán:

1.º Los gastos financieros netos pendientes de deducir del grupo fiscal, a que se refiere el artículo 16 de esta Ley, en la proporción que hubieren contribuido a su formación.

2.º La diferencia establecida en el apartado 2 del artículo 16 de esta Ley, en la proporción que hubieren contribuido a su formación.

3.º Las cantidades correspondientes a la reserva de capitalización establecida en el artículo 25 de esta Ley, en la medida en que hubieran contribuido a su generación.

4.º Las dotaciones a que se refiere el apartado 12 del artículo 11 de esta Ley pendientes de integrar en la base imponible, en la proporción que hubiesen contribuido a su formación.

5.º El derecho a la compensación de las bases imponibles negativas del grupo fiscal pendientes de compensar, en la proporción que hubieren contribuido a su formación.

La compensación se realizará con las bases imponibles positivas que se determinen en régimen individual de tributación en los períodos impositivos siguientes.

6.º Las cantidades correspondientes a la reserva de nivelación de bases imponibles prevista en el artículo 105 de esta Ley pendientes de adicionar a la base imponible, en la proporción que hubiese contribuido a su formación.

7.º El derecho a la aplicación de las deducciones en la cuota del grupo fiscal pendientes de aplicar, en la proporción en que hayan contribuido a su formación.

La aplicación se practicará en las cuotas íntegras que se determinen en los períodos impositivos que resten hasta completar el plazo establecido en esta Ley para la deducción pendiente, contado a partir del siguiente o siguientes a aquél o aquellos en los que se determinaron los importes a deducir.

8.º El derecho a la deducción de los pagos fraccionados que hubiese realizado el grupo fiscal, en la proporción en que hubiesen contribuido a ellos.

2. Lo dispuesto en el apartado anterior será de aplicación cuando alguna o algunas de las entidades que integran el grupo fiscal dejen de pertenecer a este.

3. No obstante, cuando la entidad dominante de un grupo fiscal adquiera la condición de dependiente, o sea absorbida por alguna entidad a través de una operación de fusión acogida al régimen fiscal especial del Capítulo VII del Título VII de esta Ley, que determine en ambos casos que todas las entidades incluidas en un grupo fiscal se integren en otro grupo fiscal, se aplicarán las siguientes reglas:

a) No se integrarán en la base imponible las eliminaciones pendientes de incorporación en relación con las entidades que pasan a formar parte de otro grupo fiscal. Estas incorporaciones se realizarán en la base imponible de este grupo fiscal en los términos establecidos en el artículo 65 de esta Ley.

b) Los gastos financieros netos pendientes de deducir que, de acuerdo con lo previsto en el apartado 1 de este artículo, asuman las entidades que se incorporan al nuevo grupo fiscal, se deducirán con el límite del 30 por ciento del beneficio operativo de todas ellas, teniendo en cuenta las eliminaciones e incorporaciones que correspondan, de acuerdo con lo previsto en los artículos 64 y 65 de esta Ley.

Asimismo, la diferencia establecida en el apartado 2 del artículo 16 de esta Ley que asuman dichas entidades será aplicable en relación con los gastos financieros generados por dichas entidades conjuntamente.

c) Las cantidades correspondientes a la reserva de capitalización establecida en el artículo 25 de esta Ley pendientes de aplicar que asuman las entidades que se incorporan al nuevo grupo fiscal, se aplicarán en la base imponible de este, con el límite de la suma de las bases imponibles positivas de las referidas entidades previa a su aplicación, a la integración de las dotaciones a que se refiere el apartado 12 del artículo 11 de esta Ley y a la compensación de bases imponibles negativas, teniendo en cuenta las eliminaciones e incorporaciones que corresponda realizar, de acuerdo con lo previsto en los artículos 64 y 65 de esta Ley.

d) Las dotaciones a que se refiere el apartado 12 del artículo 11 de esta Ley pendientes de integrar en la base imponible que asuman las entidades que se incorporan al nuevo grupo fiscal, se integrarán en la base imponible de este, con el límite de la suma de las bases imponibles positivas de las referidas entidades previa a la integración de las dotaciones de la referida naturaleza y a la compensación de bases imponibles negativas, teniendo en cuenta las eliminaciones e incorporaciones que corresponda realizar, de acuerdo con lo previsto en los artículos 64 y 65 de esta Ley.

e) Las bases imponibles negativas pendientes de compensación que asuman las entidades que se incorporan al nuevo grupo fiscal, podrán ser compensadas por este con el límite de la suma de las bases imponibles de las entidades que se incorporan al nuevo grupo fiscal, teniendo en cuenta las eliminaciones e incorporaciones que correspondan, de acuerdo con lo establecido en los artículos 64 y 65 de esta Ley.

f) Las cantidades correspondientes a la reserva de nivelación prevista en el artículo 105 de esta Ley pendientes de adicionar, se adicionarán de acuerdo con lo dispuesto en dicho artículo, a la base imponible del grupo fiscal.

g) Las deducciones pendientes de aplicación que asuman las entidades que se incorporan al nuevo grupo fiscal podrán deducirse en la cuota íntegra de este con el límite de la suma de las cuotas íntegras de las entidades que se incorporan al mismo.

Artículo 75. *Declaración y autoliquidación del grupo fiscal.*

1. La entidad representante del grupo fiscal vendrá obligada, al tiempo de presentar la declaración del grupo fiscal, a liquidar la deuda tributaria correspondiente a este y a ingresarla en el lugar, forma y plazos que se determine por el Ministro de Hacienda y Administraciones Públicas. La entidad representante del grupo fiscal deberá cumplir las mismas obligaciones respecto de los pagos fraccionados.

2. La declaración del grupo fiscal deberá presentarse dentro del plazo correspondiente a la declaración en régimen de tributación individual de la entidad representante del mismo.

CAPÍTULO VII. Régimen especial de las fusiones, escisiones, aportaciones de activos, canje de valores y cambio de domicilio social de una Sociedad Europea o una Sociedad Cooperativa Europea de un Estado miembro a otro de la Unión Europea[117, 118]

Artículo 76. *Definiciones.*

1. Tendrá la consideración de fusión la operación por la cual:

a) Una o varias entidades transmiten en bloque a otra entidad ya existente, como consecuencia y en el momento de su disolución sin liquidación, sus respectivos patrimonios sociales, mediante la atribución a sus socios de valores representativos del capital social de la otra entidad y, en su caso, de una compensación en dinero que no exceda del 10 por ciento del valor nominal o, a falta de valor nominal, de un valor equivalente al nominal de dichos valores deducido de su contabilidad.

b) Dos o más entidades transmiten en bloque a otra nueva, como consecuencia y en el momento de su disolución sin liquidación, la totalidad de sus patrimonios sociales, mediante la atribución a sus socios de valores representativos del capital

---

[117]   Véase RIS 48 y 49.
[118]   Véase LIS DA 2ª. *Régimen del Impuesto sobre el Incremento de Valor de los Terrenos de Naturaleza Urbana en operaciones de reestructuración empresarial.*

social de la nueva entidad y, en su caso, de una compensación en dinero que no exceda del 10 por ciento del valor nominal o, a falta de valor nominal, de un valor equivalente al nominal de dichos valores deducido de su contabilidad.

c) Una entidad transmite, como consecuencia y en el momento de su disolución sin liquidación, el conjunto de su patrimonio social a la entidad que es titular de la totalidad de los valores representativos de su capital social.

2. 1.º Tendrá la consideración de escisión la operación por la cual:

a) Una entidad divide en dos o más partes la totalidad de su patrimonio social y los transmite en bloque a dos o más entidades ya existentes o nuevas, como consecuencia de su disolución sin liquidación, mediante la atribución a sus socios, con arreglo a una norma proporcional, de valores representativos del capital social de las entidades adquirentes de la aportación y, en su caso, de una compensación en dinero que no exceda del 10 por ciento del valor nominal o, a falta de valor nominal, de un valor equivalente al nominal de dichos valores deducido de su contabilidad.

b) Una entidad segrega una o varias partes de su patrimonio social que formen ramas de actividad y las transmite en bloque a una o varias entidades de nueva creación o ya existentes, manteniendo en su patrimonio al menos una rama de actividad en la entidad transmitente, o bien participaciones en el capital de otras entidades que le confieran la mayoría del capital social de estas, recibiendo a cambio valores representativos del capital social de la entidad adquirente, que deberán atribuirse a sus socios en proporción a sus respectivas participaciones, reduciendo el capital social y reservas en la cuantía necesaria, y, en su caso, una compensación en dinero en los términos de la letra anterior.

c) Una entidad segrega una parte de su patrimonio social, constituida por participaciones en el capital de otras entidades que confieran la mayoría del capital social en estas, y las transmite en bloque a una o varias entidades de nueva creación o ya existentes, manteniendo en su patrimonio, al menos, participaciones de similares características en el capital de otra u otras entidades o bien una rama de actividad, recibiendo a cambio valores representativos del capital social de estas últimas, que deberán atribuirse a sus socios en proporción a sus respectivas participaciones, reduciendo el capital social y las reservas en la cuantía necesaria y, en su caso, una compensación en dinero en los términos de la letra a) anterior.

2.º En los casos en que existan dos o más entidades adquirentes, la atribución a los socios de la entidad que se escinde de valores representativos del capital de alguna de las entidades adquirentes en proporción distinta a la que tenían en la que se escinde requerirá que los patrimonios adquiridos por aquéllas constituyan ramas de actividad.

3. Tendrá la consideración de aportación no dineraria de ramas de actividad la operación por la cual una entidad aporta, sin ser disuelta, a otra entidad de nueva creación o ya existente la totalidad o una o más ramas de actividad, recibiendo a cambio valores representativos del capital social de la entidad adquirente.

4. Se entenderá por rama de actividad el conjunto de elementos patrimoniales que sean susceptibles de constituir una unidad económica autónoma determinante de una explotación económica, es decir, un conjunto capaz de funcionar por sus propios medios. Podrán ser atribuidas a la entidad adquirente las deudas contraídas para la organización o el funcionamiento de los elementos que se traspasan.

5. Tendrá la consideración de canje de valores representativos del capital social la operación por la cual una entidad adquiere una participación en el capital social de otra que le permite obtener la mayoría de los derechos de voto en ella o, si ya dispone de dicha mayoría, adquirir una mayor participación, mediante la atribución a los socios, a cambio de sus valores, de otros representativos del capital social de la primera entidad y, en su caso, de una compensación en dinero que no exceda del 10 por ciento del valor nominal o, a falta de valor nominal, de un valor equivalente al nominal de dichos valores deducido de su contabilidad.

6. El régimen tributario previsto en este capítulo será igualmente aplicable a las operaciones en las que intervengan contribuyentes de este Impuesto que no tengan la forma jurídica de sociedad mercantil, siempre que produzcan resultados equivalentes a los derivados de las operaciones mencionadas en los apartados anteriores.

7. El régimen tributario previsto en este capítulo será igualmente aplicable a las operaciones de cambio de domicilio social de una Sociedad Europea o una Sociedad Cooperativa Europea de un Estado miembro a otro de la Unión Europea, respecto de los bienes y derechos situados en territorio español que queden afectados con posterioridad a un establecimiento permanente situado en dicho territorio. A estos efectos, las reglas previstas en este régimen especial para los supuestos de transmisiones de bienes y derechos serán de aplicación a las operaciones de cambio de domicilio social, aun cuando no den lugar a dichas transmisiones.

Artículo 77. *Régimen de las rentas derivadas de la transmisión.*

1. No se integrarán en la base imponible las siguientes rentas derivadas de las operaciones a que se refiere el artículo anterior:

a) Las que se pongan de manifiesto como consecuencia de las transmisiones realizadas por entidades residentes en territorio español de bienes y derechos en él situados.

Cuando la entidad adquirente resida en el extranjero sólo se excluirán de la base imponible las rentas derivadas de la transmisión de aquellos elementos que queden afectados a un establecimiento permanente situado en territorio español.

La transferencia de estos elementos fuera del territorio español determinará la integración en la base imponible del establecimiento permanente, en el período impositivo en que se produzca aquélla, de la diferencia entre el valor de mercado y el valor a que se refiere el artículo siguiente minorado, en su caso, en el importe de las amortizaciones y otras correcciones de valor reflejadas contablemente que hayan sido fiscalmente deducibles.

El pago de la deuda tributaria resultante de la aplicación de lo dispuesto en el párrafo anterior, en el supuesto de elementos patrimoniales transferidos a un Estado miembro de la Unión Europea, o del Espacio Económico Europeo con el que exista un efectivo intercambio de información tributaria en los términos previstos en el apartado 3 de la Disposición adicional primera de la Ley 36/2006, de 29 de noviembre, de medidas para la prevención del fraude fiscal, será aplazado por la Administración tributaria a solicitud del contribuyente hasta la fecha de la transmisión a terceros de los elementos patrimoniales afectados, resultando de aplicación lo dispuesto en la Ley 58/2003, de 17 de diciembre, General Tributaria, y su normativa de desarrollo, en cuanto al devengo de intereses de demora y a la constitución de garantías para dicho aplazamiento.

b) Las que se pongan de manifiesto como consecuencia de las transmisiones realizadas por entidades residentes en territorio español, de establecimientos permanentes situados en el territorio de Estados miembros de la Unión Europea, a favor de entidades que residan en ellos, revistan una de las formas enumeradas en la parte A del anexo I de la Directiva 2009/133/CE del Consejo, de 19 de octubre, relativa al régimen fiscal común aplicable a las fusiones, escisiones, escisiones parciales, aportaciones de activos y canjes de acciones realizados entre sociedades de diferentes Estados miembros y al traslado del domicilio social de una SE o una SCE de un Estado miembro a otro, y estén sujetas y no exentas a alguno de los tributos mencionados en la parte B de su anexo I.

c) Las que se pongan de manifiesto como consecuencia de las transmisiones realizadas por entidades residentes en territorio español, de establecimientos permanentes situados en el territorio de Estados no pertenecientes a la Unión Europea en favor de entidades residentes en territorio español.

d) Las que se pongan de manifiesto como consecuencia de las transmisiones realizadas por entidades no residentes en territorio español, de establecimientos permanentes en él situados.

Cuando la entidad adquirente resida en el extranjero solo se excluirán de la base imponible las rentas derivadas de la transmisión de aquellos elementos que queden afectados a un establecimiento permanente situado en territorio español.

La transferencia de estos elementos fuera del territorio español determinará la integración en la base imponible del establecimiento permanente, en el ejercicio en que se produzca aquélla, de la diferencia entre el valor de mercado y el valor a que se refiere el artículo siguiente minorado, en su caso, en el importe de las amortizaciones y otras correcciones de valor reflejadas contablemente que hayan sido fiscalmente deducibles.

El pago de la deuda tributaria resultante de la aplicación de lo dispuesto en el párrafo anterior, en el supuesto de elementos patrimoniales transferidos a un Estado miembro de la Unión Europea, o del Espacio Económico Europeo con el que exista un efectivo intercambio de información tributaria en los términos previstos en el apartado 3 de la Disposición adicional primera de la Ley 36/2006, de 29 de noviembre, de medidas para la prevención del fraude fiscal, será aplazado por la Administración Tributaria a solicitud del contribuyente hasta la fecha de la transmisión a terceros de los elementos patrimoniales afectados, resultando de aplicación lo dispuesto en la Ley General Tributaria, y su normativa de desarrollo, en cuanto al devengo de intereses de demora y a la constitución de garantías para dicho aplazamiento.

e) Las que se pongan de manifiesto como consecuencia de las transmisiones realizadas por entidades no residentes en territorio español de participaciones en entidades residentes en territorio español, en favor de entidades residentes en su mismo país o territorio, o en favor de entidades residentes en la Unión Europea siempre que, en este último caso, tanto la entidad transmitente como la adquirente revistan una de las formas enumeradas en la parte A del anexo I de la Directiva 2009/133/CE, y estén sujetas y no exentas a alguno de los tributos mencionados en la parte B de su anexo I.

No se excluirán de la base imponible las rentas derivadas de las operaciones referidas en las letras a), c) y d) anteriores, cuando la entidad adquirente se halle exenta por este Impuesto o sometida al régimen de atribución de rentas.

Se excluirán de la base imponible las rentas derivadas de las operaciones a que se refiere este apartado aunque la entidad adquirente disfrute de la aplicación de un tipo de gravamen o un régimen tributario especial. Cuando la entidad adquirente disfrute de la aplicación de un tipo de gravamen o un régimen tributario especial distinto de la transmitente, la renta derivada de la transmisión de elementos patrimoniales existentes en el momento de la operación, realizada con posterioridad a ésta, se entenderá generada de forma lineal, salvo prueba en contrario durante el tiempo de tenencia del elemento transmitido. La parte de dicha renta generada hasta el momento de realización de la operación será gravada aplicando el tipo de gravamen y el régimen tributario que hubiera correspondido a la entidad transmitente.

2. Podrá renunciarse al régimen establecido en el apartado anterior, mediante la integración en la base imponible de las rentas derivadas de la transmisión de la totalidad o parte de los elementos patrimoniales.

3. En todo caso, se integrarán en la base imponible las rentas derivadas de buques o aeronaves o de bienes muebles afectos a su explotación, que se pongan de manifiesto en las entidades dedicadas a la navegación marítima y aérea internacional cuando la entidad adquirente no sea residente en territorio español.

Artículo 78. *Valoración fiscal de los bienes adquiridos*[119].

1. Los bienes y derechos adquiridos mediante las transmisiones derivadas de las operaciones a las que haya sido de aplicación el régimen previsto en el artículo anterior se valorarán, a efectos fiscales, por los mismos valores fiscales que tenían en la entidad transmitente antes de realizarse la operación, manteniéndose igualmente la fecha de adquisición de la entidad transmitente.

2. En el supuesto de que se ejercite la opción de renuncia prevista en el apartado 2 del artículo anterior, los bienes y derechos adquiridos se valorarán de acuerdo con las reglas establecidas en el artículo 17 de esta Ley. En este caso, la fecha de adquisición de dichos bienes y derechos será la fecha en que la adquisición tenga eficacia mercantil.

3. En aquellos casos en que no sea de aplicación el régimen previsto en el artículo anterior se tomará el valor que proceda de acuerdo con el artículo 17 de esta Ley.

Artículo 79. *Valoración fiscal de las acciones o participaciones recibidas en contraprestación de la aportación.*

Las acciones o participaciones recibidas como consecuencia de una aportación de ramas de actividad o de elementos patrimoniales se valorarán, a efectos fiscales, por el mismo valor fiscal que tenían la rama de actividad o los elementos patrimoniales aportados.

---

[119]   Véase LIS DT 27ª. *Participaciones en el capital de la entidad transmitente y de la entidad adquirente.*

No obstante, en el supuesto de que se ejercite la opción de renuncia prevista en el apartado 2 del artículo 77 de esta Ley, las acciones o participaciones recibidas se valorarán de acuerdo con las reglas establecidas en el artículo 17 de esta Ley.

Artículo 80. *Régimen fiscal del canje de valores.*

1. No se integrarán en la base imponible de este Impuesto, del Impuesto sobre la Renta de las Personas Físicas o del Impuesto sobre la Renta de no Residentes las rentas que se pongan de manifiesto con ocasión del canje de valores, siempre que cumplan los requisitos siguientes:

a) Que los socios que realicen el canje de valores residan en territorio español o en el de algún otro Estado miembro de la Unión Europea o en el de cualquier otro Estado siempre que, en este último caso, los valores recibidos sean representativos del capital social de una entidad residente en España.

Cuando el socio tenga la consideración de entidad en régimen de atribución de rentas, no se integrará en la base imponible de las personas o entidades que sean socios, herederos, comuneros o partícipes en dicho socio, la renta generada con ocasión del canje de valores, siempre que a la operación le sea de aplicación el régimen fiscal establecido en el presente capítulo o se realice al amparo de la Directiva 2009/133/CE del Consejo, de 19 de octubre, relativa al régimen fiscal común aplicable a las fusiones, escisiones, escisiones parciales, aportaciones de activos y canje de valores realizados entre sociedades de diferentes Estados miembros y al traslado del domicilio social de una SE o una SCE de un Estado miembro a otro, y los valores recibidos por el socio conserven la misma valoración fiscal que tenían los canjeados.

b) Que la entidad que adquiera los valores sea residente en territorio español o esté comprendida en el ámbito de aplicación de la Directiva 2009/133/CE.

2. Los valores recibidos por la entidad que realiza el canje de valores se valorarán, a efectos fiscales, por el valor fiscal que tenían en el patrimonio de los socios que efectúan la aportación, según las normas de este Impuesto, del Impuesto sobre la Renta de las Personas Físicas o del Impuesto sobre la Renta de no Residentes, manteniéndose, igualmente, la fecha de adquisición de los socios aportantes.

No obstante, en aquellos casos en que las rentas generadas en los socios no estuviesen sujetas a tributación en territorio español, se tomará el valor de mercado. En este caso, la fecha de adquisición de las acciones será la correspondiente a la fecha de realización de la operación de canje de valores.

3. Los valores recibidos por los socios se valorarán, a efectos fiscales, por el valor fiscal de los entregados, determinado de acuerdo con las normas de este Impuesto, del Impuesto sobre la Renta de las Personas Físicas o del Impuesto sobre la

Renta de no Residentes, según proceda. Esta valoración se aumentará o disminuirá en el importe de la compensación complementaria en dinero entregada o recibida.

Los valores recibidos conservarán la fecha de adquisición de los entregados.

4. En el caso de que el socio pierda la cualidad de residente en territorio español, se integrará en la base imponible del Impuesto sobre la Renta de las Personas Físicas o de este Impuesto del último período impositivo que deba declararse por estos impuestos, la diferencia entre el valor de mercado de las acciones o participaciones y el valor a que se refiere el apartado anterior, salvo que las acciones o participaciones queden afectos a un establecimiento permanente situado en territorio español.

El pago de la deuda tributaria resultante de la aplicación de lo dispuesto en el párrafo anterior, cuando el socio adquiera la residencia en un Estado miembro de la Unión Europea, o del Espacio Económico Europeo con el que exista un efectivo intercambio de información tributaria en los términos previstos en el apartado 3 de la Disposición adicional primera de la Ley 36/2006, de 29 de noviembre, de medidas para la prevención del fraude fiscal, será aplazado por la Administración tributaria a solicitud del contribuyente hasta la fecha de la transmisión a terceros de las acciones o participaciones afectadas, resultando de aplicación lo dispuesto en la Ley 58/2003, de 17 de diciembre, General Tributaria, y su normativa de desarrollo, en cuanto al devengo de intereses de demora y a la constitución de garantías para dicho aplazamiento.

Si el obligado tributario adquiriese de nuevo la condición de contribuyente de este Impuesto o del Impuesto sobre la Renta de las Personas Físicas sin haber transmitido la titularidad de las acciones o participaciones, podrá solicitar la rectificación de la autoliquidación al objeto de obtener la devolución de las cantidades ingresadas correspondientes a las ganancias patrimoniales reguladas en este artículo. La solicitud de rectificación podrá presentarse a partir de la finalización del plazo de declaración correspondiente al primer período impositivo en que deba presentarse una autoliquidación de este Impuesto o del Impuesto sobre la Renta de las Personas Físicas.

La devolución a que se refiere el párrafo anterior se regirá por lo dispuesto en el artículo 31 de la Ley 58/2003, de 17 de diciembre, General Tributaria, salvo en lo concerniente al abono de los intereses de demora, que se devengarán desde la fecha en que se hubiese realizado el ingreso hasta la fecha en que se ordene el pago de la devolución.

5. El régimen previsto en este artículo no resultará de aplicación en relación con aquellas operaciones en las que intervengan entidades domiciliadas o estable-

cidas en países o territorios calificados como paraísos fiscales u obtenidas a través de ellos.

Artículo 81. *Tributación de los socios en las operaciones de fusión y escisión.*

1. No se integrarán en la base imponible las rentas que se pongan de manifiesto con ocasión de la atribución de valores de la entidad adquirente a los socios de la entidad transmitente, siempre que sean residentes en territorio español o en el de algún otro Estado miembro de la Unión Europea o en el de cualquier otro Estado siempre que, en este último caso, los valores sean representativos del capital social de una entidad residente en territorio español.

Cuando el socio tenga la consideración de entidad en régimen de atribución de rentas, no se integrará en la base imponible de las personas o entidades que sean socios, herederos, comuneros o partícipes en dicho socio, la renta generada con ocasión de dicha atribución de valores, siempre que a la operación le sea de aplicación el régimen fiscal establecido en el presente capítulo o se realice al amparo de la Directiva 2009/133/CE del Consejo, de 19 de octubre, relativa al régimen fiscal común aplicable a las fusiones, escisiones, escisiones parciales, aportaciones de activos y canje de valores realizados entre sociedades de diferentes Estados miembros y al traslado del domicilio social de una SE o una SCE de un Estado miembro a otro, y los valores recibidos por el socio conserven la misma valoración fiscal que tenían los canjeados.

2. Los valores recibidos en virtud de las operaciones de fusión y escisión, se valoran, a efectos fiscales, por el valor fiscal de los entregados, determinado de acuerdo con las normas de este Impuesto, del Impuesto sobre la Renta de las Personas Físicas o del Impuesto sobre la Renta de no Residentes, según proceda. Esta valoración se aumentará o disminuirá en el importe de la compensación complementaria en dinero entregada o recibida. Los valores recibidos conservarán la fecha de adquisición de los entregados.

3. En el caso de que el socio pierda la cualidad de residente en territorio español, se integrará en la base imponible del Impuesto sobre la Renta de las Personas Físicas o de este Impuesto del último período impositivo que deba declararse por estos impuestos, la diferencia entre el valor de mercado de las acciones o participaciones y el valor a que se refiere el apartado anterior, salvo que las acciones o participaciones queden afectos a un establecimiento permanente situado en territorio español.

El pago de la deuda tributaria resultante de la aplicación de lo dispuesto en el párrafo anterior, cuando el socio adquiera la residencia en un Estado miembro de la Unión Europea, o del Espacio Económico Europeo con el que exista un efectivo intercambio de información tributaria en los términos previstos en el apartado 3 de la Disposición adicional primera de la Ley 36/2006, de 29 de noviembre, de medidas para la prevención del fraude fiscal, será aplazado por la Administración tributaria a solicitud del contribuyente hasta la fecha de la transmisión a terceros de las acciones o participaciones afectadas, resultando de aplicación lo dispuesto en la Ley 58/2003, de 17 de diciembre, General Tributaria, y su normativa de desarrollo, en cuanto al devengo de intereses de demora y a la constitución de garantías para dicho aplazamiento.

Si el obligado tributario adquiriese de nuevo la condición de contribuyente de este Impuesto o del Impuesto sobre la Renta de las Personas Físicas sin haber transmitido la titularidad de las acciones o participaciones, podrá solicitar la rectificación de la autoliquidación al objeto de obtener la devolución de las cantidades ingresadas correspondientes a las ganancias patrimoniales reguladas en este artículo. La solicitud de rectificación podrá presentarse a partir de la finalización del plazo de declaración correspondiente al primer período impositivo en que deba presentarse una autoliquidación de este Impuesto o del Impuesto sobre la Renta de las Personas Físicas.

La devolución a que se refiere el párrafo anterior se regirá por lo dispuesto en el artículo 31 de la Ley 58/2003, de 17 de diciembre, General Tributaria, salvo en lo concerniente al abono de los intereses de demora, que se devengarán desde la fecha en que se hubiese realizado el ingreso hasta la fecha en que se ordene el pago de la devolución.

4. Se integrarán en la base imponible de este Impuesto, del Impuesto sobre la Renta de las Personas Físicas o del Impuesto sobre la Renta de no Residentes las rentas obtenidas en operaciones en las que intervengan entidades domiciliadas o establecidas en países o territorios calificados como paraísos fiscales u obtenidas a través de ellos.

Artículo 82. *Participaciones en el capital de la entidad transmitente y de la entidad adquirente.*

1. Cuando la entidad adquirente participe en el capital o en los fondos propios de la entidad transmitente en, al menos un 5 por ciento, no se integrará en la base imponible de aquella la renta positiva o negativa derivada de la anulación de la participación. Tampoco se producirá dicha integración con ocasión de la transmisión de la participación que ostente la entidad transmitente en el capital de la adquirente cuando sea, al menos, de un 5 por ciento del capital o de los fondos propios.

2. Cuando la entidad adquirente participe en el capital de la entidad transmitente en un porcentaje inferior al 5 por ciento, se integrará en la base imponible de aquella la renta positiva o negativa derivada de la anulación de la participación. Dicha integración se producirá, igualmente, con ocasión de la transmisión de la participación que ostente la entidad transmitente en el capital de la adquirente cuando sea inferior al 5 por ciento del capital o de los fondos propios.

Artículo 83. *Limitación en la deducción de gastos financieros destinados a la adquisición de participaciones en el capital o en los fondos propios de entidades*[120].

A los efectos de lo previsto en el artículo 16 de esta Ley, los gastos financieros derivados de deudas destinadas a la adquisición de participaciones en el capital o fondos propios de cualquier tipo de entidades se deducirán con el límite adicional del 30 por ciento del beneficio operativo de la propia entidad que realizó dicha adquisición, sin incluir en dicho beneficio operativo el correspondiente a cualquier entidad que se fusione con aquella en los 4 años posteriores a dicha adquisición, cuando la fusión aplique este régimen fiscal especial. Estos gastos financieros se tendrán en cuenta, igualmente, en el límite a que se refiere el apartado 1 del referido artículo 16.

Los gastos financieros no deducibles que resulten de la aplicación de lo dispuesto en este apartado serán deducibles en períodos impositivos siguientes con el límite previsto en este artículo y en el apartado 1 del artículo 16 de esta Ley.

El límite previsto en este apartado no resultará de aplicación en el período impositivo en que se adquieran las participaciones en el capital o fondos propios de entidades si la adquisición se financia con deuda, como máximo, en un 70 por ciento del precio de adquisición. Asimismo, este límite no se aplicará en los períodos impositivos siguientes siempre que el importe de esa deuda se minore, desde el momento de la adquisición, al menos en la parte proporcional que corresponda a cada uno de los 8 años siguientes, hasta que la deuda alcance el 30 por ciento del precio de adquisición.

Artículo 84. *Subrogación en los derechos y las obligaciones tributarias.*

1. Cuando las operaciones mencionadas en el artículo 76 u 87 de esta Ley determinen una sucesión a título universal, se transmitirán a la entidad adquirente los derechos y obligaciones tributarias de la entidad transmitente.

---

[120]   Véase LIS DT 18ª.2.

Cuando la sucesión no sea a título universal, se transmitirán a la entidad adquirente los derechos y obligaciones tributarias que se refieran a los bienes y derechos transmitidos.

La entidad adquirente asumirá el cumplimiento de los requisitos necesarios para continuar aplicando los beneficios fiscales o consolidar los aplicados por la entidad transmitente.

2. Se transmitirán a la entidad adquirente las bases imponibles negativas pendientes de compensación en la entidad transmitente, siempre que se produzca alguna de las siguientes circunstancias:

a) La extinción de la entidad transmitente.

b) La transmisión de una rama de actividad cuyos resultados hayan generado bases imponibles negativas pendientes de compensación en la entidad transmitente. En este caso, se transmitirán las bases imponibles negativas pendientes de compensación generadas por la rama de actividad transmitida.

Cuando la entidad adquirente participe en el capital de la transmitente o bien ambas formen parte de un grupo de sociedades a que se refiere el artículo 42 del Código de Comercio, con independencia de su residencia y de la obligación de formular cuentas anuales consolidadas, la base imponible negativa susceptible de compensación se reducirá en el importe de la diferencia positiva entre el valor de las aportaciones de los socios, realizadas por cualquier título, correspondiente a la participación o a las participaciones que las entidades del grupo tengan sobre la entidad transmitente, y su valor fiscal.

3. Las subrogaciones comprenderán exclusivamente los derechos y obligaciones nacidos al amparo de las leyes españolas.

Artículo 85. *Pérdidas de los establecimientos permanentes.*

Las rentas generadas en la transmisión de un establecimiento permanente aplicarán el régimen establecido en el artículo 22 de esta Ley.

No obstante, si no se cumplen los requisitos establecidos en el artículo 22 de esta Ley, el importe de la renta positiva que supere las rentas negativas netas obtenidas por el establecimiento permanente se integrará en la base imponible de la entidad transmitente, sin perjuicio de que se pueda deducir de la cuota íntegra el impuesto que, de no ser por las disposiciones de la Directiva 2009/133/CE, del Consejo, de 19 de octubre, relativa al régimen fiscal común aplicable a las fusiones, escisiones, escisiones parciales, aportaciones de activos y canje de valores realizados entre sociedades de diferentes Estados miembros y al traslado del domicilio social de una SE o una SCE de un Estado miembro a otro, hubiera gravado esa misma renta integrada en la base imponible, en el Estado miembro en que esté situado dicho establecimiento permanente, con el límite del importe de la cuota íntegra correspondiente a esa renta integrada en la base imponible.

Artículo 86. *Obligaciones contables.*

1. La entidad adquirente deberá incluir en la memoria anual la información que seguidamente se cita, salvo que la entidad transmitente haya ejercitado la facultad a que se refiere el artículo 77.2 de esta Ley en cuyo caso únicamente se cumplimentará la indicada en la letra d):

a) Período impositivo en el que la entidad transmitente adquirió los bienes transmitidos.

b) Último balance cerrado por la entidad transmitente.

c) Relación de bienes adquiridos que se hayan incorporado a los libros de contabilidad por un valor diferente a aquél por el que figuraban en los de la entidad transmitente con anterioridad a la realización de la operación, expresando ambos valores así como las correcciones valorativas constituidas en los libros de contabilidad de las dos entidades.

d) Relación de beneficios fiscales disfrutados por la entidad transmitente, respecto de los que la entidad deba asumir el cumplimiento de determinados requisitos de acuerdo con lo establecido en el apartado 1 del artículo 84 de esta Ley.

A los efectos previstos en este apartado, la entidad transmitente estará obligada a comunicar dichos datos a la entidad adquirente.

2. Los socios personas jurídicas deberán mencionar en la memoria anual los siguientes datos:

a) Valor contable y fiscal de los valores entregados.

b) Valor por el que se hayan contabilizado los valores recibidos.

3. Las menciones establecidas en los apartados anteriores deberán realizarse mientras permanezcan en el inventario los valores o elementos patrimoniales adquiridos o deban cumplirse los requisitos derivados de los incentivos fiscales disfrutados por la entidad transmitente.

La entidad adquirente podrá optar, con referencia a la segunda y posteriores memorias anuales, por incluir la mera indicación de que dichas menciones figuran en la primera memoria anual aprobada tras la operación, que deberá ser conservada mientras concurra la circunstancia a la que se refiere el párrafo anterior.

4. El incumplimiento de las obligaciones establecidas en los apartados anteriores tendrá la consideración de infracción tributaria grave. La sanción consistirá en multa pecuniaria fija de 1.000 euros por cada dato omitido, en cada uno de los primeros 4 años en que no se incluya la información, y de 5.000 euros por cada dato omitido, en cada uno de los años siguientes, con el límite del 5 por ciento del valor

por el que la entidad adquirente haya reflejado los bienes y derechos transmitidos en su contabilidad.

La sanción impuesta de acuerdo con lo previsto en este apartado se reducirá conforme a lo dispuesto en el apartado 3 del artículo 188 de la Ley 58/2003, de 17 de diciembre, General Tributaria.

Artículo 87. *Aportaciones no dinerarias.*

1. El régimen previsto en el presente capítulo se aplicará, a opción del contribuyente de este Impuesto, del Impuesto sobre la Renta de las Personas Físicas o del Impuesto sobre la Renta de no Residentes, a las aportaciones no dinerarias en las que concurran los siguientes requisitos:

a) Que la entidad que recibe la aportación sea residente en territorio español o realice actividades en este por medio de un establecimiento permanente al que se afecten los bienes aportados.

b) Que una vez realizada la aportación, el contribuyente aportante de este Impuesto, del Impuesto sobre la Renta de las Personas Físicas o del Impuesto sobre la Renta de no Residentes, participe en los fondos propios de la entidad que recibe la aportación en, al menos, el 5 por ciento.

c) Que, en el caso de aportación de acciones o participaciones sociales por contribuyentes del Impuesto sobre la Renta de las Personas Físicas o del Impuesto sobre la Renta de no Residentes sin establecimiento permanente en territorio español, se tendrán que cumplir además de los requisitos señalados en las letras a) y b), los siguientes:

1.º Que a la entidad de cuyo capital social sean representativos no le sean de aplicación el régimen especial de agrupaciones de interés económico, españolas o europeas, y de uniones temporales de empresas, previstos en esta Ley, ni tenga como actividad principal la gestión de un patrimonio mobiliario o inmobiliario en los términos previstos en el artículo 4.ocho.dos de la Ley 19/1991, de 6 de junio, del Impuesto sobre el Patrimonio.

2.º Que representen una participación de, al menos, un 5 por ciento de los fondos propios de la entidad.

3.º Que se posean de manera ininterrumpida por el aportante durante el año anterior a la fecha del documento público en que se formalice la aportación.

d) Que, en el caso de aportación de elementos patrimoniales distintos de los mencionados en la letra c) por contribuyentes del Impuesto sobre la Renta de las Personas Físicas o del Impuesto sobre la Renta de no Residentes que sean residentes en Estados miembros de la Unión Europea, dichos elementos estén afectos a actividades económicas cuya contabilidad se lleve con arreglo a lo dispuesto en el Código de Comercio o legislación equivalente.

2. El régimen previsto en el presente capítulo se aplicará también a las aportaciones de ramas de actividad, efectuadas por los contribuyentes del Impuesto sobre la Renta de las Personas Físicas y del Impuesto sobre la Renta de no Residentes que sean residentes en Estados miembros de la Unión Europea, siempre que lleven su contabilidad de acuerdo con el Código de Comercio o legislación equivalente.

Artículo 88[121]. *Normas para evitar la doble imposición.*

1. A los efectos de evitar la doble imposición que pudiera producirse por aplicación de las reglas de valoración previstas en los artículos 79, 80.2 y 87 de esta Ley, los beneficios distribuidos con cargo a rentas imputables a los bienes aportados darán derecho a la exención sobre dividendos, cualquiera que sea el porcentaje de participación del socio y su antigüedad.

Igual criterio se aplicará respecto de las rentas generadas en la transmisión de la participación o a través de cualquier otra operación societaria cuando, con carácter previo, se hayan integrado en la base imponible de la entidad adquirente las rentas imputables a los bienes aportados.

2. Cuando no hubiera sido posible evitar la doble imposición, la entidad adquirente practicará, en el momento de su extinción, los ajustes de signo contrario a los que hubiere practicado por aplicación de las reglas de valoración establecidas en los artículos 79, 80.2 y 87 de esta Ley. La entidad adquirente podrá practicar los referidos ajustes de signo contrario con anterioridad a su extinción, siempre que pruebe que se ha transmitido por los socios su participación y con el límite de la cuantía que se haya integrado en la base imponible de estos con ocasión de dicha transmisión.

---

[121] Artículo modificado por el Real Decreto-ley 3/2016 (art. 3.2º.11), con efectos para los periodos impositivos que se inicien a partir de 1 de enero de 2017. Su redacción inicial era la siguiente: «*Artículo 88. Normas para evitar la doble imposición.*
1. A los efectos de evitar la doble imposición que pudiera producirse por aplicación de las reglas de valoración previstas en los artículos 79, 80.2 y 87 de esta Ley, los beneficios distribuidos con cargo a rentas imputables a los bienes aportados darán derecho a la exención para evitar la doble imposición de dividendos, cualquiera que sea el porcentaje de participación del socio y su antigüedad. Igual criterio se aplicará respecto de las rentas generadas en la transmisión de la participación.

Artículo 89. *Aplicación del régimen fiscal.*

1. Se entenderá que las operaciones reguladas en este capítulo aplican el régimen establecido en el mismo, salvo que expresamente se indique lo contrario a través de la comunicación a que se refiere el párrafo siguiente.

La realización de las operaciones a que se refieren los artículos 76 y 87 de esta Ley deberá ser objeto de comunicación a la Administración tributaria, por la entidad adquirente de las operaciones, salvo que la misma no sea residente en territorio español, en cuyo caso dicha comunicación se realizará por la entidad transmitente. Esta comunicación deberá indicar el tipo de operación que se realiza y si se opta por no aplicar el régimen fiscal especial previsto en este capítulo.

Tratándose de operaciones en las cuales ni la entidad adquirente ni la transmitente sean residentes en territorio español, la comunicación señalada en el párrafo anterior deberá ser presentada por los socios, que deberán indicar que la operación se ha acogido a un régimen fiscal similar al establecido en este capítulo.

Dicha comunicación se presentará en la forma y plazos que se determine reglamentariamente. La falta de presentación en plazo de esta comunicación constituye infracción tributaria grave. La sanción consistirá en multa pecuniaria fija de 10.000 euros por cada operación respecto de la que hubiese de suministrarse información.

2. No se aplicará el régimen establecido en el presente capítulo cuando la operación realizada tenga como principal objetivo el fraude o la evasión fiscal. En particular, el régimen no se aplicará cuando la operación no se efectúe por motivos económicos válidos, tales como la reestructuración o la racionalización de las actividades de las entidades que participan en la operación, sino con la mera finalidad de conseguir una ventaja fiscal.

Las actuaciones de comprobación de la Administración tributaria que determinen la inaplicación total o parcial del régimen fiscal especial por aplicación de lo dispuesto en el párrafo anterior, eliminarán exclusivamente los efectos de la ventaja fiscal.

2. Cuando por la forma en como contabilizó la entidad adquirente no hubiera sido posible evitar la doble imposición por aplicación de las normas establecidas en el apartado anterior, dicha entidad practicará, en el momento de su extinción, los ajustes de signo contrario a los que hubiere practicado por aplicación de las reglas de valoración establecidas en los artículos 79, 80.2 y 87 de esta Ley. La entidad adquirente podrá practicar los referidos ajustes de signo contrario con anterioridad a su extinción, siempre que pruebe que se ha transmitido por los socios su participación y con el límite de la cuantía que se haya integrado en la base imponible de estos con ocasión de dicha transmisión.»

CAPÍTULO VIII. Régimen fiscal de la minería

Artículo 90. *Entidades mineras: libertad de amortización.*

1. Las entidades que desarrollen actividades de exploración, investigación y explotación o beneficio de yacimientos minerales y demás recursos geológicos clasificados en la Sección C), apartado uno, del artículo tercero de la Ley 22/1973, de 21 de julio, de Minas, y en la Sección D) creada por la Ley 54/1980, de 5 de noviembre, de modificación de la Ley de Minas, con especial atención a los recursos minerales energéticos, así como de los que reglamentariamente se determinen con carácter general entre los incluidos en las Secciones A) y B) del artículo citado, podrán gozar, en relación con sus inversiones en activos mineros y con las cantidades abonadas en concepto de canon de superficie, de libertad de amortización durante 10 años contados a partir del comienzo del primer período impositivo en cuya base imponible se integre el resultado de la explotación.

2. No se considerará entre las actividades mencionadas en el apartado anterior la mera prestación de servicios para la realización o desarrollo de las citadas actividades.

Artículo 91. *Factor de agotamiento: ámbito de aplicación y modalidades.*

1. Podrán reducir la base imponible, en el importe de las cantidades que destinen, en concepto de factor de agotamiento, los contribuyentes que realicen, al amparo de la Ley 22/1973, de 21 de julio, de Minas, al aprovechamiento de uno o varios de los siguientes recursos:

a) Los comprendidos en la Sección C) del apartado uno del artículo tercero de la Ley 22/1973, de 21 de julio, de Minas, y en la Sección D) creada por la Ley 54/1980, de 5 de noviembre, de modificación de la Ley de Minas, con especial atención a los recursos minerales energéticos.

b) Los obtenidos a partir de yacimientos de origen no natural pertenecientes a la Sección B) del apartado uno del referido artículo, siempre que los productos recuperados o transformados se hallen clasificados en la Sección C) o en la Sección D) creada por la Ley 54/1980, de 5 de noviembre, que modifica la Ley de Minas.

2. El factor de agotamiento no excederá del 30 por ciento de la parte de base imponible correspondiente a los aprovechamientos señalados en el apartado anterior.

3. Las entidades que realicen los aprovechamientos de una o varias materias primas minerales declaradas prioritarias en el Real Decreto 647/2002, de 5 de julio, por el que se declaran las materias primas minerales y actividades con ellas relacionadas, calificadas como prioritarias a efectos de lo previsto en la Ley 43/1995,

de 27 de diciembre, del Impuesto sobre Sociedades, podrán optar, en la actividad referente a estos recursos, por que el factor de agotamiento sea de hasta el 15 por ciento del valor de los minerales vendidos, considerándose también como tales los consumidos por las mismas empresas para su posterior tratamiento o transformación. En este caso, la dotación para el factor de agotamiento no podrá ser superior a la parte de base imponible correspondiente al tratamiento, transformación, comercialización y venta de las sustancias obtenidas de los aprovechamientos señalados y de los productos que incorporen dichas sustancias y otras derivadas de ellas.

4. En el caso de que varias personas físicas o jurídicas se hayan asociado para la realización de actividades mineras sin llegar a constituir una personalidad jurídica independiente, cada uno de los partícipes podrá destinar, a prorrata de su participación en la actividad común, el importe correspondiente en concepto de factor de agotamiento con las obligaciones establecidas en los siguientes artículos.

Artículo 92. *Factor de agotamiento: inversión.*

Las cantidades que redujeron la base imponible en concepto de factor de agotamiento sólo podrán ser invertidas en los gastos, trabajos e inmovilizados directamente relacionados con las actividades mineras que a continuación se indican:

a) Exploración e investigación de nuevos yacimientos minerales y demás recursos geológicos.

b) Investigación que permita mejorar la recuperación o calidad de los productos obtenidos.

c) Suscripción o adquisición de valores representativos del capital social de empresas dedicadas exclusivamente a las actividades referidas en las letras a), b) y d) de este artículo, así como a la explotación de yacimientos minerales y demás recursos geológicos clasificados en la Sección C), apartado uno del artículo tercero de la Ley 22/1973, de 21 de julio, de Minas, y en la Sección D) creada por la Ley 54/1980, de 5 de noviembre, de modificación de la Ley de Minas, con especial atención a los recursos minerales energéticos, en lo relativo a minerales radiactivos, recursos geotérmicos, rocas bituminosas y cualesquiera otros yacimientos minerales o recursos geológicos de interés energético que el Gobierno acuerde incluir en esta sección, siempre que, en ambos casos los valores se mantengan ininterrumpidamente en el patrimonio de la entidad por un plazo de 10 años.

En el caso de que las empresas de las que se suscribieron las acciones o participaciones, con posterioridad a la suscripción, realizaran actividades diferentes a las mencionadas, el contribuyente deberá realizar la liquidación a que se refiere el artículo 94.1 de esta Ley, o bien, reinvertir el importe correspondiente a aquella suscripción, en otras inversiones que cumplan los requisitos. Si la nueva reinversión se hiciera en valores de los mencionados en el primer párrafo, éstos deberán mantenerse durante el período que restase para completar el plazo de los 10 años.

d) Investigación que permita obtener un mejor conocimiento de la reserva del yacimiento en explotación.

e) Laboratorios y equipos de investigación aplicables a las actividades mineras de la empresa.

f) Actuaciones comprendidas en los planes de restauración previstos en el Real Decreto 975/2009, de 12 de junio, sobre gestión de los residuos de las industrias extractivas y de protección y rehabilitación del espacio afectado por actividades mineras.

Artículo 93. *Factor de agotamiento: requisitos.*

1. El importe que en concepto de factor de agotamiento reduzca la base imponible en cada período impositivo deberá invertirse en el plazo de 10 años, contados a partir de su conclusión.

2. Se entenderá efectuada la inversión cuando se hayan realizado los gastos o trabajos a que se refiere el artículo anterior o recibido el inmovilizado.

3. En cada período impositivo deberán incrementarse las cuentas de reservas de la entidad en el importe que redujo la base imponible en concepto de factor de agotamiento.

4. El contribuyente deberá recoger en la memoria de los 10 ejercicios siguientes a aquel en el que se realizó la correspondiente reducción el importe de ésta, las inversiones realizadas con cargo a esta y las amortizaciones realizadas, así como cualquier disminución habida en las cuentas de reservas que se incrementaron como consecuencia de lo previsto en el apartado anterior y el destino de aquélla. Estos hechos podrán ser objeto de comprobación durante este mismo período.

5. Sólo podrá disponerse libremente de las reservas constituidas en cumplimiento de lo dispuesto en el apartado 3, en la medida en que se vayan amortizando las inversiones, o una vez transcurridos 10 años desde que se suscribieron las correspondientes acciones o participaciones financiadas con dichos fondos.

6. Las inversiones financiadas por aplicación del factor agotamiento no podrán acogerse a las deducciones previstas en el Capítulo IV del Título VI.

Artículo 94. *Factor de agotamiento: incumplimiento de requisitos.*

1. Transcurrido el plazo de 10 años sin haberse invertido o habiéndose invertido inadecuadamente el importe correspondiente, se integrará en la base imponible del período impositivo concluido a la expiración de dicho plazo o del ejercicio en el que se haya realizado la inadecuada disposición, debiendo liquidarse los corres-

pondientes intereses de demora que se devengarán desde el día en que finalice el período de pago voluntario de la deuda correspondiente al período impositivo en que se realizó la correlativa reducción.

2. En el caso de liquidación de la entidad, el importe pendiente de aplicación del factor de agotamiento se integrará en la base imponible en la forma y con los efectos previstos en el apartado anterior.

3. Del mismo modo se procederá en los casos de cesión o enajenación total o parcial de la explotación minera y en los de fusión o transformación de entidades, salvo que la entidad resultante, continuadora de la actividad minera, asuma el cumplimiento de los requisitos necesarios para consolidar el beneficio disfrutado por la entidad transmitente o transformada, en los mismos términos en que venía figurando en la entidad anterior.

CAPÍTULO IX. Régimen fiscal de la investigación y explotación de hidrocarburos

Artículo 95. *Exploración, investigación y explotación de hidrocarburos: factor de agotamiento.*

Las sociedades cuyo objeto social sea exclusivamente la exploración, investigación y explotación de yacimientos y de almacenamientos subterráneos de hidrocarburos naturales, líquidos o gaseosos, existentes en el territorio español y en el subsuelo del mar territorial y de los fondos marinos que estén bajo la soberanía del Reino de España, en los términos de la Ley 34/1998, de 7 de octubre, del sector de hidrocarburos, y con carácter complementario de éstas, las de transporte, almacenamiento, depuración y venta de los productos extraídos, tendrán derecho a una reducción en su base imponible, en concepto de factor de agotamiento, que podrá ser, a elección de la entidad, cualquiera de las dos siguientes:

a) El 25 por ciento del importe de la contraprestación por la venta de hidrocarburos y de la prestación de servicios de almacenamiento, con el límite del 50 por ciento de la base imponible previa a esta reducción.

b) El 40 por ciento de la cuantía de la base imponible previa a esta reducción.

Artículo 96. *Factor de agotamiento: requisitos.*

1. Las cantidades que redujeron la base imponible en concepto de factor de agotamiento deberán invertirse por el concesionario en las actividades de exploración, investigación y explotación de yacimientos o de almacenamientos subterráneos de hidrocarburos que desarrolle en el territorio español y en el subsuelo del mar territorial y de los fondos marinos que estén bajo la soberanía del Reino de España, así como en el abandono de campos y en el desmantelamiento de plata-

formas marinas, en el plazo de 10 años contados desde la conclusión del período impositivo en el que se reduzca la base imponible en concepto de agotamiento. La misma consideración tendrán las actividades de exploración, investigación y explotación realizadas en los 4 años anteriores al primer período impositivo en que se reduzca la base imponible en concepto de agotamiento.

A estos efectos, se entenderá por exploración o investigación los estudios pre-liminares de naturaleza geológica, geofísica o sísmica, así como todos los gastos realizados en el área de un permiso de exploración o investigación, tales como los sondeos de exploración, así como los de evaluación y desarrollo, si resultan negativos, los gastos de obras para el acceso y preparación de los terrenos y de localización de dichos sondeos. También se considerarán gastos de exploración o investigación los realizados en una concesión y que se refieran a trabajos para la localización y perforación de una estructura capaz de contener o almacenar hidro-carburos, distinta a la que contiene el yacimiento que dio lugar a la concesión de explotación otorgada. Se entenderá por abandono de campos y desmantelamiento de plataformas marinas los trabajos necesarios para desmantelar las instalaciones productivas terrestres o las plataformas marinas dejando libre y expedito el suelo o el espacio marino que aquellas ocupaban en la forma establecida por el decreto de otorgamiento.

Se entenderá, a estos efectos, por inversiones en explotación las realizadas en el área de una concesión de explotación, tales como el diseño, la perforación y la construcción de los pozos, las instalaciones de explotación, y cualquier otra inver-sión, tangible o intangible, necesaria para poder llevar a cabo las labores de explo-tación, siempre que no se correspondan con inversiones realizadas por el concesio-nario en las actividades de exploración o de investigación referidas anteriormente.

Se incluirán como explotación, a estos efectos, los sondeos de evaluación y de desarrollo que resulten positivos.

2. En cada período impositivo deberán incrementarse las cuentas de reserva de la entidad en el importe que redujo la base imponible en concepto de factor de agotamiento.

3. Solo podrá disponerse libremente de las reservas constituidas en cumpli-miento del apartado anterior, en la medida en que se vayan amortizando los bienes financiados con dichos fondos.

4. El contribuyente deberá recoger en la memoria de los 10 ejercicios siguientes a aquel en el que se realizó la correspondiente reducción el importe de esta, las inversiones realizadas con cargo a esta y las amortizaciones realizadas, así como cualquier disminución en las cuentas de reservas que se incrementaron como con-secuencia de lo previsto en el apartado 2 y el destino de aquélla.

Estos hechos podrán ser objeto de comprobación durante este mismo período, para lo cual el contribuyente deberá aportar la contabilidad y los oportunos soportes documentales que acrediten el cumplimiento de los requisitos exigidos al factor de agotamiento.

5. Las inversiones financiadas por aplicación del factor de agotamiento no podrán acogerse a las deducciones previstas en el Capítulo IV del Título VI.

Artículo 97. *Factor de agotamiento: incumplimiento de requisitos.*

1. Transcurrido el plazo de 10 años sin haberse invertido o habiéndose invertido inadecuadamente el importe correspondiente, se integrará en la base imponible del período impositivo concluido a la expiración de dicho plazo o del ejercicio en el que se haya realizado la inadecuada disposición, debiendo liquidarse los correspondientes intereses de demora que se devengarán desde el día en que finalice el período de pago voluntario de la deuda correspondiente al período impositivo en que se realizó la correlativa reducción.

2. En el caso de liquidación de la entidad o de cambio de su objeto social, el importe pendiente de aplicación del factor de agotamiento se integrará en la base imponible en la forma y con los efectos previstos en el apartado anterior.

3. Del mismo modo se procederá en los casos de cesión o enajenación total o parcial, fusión o transformación de la entidad, salvo que la entidad resultante continuadora de la actividad, tenga como objeto social, exclusivamente, el establecido en el artículo 95 de esta Ley y asuma el cumplimiento de los requisitos necesarios para consolidar el beneficio disfrutado por la entidad transmitente o transformada, en los mismos términos en que venía figurando en la entidad anterior.

Artículo 98. *Titularidad compartida.*

En el caso de que varias sociedades tengan la titularidad compartida de un permiso de investigación o de una concesión de explotación, se atribuirán a cada una de las entidades copartícipes, los ingresos, gastos, rentas derivadas de la transmisión de elementos patrimoniales e inversiones, que le sean imputables, de acuerdo con su grado de participación.

Artículo 99. *Amortización de inversiones intangibles y gastos de investigación. Compensación de bases imponibles negativas.*

1. Los activos intangibles y gastos de naturaleza investigadora realizados en permisos y concesiones vigentes, caducados o extinguidos, se considerarán como activo intangible, desde el momento de su realización, y podrán amortizarse con una cuota anual máxima del 50 por ciento. Se incluirán en este concepto los traba-

jos previos geológicos, geofísicos y sísmicos y las obras de acceso y preparación de terrenos así como los sondeos de exploración, evaluación y desarrollo y las operaciones de reacondicionamiento de pozos y conservación de yacimientos.

No existirá período máximo de amortización de los activos intangibles y gastos de investigación.

2. Los elementos tangibles del activo podrán ser amortizados, siguiendo el criterio de «unidad de producción», conforme a un plan aceptado por la Administración en los términos de la letra d) del apartado 1 del artículo 12 de esta Ley.

3. Las entidades a que se refiere el artículo 95 de esta Ley compensarán las bases imponibles negativas mediante el procedimiento de reducir las bases imponibles de los ejercicios siguientes en un importe máximo anual del 50 por ciento de cada una de aquéllas.

Este procedimiento de compensación de bases imponibles negativas sustituye al establecido en el artículo 26 de esta Ley.

CAPÍTULO X. TRANSPARENCIA FISCAL INTERNACIONAL

Artículo 100. *Imputación de rentas positivas obtenidas por entidades no residentes y establecimientos permanentes*[122].

1. Los contribuyentes imputarán en su base imponible las rentas positivas a que se refieren los apartados 2 o 3 de este artículo cuando se cumplan las circunstancias siguientes:

a) Que por sí solos o conjuntamente con personas o entidades vinculadas en el sentido del artículo 18 de esta Ley tengan una participación igual o superior al 50 por ciento en el capital, los fondos propios, los resultados o los derechos de voto de una entidad no residente en territorio español, en la fecha del cierre del ejercicio social de esta última.

b) Que el importe satisfecho por la entidad no residente en territorio español, imputable a alguna de las clases de rentas previstas en el apartado 2 o 3 de este artículo por razón de gravamen de naturaleza idéntica o análoga a este Impuesto, sea inferior al 75 por ciento del que hubiera correspondido de acuerdo con las normas de aquel.

Esta imputación también procederá cuando dichas rentas sean obtenidas a través de un establecimiento permanente si se da la circunstancia prevista en la letra

---

[122] Nueva redacción de este artículo por Ley 11/2021 (art. 1.4), con efectos para los períodos impositivos que se inicien a partir de 1 de enero de 2021.

b) de este apartado sin que, en este caso, resulte de aplicación la exención prevista en el artículo 22 de esta Ley.

2. Los contribuyentes imputarán la renta total obtenida por la entidad no residente en territorio español o el establecimiento permanente, cuando estos no dispongan de la correspondiente organización de medios materiales y personales para su obtención incluso si las operaciones tienen carácter recurrente.

Se entenderá por renta total el importe de la base imponible que resulte de aplicar los criterios y principios establecidos en esta Ley y en las restantes disposiciones relativas a este Impuesto para la determinación de aquella.

Este apartado no resultará de aplicación cuando el contribuyente acredite que las referidas operaciones se realizan con los medios materiales y personales existentes en una entidad no residente en territorio español perteneciente al mismo grupo, en el sentido del artículo 42 del Código de Comercio, con independencia de su residencia y de la obligación de formular cuentas anuales consolidadas, o bien que su constitución y operativa responda a motivos económicos válidos.

La aplicación de lo dispuesto en el primer párrafo de este apartado prevalecerá sobre lo previsto en el apartado siguiente.

3. En el supuesto de no aplicarse lo establecido en el apartado anterior, se imputará únicamente la renta positiva que provenga de cada una de las siguientes fuentes:

a) Titularidad de bienes inmuebles rústicos y urbanos o de derechos reales que recaigan sobre estos, salvo que estén afectos a una actividad económica, o cedidos en uso a entidades no residentes, pertenecientes al mismo grupo de sociedades de la titular en el sentido del artículo 42 del Código de Comercio, con independencia de su residencia y de la obligación de formular cuentas anuales consolidadas, e igualmente estuvieren afectos a una actividad económica.

b) Participación en fondos propios de cualquier tipo de entidad y cesión a terceros de capitales propios, que tengan tal consideración con arreglo a lo dispuesto en los apartados 1 y 2 del artículo 25 de la Ley 35/2006, de 28 de noviembre, del Impuesto sobre la Renta de las Personas Físicas y de modificación parcial de las leyes de los Impuestos sobre Sociedades, sobre la Renta de no Residentes y sobre el Patrimonio. No se entenderá incluida en esta letra la renta positiva que proceda de los siguientes activos financieros:

1.º Los tenidos para dar cumplimiento a obligaciones legales y reglamentarias originadas por el ejercicio de actividades económicas.

2.º Los que incorporen derechos de crédito nacidos de relaciones contractuales establecidas como consecuencia del desarrollo de actividades económicas.

3.º Los tenidos como consecuencia del ejercicio de actividades de intermediación en mercados oficiales de valores.

4.º Los tenidos por entidades de crédito y aseguradoras como consecuencia del ejercicio de sus actividades, sin perjuicio de lo establecido en la letra i).

La renta positiva derivada de la cesión a terceros de capitales propios se entenderá que procede de la realización de actividades crediticias y financieras a que se refiere la letra i) cuando el cedente y el cesionario pertenezcan a un grupo de sociedades en el sentido del artículo 42 del Código de Comercio, con independencia de la residencia y de la obligación de formular cuentas anuales consolidadas y los ingresos del cesionario procedan, al menos en el 85 por ciento, del ejercicio de actividades económicas.

c) Operaciones de capitalización y seguro, que tengan como beneficiaria a la propia entidad.

d) Propiedad industrial e intelectual, asistencia técnica, bienes muebles, derechos de imagen y arrendamiento o subarrendamiento de negocios o minas, que tengan tal consideración con arreglo a lo dispuesto en el apartado 4 del artículo 25 de la Ley 35/2006.

e) Transmisión de los bienes y derechos referidos en las letras a), b), c) y d) anteriores que genere rentas.

f) Instrumentos financieros derivados, excepto los designados para cubrir un riesgo específicamente identificado derivado de la realización de actividades económicas.

g) Actividades de seguros, crediticias, operaciones de arrendamiento financiero y otras actividades financieras salvo que se trate de rentas obtenidas en el ejercicio de actividades económicas, sin perjuicio de lo establecido en la letra i).

h) Operaciones sobre bienes y servicios realizados con personas o entidades vinculadas en el sentido del artículo 18 de esta Ley, en las que la entidad no residente o establecimiento añade un valor económico escaso o nulo.

i) Actividades crediticias, financieras, aseguradoras y de prestación de servicios realizadas, directa o indirectamente, con personas o entidades residentes en territorio español y vinculadas en el sentido del artículo 18 de esta Ley, en cuanto determinen gastos fiscalmente deducibles en dichas personas o entidades residentes.

No se incluirá la renta positiva prevista en esta letra cuando al menos dos tercios de los ingresos derivados de las actividades crediticias, financieras, aseguradoras o de prestación de servicios realizadas por la entidad no residente procedan de operaciones efectuadas con personas o entidades no vinculadas en el sentido del artículo 18 de esta Ley.

4. No se imputarán las rentas previstas en el apartado 3 de este artículo cuando la suma de sus importes sea inferior al 15 por ciento de la renta total obtenida por la entidad no residente o el establecimiento permanente.

No obstante, se imputarán en todo caso las rentas a las que se refiere la letra i) del apartado 3 sin perjuicio de que, asimismo, sean tomadas en consideración a efectos de determinar la suma a la que se refiere el párrafo anterior.

5. No se imputarán las rentas a que hace referencia el apartado 3 de este artículo, cuando se correspondan con gastos fiscalmente no deducibles de entidades residentes en territorio español.

6. Estarán obligadas a la imputación prevista en este artículo las entidades residentes en territorio español comprendidas en la letra a) del apartado 1 que participen directamente en la entidad no residente o bien indirectamente a través de otra u otras entidades no residentes. En este último caso el importe de la renta positiva será el correspondiente a la participación indirecta.

El importe de la renta positiva a imputar se determinará en proporción a la participación en los resultados y, en su defecto, en proporción a la participación en el capital, los fondos propios o los derechos de voto.

7. La imputación se realizará en el período impositivo que comprenda el día en que la entidad no residente en territorio español haya concluido su ejercicio social que, a estos efectos, no podrá entenderse de duración superior a 12 meses.

Tratándose de establecimientos permanentes, la imputación se realizará en el período impositivo en el que se obtengan las rentas.

8. El importe de las rentas positivas a imputar se calculará de acuerdo con los principios y criterios establecidos en esta Ley y en las restantes disposiciones relativas a este Impuesto para la determinación de la base imponible.

A estos efectos se utilizará el tipo de cambio vigente al cierre del ejercicio social de la entidad no residente en territorio español.

En ningún caso se imputará una cantidad superior a la renta total de la entidad no residente o a la obtenida a través del establecimiento permanente.

9. No se integrarán en la base imponible los dividendos o participaciones en beneficios en la parte que corresponda a la renta positiva que haya sido incluida en la base imponible. A estos efectos, el importe de los dividendos o participaciones en beneficios se reducirá en un 5 por ciento en concepto de gastos de gestión referidos a dichas participaciones, salvo que concurran las circunstancias establecidas en el apartado 11 del artículo 21 de esta Ley. El mismo tratamiento se aplicará a los dividendos a cuenta.

En caso de distribución de reservas se atenderá a la designación contenida en el acuerdo social, entendiéndose aplicadas las últimas cantidades abonadas a dichas reservas.

Una misma renta positiva solamente podrá ser objeto de imputación por una sola vez, cualquiera que sea la forma y la entidad en que se manifieste.

10. Serán deducibles de la cuota íntegra los siguientes conceptos:

a) Los impuestos o gravámenes de naturaleza idéntica o análoga a este Impuesto, efectivamente satisfechos, en la parte que corresponda a la renta positiva imputada en la base imponible.

Se considerarán como impuestos efectivamente satisfechos, los pagados tanto por la entidad no residente como por sus participadas, siempre que sobre éstas tenga aquélla el porcentaje de participación establecido en el artículo 32.3 de esta Ley.

b) El impuesto o gravamen efectivamente satisfecho en el extranjero por razón de la distribución de los dividendos o participaciones en beneficios, sea conforme a un convenio para evitar la doble imposición o de acuerdo con la legislación interna del país o territorio de que se trate, en la parte que corresponda a la renta positiva imputada con anterioridad en la base imponible.

Cuando la participación sobre la entidad no residente sea indirecta a través de otra u otras entidades no residentes, se deducirá el impuesto o gravamen de naturaleza idéntica o análoga a este Impuesto efectivamente satisfecho por aquélla o aquéllas en la parte que corresponda a la renta positiva imputada con anterioridad en la base imponible.

Estas deducciones se practicarán aun cuando los impuestos correspondan a períodos impositivos distintos a aquel en el que se realizó la imputación.

En ningún caso se deducirán los impuestos satisfechos en países o territorios calificados como jurisdicciones no cooperativas.

La suma de las deducciones de las letras a) y b) de este apartado no podrá exceder de la cuota íntegra que en España corresponda pagar por la renta positiva incluida en la base imponible.

11. Para calcular la renta derivada de la transmisión de la participación, directa o indirecta, el valor de adquisición se incrementará en el importe de los beneficios sociales que, sin efectiva distribución, se correspondan con rentas que hubiesen sido imputadas a los socios como rentas de sus acciones o participaciones en el período de tiempo comprendido entre su adquisición y transmisión. A estos efectos, el importe de los beneficios sociales a que se refiere este párrafo se reducirá en un 5 por ciento en concepto de gastos de gestión referidos a dichas participaciones.

En el caso de entidades que tengan la consideración de entidad patrimonial en los términos establecidos en el apartado 2 del artículo 5 de esta Ley, el valor de transmisión a computar será como mínimo, el valor del patrimonio neto que corresponda a los valores transmitidos resultante del último balance cerrado, una vez sustituido el valor contable de los activos por el valor que tendrían a efectos del Impuesto sobre el Patrimonio o por el valor de mercado si éste fuere inferior.

12. Los contribuyentes a quienes sea de aplicación lo previsto en el presente artículo deberán presentar conjuntamente con la declaración por este Impuesto los siguientes datos relativos a la entidad no residente en territorio español:

a) Nombre o razón social y lugar del domicilio social.

b) Relación de administradores y lugar de su domicilio fiscal.

c) El balance, la cuenta de pérdidas y ganancias y la memoria.

d) Importe de la renta positiva que deba ser objeto de imputación en la base imponible.

e) Justificación de los impuestos satisfechos respecto de la renta positiva que deba ser objeto de imputación en la base imponible.

En el caso de establecimientos permanentes, el contribuyente deberá aportar conjuntamente con la declaración por este Impuesto los datos a los que se refieren las letras d) y e) anteriores, así como registros contables de las operaciones que realicen y de los activos y pasivos afectos a los mismos.

13. Cuando la entidad participada resida o el establecimiento permanente se sitúe en un país o territorio calificado como jurisdicción no cooperativa, se presumirá que:

a) Se cumple la circunstancia prevista en la letra b) del apartado 1.

b) Las rentas de la entidad participada o del establecimiento permanente reúnen las características del apartado 3 de este artículo.

c) La renta obtenida por la entidad participada es el 15 por ciento del valor de adquisición de la participación.

Las presunciones contenidas en los párrafos anteriores admitirán prueba en contrario.

14. A los efectos del presente artículo se entenderá que el grupo de sociedades a que se refiere el artículo 42 del Código de Comercio incluye las entidades multigrupo y asociadas en los términos de la legislación mercantil.

15. Lo previsto en este artículo no será de aplicación cuando la entidad no residente o el establecimiento permanente sea residente o se sitúe en otro Estado miembro de la Unión Europea o que forme parte del Acuerdo del Espacio Económico Europeo, siempre que el contribuyente acredite que realiza actividades económicas o se trate de una institución de inversión colectiva regulada en la Directiva

2009/65/CE del Parlamento Europeo y del Consejo, de 13 de julio de 2009, por la que se coordinan las disposiciones legales, reglamentarias y administrativas sobre determinados organismos de inversión colectiva en valores mobiliarios, distintas de las previstas en el artículo 54 de esta Ley, constituida y domiciliada en algún Estado miembro de la Unión Europea.

CAPÍTULO XI. INCENTIVOS FISCALES PARA LAS ENTIDADES DE REDUCIDA DIMENSIÓN[123, 124]

Artículo 101. *Ámbito de aplicación. Cifra de negocios.*

1. Los incentivos fiscales establecidos en este capítulo se aplicarán siempre que el importe neto de la cifra de negocios habida en el período impositivo inmediato anterior sea inferior a 10 millones de euros.

No obstante, dichos incentivos no resultarán de aplicación cuando la entidad tenga la consideración de entidad patrimonial en los términos establecidos en el apartado 2 del artículo 5 de esta Ley.

2. Cuando la entidad fuere de nueva creación, el importe de la cifra de negocios se referirá al primer período impositivo en que se desarrolle efectivamente la actividad. Si el período impositivo inmediato anterior hubiere tenido una duración inferior al año, o la actividad se hubiere desarrollado durante un plazo también inferior, el importe neto de la cifra de negocios se elevará al año.

3. Cuando la entidad forme parte de un grupo de sociedades en el sentido del artículo 42 del Código de Comercio, con independencia de la residencia y de la obligación de formular cuentas anuales consolidadas, el importe neto de la cifra de negocios se referirá al conjunto de entidades pertenecientes a dicho grupo, teniendo en cuenta las eliminaciones e incorporaciones que correspondan por aplicación de la normativa contable. Igualmente se aplicará este criterio cuando una persona física por sí sola o conjuntamente con el cónyuge u otras personas físicas unidas por vínculos de parentesco en línea directa o colateral, consanguínea o por afinidad, hasta el segundo grado inclusive, se encuentren con relación a otras entidades de las que sean socios en alguna de las situaciones a que se refiere el artículo 42 del Código de Comercio, con independencia de la residencia de las entidades y de la obligación de formular cuentas anuales consolidadas.

---

[123] Véase LIS DT 28ª. *Amortización de elementos patrimoniales objeto de reinversión por empresas de reducida dimensión.*

[124] Régimen transitorio para el periodo impositivo 2015: tipo impositivo, véase LIS DT 34ª.j).

4. Los incentivos fiscales establecidos en este capítulo también serán de aplicación en los 3 períodos impositivos inmediatos y siguientes a aquel período impositivo en que la entidad o conjunto de entidades a que se refiere el apartado anterior, alcancen la referida cifra de negocios de 10 millones de euros, determinada de acuerdo con lo establecido en este artículo, siempre que las mismas hayan cumplido las condiciones para ser consideradas como de reducida dimensión tanto en aquel período como en los 2 períodos impositivos anteriores a este último.

Lo establecido en el párrafo anterior será igualmente aplicable cuando dicha cifra de negocios se alcance como consecuencia de que se haya realizado una operación acogida al régimen fiscal establecido en el Capítulo VII del Título VII de esta Ley, siempre que las entidades que hayan realizado tal operación cumplan las condiciones para ser consideradas como de reducida dimensión tanto en el período impositivo en que se realice la operación como en los 2 períodos impositivos anteriores a este último.

Artículo 102. *Libertad de amortización.*

1. Los elementos nuevos del inmovilizado material y de las inversiones inmobiliarias, afectos a actividades económicas, puestos a disposición del contribuyente en el período impositivo en el que se cumplan las condiciones del artículo anterior, podrán ser amortizados libremente siempre que, durante los 24 meses siguientes a la fecha del inicio del período impositivo en que los bienes adquiridos entren en funcionamiento, la plantilla media total de la empresa se incremente respecto de la plantilla media de los 12 meses anteriores, y dicho incremento se mantenga durante un período adicional de otros 24 meses.

La cuantía de la inversión que podrá beneficiarse del régimen de libertad de amortización será la que resulte de multiplicar la cifra de 120.000 euros por el referido incremento calculado con dos decimales.

Para el cálculo de la plantilla media total de la empresa y de su incremento se tomarán las personas empleadas, en los términos que disponga la legislación laboral, teniendo en cuenta la jornada contratada en relación a la jornada completa.

La libertad de amortización será aplicable desde la entrada en funcionamiento de los elementos que puedan acogerse a ella.

2. El régimen previsto en el apartado anterior también será de aplicación a los elementos encargados en virtud de un contrato de ejecución de obra suscrito en el período impositivo, siempre que su puesta a disposición sea dentro de los 12 meses siguientes a su conclusión.

3. Lo previsto en los dos apartados anteriores será igualmente de aplicación a los elementos del inmovilizado material y de las inversiones inmobiliarias construidos por la propia empresa.

4. En el supuesto de que se incumpliese la obligación de incrementar o mantener la plantilla se deberá proceder a ingresar la cuota íntegra que hubiere correspondido a la cantidad deducida en exceso más los intereses de demora correspondientes.

El ingreso de la cuota íntegra y de los intereses de demora se realizará conjuntamente con la autoliquidación correspondiente al período impositivo en el que se haya incumplido una u otra obligación.

5. Lo previsto en este artículo también será de aplicación a los elementos nuevos del inmovilizado material y de las inversiones inmobiliarias objeto de un contrato de arrendamiento financiero, a condición de que se ejercite la opción de compra.

Artículo 103. *Amortización de los elementos nuevos del inmovilizado material y de las inversiones inmobiliarias y del inmovilizado intangible.*

1. Los elementos nuevos del inmovilizado material y de las inversiones inmobiliarias, así como los elementos del inmovilizado intangible, afectos en ambos casos a actividades económicas, puestos a disposición del contribuyente en el período impositivo en el que se cumplan las condiciones del artículo 101 de esta Ley, podrán amortizarse en función del coeficiente que resulte de multiplicar por 2 el coeficiente de amortización lineal máximo previsto en las tablas de amortización oficialmente aprobadas.

2. El régimen previsto en el apartado anterior también será de aplicación a los elementos encargados en virtud de un contrato de ejecución de obra suscrito en el período impositivo, siempre que su puesta a disposición sea dentro de los 12 meses siguientes a su conclusión.

3. Lo previsto en los dos apartados anteriores será igualmente de aplicación a los elementos del inmovilizado material, intangible y de las inversiones inmobiliarias construidos o producidos por la propia empresa.

4. El régimen de amortización previsto en este artículo será compatible con cualquier beneficio fiscal que pudiera proceder por razón de los elementos patrimoniales sujetos a la misma.

5. Los elementos del inmovilizado intangible a que se refiere el apartado 3 del artículo 13 de esta Ley, adquiridos en el período impositivo en el que se cumplan las condiciones del artículo 101 de esta Ley, podrán deducirse en un 150 por ciento del importe que resulte de aplicar dicho apartado.

Artículo 104. *Pérdidas por deterioro de los créditos por posibles insolvencias de deudores.*

1. En el período impositivo en el que se cumplan las condiciones del artículo 101 de esta Ley, será deducible la pérdida por deterioro de los créditos para la cobertura del riesgo derivado de las posibles insolvencias hasta el límite del 1 por ciento sobre los deudores existentes a la conclusión del período impositivo.

2. Los deudores sobre los que se hubiere reconocido la pérdida por deterioro de los créditos por insolvencias establecidas en el artículo 13.1 de esta Ley y aquellos otros cuyas pérdidas por deterioro no tengan el carácter de deducibles según lo dispuesto en dicho artículo, no se incluirán entre los deudores referidos en el apartado anterior.

3. El saldo de la pérdida por deterioro efectuada de acuerdo con lo previsto en el apartado 1 no podrá exceder del límite citado en dicho apartado.

4. Las pérdidas por deterioro de los créditos para la cobertura del riesgo derivado de las posibles insolvencias de los deudores, efectuadas en los períodos impositivos en los que hayan dejado de cumplirse las condiciones del artículo 101 de esta Ley, no serán deducibles hasta el importe del saldo de la pérdida por deterioro a que se refiere el apartado 1.

Artículo 105. *Reserva de nivelación de bases imponibles.*

1. Las entidades que cumplan las condiciones establecidas en el artículo 101 de esta Ley en el período impositivo y apliquen el tipo de gravamen previsto en el primer párrafo del apartado 1 del artículo 29 de esta Ley, podrán minorar su base imponible positiva hasta el 10 por ciento de su importe.

En todo caso, la minoración no podrá superar el importe de 1 millón de euros. Si el período impositivo tuviera una duración inferior a un año, el importe de la minoración no podrá superar el resultado de multiplicar 1 millón de euros por la proporción existente entre la duración del período impositivo respecto del año.

2. Las cantidades a que se refiere el apartado anterior se adicionarán a la base imponible de los períodos impositivos que concluyan en los 5 años inmediatos y sucesivos a la finalización del período impositivo en que se realice dicha minoración, siempre que el contribuyente tenga una base imponible negativa, y hasta el importe de la misma.

El importe restante se adicionará a la base imponible del período impositivo correspondiente a la fecha de conclusión del referido plazo.

3. El contribuyente deberá dotar una reserva por el importe de la minoración a que se refiere el apartado 1 de este artículo, que será indisponible hasta el período impositivo en que se produzca la adición a la base imponible de la entidad de las cantidades a que se refiere el apartado anterior.

La reserva deberá dotarse con cargo a los resultados positivos del ejercicio en que se realice la minoración en base imponible. En caso de no poderse dotar esta reserva, la minoración estará condicionada a que la misma se dote con cargo a los primeros resultados positivos de ejercicios siguientes respecto de los que resulte posible realizar esa dotación.

A estos efectos, no se entenderá que se ha dispuesto de la referida reserva, en los siguientes casos:

a) Cuando el socio o accionista ejerza su derecho a separarse de la entidad.

b) Cuando la reserva se elimine, total o parcialmente, como consecuencia de operaciones a las que resulte de aplicación el régimen fiscal especial establecido en el Capítulo VII del Título VII de esta Ley.

c) Cuando la entidad deba aplicar la referida reserva en virtud de una obligación de carácter legal.

4. La minoración prevista en este artículo se tendrá en cuenta a los efectos de determinar los pagos fraccionados a que se refiere el apartado 3 del artículo 40 de esta Ley.

5. Las cantidades destinadas a la dotación de la reserva prevista en este artículo no podrán aplicarse, simultáneamente, al cumplimiento de la reserva de capitalización establecida en el artículo 25 de esta Ley ni de la Reserva para Inversiones en Canarias prevista en el artículo 27 de la Ley 19/1994, de 6 de julio, de modificación del Régimen Económico y Fiscal de Canarias.

6. El incumplimiento de lo dispuesto en este artículo determinará la integración en la cuota íntegra del período impositivo en que tenga lugar el incumplimiento, la cuota íntegra correspondiente a las cantidades que han sido objeto de minoración, incrementadas en un 5 por ciento, además de los intereses de demora.

CAPÍTULO XII. RÉGIMEN FISCAL DE DETERMINADOS CONTRATOS DE ARRENDAMIENTO FINANCIERO[125, 126]

Artículo 106. *Contratos de arrendamiento financiero.*

1. Lo previsto en este artículo se aplicará a los contratos de arrendamiento financiero en los que el arrendador sea una entidad de crédito o un establecimiento financiero de crédito.

---

[125]   Véase RIS 50.
[126]   Véase LIS DT 29ª. *Régimen fiscal de determinados contratos de arrendamiento financiero* y LIS DT 30ª. *Aplicación de la Decisión de la Comisión Europea de 17 de julio de 2013, relativa al régimen fiscal aplicable a determinados acuerdos de arrendamiento financiero.*

2. Los contratos a que se refiere el apartado anterior tendrán una duración mínima de 2 años cuando tengan por objeto bienes muebles y de 10 años cuando tengan por objeto bienes inmuebles o establecimientos industriales. No obstante, reglamentariamente, para evitar prácticas abusivas, se podrán establecer otros plazos mínimos de duración en función de las características de los distintos bienes que puedan constituir su objeto.

3. Las cuotas de arrendamiento financiero deberán aparecer expresadas en los respectivos contratos diferenciando la parte que corresponda a la recuperación del coste del bien por la entidad arrendadora, excluido el valor de la opción de compra y la carga financiera exigida por ella, todo ello sin perjuicio de la aplicación del gravamen indirecto que corresponda.

4[127]. El importe anual de la parte de las cuotas de arrendamiento financiero correspondiente a la recuperación del coste del bien deberá permanecer igual o tener carácter creciente a lo largo del período contractual.

5. Tendrá, en todo caso, la consideración de gasto fiscalmente deducible la carga financiera satisfecha a la entidad arrendadora.

6. La misma consideración tendrá la parte de las cuotas de arrendamiento financiero satisfechas correspondiente a la recuperación del coste del bien, salvo en el caso de que el contrato tenga por objeto terrenos, solares y otros activos no amortizables. En el caso de que tal condición concurra sólo en una parte del bien objeto de la operación, podrá deducirse únicamente la proporción que corresponda a los elementos susceptibles de amortización, que deberá ser expresada diferenciadamente en el respectivo contrato.

El importe de la cantidad deducible de acuerdo con lo dispuesto en el párrafo anterior no podrá ser superior al resultado de aplicar al coste del bien el duplo del coeficiente de amortización lineal según tablas de amortización oficialmente aprobadas que corresponda al citado bien. El exceso será deducible en los períodos impositivos sucesivos, respetando igual límite. Para el cálculo del citado límite se tendrá en cuenta el momento de la puesta en condiciones de funcionamiento del bien. Tratándose de los contribuyentes a los que se refiere el Capítulo XI del Título VII de esta Ley, se tomará el duplo del coeficiente de amortización lineal según tablas de amortización oficialmente aprobadas multiplicado por 1,5.

7. La deducción de las cantidades a que se refiere el apartado anterior no estará condicionada a su imputación contable en la cuenta de pérdidas y ganancias.

---

[127] Régimen transitorio para el periodo impositivo 2015: véase LIS DT 34ª.f).

8. Las entidades arrendatarias podrán optar, a través de una comunicación al Ministerio de Hacienda y Administraciones Públicas en los términos que reglamentariamente se establezcan, por establecer que el momento temporal a que se refiere el apartado 6 se corresponde con el momento del inicio efectivo de la construcción del activo, atendiendo al cumplimiento simultáneo de los siguientes requisitos:

a) Que se trate de activos que tengan la consideración de elementos del inmovilizado material que sean objeto de un contrato de arrendamiento financiero, en el que las cuotas del referido contrato se satisfagan de forma significativa antes de la finalización de la construcción del activo.

b) Que la construcción de estos activos implique un período mínimo de 12 meses.

c) Que se trate de activos que reúnan requisitos técnicos y de diseño singulares y que no se correspondan con producciones en serie.

En los supuestos de pérdida o inutilización definitiva del bien por causa no imputable al contribuyente y debidamente justificada, no se integrará en la base imponible del arrendatario la diferencia positiva entre la cantidad deducida en concepto de recuperación del coste del bien y su amortización contable.

CAPÍTULO XIII. RÉGIMEN DE LAS ENTIDADES DE TENENCIA DE VALORES EXTRANJEROS[128], [129]

Artículo 107. *Entidades de tenencia de valores extranjeros.*

1. Podrán acogerse al régimen previsto en este capítulo las entidades cuyo objeto social comprenda la actividad de gestión y administración de valores representativos de los fondos propios de entidades no residentes en territorio español, mediante la correspondiente organización de medios materiales y personales.

Los valores o participaciones representativos de la participación en el capital de la entidad de tenencia de valores extranjeros deberán ser nominativos.

Las entidades sometidas a los regímenes especiales de las agrupaciones de interés económico, españolas y europeas, y de uniones temporales de empresas, no podrán acogerse al régimen de este capítulo.

Tampoco podrán acogerse las entidades que tengan la consideración de entidad patrimonial en los términos establecidos en el apartado 2 del artículo 5 de esta Ley.

2. La opción por el régimen de las entidades de tenencia de valores extranjeros deberá comunicarse al Ministerio de Hacienda y Administraciones Públicas. El régi-

---

[128]   Véase RIS 51.
[129]   Véase LIS DT 31ª. *Entidades de tenencia de valores extranjeros.*

men se aplicará al período impositivo que finalice con posterioridad a dicha comunicación y a los sucesivos que concluyan antes de que se comunique al Ministerio de Hacienda y Administraciones Públicas la renuncia al régimen.

Reglamentariamente se podrán establecer los requisitos de la comunicación y el contenido de la información a suministrar con ella.

Artículo 108. *Distribución de beneficios. Transmisión de la participación.*

1. Los beneficios o participaciones en beneficios distribuidos a los socios con cargo a las rentas exentas a que se refiere el artículo 21 de esta Ley que procedan de entidades no residentes en territorio español o a las rentas exentas a que se refiere el artículo 22 de esta Ley obtenidas en el extranjero a través de un establecimiento permanente recibirán el siguiente tratamiento:

a) Cuando el perceptor sea un contribuyente de este Impuesto o del Impuesto sobre la Renta de no Residentes con establecimiento permanente, los beneficios percibidos tendrán el tratamiento que corresponda de acuerdo con esta Ley.

b) Cuando el perceptor sea contribuyente del Impuesto sobre la Renta de las Personas Físicas, el beneficio distribuido se considerará renta del ahorro.

c) Cuando el perceptor sea una entidad o persona física no residente en territorio español sin establecimiento permanente, el beneficio distribuido no se entenderá obtenido en territorio español.

La distribución de la prima de emisión tendrá el tratamiento previsto en este apartado para la distribución de beneficios. A estos efectos, se entenderá que el primer beneficio distribuido procede de rentas exentas.

2. Las rentas obtenidas en la transmisión de la participación en la entidad de tenencia de valores o en los supuestos de separación del socio o liquidación de la entidad recibirán el siguiente tratamiento:

a) Cuando el perceptor sea un contribuyente de este Impuesto o del Impuesto sobre la Renta de no Residentes con establecimiento permanente en territorio español, y cumpla el requisito de participación en la entidad de tenencia de valores extranjeros establecido en el apartado 1 del artículo 21 de esta Ley, podrá aplicar el régimen de exención en los términos previstos en dicho artículo.

b) Cuando el perceptor sea una entidad o persona física no residente en territorio español, no se entenderá obtenida en territorio español la renta que se corresponda con las reservas dotadas con cargo a las rentas exentas o con diferencias de valor, imputables en ambos casos a las participaciones en entidades no residentes que cumplan los requisitos establecidos en el artículo 21 de esta Ley o a establecimientos permanentes que cumplan los requisitos establecidos en el artículo 22 de esta Ley.

3. La entidad de tenencia de valores deberá mencionar en la memoria el importe de las rentas exentas y los impuestos pagados en el extranjero correspondientes a estas, así como facilitar a sus socios la información necesaria para que éstos puedan cumplir lo previsto en los apartados anteriores.

4. Lo dispuesto en la letra c) del apartado 1 y en la letra b) del apartado 2 de este artículo no se aplicará cuando el perceptor de la renta resida en un país o territorio calificado como paraíso fiscal.

CAPÍTULO XIV. Régimen de entidades parcialmente exentas

Artículo 109. *Ámbito de aplicación.*

El presente régimen se aplicará a las entidades a que se refiere el artículo 9, apartado 3, de esta Ley.

Artículo 110. *Rentas exentas.*

1. Estarán exentas las siguientes rentas obtenidas por las entidades que se citan en el artículo anterior:

a) Las que procedan de la realización de actividades que constituyan su objeto o finalidad específica, siempre que no tengan la consideración de actividades económicas. En particular, estarán exentas las cuotas satisfechas por los asociados, colaboradores o benefactores, siempre que no se correspondan con el derecho a percibir una prestación derivada de una actividad económica.

A efectos de la aplicación de este régimen al Organismo Público Puertos del Estado se considerará que no proceden de la realización de actividades económicas los ingresos procedentes de la actividad de coordinación y control de eficiencia del sistema portuario[130].

b) Las derivadas de adquisiciones y de transmisiones a título lucrativo, siempre que unas y otras se obtengan o realicen en cumplimiento de su objeto o finalidad específica.

c) Las que se pongan de manifiesto en la transmisión onerosa de bienes afectos a la realización del objeto o finalidad específica cuando el total producto obtenido se destine a nuevas inversiones en elementos del inmovilizado relacionadas con dicho objeto o finalidad específica.

---

[130] Párrafo modificado por Real Decreto-ley 26/2020 (DF 6ª.4) con efectos para los períodos impositivos que se inicien a partir de 1 de enero de 2020 que no hayan concluido a la entrada en vigor de este real decreto-ley (9/7/2020).

Las nuevas inversiones deberán realizarse dentro del plazo comprendido entre el año anterior a la fecha de la entrega o puesta a disposición del elemento patrimonial y los 3 años posteriores y mantenerse en el patrimonio de la entidad durante 7 años, excepto que su vida útil conforme al método de amortización, de los admitidos en el artículo 12.1 de esta Ley, que se aplique fuere inferior.

En caso de no realizarse la inversión dentro del plazo señalado, la parte de cuota íntegra correspondiente a la renta obtenida se ingresará, además de los intereses de demora, conjuntamente con la cuota correspondiente al período impositivo en que venció aquel.

La transmisión de dichos elementos antes del término del mencionado plazo determinará la integración en la base imponible de la parte de renta no gravada, salvo que el importe obtenido sea objeto de una nueva reinversión.

2. La exención a que se refiere el apartado anterior no alcanzará a los rendimientos de actividades económicas, ni a las rentas derivadas del patrimonio, ni a las rentas obtenidas en transmisiones, distintas de las señaladas en él.

Artículo 111. *Determinación de la base imponible.*

1. La base imponible se determinará aplicando las normas previstas en el Título IV de esta Ley.

2. No tendrán la consideración de gastos fiscalmente deducibles, además de los establecidos en el artículo 15 de esta Ley, los siguientes:

a) Los gastos imputables exclusivamente a las rentas exentas. Los gastos parcialmente imputables a las rentas no exentas serán deducibles en el porcentaje que representen los ingresos obtenidos en el ejercicio de actividades económicas respecto de los ingresos totales de la entidad.

b) Las cantidades que constituyan aplicación de resultados y, en particular, de los que se destinen al sostenimiento de las actividades exentas a que se refiere la letra a) del apartado 1 del artículo anterior.

CAPÍTULO XV. Régimen de las comunidades titulares de montes vecinales en mano común

Artículo 112. *Régimen de las comunidades titulares de montes vecinales en mano común.*

1. La base imponible correspondiente a las comunidades titulares de montes vecinales en mano común se reducirá en el importe de los beneficios del ejercicio que se apliquen a:

a) Inversiones para la conservación, mejora, protección, acceso y servicios destinados al uso social al que el monte esté destinado.

b) Gastos de conservación y mantenimiento del monte.

c) Financiación de obras de infraestructura y servicios públicos, de interés social.

La aplicación del beneficio a las indicadas finalidades se deberá efectuar en el propio período impositivo o en los 4 siguientes. En caso de no realizarse las inversiones o gastos dentro del plazo señalado, la parte de la cuota íntegra correspondiente a los beneficios no aplicados efectivamente a las inversiones y gastos descritos, junto con los intereses de demora, se ingresará conjuntamente con la cuota correspondiente al período impositivo en que venció dicho plazo.

La Administración tributaria, en la comprobación del destino de los gastos e inversiones indicadas, podrá solicitar los informes que precise de las Administraciones autonómicas y locales competentes.

Esta reducción es incompatible con la reserva de capitalización prevista en el artículo 25 de esta Ley y con la reserva de nivelación de bases imponibles prevista en el artículo 105 de esta Ley.

2. Los beneficios podrán aplicarse en un plazo superior al establecido en el apartado anterior, siempre que en dicho plazo se formule un plan especial de inversiones y gastos por el contribuyente y sea aceptado por la Administración tributaria en los términos que se establezcan reglamentariamente[131].

3. Las comunidades titulares de montes vecinales en mano común tributarán al tipo general de gravamen.

4. Las comunidades titulares de montes vecinales en mano común no estarán obligadas a presentar declaración por este Impuesto en aquellos períodos impositivos en que no obtengan ingresos sometidos a este, ni incurran en gasto alguno, ni realicen las inversiones y gastos a que se refiere el apartado 1.

5. Los partícipes o miembros de las comunidades titulares de montes vecinales en mano común integrarán en la base del Impuesto sobre la Renta de las Personas Físicas las cantidades que les sean efectivamente distribuidas por la comunidad. Dichos ingresos tendrán el tratamiento previsto para las participaciones en beneficios de cualquier tipo de entidad, a que se refiere la letra a) del apartado 1 del artículo 25 de la Ley 35/2006, de 28 de noviembre, del Impuesto sobre la Renta de las Personas Físicas y de modificación parcial de las leyes de los Impuestos sobre Sociedades, sobre la Renta de no Residentes y sobre el Patrimonio.

---

[131] Véase RIS 11 y 12.

CAPÍTULO XVI. Régimen de las entidades navieras en función del tonelaje[132, 133]

Artículo 113. *Ámbito de aplicación.*

1[134]. Podrán acogerse al régimen especial previsto en este capítulo:

a) Las entidades inscritas en alguno de los registros de empresas navieras referidos en el texto refundido de la Ley de Puertos del Estado y de la Marina Mercante, aprobado por el Real Decreto Legislativo 2/2011, de 5 de septiembre, cuya actividad comprenda la explotación de buques propios o arrendados.

b) Las entidades que realicen, en su totalidad, la gestión técnica y de tripulación de buques a que se refiere el apartado siguiente. A estos efectos, se entiende por gestión técnica y de tripulación la asunción de la completa responsabilidad de la explotación náutica del buque, así como de todos los deberes y responsabilidades impuestos por el Código Internacional de Gestión para la Seguridad de la Explotación de los buques y la prevención de la contaminación adoptado por la Organización Marítima Internacional mediante la Resolución A 741.

2. Los buques cuya explotación posibilita la aplicación del citado régimen deben reunir los siguientes requisitos:

a) Estar gestionados estratégica y comercialmente desde España o desde el resto de la Unión Europea o del Espacio Económico Europeo. A estos efectos, se entiende por gestión estratégica y comercial la asunción por el propietario del buque o por el arrendatario, del control y riesgo de la actividad marítima o de trabajos en el mar.

b) Ser aptos para la navegación marítima y estar destinados exclusivamente a actividades de transporte de mercancías, pasajeros, salvamento y otros servicios prestados necesariamente en el mar, sin perjuicio de lo establecido en la letra c) siguiente.

c) Tratándose de buques destinados a la actividad de remolque será necesario que menos del 50 por ciento de los ingresos del período impositivo procedan de actividades que se realicen en los puertos y en la prestación de ayuda a un buque autopropulsado para llegar a puerto. En el caso de buques con actividad de dragado será necesario que más del 50 por ciento de los ingresos del período impositivo procedan de la actividad de transporte y depósito en el fondo del mar de materiales extraídos, alcanzando este régimen exclusivamente a esta parte de su actividad.

---

[132] Véase RIS 52 y 54.
[133] Véase LIS DA 4ª. *Incentivos fiscales para la renovación de la flota mercante.*
[134] Véase LIS DT 30ª.2.b).

Respecto de las entidades que cedan el uso de estos buques, este requisito se entenderá cumplido cuando justifiquen que los ingresos de la entidad que desarrolla la actividad de remolque o dragado cumple aquellos porcentajes en cada uno de los períodos impositivos en los que fuere aplicable este régimen a aquellas entidades.

Los buques destinados a la actividad de remolque y de dragado, deberán estar registrados en España o en otro Estado miembro de la Unión Europea o del Espacio Económico Europeo.

3. Cuando el régimen fuera aplicable a contribuyentes con buques no registrados en España o en otro Estado miembro de la Unión Europea o del Espacio Económico Europeo, el incremento del porcentaje del tonelaje neto de dichos buques respecto del total de la flota de la entidad acogida al régimen especial, cualquiera que fuese su causa, no impedirá la aplicación de dicho régimen a condición de que el porcentaje medio del tonelaje neto de buques registrados en España o en otro Estado miembro de la Unión Europea respecto del tonelaje neto total referido al año anterior al momento en que se produce dicho incremento, se mantenga durante el período de los 3 años posteriores.

Esta condición no se aplicará cuando el porcentaje del tonelaje neto de buques registrados en España o en otro Estado miembro de la Unión Europea sea al menos del 60 por ciento.

4. No podrá aplicarse este régimen cuando la totalidad de los buques no estén registrados en España o en otro Estado miembro de la Unión Europea. Tampoco podrán acogerse al presente régimen los buques destinados, directa o indirectamente, a actividades pesqueras o deportivas, ni los de recreo.

5. No resultará de aplicación este régimen durante los períodos impositivos en los que concurran simultáneamente las siguientes circunstancias:

a) Que la entidad tenga la condición de mediana o gran empresa de acuerdo con lo dispuesto en la Recomendación 2003/361/CE de la Comisión Europea.

b) Que perciban una ayuda de Estado de reestructuración concedida al amparo de lo establecido en la Comunicación 2004/C244/02 de la Comisión Europea.

c) Que la Comisión Europea no hubiera tenido en cuenta los beneficios fiscales derivados de la aplicación de este régimen cuando tomó la decisión sobre la ayuda de reestructuración.

Artículo 114. *Determinación de la base imponible por el método de estimación objetiva.*

1. Las entidades acogidas a este régimen determinarán la parte de base imponible que se corresponda con la explotación, titularidad o gestión técnica y

de tripulación de los buques que reúnan los requisitos del artículo anterior, aplicando a las toneladas de registro neto de cada uno de dichos buques la siguiente escala:

Toneladas de registro neto	Importe diario por cada 100 toneladas – Euros
Entre 0 y hasta 1.000	0,90
Entre 1.001 y hasta 10.000	0,70
Entre 10.001 y hasta 25.000	0,40
Desde 25.001	0,20

Para la aplicación de la escala se tomarán los días del período impositivo en los que los buques estén a disposición del contribuyente o en los que se haya realizado la gestión técnica y de tripulación, excluyendo los días en los que no estén operativos como consecuencia de reparaciones ordinarias o extraordinarias.

La parte de base imponible así determinada incluye las rentas derivadas de los servicios de practicaje, remolque, amarre y desamarre, prestados al buque adscrito a este régimen, cuando el buque sea utilizado por la propia entidad, así como los servicios de carga, descarga, estiba y desestiba relacionados con la carga del buque transportada en él, siempre que se facturen al usuario del transporte y sean prestados por la propia entidad o por un tercero no vinculado a ella.

La aplicación de este régimen deberá abarcar a la totalidad de los buques del solicitante que cumplan los requisitos de aquél, y a los buques que se adquieran, arrienden o gestionen con posterioridad a la autorización, siempre que cumplan dichos requisitos, pudiendo acogerse a él buques tomados en fletamento, siempre que la suma de su tonelaje neto no supere el 75 por ciento del total de la flota de la entidad o, en su caso, del grupo fiscal sujeto al régimen. En el caso de entidades que tributen en el régimen de consolidación fiscal la solicitud deberá estar referida a todas las entidades del grupo fiscal que cumplan los requisitos del artículo 113 de esta Ley.

2. La renta positiva o negativa que, en su caso, se ponga de manifiesto como consecuencia de la transmisión de un buque afecto a este régimen, se considerará integrada en la base imponible calculada de acuerdo con el apartado anterior.

No obstante lo establecido en el párrafo anterior, cuando se trate de buques cuya titularidad ya se tenía cuando se accedió a este régimen especial, o de buques usados adquiridos una vez comenzada su aplicación, se procederá del siguiente modo:

En el primer ejercicio en que sea de aplicación el régimen, o en el que se hayan adquirido los buques usados, se dotará una reserva indisponible por un importe equivalente a la diferencia positiva existente entre el valor normal de mercado y el valor neto contable de cada uno de los buques afectados por esta regla, o bien se especificará la citada diferencia, separadamente para cada uno de los buques y durante todos los ejercicios en los que se mantenga la titularidad de estos, en la memoria de sus cuentas anuales. En el caso de buques adquiridos mediante una operación a la que se haya aplicado el régimen especial del Capítulo VII del Título VII de esta Ley, el valor neto contable se determinará partiendo del valor de adquisición por el que figurase en la contabilidad de la entidad transmitente.

El incumplimiento de la obligación de no disposición de la reserva o de la obligación de mención en la memoria constituirá infracción tributaria grave, sancionándose con una multa pecuniaria proporcional del cinco por ciento del importe de la citada diferencia.

La sanción impuesta de acuerdo con lo previsto en este apartado se reducirá conforme a lo dispuesto en el apartado 3 del artículo 188 de la Ley 58/2003, de 17 de diciembre, General Tributaria.

El importe de la citada reserva positiva, junto con la diferencia positiva existente en la fecha de la transmisión entre la amortización fiscal y contable del buque enajenado, se añadirá a la base imponible a que se refiere el apartado 1 de este artículo cuando se haya producido la mencionada transmisión. De igual modo se procederá si el buque se transmite, de forma directa o indirecta, con ocasión de una operación a la que resulte de aplicación el régimen especial del Capítulo VII del Título VII de esta Ley.

3. La parte de base imponible determinada según el apartado 1 de este artículo no podrá ser compensada con bases imponibles negativas derivadas del resto de las actividades de la entidad naviera, ni del ejercicio en curso ni de los anteriores, ni tampoco con las bases imponibles pendientes de compensar en el momento de aplicación del presente régimen.

4. La determinación de la parte de base imponible que corresponda al resto de actividades del contribuyente se realizará aplicando el régimen general del Impuesto, teniendo en cuenta exclusivamente las rentas procedentes de ellas. Tratándose de actividad de dragado, dicha parte de base imponible incluirá la renta de esa actividad no acogida a este régimen especial.

Dicha parte de base imponible estará integrada por todos los ingresos que no procedan de actividades acogidas al régimen y por los gastos directamente relacionados con la obtención de aquellos, así como por la parte de los gastos generales de administración que proporcionalmente correspondan a la cifra de negocio generada por estas actividades.

A los efectos del cumplimiento de este régimen, la entidad deberá disponer de los registros contables necesarios para poder determinar los ingresos y gastos, directos o indirectos, correspondientes a las actividades acogidas a este, así como los activos afectos a las mismas.

Artículo 115. *Tipo de gravamen y cuota.*

1. En todo caso, resultará de aplicación el tipo general de gravamen previsto en el primer párrafo del apartado 1 del artículo 29 de esta Ley.

2. La parte de la cuota íntegra atribuible a la parte de base imponible determinada según lo dispuesto en el apartado 1 del artículo 114 de esta Ley no podrá reducirse por la aplicación de ningún tipo de deducción o bonificación. Asimismo, la adquisición de los buques que se afecten al presente régimen no supondrá la aplicación de ningún incentivo ni deducción fiscal.

La parte de cuota íntegra que proceda del resto de base imponible no podrá minorarse por la aplicación de deducciones generadas por la adquisición de los buques referidos antes de su afectación al régimen regulado en este capítulo.

Artículo 116. *Pagos fraccionados.*

Los contribuyentes que se acojan al presente régimen deberán efectuar pagos fraccionados de acuerdo con la modalidad establecida en el apartado 3 del artículo 40 de esta Ley aplicada sobre la base imponible calculada conforme a las reglas establecidas en el artículo 114 de esta Ley y aplicando el porcentaje a que se refiere el artículo 115 de esta Ley, sin computar deducción alguna sobre la parte de cuota derivada de la parte de base imponible determinada según lo dispuesto en el apartado 1 del artículo 114 de esta Ley.

Artículo 117. *Aplicación del régimen.*

1. El régimen tributario previsto en este capítulo se aplicará de la siguiente forma:

a) Su aplicación estará condicionada a la autorización por el Ministerio de Hacienda y Administraciones Públicas, previa solicitud del contribuyente. Esta autorización se concederá por un período de 10 años a partir de la fecha que establezca la autorización, pudiéndose solicitar su prórroga por períodos adicionales de otros 10 años.

b) La solicitud deberá especificar el período impositivo a partir del cual vaya a surtir efectos y se presentará con anterioridad al inicio del mismo.

c) La solicitud deberá resolverse en el plazo máximo de 3 meses, transcurrido el cual podrá entenderse desestimada.

Para la concesión del régimen, el Ministerio de Hacienda y Administraciones Públicas tendrá en cuenta la existencia de una contribución efectiva a los objetivos de la política comunitaria de transporte marítimo, especialmente en lo relativo al nivel tecnológico de los buques que garantice la seguridad en la navegación y la prevención de la contaminación del medio ambiente y al mantenimiento del empleo comunitario tanto a bordo como en tareas auxiliares al transporte marítimo. A tal fin podrá recabar informe previo de los organismos competentes.

d) El incumplimiento de las condiciones del régimen o la renuncia a su aplicación impedirán formular una nueva solicitud hasta que haya transcurrido un mínimo de 5 años.

e) La Administración tributaria podrá verificar la correcta aplicación del régimen y la concurrencia en cada ejercicio de los requisitos exigidos para su aplicación.

2. El incumplimiento de los requisitos establecidos en el presente régimen implicará el cese de los efectos de la autorización correspondiente y la pérdida de la totalidad de los beneficios fiscales derivados de ella, debiendo ingresar, junto a la cuota del período impositivo en el que se produjo el incumplimiento, las cuotas íntegras correspondientes a las cantidades que hubieran debido ingresarse aplicando el régimen general de este Impuesto, en la totalidad de los períodos a los que resultó de aplicación la autorización, sin perjuicio de los intereses de demora, recargos y sanciones que, en su caso, resulten procedentes.

El incumplimiento de la condición establecida en el apartado 3 del artículo 113 de esta Ley implicará la pérdida del régimen para aquellos buques adicionales que motivaron el incremento a que se refiere dicho apartado, procediendo la regularización establecida en el párrafo anterior que corresponda exclusivamente a tales buques.

Cuando tal incremento fuere motivado por la baja de buques registrados en España o en otro Estado miembro de la Unión Europea, la regularización corresponderá a dichos buques por todos los períodos impositivos en que los mismos hubiesen estado incluidos en este régimen.

3. La aplicación del régimen tributario previsto en el presente capítulo será incompatible, para un mismo buque, con la aplicación de la disposición adicional cuarta de esta Ley.

TÍTULO VIII. Gestión del Impuesto

CAPÍTULO I. EL ÍNDICE DE ENTIDADES[135]

Artículo 118. *Índice de entidades.*

1. En cada Delegación de la Agencia Estatal de Administración Tributaria se llevará un índice de entidades en el que se inscribirán las que tengan su domicilio fiscal dentro de su ámbito territorial, excepto las entidades a que se refiere el apartado 1 del artículo 9 de esta Ley.

2. Reglamentariamente se establecerán los procedimientos de alta, inscripción y baja en el índice de entidades.

Artículo 119. *Baja en el índice de entidades.*

1[136]. La Agencia Estatal de Administración Tributaria dictará, previa audiencia de los interesados, acuerdo de baja provisional en el Índice de Entidades en los siguientes casos:

a) Cuando se proceda a la declaración de fallido por insolvencia total de la entidad respecto de débitos tributarios para con la Hacienda Pública del Estado, de conformidad con lo dispuesto en el Reglamento General de Recaudación aprobado por el Real Decreto 939/2005, de 29 de julio.

b) Cuando la entidad no hubiere presentado la declaración por este impuesto correspondiente a 3 períodos impositivos consecutivos.

2. El acuerdo de baja provisional será notificado al registro público correspondiente, que deberá proceder a extender en la hoja abierta a la entidad afectada una nota marginal en la que se hará constar que, en lo sucesivo, no podrá realizarse ninguna inscripción que a aquélla concierna sin presentación de certificación de alta en el índice de entidades.

3. El acuerdo de baja provisional no exime a la entidad afectada de ninguna de las obligaciones tributarias que le pudieran incumbir.

---

[135] Véase RIS 57.
[136] Apartado modificado por Ley 11/2021 (art. 1.5), con efectos para los períodos impositivos que se inicien a partir de 1 de enero de 2021.

CAPÍTULO II. Obligaciones contables. Bienes y derechos no contabilizados.
Revalorizaciones voluntarias. Estimación de rentas en el método de estimación indirecta

Artículo 120. *Obligaciones contables. Facultades de la Administración tributaria.*

1. Los contribuyentes de este Impuesto deberán llevar su contabilidad de acuerdo con lo previsto en el Código de Comercio o con lo establecido en las normas por las que se rigen.

En todo caso, los contribuyentes a que se refiere el Capítulo XIV del Título VII de esta Ley llevarán su contabilidad de tal forma que permita identificar los ingresos y gastos correspondientes a las rentas exentas y no exentas.

2. La Administración tributaria podrá realizar la comprobación e investigación mediante el examen de la contabilidad, libros, correspondencia, documentación y justificantes concernientes a los negocios del contribuyente, incluidos los programas de contabilidad y los archivos y soportes magnéticos. La Administración tributaria podrá analizar directamente la documentación y los demás elementos a que se refiere el párrafo anterior, pudiendo tomar nota por medio de sus agentes de los apuntes contables que se estimen precisos y obtener copia a su cargo, incluso en soportes magnéticos, de cualquiera de los datos o documentos a que se refiere este apartado.

La Administración tributaria podrá comprobar e investigar los hechos, actos, elementos, actividades, explotaciones, valores y demás circunstancias determinantes de la obligación tributaria. En este sentido, podrá regularizar los importes correspondientes a aquellas partidas que se integren en la base imponible en los períodos impositivos objeto de comprobación, aun cuando los mismos deriven de operaciones realizadas en períodos impositivos prescritos.

3. Las entidades dominantes de los grupos de sociedades del artículo 42 del Código de Comercio estarán obligadas, a requerimiento de la Inspección de los Tributos formulada en el curso del procedimiento de comprobación, a facilitar la cuenta de pérdidas y ganancias, el balance, el estado que refleje los cambios en el patrimonio neto del ejercicio y el estado de flujos de efectivo de las entidades pertenecientes al grupo que no sean residentes en territorio español. También deberán facilitar los justificantes y demás antecedentes relativos a dicha documentación contable cuando pudieran tener transcendencia en relación con este Impuesto.

Artículo 121. *Bienes y derechos no contabilizados o no declarados: presunción de obtención de rentas.*

1. Se presumirá que han sido adquiridos con cargo a renta no declarada los elementos patrimoniales cuya titularidad corresponda al contribuyente y no se hallen registrados en sus libros de contabilidad.

La presunción procederá igualmente en el caso de ocultación parcial del valor de adquisición.

2. Se presumirá que los elementos patrimoniales no registrados en contabilidad son propiedad del contribuyente cuando éste ostente la posesión sobre ellos.

3. Se presumirá que el importe de la renta no declarada es el valor de adquisición de los bienes o derechos no registrados en libros de contabilidad, minorado en el importe de las deudas efectivas contraídas para financiar tal adquisición, asimismo no contabilizadas. En ningún caso el importe neto podrá resultar negativo.

La cuantía del valor de adquisición se probará a través de los documentos justificativos de ésta o, si no fuera posible, aplicando las reglas de valoración establecidas en la Ley 58/2003, de 17 de diciembre, General Tributaria.

4. Se presumirá la existencia de rentas no declaradas cuando hayan sido registradas en los libros de contabilidad del contribuyente deudas inexistentes.

5. El importe de la renta consecuencia de las presunciones contenidas en los apartados anteriores se imputará al período impositivo más antiguo de entre los no prescritos, excepto que el contribuyente pruebe que corresponde a otro u otros.

6[137]. El valor de los elementos patrimoniales a que se refiere el apartado 1, en cuanto haya sido incorporado a la base imponible, será válido a todos los efectos fiscales.

Artículo 122. *Revalorizaciones contables voluntarias.*

1. Los contribuyentes que hubieran realizado revalorizaciones contables cuyo importe no se hubiera incluido en la base imponible deberán mencionar en la memoria el importe de aquéllas, los elementos afectados y el período o períodos impositivos en que se practicaron.

---

[137] La Ley 5/2022 (art. 1.3) suprime el apartado 6 y renumera el anterior apartado 7 que pasa a ser el 6, con efectos para los períodos impositivos que se inicien a partir del 1 de enero de 2020 y que no hayan concluido a la entrada en vigor de la Ley (11/3/2022). La redacción anterior era la siguiente: *"6. En todo caso, se entenderá que han sido adquiridos con cargo a renta no declarada que se imputará al periodo impositivo más antiguo de entre los no prescritos susceptible de regularización, los bienes y derechos respecto de los que el contribuyente no hubiera cumplido en el plazo establecido al efecto la obligación de información a que se refiere la Disposición adicional decimoctava de la Ley General Tributaria.
No obstante, no resultará de aplicación lo previsto en este apartado cuando el contribuyente acredite que los bienes y derechos cuya titularidad le corresponde han sido adquiridos con cargo a rentas declaradas o bien con cargo a rentas obtenidas en periodos impositivos respecto de los cuales no tuviese la condición de contribuyente de este Impuesto."*

Las citadas menciones deberán realizarse en todas y cada una de las memorias correspondientes a los ejercicios en que los elementos revalorizados se hallen en el patrimonio del contribuyente.

2. Constituirá infracción tributaria grave el incumplimiento de la obligación establecida en el apartado anterior.

Dicha infracción se sancionará, por una sola vez, con una multa pecuniaria proporcional del 5 por ciento del importe de la revalorización, cuyo pago no determinará que el citado importe se incorpore, a efectos fiscales, al valor del elemento patrimonial objeto de la revalorización.

La sanción impuesta de acuerdo con lo previsto en este apartado se reducirá conforme a lo dispuesto en el apartado 3 del artículo 188 de la Ley 58/2003, de 17 de diciembre, General Tributaria.

Artículo 123. *Estimación de rentas en el método de estimación indirecta.*

Cuando la base imponible se determine a través del método de estimación indirecta, las cesiones de bienes y derechos y las prestaciones de servicios, en sus distintas modalidades, se presumirán retribuidas por su valor de mercado.

CAPÍTULO III. Declaración, autoliquidación y liquidación provisional

Artículo 124. *Declaraciones*[138].

1. Los contribuyentes estarán obligados a presentar una declaración por este Impuesto en el lugar y la forma que se determinen por el Ministro de Hacienda y Administraciones Públicas.

La declaración se presentará en el plazo de los 25 días naturales siguientes a los 6 meses posteriores a la conclusión del período impositivo.

Si al inicio del indicado plazo no se hubiera determinado por el Ministro de Hacienda y Administraciones Públicas la forma de presentar la declaración de ese período impositivo, la declaración se presentará dentro de los 25 días naturales siguientes a la fecha de entrada en vigor de la norma que determine dicha forma de presentación. No obstante, en tal supuesto el contribuyente podrá optar por presentar la declaración en el plazo al que se refiere el párrafo anterior cumpliendo los requisitos formales que se hubieran establecido para la declaración del período impositivo precedente.

2. Los contribuyentes exentos a que se refiere el apartado 1 del artículo 9 de esta Ley no estarán obligados a declarar.

---

[138]   Véase RIS 59.

3[139]. Los contribuyentes a que se refieren los apartados 2, 3 y 4 del artículo 9 de esta Ley estarán obligados a declarar la totalidad de sus rentas, exentas y no exentas.

No obstante, los contribuyentes a que se refiere el apartado 3 del artículo 9 de esta Ley no tendrán obligación de presentar declaración cuando cumplan los siguientes requisitos:

a) Que sus ingresos totales no superen 75.000 euros anuales.

b) Que los ingresos correspondientes a rentas no exentas no superen 2.000 euros anuales.

c) Que todas las rentas no exentas que obtengan estén sometidas a retención.

Artículo 125. *Autoliquidación e ingreso de la deuda tributaria.*

1. Los contribuyentes, al tiempo de presentar su declaración, deberán determinar la deuda correspondiente e ingresarla en el lugar y en la forma determinados por el Ministro de Hacienda y Administraciones Públicas.

2. El pago de la deuda tributaria podrá realizarse mediante entrega de bienes integrantes del Patrimonio Histórico Español que estén inscritos en el Inventario general de bienes muebles o en el Registro general de bienes de interés cultural, de acuerdo con lo dispuesto en el artículo setenta y tres de la Ley 16/1985, de 25 de junio, del Patrimonio Histórico Español.

3. El derecho a la aplicación de exenciones, deducciones o cualquier incentivo fiscal en la base imponible o en la cuota íntegra estará condicionado al cumplimiento de los requisitos exigidos en la normativa aplicable.

Salvo que específicamente se establezca otra cosa, cuando con posterioridad a la aplicación de la exención, deducción o incentivo fiscal se produzca la pérdida del

---

[139] Nueva redacción de este apartado por la Ley 48/2015 (art. 63), con efectos para los períodos impositivos que se inicien a partir de 1 de enero de 2015 y vigencia indefinida. La redacción inicial era la siguiente: «*Los contribuyentes a que se refieren los apartados 2, 3 y 4 del artículo 9 de esta Ley estarán obligados a declarar la totalidad de sus rentas, exentas y no exentas.*»

El Real Decreto-ley 1/2015 (art. 7) y posteriormente la Ley 25/2015 (art. 7), con efectos para los períodos impositivos que se inicien a partir de 1 de enero de 2015, modificó este apartado: «*3. Los contribuyentes a que se refieren los apartados 2, 3 y 4 del artículo 9 de esta Ley estarán obligados a declarar la totalidad de sus rentas, exentas y no exentas.*

No obstante, los contribuyentes a que se refiere el apartado 3 del artículo 9 de esta Ley no tendrán obligación de presentar declaración cuando cumplan los siguientes requisitos:

a) Que sus ingresos totales no superen 50.000 euros anuales.

b) Que los ingresos correspondientes a rentas no exentas no superen 2.000 euros anuales.

c) Que todas las rentas no exentas que obtengan estén sometidas a retención.»

derecho a disfrutar de éste, el contribuyente deberá ingresar junto con la cuota del período impositivo en que tenga lugar el incumplimiento de los requisitos o condiciones la cuota íntegra o cantidad deducida correspondiente a la exención, deducción o incentivo aplicado en períodos anteriores, además de los intereses de demora.

Artículo 126. *Liquidación provisional.*

Los órganos de gestión tributaria podrán girar la liquidación provisional que proceda de conformidad con lo dispuesto en los artículos 133 y 139 de la Ley 58/2003, de 17 de diciembre, General Tributaria, sin perjuicio de la posterior comprobación e investigación que pueda realizar la Inspección de los Tributos.

CAPÍTULO IV. Devolución[140]

Artículo 127. *Devolución.*

1. Cuando la suma de las retenciones, ingresos a cuenta y pagos fraccionados de este Impuesto sea superior al importe de la cuota resultante de la autoliquidación, la Administración tributaria practicará, si procede, liquidación provisional dentro de los 6 meses siguientes al término del plazo establecido para la presentación de la declaración.

Cuando la declaración hubiera sido presentada fuera de plazo, los 6 meses a que se refiere el párrafo anterior se computarán desde la fecha de su presentación.

2. Cuando la cuota resultante de la autoliquidación o, en su caso, de la liquidación provisional sea inferior a la suma de las cantidades efectivamente retenidas a cuenta de este Impuesto, de los ingresos a cuenta y de los pagos fraccionados de este Impuesto realizados, la Administración tributaria procederá a devolver de oficio el exceso sobre la citada cuota, sin perjuicio de la práctica de las ulteriores liquidaciones, provisionales o definitivas, que procedan.

3. Si la liquidación provisional no se hubiera practicado en el plazo establecido en el apartado 1 anterior, la Administración tributaria procederá a devolver de oficio el exceso sobre la cuota autoliquidada, sin perjuicio de la práctica de las liquidaciones provisionales o definitivas ulteriores que pudieran resultar procedentes.

4. Transcurrido el plazo establecido en el apartado 1 de este artículo sin que se haya ordenado el pago de la devolución por causa no imputable al contribuyente, se aplicará a la cantidad pendiente de devolución el interés de demora en la cuantía y forma prevista en los artículos 26.6 y 31 de la Ley 58/2003, de 17 de diciembre, General Tributaria.

---

[140]   Véase RIS 58.

5. El procedimiento de devolución será el previsto en los artículos 124 a 127, ambos inclusive, de la Ley General Tributaria, y en su normativa de desarrollo.

CAPÍTULO V. Obligación de retener e ingresar a cuenta[141]

Artículo 128. *Retenciones e ingresos a cuenta.*

1[142]. Las entidades, incluidas las comunidades de bienes y las de propietarios, que satisfagan o abonen rentas sujetas a este Impuesto, estarán obligadas a retener o a efectuar ingresos a cuenta, en concepto de pago a cuenta, la cantidad que resulte de aplicar los porcentajes de retención indicados en el apartado 6 de este artículo a la base de retención determinada reglamentariamente, y a ingresar su importe en el Tesoro en los casos y formas que se establezcan.

También estarán obligados a retener e ingresar las personas físicas respecto de las rentas que satisfagan o abonen en el ejercicio de sus actividades económicas, así como las personas físicas, jurídicas y demás entidades no residentes en territorio español que operen en él mediante establecimiento permanente.

Asimismo, estarán obligadas a practicar retención o ingreso a cuenta las entidades aseguradoras domiciliadas en otro Estado miembro del Espacio Económico

---

[141] Véase RIS 60 a 68 y DT 4ª. *Régimen transitorio de las modificaciones introducidas en materia de retenciones sobre los rendimientos del capital mobiliario y sobre ganancias patrimoniales.*

[142] Apartado modificado por la Ley 20/2015 (DF 13ª) con efectos desde 1 de enero de 2016. Su redacción anterior era la siguiente; *«1. Las entidades, incluidas las comunidades de bienes y las de propietarios, que satisfagan o abonen rentas sujetas a este Impuesto, estarán obligadas a retener o a efectuar ingresos a cuenta, en concepto de pago a cuenta, la cantidad que resulte de aplicar los porcentajes de retención indicados en el apartado 6 de este artículo a la base de retención determinada reglamentariamente, y a ingresar su importe en el Tesoro en los casos y formas que se establezcan.*

También estarán obligados a retener e ingresar las personas físicas respecto de las rentas que satisfagan o abonen en el ejercicio de sus actividades económicas, así como las personas físicas, jurídicas y demás entidades no residentes en territorio español que operen en él mediante establecimiento permanente.

Asimismo, estará obligado a practicar retención o ingreso a cuenta el representante designado de acuerdo con lo dispuesto en el artículo 86.1 del Texto Refundido de la Ley de ordenación y supervisión de los seguros privados, aprobado por el Real Decreto Legislativo 6/2004, de 29 de octubre, que actúe en nombre de la entidad aseguradora que opere en régimen de libre prestación de servicios, en relación con las operaciones que se realicen en España».

Europeo que operen en España en régimen de libre prestación de servicios, en relación con las operaciones que se realicen en España.

2. El sujeto obligado a retener deberá presentar en los plazos, forma y lugares que se establezcan reglamentariamente declaración de las cantidades retenidas o declaración negativa cuando no se hubiera producido la práctica de éstas. Asimismo presentará un resumen anual de retenciones con el contenido que se determine reglamentariamente.

Los modelos de declaración correspondientes se aprobarán por el Ministro de Hacienda y Administraciones Públicas.

3. El sujeto obligado a retener estará obligado a expedir, en las condiciones que reglamentariamente se determinen, certificación acreditativa de la retención practicada o de otros pagos a cuenta efectuados.

4. Reglamentariamente se establecerán los supuestos en los que no existirá retención. En particular, no se practicará retención en:

a) Las rentas obtenidas por las entidades a que se refiere el artículo 9.1 de esta Ley.

b) Los dividendos o participaciones en beneficios repartidos por agrupaciones de interés económico, españolas y europeas, y por uniones temporales de empresas que correspondan a socios que deban soportar la imputación de la base imponible y procedan de períodos impositivos durante los cuales la entidad haya tributado según lo dispuesto en el régimen especial del Capítulo II del Título VII de esta Ley.

c) Los dividendos o participaciones en beneficios, intereses y otras rentas satisfechas entre sociedades que formen parte de un grupo que tribute en el régimen de consolidación fiscal.

d) Los dividendos o participaciones en beneficios a que se refiere el apartado 1 del artículo 21 de esta Ley.

e) Las rentas obtenidas por el cambio de activos en los que estén invertidas las provisiones de los seguros de vida en los que el tomador asume el riesgo de la inversión.

f) Los premios de loterías y apuestas que, por su cuantía, estén exentos del gravamen especial a que se refiere la Disposición adicional trigésima tercera de la Ley 35/2006, de 28 de noviembre, del Impuesto sobre la Renta de las Personas Físicas y de modificación parcial de las leyes de los Impuestos sobre Sociedades, sobre la Renta de no Residentes y sobre el Patrimonio.

5. Cuando en virtud de resolución judicial o administrativa se deba satisfacer una renta sujeta a retención o ingreso a cuenta de este Impuesto, el pagador deberá practicarla sobre la cantidad íntegra que venga obligado a satisfacer y deberá ingresar su importe en el Tesoro, de acuerdo con lo previsto en este artículo.

6. El porcentaje de retención o ingreso a cuenta será el siguiente:

a)[143] Con carácter general, el 19 por ciento.

Cuando se trate de rentas procedentes del arrendamiento o subarrendamiento de inmuebles urbanos situados en Ceuta, Melilla o sus dependencias, obtenidas por entidades domiciliadas en dichos territorios o que operen en ellos mediante establecimiento o sucursal, dicho porcentaje se dividirá por dos.

b) En el caso de rentas procedentes de la cesión del derecho a la explotación de la imagen o del consentimiento o autorización para su utilización, el 24 por ciento.

c) En el caso de premios de loterías y apuestas que, por su cuantía, estuvieran sujetos y no exentos del gravamen especial de determinadas loterías y apuestas a que se refiere la Disposición adicional trigésima tercera de la Ley 35/2006, de 28 de noviembre, del Impuesto sobre la Renta de las Personas Físicas y de modificación parcial de las leyes de los Impuestos sobre Sociedades, sobre la Renta de no Residentes y sobre el Patrimonio, el 20 por ciento. En este caso, la retención se practicará sobre el importe del premio sujeto y no exento, de acuerdo con la referida disposición.

Reglamentariamente podrán modificarse los porcentajes de retención e ingreso a cuenta previstos en este apartado.

Artículo 129. *Normas sobre retención, transmisión y obligaciones formales relativas a activos financieros y otros valores mobiliarios.*

1. En las transmisiones o reembolsos de acciones o participaciones representativas del capital o patrimonio de las instituciones de inversión colectiva estarán obligadas a practicar retención o ingreso a cuenta por este Impuesto, en los casos y en la forma que reglamentariamente se establezca, las entidades gestoras, administradoras, depositarias, comercializadoras o cualquier otra encargada de las operaciones mencionadas, así como el representante designado de acuerdo con lo dispuesto en el artículo 55.7 y la Disposición adicional segunda de la Ley 35/2003, de 4 de noviembre, de instituciones de inversión colectiva, que actúe en nombre de la gestora que opere en régimen de libre prestación de servicios.

Reglamentariamente podrá establecerse la obligación de efectuar pagos a cuenta a cargo del transmitente de acciones y participaciones de instituciones de inversión colectiva, con el límite del 20 por ciento de la renta obtenida en las citadas transmisiones.

---

[143] Régimen transitorio para el periodo impositivo 2015: véase LIS DT 34ª.ñ). El porcentaje se eleva al 20%.

2. A los efectos de la obligación de retener sobre los rendimientos implícitos del capital mobiliario, a cuenta de este Impuesto, esta retención se efectuará por las siguientes personas o entidades:

a) En los rendimientos obtenidos en la transmisión o reembolso de los activos financieros sobre los que reglamentariamente se hubiera establecido la obligación de retener, el retenedor será la entidad emisora o las instituciones financieras encargadas de la operación.

b) En los rendimientos obtenidos en transmisiones relativas a operaciones que no se documenten en títulos, así como en las transmisiones encargadas a una institución financiera, el retenedor será el Banco, Caja o entidad que actúe por cuenta del transmitente.

c) En los casos no recogidos en los párrafos anteriores, será obligatoria la intervención de fedatario público que practicará la correspondiente retención.

3. Para proceder a la enajenación u obtención del reembolso de los títulos o activos con rendimientos implícitos que deban ser objeto de retención, habrá de acreditarse su previa adquisición con intervención de los fedatarios o instituciones financieras mencionadas en el apartado anterior, así como el precio al que se realizó la operación.

El emisor o las instituciones financieras encargadas de la operación que, de acuerdo con el párrafo anterior, no deban efectuar el reembolso al tenedor del título o activo, deberán constituir por dicha cantidad depósito a disposición de la autoridad judicial.

4. Los fedatarios públicos que intervengan o medien en la emisión, suscripción, transmisión, canje, conversión, cancelación y reembolso de efectos públicos, valores o cualesquiera otros títulos y activos financieros, así como en operaciones relativas a derechos reales sobre ellos, vendrán obligados a comunicar tales operaciones a la Administración tributaria presentando relación nominal de sujetos intervinientes con indicación de su domicilio y número de identificación fiscal, clase y número de los efectos públicos, valores, títulos y activos, así como del precio y fecha de la operación, en los plazos y de acuerdo con el modelo que determine el Ministro de Hacienda y Administraciones Públicas.

La misma obligación recaerá sobre las entidades y establecimientos financieros de crédito, las sociedades y agencias de valores, los demás intermediarios financieros y cualquier persona física o jurídica que se dedique con habitualidad a la intermediación y colocación de efectos públicos, valores o cualesquiera otros títulos de activos financieros, índices, futuros y opciones sobre ellos; incluso los documentos mediante anotaciones en cuenta, respecto de las operaciones que impliquen, directa o indirectamente, la captación o colocación de recursos a través de cualquier clase de valores o efectos.

Asimismo, estarán sujetas a esta obligación de información las sociedades gestoras de instituciones de inversión colectiva y las entidades comercializadoras respecto de las acciones y participaciones en dichas instituciones incluidas en sus registros de accionistas o partícipes.

Las obligaciones de información que establece este apartado se entenderán cumplidas respecto a las operaciones sometidas a retención que en él se mencionan, con la presentación de la relación de perceptores, ajustada al modelo oficial del resumen anual de retenciones correspondiente.

5. Deberá comunicarse a la Administración tributaria la emisión de certificados, resguardos o documentos representativos de la adquisición de metales u objetos preciosos, timbres de valor filatélico o piezas de valor numismático, por las personas físicas o jurídicas que se dediquen con habitualidad a la promoción de la inversión en dichos valores.

6. Lo dispuesto en los apartados 2 y 3 anteriores, resultará aplicable en relación con la obligación de retener o de ingresar a cuenta que se establezca reglamentariamente respecto a las transmisiones de activos financieros de rendimiento explícito.

CAPÍTULO VI. Conversión de activos por impuesto diferido en crédito exigible frente a la Administración tributaria

Artículo 130. *Derecho a la conversión de activos por impuesto diferido en crédito exigible frente a la Administración Tributaria*[144, 145, 146].

1. Los activos por impuesto diferido correspondientes a dotaciones por deterioro de los créditos u otros activos derivadas de las posibles insolvencias de

---

[144] Véase RIS 69.
[145] Véase LIS DT 33ª. *Conversión de activos por impuesto diferido generados en períodos impositivos iniciados con anterioridad a 1 de enero de 2015 en crédito exigible frente a la Administración tributaria.*
[146] Nueva redacción de este artículo por la Ley 48/2015 (art. 65.2), con efectos para los períodos impositivos que se inicien a partir de 1 de enero de 2016 y vigencia indefinida. La redacción inicial era la siguiente: *«Artículo 130. Conversión de activos por impuesto diferido en crédito exigible frente a la Administración tributaria.*

1. Los activos por impuesto diferido correspondientes a dotaciones por deterioro de los créditos u otros activos derivadas de las posibles insolvencias de los deudores no vinculados

los deudores no vinculados con el contribuyente, no adeudados con entidades de derecho público y cuya deducibilidad no se produzca por aplicación de lo dispuesto en el artículo 13.1.a) de esta Ley, así como los derivados de la aplicación de los apartados 1 y 2 del artículo 14 de esta Ley, correspondientes a dotaciones o aportaciones a sistemas de previsión social y, en su caso, prejubilación, podrán

con el contribuyente, no adeudados con entidades de derecho público y cuya deducibilidad no se produzca por aplicación de lo dispuesto en el artículo 13.1.a) de esta Ley, así como los derivados de la aplicación de los apartados 1 y 2 del artículo 14 de esta Ley, correspondientes a dotaciones o aportaciones a sistemas de previsión social y, en su caso, prejubilación, se convertirán en un crédito exigible frente a la Administración tributaria, cuando se de cualquiera de las siguientes circunstancias:

a) Que el contribuyente registre pérdidas contables en sus cuentas anuales, auditadas y aprobadas por el órgano correspondiente.

En este supuesto, el importe de los activos por impuesto diferido objeto de conversión estará determinado por el resultado de aplicar sobre el total de los mismos, el porcentaje que representen las pérdidas contables del ejercicio respecto de la suma de capital y reservas.

b) Que la entidad sea objeto de liquidación o insolvencia judicialmente declarada.

Asimismo, los activos por impuesto diferido por el derecho a compensar en ejercicios posteriores las bases imponibles negativas se convertirán en un crédito exigible frente a la Administración tributaria cuando aquellos sean consecuencia de integrar en la base imponible las dotaciones por deterioro de los créditos u otros activos derivadas de las posibles insolvencias de los deudores, así como las dotaciones o aportaciones a sistemas de previsión social y, en su caso, prejubilación, que generaron los activos por impuesto diferido a que se refiere el primer párrafo de este apartado.

2. La conversión de los activos por impuesto diferido a que se refiere el apartado anterior en un crédito exigible frente a la Administración tributaria se producirá en el momento de la presentación de la autoliquidación del Impuesto sobre sociedades correspondiente al período impositivo en que se hayan producido las circunstancias descritas en el apartado anterior.

3. La conversión de los activos por impuesto diferido en un crédito exigible frente a la Administración tributaria a que se refiere el apartado 1 de este artículo determinará que el contribuyente pueda optar por solicitar su abono a la Administración tributaria o por compensar dichos créditos con otras deudas de naturaleza tributaria de carácter estatal que el propio contribuyente genere a partir del momento de la conversión. El procedimiento y el plazo de compensación o abono se establecerán de forma reglamentaria.

4. Los activos por impuesto diferido a que se refiere el apartado 1 anterior podrán canjearse por valores de Deuda Pública, una vez transcurrido el plazo de 18 años, computado desde el último día del período impositivo en que se produzca el registro contable de tales activos. En el supuesto de activos registrados con anterioridad a la entrada en vigor de esta norma, este plazo se computará desde dicha entrada en vigor. El procedimiento y el plazo del canje se establecerán de forma reglamentaria.»

convertirse en un crédito exigible frente a la Administración Tributaria, por un importe igual a la cuota líquida positiva correspondiente al período impositivo de generación de aquellos, siempre que se de cualquiera de las circunstancias señaladas en el apartado siguiente.

Cuando el importe de la cuota líquida positiva de un determinado período impositivo sea superior al importe de los activos por impuesto diferido generados en el mismo a que se refiere el párrafo anterior, la entidad podrá tener el derecho previsto en este artículo, por un importe igual al exceso, respecto de aquellos activos de la misma naturaleza generados en períodos impositivos anteriores o en los 2 períodos impositivos posteriores. En este caso, el plazo a que se refiere el apartado 5 siguiente se computará desde el último día del primer período impositivo en que a dichos activos les resulte de aplicación este artículo.

2. La conversión a que se refiere el apartado anterior se producirá siempre que se de cualquiera de las siguientes circunstancias:

a) Que el contribuyente registre pérdidas contables en sus cuentas anuales, auditadas y aprobadas por el órgano correspondiente.

En este supuesto, el importe de los activos por impuesto diferido objeto de conversión estará determinado por el resultado de aplicar sobre el total de los mismos, el porcentaje que representen las pérdidas contables del ejercicio respecto de la suma de capital y reservas.

b) Que la entidad sea objeto de liquidación o insolvencia judicialmente declarada.

Asimismo, los activos por impuesto diferido por el derecho a compensar en ejercicios posteriores las bases imponibles negativas, se convertirán en un crédito exigible frente a la Administración Tributaria cuando aquellos sean consecuencia de integrar en la base imponible las dotaciones por deterioro de los créditos u otros activos derivadas de las posibles insolvencias de los deudores, así como las dotaciones o aportaciones a sistemas de previsión social y, en su caso, prejubilación, que generaron los activos por impuesto diferido a que se refiere el primer párrafo del apartado anterior.

3. La conversión de los activos por impuesto diferido a que se refiere el apartado 1 de este artículo en un crédito exigible frente a la Administración Tributaria se producirá en el momento de la presentación de la autoliquidación del Impuesto sobre Sociedades correspondiente al período impositivo en que se hayan producido las circunstancias descritas en el apartado anterior.

4. La conversión de los activos por impuesto diferido en un crédito exigible frente a la Administración Tributaria a que se refiere el apartado 1 de este artículo determinará que el contribuyente pueda optar por solicitar su abono a la Adminis-

tración Tributaria o por compensar dichos créditos con otras deudas de naturaleza tributaria de carácter estatal que el propio contribuyente genere a partir del momento de la conversión. El procedimiento y el plazo de compensación o abono se establecerán de forma reglamentaria.

5. Los activos por impuesto diferido a que se refiere el apartado 1 anterior podrán canjearse por valores de Deuda Pública, una vez transcurrido el plazo de 18 años, computado desde el último día del período impositivo en que se produzca el registro contable de tales activos. El procedimiento y el plazo del canje se establecerán de forma reglamentaria.

6. Las entidades que apliquen lo dispuesto en este artículo deberán incluir en la declaración por este Impuesto la siguiente información:

a) Importe total de los activos por impuesto diferido correspondientes a dotaciones por deterioro de los créditos u otros activos derivadas de las posibles insolvencias de los deudores no vinculados con el contribuyente, no adeudados con entidades de derecho público y cuya deducibilidad no se produzca por aplicación de lo dispuesto en el artículo 13.1.a) de esta Ley, así como los derivados de la aplicación de los apartados 1 y 2 del artículo 14 de esta Ley, correspondientes a dotaciones o aportaciones a sistemas de previsión social y, en su caso, prejubilación.

b) Importe total y año de generación de los activos por impuesto diferido a que se refiere la letra a) anterior respecto de los cuales la entidad tiene el derecho establecido en este artículo, especificando aquellos a que se refiere, en su caso, el segundo párrafo del apartado 1 anterior.

c) Importe total y año de generación de los activos por impuesto diferido a que se refiere la letra a) anterior respecto de los cuales la entidad no tiene el derecho establecido en este artículo.

CAPÍTULO VII. Facultades de la Administración para determinar la base imponible

Artículo 131. *Facultades de la Administración para determinar la base imponible*[147].

A los efectos de determinar la base imponible, la Administración tributaria aplicará las normas a que se refiere el artículo 10.3 de esta Ley.

En el caso del derecho a la conversión de activos por impuesto diferido en crédito exigible frente a la Administración tributaria al que se refiere el artículo 130

---

[147] Artículo modificado por la Ley 6/2018 (art. 70) con efectos desde el 5 de julio de 2018 y vigencia indefinida. Se añade un segundo párrafo.

de esta Ley, la Administración tributaria podrá comprobar cualquiera de las circunstancias determinantes de dicha conversión, en particular las pérdidas contables.

TÍTULO IX. Orden jurisdiccional

Artículo 132. *Jurisdicción competente.*

La jurisdicción contencioso-administrativa, previo agotamiento de la vía eco-
nómico-administrativa, será la única competente para dirimir las controversias de
hecho y derecho que se susciten entre la Administración tributaria y los contribuyentes en relación con cualquiera de las cuestiones a que se refiere esta Ley.

Disposición adicional primera. *Restricciones a la exención por doble imposición
de dividendos.*

No tendrán derecho a la exención prevista en el artículo 21 de esta Ley:

a) Los beneficios distribuidos con cargo a las reservas constituidas con los
resultados correspondientes a los incrementos de patrimonio a que se refiere el
apartado 1 del artículo 3 de la Ley 15/1992, de 5 de junio, sobre medidas urgentes
para la progresiva adaptación del sector petrolero al marco comunitario.

b) Los dividendos distribuidos con cargo a beneficios correspondientes a rendimientos bonificados de acuerdo con lo previsto en el artículo 2 de la Ley 22/1993,
de 29 de diciembre, de medidas fiscales, de reforma del régimen jurídico de la
función pública y de la protección por desempleo, y de rendimientos procedentes
de sociedades acogidas a la bonificación establecida en el artículo 19 de la Ley
Foral 12/1993, de 15 de noviembre, y en la Disposición adicional quinta de la
Ley 19/1994, de 6 de julio, de modificación del Régimen Económico y Fiscal de
Canarias, o de entidades a las que sea aplicable la exención prevista en las normas
forales 5/1993, de 24 de junio, de Vizcaya, 11/1993, de 26 de junio, de Guipúzcoa,
y 18/1993, de 5 de julio, de Álava.

En caso de distribución de reservas se atenderá a la designación contenida en
el acuerdo social, y en su defecto, se considerarán aplicadas las últimas cantidades
abonadas a dichas reservas.

Disposición adicional segunda. *Régimen del Impuesto sobre el Incremento de Valor
de los Terrenos de Naturaleza Urbana en operaciones de reestructuración empresarial.*

No se devengará el Impuesto sobre el Incremento de Valor de los Terrenos de
Naturaleza Urbana con ocasión de las transmisiones de terrenos de naturaleza urbana derivadas de operaciones a las que resulte aplicable el régimen especial regulado
en Capítulo VII del Título VII de esta Ley, a excepción de las relativas a terrenos

que se aporten al amparo de lo previsto en el artículo 87 de esta Ley cuando no se hallen integrados en una rama de actividad.

En la posterior transmisión de los mencionados terrenos se entenderá que el número de años a lo largo de los cuales se ha puesto de manifiesto el incremento de valor no se ha interrumpido por causa de la transmisión derivada de las operaciones previstas en el Capítulo VII del Título VII.

No será de aplicación lo establecido en el artículo 9.2 del Texto Refundido de la Ley Reguladora de las Haciendas Locales, aprobado por el Real Decreto Legislativo 2/2004, de 5 de marzo.

Disposición adicional tercera. *Subvenciones de la política agraria y pesquera comunitaria y ayudas públicas.*

1. No se integrarán en la base imponible del Impuesto sobre Sociedades las rentas positivas que se pongan de manifiesto como consecuencia de:

a)[148] La percepción de las siguientes ayudas de la política agraria comunitaria:

1.ª Abandono definitivo del cultivo del viñedo.

2.ª Prima al arranque de plantaciones de manzanos.

3.ª Prima al arranque de plataneras.

4.ª Abandono definitivo de la producción lechera.

5.ª Abandono definitivo del cultivo de peras, melocotones y nectarinas.

6.ª Arranque de plantaciones de peras, melocotones y nectarinas.

7.ª Abandono definitivo del cultivo de la remolacha azucarera y de la caña de azúcar.

8.ª Ayudas a los regímenes en favor del clima y del medio ambiente (ecorregímenes).

b) La percepción de las siguientes ayudas de la política pesquera comunitaria: por la paralización definitiva de la actividad pesquera de un buque y por su transmisión para la constitución de sociedades mixtas en terceros países, así como por el abandono definitivo de la actividad pesquera.

c)[149] La percepción de ayudas públicas que tengan por objeto reparar la destrucción por incendio, inundación, hundimiento, erupción volcánica u otras causas naturales de elementos patrimoniales afectos al ejercicio de actividades económicas.

---

[148] Apartado modificado por el RD-Ley 4/2023 (art. 13) en vigor 13/5/2023.

[149] Nueva redacción de esta letra por Real Decreto-ley 25/2021 (art. 4.2), con efectos para los periodos impositivos que se inicien a partir del 1 de enero de 2021.

d) La percepción de las ayudas al abandono de la actividad de transporte por carretera satisfechas por el Ministerio de Fomento a transportistas que cumplan los requisitos establecidos en la normativa reguladora de la concesión de dichas ayudas.

e) La percepción de indemnizaciones públicas, a causa del sacrificio obligatorio de la cabaña ganadera, en el marco de actuaciones destinadas a la erradicación de epidemias o enfermedades. Esta disposición sólo afectará a los animales destinados a la reproducción.

2. Para calcular la renta que no se integrará en la base imponible se tendrá en cuenta tanto el importe de las ayudas percibidas como las pérdidas patrimoniales que, en su caso, se produzcan en los elementos afectos a las actividades. Cuando el importe de estas ayudas sea inferior al de las pérdidas producidas en los citados elementos, podrá integrarse en la base imponible la diferencia negativa. Cuando no existan pérdidas, sólo se excluirá de gravamen el importe de las ayudas.

Disposición adicional cuarta. *Incentivos fiscales para la renovación de la flota mercante.*

1. Se podrán amortizar de manera acelerada los buques, embarcaciones y artefactos navales, que cumplan los siguientes requisitos:

a) Que se trate de buques, embarcaciones o artefactos navales nuevos que se hayan puesto a disposición del adquirente entre el 1 de enero del año 1999 y el 31 de diciembre del año 2003 o que hayan sido encargados en virtud de un contrato de construcción suscrito dentro de dicho período, siempre que su puesta a disposición del adquirente sea anterior al 31 de diciembre del año 2006, o bien que se trate de buques usados adquiridos después del 1 de enero de 1999 que hayan sido objeto de mejoras, cuyo importe sea superior al 25 por ciento de su valor de adquisición y que se hayan realizado antes del 31 de diciembre del año 2003.

b) Que el buque, embarcación o artefacto naval sea inscribible en las listas primera, segunda o quinta del artículo 4.1 del Real Decreto 1027/1989, de 28 de julio, sobre abanderamiento, matriculación de buques y registro marítimo.

c) Que el contribuyente adquirente explote el buque, embarcación o artefacto naval mediante su afectación a su propia actividad, o bien mediante su arrendamiento a casco desnudo, siempre que, en este último caso, la entidad arrendadora sea una agrupación española o europea de interés económico y se cumplan los siguientes requisitos:

1.º Que el arrendatario sea una persona física o jurídica que tenga como actividad habitual la explotación de buques, embarcaciones o artefactos navales y que afecte el elemento a dicha actividad.

2.º Que al menos el 75 por ciento de la ventaja fiscal obtenida se traslade por el arrendador al usuario.

A estos efectos, la ventaja fiscal se valorará en la actualización, al tipo que se determine por el Ministerio de Hacienda y Administraciones Públicas, de las diferencias en los ingresos fiscales que se producirían con y sin la aplicación de este régimen.

3.º Los socios de la entidad arrendadora deberán mantener la participación en ella durante al menos las dos terceras partes del plazo del contrato de arrendamiento.

4.º Que el precio de adquisición del buque, embarcación o artefacto naval, el tipo de interés de la financiación utilizada y el importe del alquiler, sean los normales de mercado entre partes independientes.

5.º Que no exista vinculación entre el vendedor del activo y el arrendatario de este.

6.º Que al menos el 20 por ciento de los recursos necesarios para financiar la adquisición del buque, embarcación o artefacto naval proceda de fondos propios de la agrupación.

d) Que se solicite y obtenga la concesión del beneficio del Ministerio de Hacienda y Administraciones Públicas con carácter previo a la construcción o mejora del elemento. Para la concesión del beneficio, el Ministerio de Hacienda y Administraciones Públicas tendrá en cuenta, desde el punto de vista del interés general, que el proyecto presenta un interés económico y social significativo, en particular en materia de empleo. A tal fin, será necesario el informe previo de los Ministerios de Economía y Competitividad y de Fomento, según se trate de elementos nuevos o usados respectivamente; la solicitud deberá resolverse en el plazo máximo de 3 meses, transcurrido el cual podrá entenderse desestimada.

2. La amortización se practicará de acuerdo con las siguientes normas:

a) La amortización anual fiscalmente deducible tendrá como límite el 35 por ciento del precio de adquisición del buque o del valor de la mejora.

b) La amortización podrá realizarse con anterioridad a la puesta del buque, embarcación o artefacto naval, en condiciones de funcionamiento o del inicio de la mejora, con el límite de las cantidades pagadas.

c) La deducción de las cantidades que excedan el importe de la depreciación efectiva no estará condicionada a su imputación contable a la cuenta de pérdidas y ganancias. Dichas cantidades incrementarán la base imponible con ocasión de la amortización o transmisión del elemento que disfrutó de aquélla.

3. Los buques, embarcaciones o artefactos navales adquiridos en régimen de arrendamiento financiero podrán acogerse, alternativamente, a la amortización especial prevista en la presente norma o a lo dispuesto en el artículo 106 de esta Ley.

4. Si los requisitos se incumplieran posteriormente, el contribuyente perderá el beneficio de la amortización acelerada y deberá ingresar el importe de las cuotas correspondientes a los ejercicios durante los cuales hubiese gozado de este incentivo fiscal, junto con las sanciones, recargos e intereses de demora que resulten procedentes.

Disposición adicional quinta. *Incidencia del Régimen Económico Fiscal de Canarias y de la bonificación por rentas obtenidas en Ceuta o Melilla en el cálculo de los pagos fraccionados*[150].

1. A efectos de lo dispuesto en el apartado 3 del artículo 40 de esta Ley, podrá reducirse de la base imponible el importe de la reserva para inversiones en Canarias, regulada en el artículo 27 de la Ley 19/1994, de 6 de julio, de modificación del Régimen Económico y Fiscal de Canarias, que prevea realizarse, prorrateada en cada uno de los períodos de los 3, 9 u 11 primeros meses del período impositivo y con el límite máximo del 90 por ciento de la base imponible de cada uno de ellos.

Si el importe de la reserva que efectivamente se dote fuera inferior en más de un 20 por ciento del importe de la reducción en la base imponible realizada para calcular la cuantía de cada uno de los pagos fraccionados elevados al año, la entidad estará obligada a regularizar dichos pagos por la diferencia entre la previsión inicial y la dotación efectiva, sin perjuicio de la liquidación de los intereses y recargos que, en su caso, resulten procedentes.

---

[150] Disposición modificada por la Ley Orgánica 1/2016 (DF 1ª), con efectos para los periodos impositivos que se inicien a partir de 1 de enero de 2016. Su redacción inicial era la siguiente: *«Disposición adicional quinta. Incidencia de la reserva para inversiones en Canarias en el cálculo de los pagos fraccionados.*

A efecto de lo dispuesto en el apartado 3 del artículo 40 de esta Ley, podrá reducirse de la base imponible el importe de la reserva para inversiones en Canarias, regulada en el artículo 27 de la Ley 19/1994, de 6 de julio, de modificación del Régimen Económico y Fiscal de Canarias, que prevea realizarse, prorrateada en cada uno de los períodos de los 3, 9 u 11 primeros meses del período impositivo y con el límite máximo del 90 por ciento de la base imponible de cada uno de ellos.

Si el importe de la reserva que efectivamente se dote fuera inferior en más de un 20 por ciento del importe de la reducción en la base imponible realizada para calcular la cuantía de cada uno de los pagos fraccionados elevados al año, la entidad estará obligada a regularizar dichos pagos por la diferencia entre la previsión inicial y la dotación efectiva, sin perjuicio de la liquidación de los intereses y recargos que, en su caso, resulten procedentes.»

2. A efectos de lo dispuesto en la letra a) del apartado 1 de la Disposición adicional decimocuarta de esta Ley, el resultado positivo allí referido se minorará en el importe de la reserva para inversiones en Canarias que prevea realizarse de acuerdo con lo establecido en el apartado anterior.

Asimismo, ese resultado positivo se minorará en el 50 por ciento de los rendimientos que tengan derecho a la bonificación prevista en el artículo 26 de la Ley 19/1994.

3. En el caso de entidades que apliquen el régimen fiscal de la Zona Especial Canaria, regulado en el Título V de la Ley 19/1994, a efectos de lo dispuesto en la letra a) de la Disposición adicional decimocuarta de esta Ley, no se computará aquella parte del resultado positivo que se corresponda con el porcentaje señalado en el apartado 4 del artículo 44 de la Ley 19/1994, salvo que proceda aplicar lo dispuesto en la letra b) del apartado 6 de dicho artículo, en cuyo caso el resultado positivo a computar se minorará en el importe que resulte de aplicar lo dispuesto en esa letra.

4. A efectos de lo dispuesto en la letra a) del apartado 1 de la Disposición adicional decimocuarta de esta Ley, el resultado positivo allí referido se minorará en el 50 por ciento de aquella parte del resultado positivo que se corresponda con rentas que tengan derecho a la bonificación prevista en el artículo 33 de esta Ley.

5. Lo dispuesto en los apartados 2, 3 y 4 de esta disposición resultará de aplicación a los pagos fraccionados cuyo plazo de declaración haya comenzado a partir de la entrada en vigor del Real Decreto-ley 2/2016, de 30 de septiembre, por el que se introducen medidas tributarias dirigidas a la reducción del déficit público.

Disposición adicional sexta. *Exención de rentas derivadas de la transmisión de determinados inmuebles*[151].

Estarán exentas en un 50 por ciento las rentas positivas derivadas de la transmisión de bienes inmuebles de naturaleza urbana que tengan la condición de activo no corriente o que hayan sido clasificados como activos no corrientes mantenidos para la venta y que hubieran sido adquiridos a título oneroso a partir de la entrada en vigor del Real Decreto-ley 18/2012, de 11 de mayo, sobre saneamiento y venta de activos inmobiliarios del sector financiero, y hasta el 31 de diciembre de 2012.

No formarán parte de la renta con derecho a la exención el importe de las pérdidas por deterioro relativas a los inmuebles, ni las cantidades correspondientes

---

[151]   Véase RIS DT 3ª.

a la reversión del exceso de amortización que haya sido fiscalmente deducible en relación con la amortización contabilizada.

No resultará de aplicación la presente disposición cuando el inmueble se hubiera adquirido o transmitido a una persona o entidad respecto de la que se produzca alguna de las circunstancias establecidas en el artículo 42 del Código de Comercio, con independencia de la residencia y de la obligación de formular cuentas anuales consolidadas, o al cónyuge de la persona anteriormente indicada o a cualquier persona unida a esta por parentesco, en línea recta o colateral, por consanguinidad o afinidad, hasta el segundo grado incluido.

Disposición adicional séptima. *Entidades deportivas.*

El régimen fiscal previsto en el Capítulo VII del Título VII de esta Ley resultará de aplicación en el supuesto de adscripción de un equipo profesional a una Sociedad Anónima Deportiva de nueva creación, siempre que se ajuste plenamente a las normas previstas en la Ley 10/1990, de 15 de octubre, del Deporte, y en los Reales Decretos 1084/1991, de 5 de julio, y 1251/1999, de 16 de julio, sobre Sociedades Anónimas Deportivas.

Disposición adicional octava. *Régimen fiscal especial aplicable a las operaciones de reestructuración y resolución de entidades de crédito.*

1. El régimen fiscal establecido en el Capítulo VII del Título VII de esta Ley, para las operaciones mencionadas en su artículo 76, incluidos sus efectos en los demás tributos, será de aplicación a las transmisiones del negocio o de activos o pasivos realizadas por entidades de crédito a favor de otra entidad de crédito, al amparo de la normativa de reestructuración bancaria, aun cuando no se correspondan con las operaciones mencionadas en los artículos 76 y 87 de esta Ley.

2. Las entidades de crédito que participen en tales operaciones podrán instar al Banco de España o al Fondo de Reestructuración Ordenada Bancaria, que solicite informe a la Dirección General de Tributos del Ministerio de Hacienda y Administraciones Públicas, sobre las consecuencias tributarias que se deriven de las mismas.

El informe se emitirá en el plazo máximo de un mes, y tendrá efectos vinculantes para los órganos y entidades de la Administración tributaria encargados de la aplicación de los tributos.

Disposición adicional novena. *Participaciones preferentes.*

El régimen de información establecido en el artículo 44 del Reglamento General de las actuaciones y los procedimientos de gestión e inspección tributaria y de desarrollo de las normas comunes de los procedimientos de aplicación de los tributos, aprobado por el Real Decreto 1065/2007, de 27 de julio, resultará de aplicación a las remuneraciones derivadas de las participaciones preferentes que cumplan los requisitos previstos en la Disposiciónadicional primera de la Ley 10/2014, de 26 de junio, de ordenación, supervisión y solvencia de entidades de crédito, cualquiera que sea la calificación contable.

Disposición adicional décima. *Facultades de comprobación de la Administración tributaria.*

Lo dispuesto en los apartados 5 del artículo 26, 7 del artículo 31, 8 del artículo 32, 6 del artículo 39 y 2 del artículo 120 de esta Ley, resultará de aplicación en los procedimientos de comprobación e investigación ya iniciados a la entrada en vigor de la misma en los que, a dicha fecha, no se hubiese formalizado propuesta de liquidación.

Disposición adicional undécima. *Remisiones normativas.*

Las referencias normativas efectuadas en otras disposiciones al Texto Refundido de la Ley del Impuesto sobre Sociedades, aprobado por el Real Decreto Legislativo 4/2004, de 5 de marzo, se entenderán realizadas a los preceptos correspondientes de esta Ley.

Disposición adicional duodécima. *Grupos fiscales con entidad dominante sometida a la normativa foral de la Comunidad Autónoma del País Vasco.*

A efectos del régimen de consolidación fiscal establecido en el Capítulo VI del Título VII de esta Ley, los grupos fiscales en los que la entidad dominante sea una entidad residente en territorio español y sometida a la normativa foral en el Impuesto sobre Sociedades de conformidad con el Concierto Económico con la Comunidad Autónoma del País Vasco, se equipararán en su tratamiento fiscal a los grupos fiscales en los que la entidad dominante sea no residente en territorio español.

Disposición adicional decimotercera. *Prestación patrimonial por conversión de activos por impuesto diferido en crédito exigible frente a la Administración Tributaria*[152].

1. Los contribuyentes de este Impuesto que tengan registrados activos por impuesto diferido a que se refiere el apartado 2 de la disposición transitoria trigésima tercera de esta Ley, y pretendan tener el derecho establecido en el artículo 130 de

---

[152] Nueva disposición añadida por la Ley 48/2015 (art. 65.3), con efectos para los períodos impositivos que se inicien a partir de 1 de enero de 2016 y vigencia indefinida.

la misma respecto de dichos activos, estarán obligados al pago de la prestación patrimonial por conversión de activos por impuesto diferido en crédito exigible frente a la Administración Tributaria que se regula en la presente disposición.

2. El importe de la prestación será el resultado de aplicar el 1,5 por ciento al importe total de dichos activos existente el último día del período impositivo correspondiente al Impuesto sobre Sociedades de la entidad.

3. La prestación se devengará el día de inicio del plazo voluntario de declaración por este Impuesto, coincidiendo su plazo de ingreso con el establecido para la autoliquidación e ingreso de este Impuesto.

4. El ingreso de la prestación patrimonial se realizará mediante autoliquidación en el lugar y forma determinados mediante Orden del Ministro de Hacienda y Administraciones Públicas.

5. Será competente para la exacción de la prestación patrimonial regulada en esta disposición la Agencia Estatal de Administración Tributaria, a cuyo efecto su gestión, comprobación y recaudación se regirá, en lo no previsto en esta disposición, por lo establecido en la Ley 58/2003, de 17 de diciembre, General Tributaria, y en su normativa de desarrollo.

6. Contra los actos dictados por la Agencia Estatal de Administración Tributaria como consecuencia del ejercicio de la competencia atribuida en el apartado anterior procederá la interposición de los recursos y reclamaciones regulados en el Capítulo III y en las Subsecciones 1.ª y 2.ª de la Sección 2.ª y en la Sección 3.ª del Capítulo IV del Título V de la Ley 58/2003.

7. El rendimiento de la prestación patrimonial por conversión de activos por impuesto diferido en crédito exigible frente a la Administración Tributaria se incluirá en los ingresos públicos del Estado.

8. Los obligados al pago de la prestación patrimonial podrán efectuar consultas a la Administración Tributaria, aplicándose, a tal efecto, lo dispuesto en los artículos 88 y 89 de la Ley 58/2003, de 17 de diciembre, General Tributaria.

Disposición adicional decimocuarta. *Modificaciones en el régimen legal de los pagos fraccionados*[153].

---

[153] Disposición declarada inconstitucional y nula por la Sentencia 78/2020, de 1 de julio, del Tribunal Constitucional.

Disposición adicional decimoquinta. *Límites aplicables a las grandes empresas en períodos impositivos iniciados a partir de 1 de enero de 2024[154].*

Los contribuyentes cuyo importe neto de la cifra de negocios sea al menos de 20 millones de euros durante los 12 meses anteriores a la fecha en que se inicie el período impositivo, aplicarán las siguientes especialidades:

1. Los límites establecidos en el apartado 12 del artículo 11, en el primer párrafo del apartado 1 del artículo 26, en la letra e) del apartado 1 del artículo 62 y en las letras d) y e) del artículo 67 de esta ley, se sustituirán por los siguientes:

– El 50 por ciento, cuando en los referidos 12 meses el importe neto de la cifra de negocios sea al menos de 20 millones de euros, pero inferior a 60 millones de euros.

– El 25 por ciento, cuando en los referidos 12 meses el importe neto de la cifra de negocios sea al menos de 60 millones de euros.

2. El importe de las deducciones para evitar la doble imposición internacional previstas en los artículos 31, 32 y apartado 10 del artículo 100, así como el de aquellas deducciones para evitar la doble imposición a que se refiere la disposición transitoria vigésima tercera, de esta ley, no podrá exceder conjuntamente del 50 por ciento de la cuota íntegra del contribuyente.

Disposición adicional decimosexta. *Libertad de amortización en inversiones realizadas en la cadena de valor de movilidad eléctrica, sostenible o conectada[155].*

1. Las inversiones en elementos nuevos del inmovilizado material que impliquen la sensorización y monitorización de la cadena productiva, así como la implantación de sistemas de fabricación basados en plataformas modulares o que reduzcan el impacto ambiental, afectos al sector industrial de automoción, puestos a disposición del contribuyente y que entren en funcionamiento entre el 2 de abril de 2020 y el 30 de junio de 2021, podrán ser amortizados libremente en los períodos impositivos que concluyan entre el 2 de abril de 2020 y el 30 de junio de 2021 siempre que, durante los 24 meses siguientes a la fecha de inicio del período impositivo en que los elementos adquiridos entren en funcionamiento, la plantilla media total de la entidad se mantenga respecto de la plantilla media del año 2019.

---

[154]   Se sustituye esta DA por la Ley 7/2024 (DF 8ª.5) con efectos para los periodos impositivos que se inicien a partir del 1 de enero de 2024 y que no hayan concluido a la entrada en vigor de esta ley (22/12/24).

[155]   Nueva disposición añadida por el Real Decreto-ley 23/2020 (DF 4ª), con efectos para las inversiones realizadas en los períodos impositivos que concluyan entre el 2 de abril de 2020 y el 30 de junio de 2021.

Los inmuebles no podrán acogerse a la libertad de amortización regulada en esta disposición.

La cuantía de la inversión que podrá beneficiarse del régimen de libertad de amortización será como máximo de 500.000 euros.

Para el cálculo de la plantilla media total de la entidad se tomarán las personas empleadas, en los términos que disponga la legislación laboral, teniendo en cuenta la jornada contratada en relación a la jornada completa.

2. Para la aplicación de la libertad de amortización regulada en esta disposición, los contribuyentes deberán aportar informe motivado emitido por el Ministerio de Industria, Comercio y Turismo para calificar la inversión del contribuyente como apta. Dicho informe tendrá carácter vinculante para la Administración tributaria.

El informe deberá solicitarse por el contribuyente dentro de los dos meses siguientes a la entrada en funcionamiento del elemento y será emitido por el órgano competente en un plazo máximo de dos meses desde la recepción de la solicitud. En todo caso, para las inversiones en elementos que hayan entrado en funcionamiento desde el 2 de abril hasta el 18 de noviembre de 2020, dicho informe se podrá solicitar hasta el 18 de enero de 2021.

El procedimiento de emisión por parte del Ministerio de Industria, Comercio y Turismo de los informes motivados a que se refiere este apartado se regulará, en lo que le resulte de aplicación y no se oponga a lo establecido en esta disposición, por lo dispuesto en el Real Decreto 1432/2003, de 21 de noviembre, por el que se regula la emisión por el Ministerio de Ciencia y Tecnología de informes motivados relativos al cumplimiento de requisitos científicos y tecnológicos, a efectos de la aplicación e interpretación de deducciones fiscales por actividades de investigación y desarrollo e innovación tecnológica.

Si en el momento de presentar la declaración del Impuesto sobre Sociedades no se hubiera emitido por el Ministerio de Industria, Comercio y Turismo el informe a que se refiere este apartado por causa no imputable al contribuyente, este podrá aplicar con carácter provisional la libertad de amortización prevista en esta disposición siempre que haya solicitado dicho informe dentro del plazo de solicitud anteriormente indicado. En el caso de que el Ministerio de Industria, Comercio y Turismo no considere apta la inversión, el contribuyente deberá ingresar, junto con la cuota correspondiente al período impositivo en el que se notifique dicho informe, el importe de la cuota íntegra que hubiere correspondido a la cantidad deducida en exceso más los intereses de demora correspondientes.

3. En el supuesto de que se incumpliese la obligación de mantenimiento de la plantilla en los términos establecidos en el apartado 1 de esta disposición, se deberá proceder a ingresar la cuota íntegra que hubiere correspondido a la cantidad

deducida en exceso más los intereses de demora correspondientes. El ingreso de la cuota íntegra y de los intereses de demora se realizará conjuntamente con la autoliquidación correspondiente al período impositivo en el que se haya incumplido la obligación.

4. Las entidades a las que, de acuerdo con lo establecido en el artículo 101 de esta Ley, les sean de aplicación los incentivos fiscales para las empresas de reducida dimensión previstos en el capítulo XI del título VII de esta Ley, podrán optar entre aplicar el régimen de libertad de amortización previsto en el artículo 102 de esta Ley o aplicar el régimen de libertad de amortización regulado en esta disposición.

5. Esta medida se acoge al Marco nacional temporal relativo a las medidas de ayuda destinadas a respaldar la economía en el contexto del actual brote de COVID-19, tras las Decisiones de la Comisión Europea SA.56851 (2020/N), de 2 de abril de 2020, SA.57019 (2020/N), de 24 de abril de 2020, y SA.58778 (2020/N), de 22 de octubre de 2020.

Disposición adicional decimoséptima. *Libertad de amortización en inversiones que utilicen energía procedente de fuentes renovables*[156].

1. Las inversiones en instalaciones destinadas al autoconsumo de energía eléctrica que utilicen energía procedente de fuentes renovables de acuerdo con lo definido en el Real Decreto 244/2019, de 5 de abril, por el que se regulan las condiciones administrativas, técnicas y económicas del autoconsumo de energía eléctrica, así como aquellas instalaciones para uso térmico de consumo propio que utilicen energía procedente de fuentes renovables, que sustituyan instalaciones que utilicen energía procedente de fuentes no renovables fósiles y que sean puestas a disposición del contribuyente a partir de la entrada en vigor del Real Decreto-ley 18/2022, de 18 de octubre, por el que se aprueban medidas de refuerzo de la protección de los consumidores de energía y de contribución a la reducción del consumo de gas natural en aplicación del "Plan + seguridad para tu energía (+SE)", así como medidas en materia de retribuciones del personal al servicio del sector público y de protección de las personas trabajadoras agrarias eventuales afectadas por la sequía, y entren funcionamiento en 2023, 2024 y 2025, podrán ser amortizadas libremente en los períodos impositivos:

---

[156] Disposición modificada por el Real Decreto-ley 9/2024 (art. 7) con efectos para los periodos impositivos que se inicien a partir del 1 de enero de 2025. Previamente el RD-Ley 8/2023 (art. 18) modificó el apartado 1.

i) Que se inicien o concluyan en 2023, cuando la entrada en funcionamiento de los elementos a que se refiere este apartado se produzca en 2023.

ii) Que se inicien o concluyan en 2024, cuando la entrada en funcionamiento de los elementos a que se refiere este apartado se produzca en 2024.

iii) Que se inicien o concluyan en 2025, cuando la entrada en funcionamiento de los elementos a que se refiere este apartado se produzca en 2025.

Lo establecido en este apartado estará condicionado a que durante los 24 meses siguientes a la fecha de inicio del período impositivo en que los elementos adquiridos entren en funcionamiento, la plantilla media total de la entidad se mantenga respecto de la plantilla media de los doce meses anteriores.

Los edificios no podrán acogerse a la libertad de amortización regulada en esta disposición.

La cuantía máxima de la inversión que podrá beneficiarse del régimen de libertad de amortización será de 500.000 euros.

Para el cálculo de la plantilla media total de la entidad se tomarán las personas empleadas, en los términos que disponga la legislación laboral, teniendo en cuenta la jornada contratada en relación a la jornada completa.

2. A efectos de la presente disposición, se considerará energía renovable la procedente de fuentes renovables no fósiles, es decir, energía eólica, energía solar (solar térmica y solar fotovoltaica) y energía geotérmica, energía ambiente, energía mareomotriz, energía undimotriz y otros tipos de energía oceánica, energía hidráulica y energía procedente de biomasa, gases de vertedero, gases de plantas de depuración, y biogás, tal y como se definen en la Directiva (UE) 2018/2001 del Parlamento Europeo y del Consejo de 11 de diciembre de 2018, relativa al fomento del uso de energía procedente de fuentes renovables.

En el caso de las instalaciones de producción de energía eléctrica, solo se considerará energía renovable aquella que proceda de instalaciones de la categoría b) del artículo 2.1 del Real Decreto 413/2014, de 6 de junio, por el que se regula la actividad de producción de energía eléctrica a partir de fuentes de energía renovables, cogeneración y residuos.

3. En el caso de instalaciones que empleen bombas de calor accionadas eléctricamente solo se considerará energía renovable su uso para calor a partir de un rendimiento de factor estacional (SCOPnet) de 2,5 de acuerdo con la Decisión 2013/114/UE de la Comisión de 1 de marzo de 2013, por la que se establecen las directrices para el cálculo por los Estados miembros de la energía renovable procedente de las bombas de calor de diferentes tecnologías, conforme a lo dispuesto en el artículo 5 de la Directiva 2009/28/CE del Parlamento Europeo y del Consejo.

En el caso de que tales bombas se usen para frío, solo se considerará que producen energía renovable cuando el sistema de refrigeración funcione por encima del requisito de eficiencia mínimo expresado como factor de rendimiento estacional primario y este sea al menos 1,4 (SPFplow), de conformidad con lo dispuesto en el Reglamento Delegado (UE) 2022/759 de la Comisión de 14 de diciembre de 2021 por el que se modifica el anexo VII de la Directiva (UE) 2018/2001 del Parlamento Europeo y del Consejo con respecto a una metodología para calcular la cantidad de energías renovables utilizada para la refrigeración y los sistemas urbanos de refrigeración.

4. En el caso de sistemas de generación de energía renovable térmica (calor y frío) para climatización o generación de agua caliente sanitaria, únicamente se entenderá que se ha mejorado el consumo de energía primaria no renovable cuando se reduzca al menos un 30 por ciento el indicador de consumo de energía primaria no renovable, o bien se consiga una mejora de la calificación energética de las instalaciones para obtener una clase energética «A» o «B», en la misma escala de calificación.

5. No podrán acogerse a la libertad de amortización a que se refiere esta disposición aquellas instalaciones que tengan carácter obligatorio en virtud de la normativa del Código Técnico de la Edificación, aprobado por el Real Decreto 314/2006, de 17 de marzo, salvo que la instalación tenga una potencia nominal superior a la mínima exigida, en cuyo caso podrá ser objeto de la libertad de amortización aquella parte del coste de la instalación proporcional a la potencia instalada por encima de ese mínimo exigido.

6. Para la aplicación de la libertad de amortización regulada en esta disposición, los contribuyentes deberán estar en posesión, según proceda, de la siguiente documentación que acredite que la inversión utiliza energía procedente de fuentes renovables:

a) En el caso de generación de energía eléctrica, la Autorización de Explotación y, en el caso de las instalaciones con excedentes, la acreditación de la inscripción en el Registro administrativo de instalaciones de producción de energía eléctrica (RAIPREE) o, en el caso de instalaciones de menos de 100kW, el Certificado de Instalaciones Eléctricas (CIE) de acuerdo con el Reglamento Electrotécnico de Baja Tensión, de conformidad con lo establecido en el Real Decreto 244/2019, de 5 de abril, por el que se regulan las condiciones administrativas, técnicas y económicas del autoconsumo de energía eléctrica.

b) En el caso de sistemas de producción de gases renovables (biogás, biometano, hidrógeno renovable), la acreditación de inscripción en el Registro de instalaciones de producción de gas procedente de fuentes renovables regulado en el artículo 19 del Real Decreto 376/2022, de 17 de mayo, por el que se regulan los criterios de sostenibilidad y de reducción de las emisiones de gases de efecto invernadero de los biocarburantes, biolíquidos y combustibles de biomasa, así como el sistema de garantías de origen de los gases renovables.

c) En el caso de sistemas de generación de energía renovable térmica (calor y frío) industrial o de proceso, acreditación de la inscripción en registro o informe del órgano competente en la Comunidad Autónoma.

d) En el caso de sistemas de generación de energía renovable térmica (calor y frío) para climatización o generación de agua caliente sanitaria, certificado de eficiencia energética expedido por el técnico competente después de la realización de las inversiones, que indique la incorporación de estos sistemas respecto del certificado expedido antes del inicio de las mismas.

7. En el supuesto de que se incumpliese la obligación de mantenimiento de la plantilla en los términos establecidos en el apartado 1 de esta disposición, se deberá proceder a ingresar la cuota íntegra que hubiere correspondido a la cantidad deducida en exceso más los intereses de demora correspondientes. El ingreso de la cuota íntegra y de los intereses de demora se realizará conjuntamente con la autoliquidación correspondiente al período impositivo en el que se haya incumplido la obligación.

8. Las entidades a las que, de acuerdo con lo establecido en el artículo 101 de esta Ley, les sean de aplicación los incentivos fiscales para las empresas de reducida dimensión previstos en el capítulo XI del título VII de esta Ley, podrán optar entre aplicar el régimen de libertad de amortización previsto en el artículo 102 de esta Ley o aplicar el régimen de libertad de amortización regulado en esta disposición.

Disposición adicional decimoctava. *Libertad de amortización en determinados vehículos y en nuevas infraestructuras de recarga*[157].

1. Las inversiones en vehículos nuevos FCV, FCHV, BEV, REEV o PHEV, según definición del anexo II del Reglamento General de Vehículos, aprobado por el Real

---

[157] Se modifica esta DA por el RD-Ley 4/2024 (art. 4.1) con efectos para los periodos impositivos que se inicien a partir del 1 de enero de 2024 y que no hayan concluido a la entrada en vigor de esta ley (28/6/24). Previamente el RD-Ley 5/2023 (art.190) modifica esta DA que queda redactada de la siguiente forma:
Disposición adicional decimoctava. Amortización acelerada de determinados vehículos y de nuevas infraestructuras de recarga.
1. Las inversiones en vehículos nuevos FCV, FCHV, BEV, REEV o PHEV, según definición del anexo II del Reglamento General de Vehículos, aprobado por Real Decreto 2822/1998, de

Decreto 2822/1998, de 23 de diciembre, afectos a actividades económicas y que entren en funcionamiento en los períodos impositivos que se inicien en los años 2024 y 2025, podrán ser amortizadas libremente.

2. Las inversiones en nuevas infraestructuras de recarga de vehículos eléctricos, de potencia normal o de alta potencia, en los términos definidos en el artículo 2 de la Directiva 2014/94/UE del Parlamento Europeo y del Consejo, de 22 de octubre de 2014, relativa a la implantación de una infraestructura para los combustibles alternativos, afectas a actividades económicas, y que entren en funcionamiento en los períodos impositivos que se inicien en los años 2024 y 2025, podrán ser amortizadas libremente.

3. Para la aplicación de la libertad de amortización regulada en el apartado anterior, se exigirá el cumplimiento de los siguientes requisitos:

a) Aportación de la documentación técnica preceptiva, según las características de la instalación, en forma de Proyecto o Memoria, prevista en el Real Decreto 842/2002, de 2 de agosto, por el que se aprueba el Reglamento electrotécnico para baja tensión, elaborada por el instalador autorizado debidamente registrado en el

23 de diciembre, afectos a actividades económicas y que entren en funcionamiento en los períodos impositivos que se inicien en los años 2023, 2024 y 2025, podrán amortizarse en función del coeficiente que resulte de multiplicar por 2 el coeficiente de amortización lineal máximo previsto en las tablas de amortización oficialmente aprobadas.

2. Las inversiones en nuevas infraestructuras de recarga de vehículos eléctricos, de potencia normal o de alta potencia, en los términos definidos en el artículo 2 de la Directiva 2014/94/UE del Parlamento Europeo y del Consejo, de 22 de octubre de 2014, relativa a la implantación de una infraestructura para los combustibles alternativos, afectas a actividades económicas, y que entren en funcionamiento en los períodos impositivos que se inicien en los años 2023, 2024 y 2025, podrán amortizarse en función del coeficiente que resulte de multiplicar por 2 el coeficiente de amortización lineal máximo previsto en las tablas de amortización oficialmente aprobadas.

3. Para la aplicación de la amortización acelerada regulada en el apartado anterior, se exigirá el cumplimiento de los siguientes requisitos:

a) Aportación de la documentación técnica preceptiva, según las características de la instalación, en forma de Proyecto o Memoria, prevista en el Real Decreto 842/2002, de 2 de agosto, por el que se aprueba el Reglamento electrotécnico para baja tensión, elaborada por el instalador autorizado debidamente registrado en el Registro Integrado Industrial, regulado en el título IV de la Ley 21/1992, de 16 de julio, de Industria, y en su normativa reglamentaria de desarrollo.

b) Obtención del certificado de instalación eléctrica diligenciado por la Comunidad Autónoma competente.

Registro Integrado Industrial, regulado en el título IV de la Ley 21/1992, de 16 de julio, de Industria, y en su normativa reglamentaria de desarrollo.

b) Obtención del certificado de instalación eléctrica diligenciado por la Comunidad Autónoma competente.

Disposición adicional decimonovena. *Medidas temporales en la determinación de la base imponible en el régimen de consolidación fiscal*[158].

1. Con efectos para los periodos impositivos que se inicien en 2023, 2024 y 2025, la base imponible del grupo fiscal se determinará de acuerdo con lo dispuesto en el artículo 62 de esta ley, si bien en relación con lo señalado en el primer inciso de la letra a) del apartado 1 de dicho artículo, la suma se referirá a las bases imponibles positivas y al 50 por ciento de las bases imponibles negativas individuales correspondientes a todas y cada una de las entidades integrantes del grupo fiscal, teniendo en cuenta las especialidades contenidas en el artículo 63 de esta ley.

No obstante, para los periodos impositivos que se inicien en 2024 y 2025, la limitación a la integración de bases imponibles negativas prevista en el apartado anterior no resultará de aplicación tratándose de las bases imponibles individuales correspondientes a aquellas fundaciones que estén sometidas al régimen general de esta ley y formen parte del grupo fiscal.

2. Con efectos para los períodos impositivos sucesivos, el importe de las bases imponibles negativas individuales no incluidas en la base imponible del grupo fiscal por aplicación de lo dispuesto en el apartado anterior se integrará en la base imponible del mismo por partes iguales en cada uno de los diez primeros períodos impositivos que se inicien:

a) A partir de 1 enero de 2024, cuando lo establecido en el apartado anterior se aplique con efectos para los períodos impositivos que se inicien en 2023.

b) A partir de 1 de enero de 2025, cuando lo establecido en el apartado anterior se aplique con efectos para los períodos impositivos que se inicien en 2024.

c) A partir de 1 de enero de 2026, cuando lo establecido en el apartado anterior se aplique con efectos para los períodos impositivos que se inicien en 2025.

Lo dispuesto en el presente apartado se aplicará incluso en caso de que alguna de las entidades con bases imponibles individuales negativas a que se refiere el apartado anterior quede excluida del grupo.

---

[158] Se sustituye esta DA por la Ley 7/2024 (DF 8ª.6) con efectos para los periodos impositivos que se inicien a partir del 1 de enero de 2024 y que no hayan concluido a la entrada en vigor de esta ley (22/12/24).

3. En el supuesto de pérdida del régimen de consolidación fiscal o de extinción del grupo fiscal, el importe de las bases imponibles negativas individuales a que se refiere el apartado primero que esté pendiente de integración en la base imponible del grupo, se integrará en el último período impositivo en que el grupo tribute en el régimen de consolidación fiscal.

Disposición transitoria primera. *Regularización de ajustes extracontables.*

Los ajustes extracontables, positivos y negativos, practicados para determinar las bases imponibles del Impuesto sobre Sociedades correspondientes a períodos impositivos iniciados con anterioridad a la entrada en vigor de esta Ley se tomarán en consideración a los efectos de la determinación de las bases imponibles correspondientes a los períodos impositivos en los que sea de aplicación esta Ley, de acuerdo con lo previsto en las normas que los regularon.

En ningún caso será admisible que una misma renta no se tome en consideración o lo sea dos veces a los efectos de la determinación de la base imponible por el Impuesto sobre Sociedades.

En el caso de operaciones a plazos o con precio aplazado realizadas en períodos impositivos iniciados con anterioridad a 1 de enero de 2015, las rentas pendientes de integrar en períodos impositivos iniciados a partir de dicha fecha, se integrarán en la base imponible de acuerdo con el régimen fiscal que resultara de aplicación en el momento en que se realizaron las operaciones, aun cuando la integración se realice en períodos impositivos iniciados con posterioridad a 1 de enero de 2015.

Disposición transitoria segunda. *Régimen fiscal de la investigación y explotación de hidrocarburos y de fomento de la minería.*

1. Las disposiciones establecidas en esta Ley para las actividades de investigación y de explotación de hidrocarburos serán de aplicación a las entidades con permiso de investigación y concesiones de explotación que continúen rigiéndose por la Ley 21/1974, de 27 de junio, sobre la Investigación y Explotación de Hidrocarburos.

2. Los activos que a la entrada en vigor de la Ley 43/1995, de 27 de diciembre, del Impuesto sobre Sociedades se estuvieran amortizando de acuerdo con los coeficientes máximos de amortización establecidos en el apartado B.1 del artículo 47 del Real Decreto 2362/1976, de 30 de julio, por el que se aprueba el Reglamento de la Ley sobre Investigación y Explotación de Hidrocarburos de 27 de junio de 1974, podrán amortizarse aplicando los mencionados coeficientes, debiendo quedar totalmente amortizados en el plazo máximo de 20 años, a contar desde la citada fecha de entrada en vigor.

3. Los saldos pendientes de inversión correspondientes a sujetos pasivos que, de acuerdo con el apartado 4 de la Disposición transitoria segunda del Texto Refundido de laLey del Impuesto sobre Sociedades, aprobado por el Real Decreto Legislativo 4/2004, de 5 de marzo, según redacción vigente en períodos impositivos iniciados con anterioridad a 1 de enero de 2015, hubieran optado por aplicar el régimen fiscal de la Investigación y Explotación de Hidrocarburos establecido en el Capítulo X del Título VIII de la Ley 43/1995, según redacción vigente el 31 de diciembre de 2002, se aplicarán en la forma establecida en el artículo 96 de esta Ley.

El plazo a que se refiere el artículo 96 de esta Ley, no será de aplicación cuando las cantidades se destinen al abandono de campos o al desmantelamiento de plataformas marinas siempre que correspondan a explotaciones existentes a la entrada en vigor de la Ley 53/2002, de 30 de diciembre, de Medidas Fiscales, Administrativas y del Orden Social.

Disposición transitoria tercera. *Beneficios fiscales de la reconversión y reindustrialización.*

Los contribuyentes afectados por los Reales Decretos de reconversión disfrutarán de los beneficios fiscales establecidos por la Ley 27/1984, de 26 de julio, sobre reconversión y reindustrialización, en los términos que en aquéllos se prevé.

Disposición transitoria cuarta. *Contratos de arrendamiento financiero celebrados con anterioridad a la entrada en vigor de la Ley 43/1995, de 27 de diciembre, del Impuesto sobre Sociedades.*

Se regirán hasta su total cumplimiento por las normas establecidas en la Disposición adicional séptima de la Ley 26/1988, de 29 de julio, sobre Disciplina e Intervención de las Entidades de Crédito, los contratos de arrendamiento financiero celebrados con anterioridad a la entrada en vigor de la Ley 43/1995, de 27 de diciembre, del Impuesto sobre Sociedades, que versen sobre bienes cuya entrega al usuario se hubiera realizado igualmente con anterioridad a su entrada en vigor, o sobre bienes inmuebles cuya entrega se haya realizado dentro del plazo de los dos años posteriores a dicha fecha de entrada en vigor.

Disposición transitoria quinta. *Saldos de la provisión para insolvencias amparada en el artículo 82 del Reglamento del Impuesto sobre Sociedades, aprobado por el Real Decreto 2631/1982, de 15 de octubre.*

Los contribuyentes que a la entrada en vigor de la Ley 43/1995, de 27 de diciembre, del Impuesto sobre Sociedades, tuvieran constituido un fondo para provisión de insolvencias mediante el sistema regulado en el apartado 6 del artículo

82 del Reglamento del Impuesto sobre Sociedades, aprobado por el Real Decreto 2631/1982, de 15 de octubre, aplicarán su saldo a la cobertura de los créditos de dudoso cobro existentes en dicha fecha y el exceso, en su caso, a los que se vayan produciendo con posterioridad hasta su total extinción.

Entretanto no serán deducibles las dotaciones que se efectúen para la cobertura de los citados créditos.

Disposición transitoria sexta. *Régimen transitorio de los beneficios sobre operaciones financieras.*

Las sociedades concesionarias de autopistas de peaje que tuvieran reconocidos beneficios en este Impuesto el día 1 de enero de 1979 para las operaciones de financiación y refinanciación en función de su legislación específica y de lo establecido en la Disposición transitoria tercera, apartado 2, de la Ley 61/1978, de 27 de diciembre, del Impuesto sobre Sociedades y sus normas de desarrollo, conservarán dicho derecho adquirido en sus actuales términos. Asimismo, los contribuyentes que a la fecha de entrada en vigor de la Ley 43/1995, de 27 de diciembre, del Impuesto sobre Sociedades disfrutasen de la bonificación a que se refieren: el artículo 25.c) de la Ley 61/1978; el artículo 1 del Real Decreto-ley 5/1980, de 19 de mayo, sobre bonificación de las cuotas del Impuesto sobre Sociedades, correspondiente a los intereses que han de satisfacer las Corporaciones locales, Comunidades Autónomas y Estado, en razón de determinados préstamos o empréstitos; los artículos 6.5.º y 20 de la Ley 12/1988, de 25 de mayo, de Beneficios Fiscales relativos a la Exposición Universal Sevilla 1992, a los actos conmemorativos del V Centenario del Descubrimiento de América y a los Juegos Olímpicos de Barcelona 1992 y el artículo 6.5 de la Ley 30/1990, de 27 de diciembre, de Beneficios Fiscales relativos a Madrid CapitalEuropea de la Cultura 1992, en virtud de resolución acordada por el Ministerio de Economía y Hacienda, continuarán aplicándola en los términos establecidos en las normas respectivas.

Disposición transitoria séptima. *Valor fiscal de las participaciones de las instituciones de inversión colectiva.*

A los efectos de calcular el exceso del valor liquidativo a que hace referencia el artículo 54 de esta Ley, se tomará como valor de adquisición el valor liquidativo el primer día del primer período impositivo al que haya sido de aplicación la Ley 43/1995, de 27 de diciembre, del Impuesto sobre Sociedades, respecto de las participaciones y acciones que en aquél hubiera poseído el contribuyente. La diferencia entre dicho valor y el valor efectivo de adquisición no se tomará como valor de adquisición a los efectos de la determinación de las rentas derivadas de la transmisión o reembolso de las acciones o participaciones.

Los dividendos y participaciones en beneficios distribuidos por las instituciones de inversión colectiva que procedan de beneficios obtenidos con anterioridad a la entrada en vigor de la Ley 43/1995, se integrarán en la base imponible de los socios o partícipes de los mismos. A estos efectos, se entenderá que las primeras reservas distribuidas han sido dotadas con los primeros beneficios ganados.

Disposición transitoria octava. *Régimen fiscal de las transmisiones de activos realizadas en cumplimiento de disposiciones con rango de Ley de la normativa de defensa de la competencia.*

Las transmisiones de elementos patrimoniales que se hayan realizado en los términos establecidos en la Disposición adicional cuarta del Texto Refundido de la Ley del Impuesto sobre Sociedades, aprobado por el Real Decreto Legislativo 4/2004, de 5 de marzo, según redacción vigente en períodos impositivos iniciados con anterioridad a 1 de enero de 2015, se regirán por lo en ella establecido, aun cuando la reinversión y demás requisitos se produzcan en períodos impositivos iniciados a partir de dicha fecha.

Disposición transitoria novena. *Régimen fiscal de las participaciones en entidades que hayan aplicado el régimen fiscal especial de transparencia fiscal, establecido en la Ley 43/1995, de 27 de diciembre, del Impuesto sobre Sociedades.*

1. Los dividendos y participaciones en beneficios de entidades que procedan de períodos impositivos durante los cuales la entidad que los distribuye hubiera estado sujeta al régimen de transparencia fiscal establecido en la Ley 43/1995, de 27 de diciembre, del Impuesto sobre Sociedades, no tributarán en el Impuesto sobre la Renta de las Personas Físicas ni en el Impuesto sobre Sociedades. El importe de estos dividendos o participaciones en beneficios no se integrará en el valor de adquisición de las acciones o participaciones de los socios a quienes hubiesen sido imputados.

Tratándose de los socios que adquirieron las acciones o participaciones con posterioridad a la imputación, se disminuirá el valor de adquisición de aquellas en dichos importes.

2. No estarán sujetos a retención o ingreso a cuenta los dividendos o participaciones en beneficios a que se refiere el apartado anterior.

3. En la transmisión de acciones y participaciones en el capital de entidades que hayan estado sujetas al régimen de transparencia fiscal en períodos impositivos anteriores, el valor de adquisición se incrementará en el importe de los beneficios

sociales obtenidos en dichos períodos que, sin efectiva distribución, hubieran sido imputados a los socios como rentas de sus acciones o participaciones en el período de tiempo comprendido entre su adquisición y transmisión en que las entidades hubiesen tributado bajo el citado régimen.

Disposición transitoria décima. *Régimen fiscal de las participaciones en entidades que hayan aplicado el régimen especial de sociedades patrimoniales establecido en el texto refundido de la Ley del Impuesto sobre Sociedades, aprobado por el Real Decreto Legislativo 4/2004, de 5 de marzo.*

1. La distribución de beneficios obtenidos en ejercicios en los que haya sido de aplicación el régimen especial de las sociedades patrimoniales establecido en el textorefundido de la Ley del Impuesto sobre Sociedades, aprobado por el Real Decreto Legislativo 4/2004, de 5 de marzo, recibirá el siguiente tratamiento:

a) Cuando el perceptor sea contribuyente del Impuesto sobre la Renta de las Personas Físicas, los dividendos y participaciones en beneficios a que se refieren las letras a) y b) del apartado 1 del artículo 25 de la Ley 35/2006, de 28 de noviembre, del Impuesto sobre la Renta de las Personas Físicas y de modificación parcial de las leyes de los Impuestos sobre Sociedades, sobre la Renta de no Residentes y sobre el Patrimonio, no se integrarán en la renta del período impositivo de dicho Impuesto. La distribución del dividendo no estará sujeta a retención o ingreso a cuenta.

b) Cuando el perceptor sea un contribuyente del Impuesto sobre Sociedades o del Impuesto sobre la Renta de no Residentes con establecimiento permanente, los beneficios percibidos tendrán derecho a la exención del 50 por ciento de su importe.

c) Cuando el perceptor sea un contribuyente del Impuesto sobre la Renta de no Residentes sin establecimiento permanente, los beneficios percibidos tendrán el tratamiento que les corresponda de acuerdo con lo establecido en el Texto Refundido de la Ley del Impuesto sobre la Renta de no Residentes, aprobado por el Real Decreto Legislativo 5/2004, de 5 de marzo, para estos contribuyentes.

2. Las rentas obtenidas en la transmisión de la participación en entidades que se correspondan con reservas procedentes de beneficios obtenidos en ejercicios en los que haya sido de aplicación el régimen de las sociedades patrimoniales, recibirán el siguiente tratamiento:

a) Cuando el transmitente sea contribuyente del Impuesto sobre la Renta de las Personas Físicas, a efectos de la determinación de la ganancia o pérdida patrimonial se aplicará lo dispuesto en el artículo 35.1.c) del Texto Refundido de la Ley del Impuesto sobre la Renta de las Personas Físicas, aprobado por Real Decreto Legislativo 3/2004, de 5 de marzo, según redacción vigente a 31 de diciembre de 2006.

b) Cuando el transmitente sea un contribuyente del Impuesto sobre Sociedades, o del Impuesto sobre la Renta de no Residentes con establecimiento permanente, en ningún caso podrá aplicar el régimen de exención previsto en esta Ley.

En la determinación de estas rentas, el valor de transmisión a computar será, como mínimo, el valor del patrimonio neto que corresponda a los valores transmitidos resultante del último balance cerrado, una vez sustituido el valor contable de los activos no afectos por el valor que tendrían a efectos del Impuesto sobre el Patrimonio, o por el valor de mercado si fuere inferior.

Lo dispuesto en el primer párrafo también se aplicará en los supuestos de disolución de la entidad, separación del socio, fusión, escisión total o parcial o cesión global de activo y pasivo.

c) Cuando el transmitente sea un contribuyente del Impuesto sobre la Renta de no Residentes sin establecimiento permanente tendrá el tratamiento que le corresponda de acuerdo con lo establecido para estos contribuyentes en el Texto Refundido de la Ley del Impuesto sobre la Renta de no Residentes.

3. Las entidades que tributaron en el régimen especial de sociedades patrimoniales deberán seguir cumpliendo las obligaciones de información en los términos establecidos en el artículo 47 del Reglamento del Impuesto sobre Sociedades, aprobado por el Real Decreto 1777/2004, de 30 de julio.

Disposición transitoria undécima. *Valor fiscal de los elementos patrimoniales adjudicados a los socios con ocasión de la disolución de sociedades transparentes y de sociedades patrimoniales.*

En el supuesto de sociedades transparentes que hayan sido objeto de disolución y liquidación en los términos establecidos en la Disposición transitoria decimosexta del texto refundido de la Ley del Impuesto sobre Sociedades, aprobado por el Real Decreto Legislativo 4/2004, de 5 de marzo, los elementos adquiridos por los socios tendrán el valor y la fecha de adquisición que se establecieron en la referida Disposición transitoria.

En el supuesto de sociedades patrimoniales que hayan sido objeto de disolución y liquidación en los términos establecidos en la Disposición transitoria vigésimo cuarta del texto refundido de la Ley del Impuesto sobre Sociedades, los elementos adquiridos por los socios tendrán el valor y la fecha de adquisición que se establecieron en la referida disposición transitoria.

Disposición transitoria duodécima. *Régimen fiscal de los ajustes contables por la primera aplicación del Plan General de Contabilidad, aprobado por el Real Decreto 1514/2007, de 16 de noviembre, del Plan General de Contabilidad de Pequeñas y Me-*

dianas Empresas y los criterios contables específicos para microempresas, aprobado por el Real Decreto 1515/2007, de 16 de noviembre o del Plan de contabilidad de las entidades aseguradoras, aprobado por el Real Decreto 1317/2008, de 24 de julio.

Los cargos y abonos a partidas de reservas que se correspondan con gastos o ingresos que, de acuerdo con lo dispuesto en el tercer párrafo del apartado 1 de la Disposición transitoria vigésimo sexta del Texto Refundido de la Ley del Impuesto sobre Sociedades, aprobado por el Real Decreto Legislativo 4/2004, de 5 de marzo, no fueron objeto de integración en la base imponible con ocasión de la primera aplicación del Plan General de Contabilidad aprobado por el Real Decreto 1514/2007, de 16 de noviembre, o del Plan General de Contabilidad de Pequeñas y Medianas Empresas y los criterios contables específicos para microempresas, aprobado por el Real Decreto 1515/2007, de 16 de noviembre, tampoco serán objeto de integración en la misma con ocasión de su devengo contable de nuevo según los criterios contables establecidos en dichas normas.

Lo dispuesto en el párrafo anterior resultará igualmente de aplicación con ocasión de los cargos y abonos a reservas que hubiera correspondido realizar con ocasión de la primera aplicación del Plan de contabilidad de las entidades aseguradoras, aprobado por el Real Decreto 1317/2008, de 24 de julio.

Disposición transitoria decimotercera. *Aplicación de la tabla de amortización prevista en esta Ley en elementos patrimoniales adquiridos con anterioridad. Libertad de amortización pendiente de aplicar.*

1. Los elementos patrimoniales para los que, en períodos impositivos iniciados con anterioridad a 1 de enero de 2015, se estuvieran aplicando un coeficiente de amortización distinto al que les correspondiese por aplicación de la tabla de amortización prevista en el artículo 12.1 de esta Ley, se amortizarán durante los períodos impositivos que resten hasta completar su nueva vida útil, de acuerdo con la referida tabla, sobre el valor neto fiscal del bien existente al inicio del primer período impositivo que comience a partir de 1 de enero de 2015.

Asimismo, aquellos contribuyentes que estuvieran aplicando un método de amortización distinto al resultante de aplicar los coeficientes de amortización lineal en períodos impositivos iniciados con anterioridad a 1 de enero de 2015 y, en aplicación de la tabla de amortización prevista en esta Ley les correspondiere un plazo de amortización distinto, podrán optar por aplicar el método de amortización lineal en el período que reste hasta finalizar su nueva vida útil, sobre el valor neto fiscal existente al inicio del primer período impositivo que comience a partir de 1 de enero de 2015.

Las adquisiciones de activos nuevos realizadas entre el 1 de enero de 2003 y el 31 de diciembre de 2004 aplicarán los coeficientes de amortización lineal máximos previstos en esta Ley, multiplicados por 1,1.

Los cambios en los coeficientes de amortización aplicados por los contribuyentes, que se puedan originar a raíz de la entrada en vigor de la presente Ley, se contabilizarán como un cambio de estimación contable.

2. Los contribuyentes que hubieran realizado inversiones hasta la entrada en vigor del Real Decreto-ley 12/2012, de 30 de marzo, a las que haya resultado de aplicación la Disposición adicional undécima del Texto Refundido de la Ley del Impuesto sobre Sociedades, según redacción dada por el Real Decreto-ley 6/2010, de 9 de abril, de medidas para el impulso de la recuperación económica y el empleo, y por el Real Decreto-ley 13/2010, de 3 de diciembre, de actuaciones en el ámbito fiscal, laboral y liberalizadoras para fomentar la inversión y la creación de empleo, y tengan cantidades pendientes de aplicar,correspondientes a la libertad de amortización, podrán aplicar dichas cantidades en las condiciones allí establecidas.

Disposición transitoria decimocuarta. *Fondo de comercio financiero*[159, 160].

La deducción establecida en el apartado 5 del artículo 12 del Texto Refundido de la Ley del Impuesto sobre Sociedades, aprobado por el Real Decreto Legislativo 4/2004, de 5 de marzo, según redacción vigente para los períodos impositivos iniciados con anterioridad a 1 de enero de 2015, continuará siendo de aplicación, en los términos allí establecidos, respecto de las adquisiciones de valores representativos de la participación en fondos propios de entidades no residentes en territorio español, realizadas hasta 21 de diciembre de 2007, así como las realizadas con una obligación irrevocable convenida hasta 21 de diciembre de 2007, de acuerdo con lo señalado en el apartado 3 del artículo 1 de la Decisión de la Comisión Europea de 28 de octubre de 2009 y en el apartado 3 del artículo 1 de la Decisión de la Comisión Europea de 12 de enero de 2011.

Asimismo, en el caso de adquisición de valores que confieran la mayoría de la participación en los fondos propios de entidades residentes en otro Estado no miembro de la Unión Europea, realizadas entre el 21 de diciembre de 2007 y el 21 de mayo de 2011, podrá aplicarse la deducción establecida en el referido apartado 5 del artículo 12 cuando se demuestre la existencia de obstáculos jurídicos explícitos a las combinaciones transfronterizas de empresas, en los términos establecidos en

---

[159]   Véase RIS DT 5ª.
[160]   Régimen transitorio para el periodo impositivo 2015: véase LIS DT 34ª.c).

los apartados 4 y 5 del artículo 1 de la citada Decisión de la Comisión de 12 de enero de 2011.

Disposición transitoria decimoquinta. *Pérdidas por deterioro del inmovilizado material, inversiones inmobiliarias, inmovilizado intangible y valores representativos de deuda.*

La reversión de las pérdidas por deterioro del inmovilizado material, inversiones inmobiliarias, inmovilizado intangible y valores representativos de deuda que hubieran resultado fiscalmente deducibles en períodos impositivos iniciados con anterioridad a 1 de enero de 2015, se integrarán en la base imponible del Impuesto sobre Sociedades del período impositivo en que se produzca la recuperación de su valor en el ámbito contable.

En el caso de inmovilizado intangible de vida útil indefinida, la referida reversión se integrará en la base imponible con el límite del valor fiscal que tendría el activo intangible teniendo en cuenta lo dispuesto en el artículo 13.3 de esta Ley.

Disposición transitoria decimosexta. *Régimen transitorio aplicable a las pérdidas por deterioro de los valores representativos de la participación en el capital o en los fondos propios de entidades, y a las rentas negativas obtenidas en el extranjero a través de un establecimiento permanente, generadas en períodos impositivos iniciados con anterioridad a 1 de enero de 2013*[161].

1. La reversión de las pérdidas por deterioro de los valores representativos de la participación en el capital o en los fondos propios de entidades que hayan re-

---

[161] Disposición modificada por el Real Decreto-ley 3/2016 (art. 3.1°.2), con efectos para los períodos impositivos que se inicien a partir de 1 de enero de 2016. Su redacción inicial era la siguiente: «*1. La reversión de las pérdidas por deterioro de los valores representativos de la participación en el capital o en los fondos propios de entidades que hayan resultado fiscalmente deducibles de la base imponible del Impuesto sobre Sociedades de acuerdo con lo establecido en el apartado 3 del artículo 12 del Texto Refundido de la Ley del Impuesto sobre Sociedades, aprobado por el Real Decreto Legislativo 4/2004, de 5 de marzo, en períodos impositivos iniciados con anterioridad a 1 de enero de 2013, con independencia de su imputación contable en la cuenta de pérdidas y ganancias, se integrarán en la base imponible del período en el que el valor de los fondos propios al cierre del ejercicio exceda al del inicio, en proporción a su participación, debiendo tenerse en cuenta las aportaciones o devoluciones de aportaciones realizadas en él, con el límite de dicho exceso. A estos efectos, se entenderá que la diferencia positiva entre el valor de los fondos propios al cierre y al inicio del ejercicio, en los términos establecidos en este párrafo, se corresponde, en primer lugar, con pérdidas por deterioro que han resultado fiscalmente deducibles.*

sultado fiscalmente deducibles de la base imponible del Impuesto sobre Sociedades de acuerdo con lo establecido en el apartado 3 del artículo 12 del Texto Refundido

Igualmente, serán objeto de integración en la base imponible las referidas pérdidas por deterioro, por el importe de los dividendos o participaciones en beneficios percibidos de las entidades participadas, excepto que dicha distribución no tenga la condición de ingreso contable.

Lo dispuesto en este apartado no resultará de aplicación respecto de aquellas pérdidas por deterioro de valor de la participación que vengan determinadas por la distribución de dividendos o participaciones en beneficios y que no hayan dado lugar a la aplicación de la deducción por doble imposición interna o bien que las referidas pérdidas no hayan resultado fiscalmente deducibles en el ámbito de la deducción por doble imposición internacional.

2. La reversión de las pérdidas por deterioro de los valores representativos de la participación en el capital o en los fondos propios de entidades que coticen en un mercado regulado a las que no haya resultado de aplicación el apartado 3 del artículo 12 del texto refundido de la Ley del Impuesto sobre Sociedades, en períodos impositivos iniciados con anterioridad a 1 de enero de 2013, se integrarán en la base imponible del Impuesto sobre Sociedades del período impositivo en que se produzca la recuperación de su valor en el ámbito contable.

3. En el caso de que un establecimiento permanente hubiera obtenido rentas negativas netas que se hubieran integrado en la base imponible de la entidad en períodos impositivos iniciados con anterioridad a 1 de enero de 2013, la exención prevista en el artículo 22 de esta Ley o la deducción a que se refiere el artículo 31 de esta Ley sólo se aplicarán a las rentas positivas obtenidas con posterioridad a partir del momento en que superen la cuantía de dichas rentas negativas.

4. Si se produce la transmisión de un establecimiento permanente y es de aplicación el régimen previsto en la letra b) del apartado 1 del artículo 77 de esta Ley, la base imponible de la entidad transmitente residente en territorio español se incrementará en el importe del exceso de las rentas negativas sobre las positivas imputadas por el establecimiento permanente en períodos impositivos iniciados con anterioridad a 1 de enero de 2013, con el límite de la renta positiva derivada de la transmisión del mismo.

5. En el caso de una unión temporal de empresas que, habiéndose acogido al régimen de exención previsto en el artículo 50 del Texto Refundido de la Ley del Impuesto sobre Sociedades, según redacción vigente para períodos impositivos iniciados con anterioridad a 1 de enero de 2015, hubiera obtenido rentas negativas netas en el extranjero que se hubieran integrado en la base imponible de las entidades miembros en períodos impositivos iniciados con anterioridad a 1 de enero de 2013, cuando en sucesivos ejercicios la unión temporal obtenga rentas positivas, las empresas miembros integrarán en su base imponible, con carácter positivo, la renta negativa previamente imputada, con el límite del importe de dichas rentas positivas.

La misma regla resultará de aplicación en el supuesto de entidades que participen en obras, servicios o suministros en el extranjero mediante fórmulas de colaboración análogas a las uniones temporales de empresas que se hubieran acogido al régimen de exención señalado.

de la Ley del Impuesto sobre Sociedades, aprobado por el Real Decreto Legislativo 4/2004, de 5 de marzo, en períodos impositivos iniciados con anterioridad a 1 de enero de 2013, con independencia de su imputación contable en la cuenta de pérdidas y ganancias, se integrará en la base imponible del período en el que el valor de los fondos propios al cierre del ejercicio exceda al del inicio, en proporción a su participación, debiendo tenerse en cuenta las aportaciones o devoluciones de aportaciones realizadas en él, con el límite de dicho exceso. A estos efectos, se entenderá que la diferencia positiva entre el valor de los fondos propios al cierre y al inicio del ejercicio, en los términos establecidos en este párrafo, se corresponde, en primer lugar, con pérdidas por deterioro que han resultado fiscalmente deducibles.

Igualmente, serán objeto de integración en la base imponible las referidas pérdidas por deterioro, por el importe de los dividendos o participaciones en beneficios percibidos de las entidades participadas, excepto que dicha distribución no tenga la condición de ingreso contable.

6. *En el supuesto de operaciones de reestructuración acogidas al régimen fiscal especial establecido en el Capítulo VII del Título VII de esta Ley:*

a) Si el socio pierde la cualidad de residente en territorio español, la diferencia a que se refieren el apartado 4 del artículo 80 y el apartado 3 del artículo 81 de esta Ley, se corregirá, en su caso, en el importe de las pérdidas por deterioro del valor que hayan sido fiscalmente deducibles en períodos impositivos iniciados con anterioridad a 1 de enero de 2013.

b) A efectos de lo previsto en el apartado 2 del artículo 84 de esta Ley, en ningún caso serán compensables las bases imponibles negativas correspondientes a pérdidas sufridas por la entidad transmitente que hayan motivado la depreciación de la participación de la entidad adquirente en el capital de la transmitente, o la depreciación de la participación de otra entidad en esta última cuando todas ellas formen parte de un grupo de sociedades al que se refiere el artículo 42 del Código de Comercio, con independencia de su residencia y de la obligación de formular cuentas anuales consolidadas, cuando cualquiera de las referidas depreciaciones se haya producido en períodos impositivos iniciados con anterioridad a 1 de enero de 2013.

7. El límite establecido en el párrafo primero del apartado 1 del artículo 26 de esta Ley no resultará de aplicación en el importe de las rentas correspondientes a la reversión de las pérdidas por deterioro que se integren en la base imponible por aplicación de lo dispuesto en los apartados anteriores de esta disposición transitoria siempre que las pérdidas por deterioro deducidas durante el período impositivo en que se generaron las bases imponibles negativas que se pretenden compensar hubieran representado, al menos, el 90 por ciento de los gastos deducibles de dicho período. En caso de que la entidad tuviera bases imponibles negativas generadas en varios períodos iniciados con anterioridad a 1 de enero de 2013, este requisito podrá cumplirse mediante el cómputo agregado del conjunto de los gastos deducibles de dichos períodos impositivos.»

Lo dispuesto en este apartado no resultará de aplicación respecto de aquellas pérdidas por deterioro de valor de la participación que vengan determinadas por la distribución de dividendos o participaciones en beneficios y que no hayan dado lugar a la aplicación de la deducción por doble imposición interna o bien que las referidas pérdidas no hayan resultado fiscalmente deducibles en el ámbito de la deducción por doble imposición internacional.

2. La reversión de las pérdidas por deterioro de los valores representativos de la participación en el capital o en los fondos propios de entidades que coticen en un mercado regulado a las que no haya resultado de aplicación el apartado 3 del artículo 12 del texto refundido de la Ley del Impuesto sobre Sociedades, en períodos impositivos iniciados con anterioridad a 1 de enero de 2013, se integrará en la base imponible del Impuesto sobre Sociedades del período impositivo en que se produzca la recuperación de su valor en el ámbito contable.

3[162]. En todo caso, la reversión de las pérdidas por deterioro de los valores representativos de la participación en el capital o en los fondos propios de entidades que hayan resultado fiscalmente deducibles en la base imponible del Impuesto sobre Sociedades en períodos impositivos iniciados con anterioridad a 1 de enero de 2013, se integrará, como mínimo, por partes iguales en la base imponible correspondiente a cada uno de los tres primeros períodos impositivos que se inicien a partir de 1 de enero de 2024.

En el supuesto de haberse producido la reversión de un importe superior por aplicación de lo dispuesto en los apartados 1 o 2 de esta disposición, el saldo que reste se integrará, como mínimo, por partes iguales entre los restantes períodos impositivos.

No serán de aplicación los límites establecidos en el apartado 1 de la disposición adicional decimoquinta de esta ley en el importe de la renta correspondiente a la reversión de las pérdidas por deterioro integradas en la base imponible de los referidos períodos impositivos por aplicación de lo dispuesto en este apartado, siempre que las bases imponibles negativas objeto de compensación tuvieran su origen en períodos impositivos iniciados con anterioridad a 1 de enero de 2021.

No obstante, en caso de transmisión de los valores representativos de la participación en el capital o en los fondos propios de entidades durante los referidos períodos impositivos, se integrarán en la base imponible del período impositivo en

---

[162] Se introduce un nuevo apartado en esta DA por la Ley 7/2024 (DF8ª.7) con efectos para los periodos impositivos que se inicien a partir del 1 de enero de 2024 y que no hayan concluido a la entrada en vigor de esta ley (22/12/24).

que aquella se produzca las cantidades pendientes de revertir, con el límite de la renta positiva derivada de esa transmisión.

4. En el caso de que un establecimiento permanente hubiera obtenido rentas negativas netas que se hubieran integrado en la base imponible de la entidad en períodos impositivos iniciados con anterioridad a 1 de enero de 2013, la exención prevista en el artículo 22 de esta Ley o la deducción a que se refiere el artículo 31 de esta Ley sólo se aplicarán a las rentas positivas obtenidas con posterioridad a partir del momento en que superen la cuantía de dichas rentas negativas.

5. En el caso de transmisión de un establecimiento permanente en períodos impositivos que se inicien a partir de 1 de enero de 2016, la base imponible de la entidad transmitente residente en territorio español se incrementará en el importe del exceso de las rentas negativas netas generadas por el establecimiento permanente en períodos impositivos iniciados con anterioridad a 1 de enero de 2013 sobre las rentas positivas netas generadas por el establecimiento permanente en períodos impositivos iniciados a partir de esta fecha, con el límite de la renta positiva derivada de la transmisión del mismo.

6. En el caso de una unión temporal de empresas que, habiéndose acogido al régimen de exención previsto en el artículo 50 del Texto Refundido de la Ley del Impuesto sobre Sociedades, según redacción vigente para períodos impositivos iniciados con anterioridad a 1 de enero de 2015, hubiera obtenido rentas negativas netas en el extranjero que se hubieran integrado en la base imponible de las entidades miembros en períodos impositivos iniciados con anterioridad a 1 de enero de 2013, cuando en sucesivos ejercicios la unión temporal obtenga rentas positivas, las empresas miembros integrarán en su base imponible, con carácter positivo, la renta negativa previamente imputada, con el límite del importe de dichas rentas positivas.

La misma regla resultará de aplicación en el supuesto de entidades que participen en obras, servicios o suministros en el extranjero mediante fórmulas de colaboración análogas a las uniones temporales de empresas que se hubieran acogido al régimen de exención señalado.

7. En el supuesto de operaciones de reestructuración acogidas al régimen fiscal especial establecido en el Capítulo VII del Título VII de esta Ley:

a) Si el socio pierde la cualidad de residente en territorio español, la diferencia a que se refieren el apartado 4 del artículo 80 y el apartado 3 del artículo 81 de esta Ley, se corregirá, en su caso, en el importe de las pérdidas por deterioro del valor que hayan sido fiscalmente deducibles en períodos impositivos iniciados con anterioridad a 1 de enero de 2013.

b) A efectos de lo previsto en el apartado 2 del artículo 84 de esta Ley, en ningún caso serán compensables las bases imponibles negativas correspondientes a pérdidas sufridas por la entidad transmitente que hayan motivado la depreciación de la participación de la entidad adquirente en el capital de la transmitente, o la depreciación de la participación de otra entidad en esta última cuando todas ellas formen parte de un grupo de sociedades al que se refiere el artículo 42 del Código de Comercio, con independencia de su residencia y de la obligación de formular cuentas anuales consolidadas, cuando cualquiera de las referidas depreciaciones se haya producido en períodos impositivos iniciados con anterioridad a 1 de enero de 2013.

8. El límite establecido en el párrafo primero del apartado 1 del artículo 26 de esta Ley no resultará de aplicación en el importe de las rentas correspondientes a la reversión de las pérdidas por deterioro que se integren en la base imponible por aplicación de lo dispuesto en los apartados anteriores de esta disposición transitoria siempre que las pérdidas por deterioro deducidas durante el período impositivo en que se generaron las bases imponibles negativas que se pretenden compensar hubieran representado, al menos, el 90 por ciento de los gastos deducibles de dicho período. En caso de que la entidad tuviera bases imponibles negativas generadas en varios períodos iniciados con anterioridad a 1 de enero de 2013, este requisito podrá cumplirse mediante el cómputo agregado del conjunto de los gastos deducibles de dichos períodos impositivos.

Disposición transitoria decimoséptima. *Régimen aplicable a determinados instrumentos financieros emitidos u otorgados con anterioridad a 20 de junio de 2014.*

Lo dispuesto en la letra a) del artículo 15 y en el apartado 2 del artículo 21 de esta Ley no resultará de aplicación a los préstamos participativos otorgados con anterioridad a 20 de junio de 2014.

Las operaciones de préstamos de valores realizadas con anterioridad a 1 de enero de 2015 se regirán por el régimen fiscal establecido en la disposición adicional decimoctava de la Ley 62/2003, de 30 de diciembre, de medidas fiscales, administrativas y de orden social, según redacción vigente en períodos impositivos iniciados con anterioridad a 1 de enero de 2015.

Disposición transitoria decimoctava. *Endeudamiento de operaciones de adquisición de participaciones en el capital o en los fondos propios de entidades.*

1. Lo dispuesto en la letra b) del artículo 67 de esta Ley no resultará de aplicación a las entidades que se hayan incorporado a un grupo fiscal en períodos impositivos iniciados con anterioridad a 20 de junio de 2014.

2. Lo dispuesto en el apartado 5 del artículo 16 y en el artículo 83 de esta Ley no resultará de aplicación a las operaciones de reestructuración realizadas con anterioridad a 20 de junio de 2014. Tampoco resultará de aplicación lo dispuesto en aquellos preceptos en relación con aquellas operaciones de reestructuración realizadas a partir de 20 de junio de 2014 entre entidades pertenecientes al mismo grupo de consolidación fiscal en períodos impositivos iniciados con anterioridad a dicha fecha.

Disposición transitoria decimonovena. *Rentas derivadas de la transmisión de participaciones.*

1. En el supuesto de transmisión de participaciones en el capital o en los fondos propios de entidades, respecto de las que el contribuyente haya efectuado alguna corrección de valor que haya resultado fiscalmente deducible, la corrección de valor se integrará, en todo caso, en la base imponible del contribuyente, a los efectos de determinar la exención a que se refiere el artículo 21 de esta Ley.

2. El importe de las rentas negativas derivadas de la transmisión de la participación en una entidad residente se minorará en el importe de los dividendos o participaciones en beneficios recibidos de la entidad participada a partir de los períodos impositivos que se hayan iniciado en el año 2009 hasta aquellos períodos impositivos que se hayan iniciado con anterioridad a 1 de enero de 2015, siempre que los referidos dividendos o participaciones en beneficios no hayan minorado el valor de adquisición de la misma y hayan tenido derecho a la aplicación de la deducción por doble imposición interna prevista en el apartado 2 del artículo 30 del texto refundido de la Ley del Impuesto sobre Sociedades, aprobado por el Real Decreto Legislativo 4/2004, de 5 de marzo.

Disposición transitoria vigésima. *Régimen transitorio de la reducción de ingresos procedentes de determinados activos intangibles del contribuyente disponibles con anterioridad a 1 de julio de 2016*[163].

1. Lo establecido en esta disposición resultará de aplicación para los activos intangibles del contribuyente disponibles con anterioridad a 1 de julio de 2016.

---

[163] Nueva redacción de esta disposición por la Ley 6/2018 (art. 72) con efectos a partir del 1 de enero de 2018 y vigencia indefinida. Su redacción anterior, modificando la inicial, por la Ley 48/2015 (art. 64), con efectos a partir de 1 de julio de 2016 y vigencia indefinida, era la siguiente (redactado conforme a la corrección de errores publicada en BOE 19/1/2016): «1. *Las cesiones del derecho de uso o de explotación de activos intangibles que se hayan realizado con anterioridad a la entrada en vigor de la Ley 14/2013, de 27*

2. Las cesiones del derecho de uso o de explotación de activos intangibles que se hayan realizado con anterioridad a la entrada en vigor de la Ley 14/2013, de 27 de septiembre, de apoyo a los emprendedores y su internacionalización, podrán optar por aplicar en todos los períodos impositivos que resten hasta la finalización de los contratos correspondientes, el régimen establecido en el artículo 23 del Texto Refundido de la Ley del Impuesto sobre Sociedades, aprobado por el Real Decreto Legislativo 4/2004, de 5 de marzo, según redacción dada al mismo por la disposición adicional octava.1.ocho de la Ley 16/2007, de 4 de julio, de reforma y adaptación de la legislación mercantil en materia contable para su armonización internacional con base en la normativa de la Unión Europea.

de septiembre, de apoyo a los emprendedores y su internacionalización, podrán optar por aplicar en todos los períodos impositivos que resten hasta la finalización de los contratos correspondientes, el régimen establecido en el artículo 23 del texto refundido de la Ley del Impuesto sobre Sociedades, aprobado por el Real Decreto Legislativo 4/2004, de 5 de marzo, según redacción dada al mismo por la Disposición adicional octava.1.ocho de la Ley 16/2007, de 4 de julio, de reforma y adaptación de la legislación mercantil en materia contable para su armonización internacional con base en la normativa de la Unión Europea.
2. Las cesiones del derecho de uso o de explotación que se hayan realizado o se realicen desde la entrada en vigor de la Ley 14/2013 hasta 30 de junio de 2016, podrán optar por aplicar en todos los períodos impositivos que resten hasta la finalización de los contratos correspondientes, el régimen establecido en el artículo 23 de la presente Ley, según redacción vigente a 1 de enero de 2015.
3. Las opciones a que se refieren los dos apartados anteriores se ejercitarán a través de la declaración del período impositivo 2016.
4. Las transmisiones de activos intangibles que se realicen desde 1 de julio de 2016 hasta 30 de junio de 2021 podrán optar por aplicar el régimen establecido en el artículo 23 de la presente Ley, según redacción vigente a 1 de enero de 2015.
Esta opción se ejercitará en la declaración correspondiente al período impositivo en que se realizó la transmisión.
5. Lo dispuesto en los apartados 1 y 2 anteriores resultará de aplicación hasta 30 de junio de 2021. A partir de entonces, las cesiones que se hayan realizado de acuerdo con lo señalado en dichos apartados deberán aplicar el régimen establecido en el artículo 23 de esta Ley, según redacción dada al mismo por la Ley 48/2015, de 29 de octubre, de Presupuestos Generales del Estado para el año 2016.»
La redacción inicial era la siguiente: *«Las cesiones del derecho de uso o de explotación de activos intangibles que se hayan realizado con anterioridad a la entrada en vigor de la Ley 14/2013, de 27 de septiembre, de apoyo a los emprendedores y su internacionalización, se regularán por lo establecido en el artículo 23 del texto refundido de la Ley del Impuesto sobre Sociedades, aprobado por el Real Decreto Legislativo 4/2004, de 5 de marzo, según redacción dada al mismo por la Disposición adicional octava.1.ocho de la Ley 16/2007, de*

Lo dispuesto en este apartado resultará de aplicación hasta 30 de junio de 2021. A partir de 1 de julio de 2021, las cesiones que se hayan realizado de acuerdo con lo señalado en este apartado deberán aplicar el régimen establecido en el artículo 23 de esta Ley, según redacción dada al mismo por la Ley 6/2018, de 3 de julio, de Presupuestos Generales del Estado para el año 2018.

3. Las cesiones del derecho de uso o de explotación que se hayan realizado o se realicen desde la entrada en vigor de la Ley 14/2013 hasta 30 de junio de 2016, podrán optar por aplicar en todos los períodos impositivos que resten hasta la finalización de los contratos correspondientes, el régimen establecido en el artículo 23 de la presente Ley, según redacción vigente a 1 de enero de 2015.

Lo dispuesto en este apartado resultará de aplicación hasta 30 de junio de 2021, excepto en el caso de que los activos intangibles se hubieran adquirido entre 1 de enero y 30 de junio de 2016 directa o indirectamente a una entidad vinculada con el cedente y en el momento de la adquisición no hubieran estado acogidos a un régimen de reducción de las rentas procedentes de determinados activos intangibles, en cuyo caso lo dispuesto en este apartado resultará de aplicación hasta 31 de diciembre de 2017.

A partir de 1 de julio de 2021, o de 1 de enero de 2018, respectivamente, las cesiones que se hayan realizado de acuerdo con lo señalado en este apartado deberán aplicar el régimen establecido en el artículo 23 de esta Ley, según redacción dada al mismo por la Ley 6/2018, de 3 de julio, de Presupuestos Generales del Estado para el año 2018.

4. Las opciones a que se refieren los dos apartados anteriores se ejercitarán a través de la declaración del período impositivo 2016.

5. Las transmisiones de activos intangibles que previamente hubieran sido objeto de cesiones para las que el contribuyente hubiera ejercitado la opción establecida en los apartados 2 o 3, que se realicen desde 1 de julio de 2016 hasta 30 de junio de 2021 podrán optar por aplicar el régimen establecido en el artículo 23 de la presente Ley, según redacción vigente a 1 de enero de 2015, excepto en el caso de que los activos intangibles se hubieran adquirido entre 1 de enero y 30 de junio de 2016 directa o indirectamente a una entidad vinculada con el transmitente y en el momento de la adquisición no hubieran estado acogidos a un régimen de reducción de las rentas procedentes de determinados activos intangibles, en cuyo

4 de julio, de reforma y adaptación de la legislación mercantil en materia contable para su armonización internacional con base en la normativa de la Unión Europea.»

caso, únicamente podrán aplicar dicho régimen las que se realicen hasta 31 de diciembre de 2017.

Esta opción se ejercitará en la declaración correspondiente al período impositivo en que se realizó la transmisión.

Disposición transitoria vigésima primera. *Bases imponibles negativas pendientes de compensar en el Impuesto sobre Sociedades.*

Las bases imponibles negativas pendientes de compensación al inicio del primer período impositivo que hubiera comenzado a partir de 1 de enero de 2015, se podrán compensar en los períodos impositivos siguientes.

Disposición transitoria vigésima segunda. *Entidades de nueva creación. Tipo de gravamen reducido por mantenimiento o creación de empleo.*

1. Las entidades de nueva creación constituidas entre 1 de enero de 2013 y 31 de diciembre de 2014, que realicen actividades económicas, tributarán de acuerdo con lo establecido en la Disposición adicional decimonovena del texto refundido de la Ley del Impuesto sobre Sociedades, aprobado por el Real Decreto Legislativo 4/2004, de 5 de marzo.

2. Las entidades acogidas a lo dispuesto en la Disposición adicional duodécima del texto refundido de la Ley del Impuesto sobre Sociedades, según redacción vigente en períodos impositivos iniciados con anterioridad a 1 de enero de 2015, se regularán por lo en ella establecido, aun cuando los requisitos exigidos se produzcan en períodos impositivos iniciados a partir de 1 de enero de 2015.

Disposición transitoria vigésima tercera. *Régimen transitorio en el Impuesto sobre Sociedades de las deducciones para evitar la doble imposición.*

1. En el supuesto de adquisición de participaciones que se hubieran producido en períodos impositivos iniciados, en el transmitente, con anterioridad a 1 de enero de 2015, los dividendos o participaciones en beneficios correspondientes a valores representativos del capital o de los fondos propios de entidades residentes en territorio español que cumplan los requisitos establecidos en el artículo 21 de esta Ley, tendrán derecho a la exención prevista en el citado artículo.

No obstante, cumpliéndose los referidos requisitos, la distribución de dividendos o participaciones en beneficios que se corresponda con una diferencia positiva entre el precio de adquisición de la participación y el valor de las aportaciones de los socios realizadas por cualquier título no tendrá la consideración de renta y minorará el valor fiscal de la participación. Adicionalmente, el contribuyente tendrá derecho a una deducción del 100 por ciento de la cuota íntegra que hubiera correspondido a dichos dividendos o participaciones en beneficios cuando:

a) El contribuyente pruebe que un importe equivalente al dividendo o participación en beneficios se ha integrado en la base imponible del Impuesto sobre Sociedades tributando a alguno de los tipos de gravamen previstos en los apartados 1, 2 y 7 del artículo 28 o en el artículo 114 del Texto Refundido de la Ley del Impuesto sobre Sociedades, aprobado por el Real Decreto Legislativo 4/2004, de 5 de marzo, en concepto de renta obtenida por las sucesivas entidades propietarias de la participación con ocasión de su transmisión, y que dicha renta no hubiera tenido derecho a la deducción por doble imposición interna de plusvalías prevista en dicho texto refundido.

En este supuesto, cuando las anteriores entidades propietarias de la participación hubieren aplicado a las rentas por ellas obtenidas con ocasión de su transmisión la deducción por reinversión de beneficios extraordinarios establecida en el artículo 42 del texto refundido de la Ley del Impuesto sobre Sociedades, la deducción será del 18 por ciento del importe del dividendo o de la participación en beneficios.

b) El contribuyente pruebe que un importe equivalente al dividendo o participación en beneficios se ha integrado en la base imponible del Impuesto sobre la Renta de las Personas Físicas, con anterioridad a 1 de enero de 2015, en concepto de renta obtenida por las sucesivas personas físicas propietarias de la participación, con la ocasión de su transmisión.

En este supuesto, la deducción no podrá exceder del importe resultante de aplicar al dividendo o a la participación en beneficios el tipo de gravamen que en el Impuesto sobre la Renta de las Personas Físicas corresponde a las ganancias patrimoniales integradas en la parte especial de la base imponible o en la del ahorro, para el caso de transmisiones realizadas a partir de 1 de enero de 2007.

La deducción establecida en este apartado será de aplicación, igualmente, cuando la distribución de dividendos o la participación en beneficios no determine la integración de renta en la base imponible por no tener la consideración de ingreso.

Esta deducción se practicará parcialmente cuando la prueba a que se refiere este apartado tenga carácter parcial.

2. En el supuesto de adquisición de participaciones que se hubieran producido en períodos impositivos iniciados, en el transmitente, con anterioridad a 1 de enero de 2015, los dividendos o participaciones en beneficios correspondientes a valores representativos del capital o de los fondos propios de entidades no residentes en territorio español que cumplan los requisitos establecidos en el artículo 32 de esta Ley, y que se correspondan con la diferencia positiva entre el precio de adquisición

de la participación y los fondos propios de la entidad participada en el momento de la adquisición no tendrá la consideración de renta y minorará el valor fiscal de la participación, siempre que el contribuyente pruebe que un importe equivalente al dividendo o participación en beneficios ha tributado en España a través de cualquier transmisión de la participación. Adicionalmente, el contribuyente podrá aplicar la deducción prevista en el artículo 32 de esta Ley, teniendo en cuenta que el límite a que se refiere el apartado 4 del mismo se calculará en función de la cuota íntegra que resultaría de integrar en la base imponible los referidos dividendos o participaciones en beneficios.

La misma regla resultará de aplicación en el supuesto en que los dividendos o participaciones en beneficios no determinen la integración de renta en la base imponible por no tener la consideración de ingreso.

3. En el caso de dividendos y participaciones en beneficios procedentes de valores representativos del capital o los fondos propios de entidades residentes en territorio español, adquiridos antes de la entrada en vigor del Real Decreto-ley 8/1996, de 7 de junio, de medidas fiscales urgentes sobre corrección de la doble imposición intersocietaria y sobre incentivos a la internacionalización de las empresas, no resultará de aplicación lo dispuesto en el apartado 1 de esta Disposición. En este caso serán aplicables las restricciones contenidas en el artículo 28 de la Ley 43/1995, de 27 de diciembre, del Impuesto sobre Sociedades, en su redacción original, anterior a la entrada en vigor del Real Decreto-ley 8/1996.

4. Las deducciones por doble imposición establecidas en los artículos 30, 31 y 32, del texto refundido de la Ley del Impuesto sobre Sociedades, según redacción vigente en los períodos impositivos iniciados con anterioridad a 1 de enero de 2015, pendientes de aplicar a la entrada en vigor de esta Ley, así como aquellas deducciones generadas por aplicación de esta Disposición no deducidas por insuficiencia de cuota íntegra, podrán deducirse en los períodos impositivos siguientes.

El importe de las deducciones establecidas en esta Disposición transitoria y en los artículos 30, 31.1.b) y 32.3 del citado Texto Refundido se determinará teniendo en cuenta el tipo de gravamen vigente en el período impositivo en que esta se aplique.

5. En el caso de operaciones de reestructuración que se hayan acogido a lo dispuesto en el Capítulo VIII del Título VII del Texto Refundido de la Ley del Impuesto sobre Sociedades, según redacción vigente en los períodos impositivos iniciados con anterioridad a 1 de enero de 2015, a los efectos de evitar la doble imposición que pudiera producirse por aplicación de las reglas de valoración previstas en los artículos 86, 87.2 y 94 del citado Texto Refundido, los beneficios distribuidos con cargo a rentas imputables a los bienes aportados darán derecho a la exención para

evitar la doble imposición de dividendos, cualquiera que sea el porcentaje de participación del socio y su antigüedad. Igual criterio se aplicará respecto de las rentas generadas en la transmisión de la participación.

Cuando por la forma en como contabilizó la entidad adquirente no hubiera sido posible evitar la doble imposición por aplicación de las normas establecidas en el apartado anterior, dicha entidad practicará, en el momento de su extinción, los ajustes de signo contrario a los que hubiere practicado por aplicación de las reglas de valoración establecidas en los artículos 86, 87.2 y 94 del Texto Refundido de la Ley del Impuesto sobre Sociedades. La entidad adquirente podrá practicar los referidos ajustes de signo contrario con anterioridad a su extinción, siempre que pruebe que se ha transmitido por los socios su participación y con el límite de la cuantía que se haya integrado en la base imponible de estos con ocasión de dicha transmisión.

Disposición transitoria vigésima cuarta. *Deducciones para incentivar la realización de determinadas actividades pendientes de aplicar en el Impuesto sobre Sociedades.*

1. Las deducciones por inversiones en activos fijos materiales nuevos generadas de acuerdo con el artículo 26 de la Ley 61/1978, de 27 de diciembre, del Impuesto sobre Sociedades, respecto de las que el contribuyente hubiese optado por aplicarlas en los períodos impositivos en que se realicen los pagos de acuerdo con lo establecido en el artículo 218.3 del Reglamento del Impuesto sobre Sociedades, aprobado por el Real Decreto 2631/1982, de 15 de octubre, se seguirán aplicando en las liquidaciones de los períodos impositivos en los que se efectúan los referidos pagos, en las condiciones y requisitos previstos en la citada norma.

Las deducciones a que se refiere el párrafo anterior se deducirán respetando el límite sobre cuota líquida previsto en la referida Ley y en las correspondientes Leyes de Presupuestos Generales del Estado.

A estos efectos se entenderá por cuota líquida la resultante de minorar la cuota íntegra en las deducciones y bonificaciones previstas en los Capítulos II y III del Título VI de esta Ley.

Las deducciones procedentes de diferentes modalidades o períodos impositivos del artículo 26 de la Ley 61/1978, de 27 de diciembre, no podrán rebasar un límite conjunto del 35 por ciento de la cuota líquida.

Las deducciones a que se refieren los párrafos anteriores se practicarán una vez realizadas las deducciones y bonificaciones establecidas en los Capítulos II y III del Título VI de esta Ley y, a continuación, las deducciones establecidas en el Capítulo IV del Título VI, cuyo límite se computará independientemente del establecido en el párrafo anterior.

2. Las deducciones en la cuota íntegra establecidas en el artículo 69.2 del texto refundido de la Ley del Impuesto sobre la Renta de las Personas Físicas, aprobado por el Real Decreto Legislativo 3/2004, de 5 de marzo, generadas en períodos impositivos en que haya sido de aplicación el régimen de las sociedades patrimoniales, que estuviesen pendientes de aplicar al inicio del primer período impositivo que se inicie a partir de 1 de enero de 2015, podrán deducirse a partir de dicho período impositivo, con los límites y condiciones establecidos en esta Ley.

3. Las deducciones previstas en el Capítulo IV del Título VI de la Ley 43/1995, de 27 de diciembre, del Impuesto sobre Sociedades, y en el Capítulo IV del Título VI del texto refundido de la Ley del Impuesto sobre Sociedades, aprobado por el Real Decreto Legislativo 4/2004, de 5 de marzo, que estuviesen pendientes de aplicar al inicio del primer período impositivo que se inicie a partir de 1 de enero de 2015, podrán deducirse a partir de dicho período impositivo, con los requisitos previstos en su respectiva normativa de aplicación con anterioridad a esa fecha, en el plazo y con las condiciones establecidos en el artículo 39 de esta Ley. El límite establecido en el referido artículo 39 se aplicará, igualmente, sobre la deducción por reinversión de beneficios extraordinarios regulada en el artículo 42 del Texto Refundido de la Ley del Impuesto sobre Sociedades, según redacción vigente en períodos impositivos iniciados con anterioridad a 1 de enero de 2015, computándose dicha deducción a efectos del cálculo del citado límite.

4. En el supuesto de entidades que tengan deducciones por doble imposición interna pendientes de aplicar procedentes de la aplicación del artículo 30 del texto refundido de la Ley del Impuesto sobre Sociedades, según redacción vigente en períodos impositivos iniciados con anterioridad a 1 de enero de 2015, el límite establecido en el último párrafo del apartado 1 del artículo 39 de esta Ley se aplicará sobre la cuota íntegra minorada en las deducciones para evitar la doble imposición interna e internacional y las bonificaciones aplicadas.

5. Las rentas acogidas a la deducción por inversión de beneficios prevista en el artículo 37 del texto refundido de la Ley del Impuesto sobre Sociedades, según redacción vigente en períodos impositivos iniciados con anterioridad a 1 de enero de 2015, se regularán por lo en él establecido y en sus normas de desarrollo, aun cuando la inversión y los demás requisitos se produzcan en períodos impositivos iniciados a partir de 1 de enero de 2015.

6. Las rentas acogidas a la reinversión de beneficios extraordinarios prevista en el artículo 21 de la Ley 43/1995, de 27 de diciembre, del Impuesto sobre Sociedades, según redacción vigente hasta 1 de enero de 2002, que no hubiesen aplicado la deducción establecida en el artículo 36 ter de la Ley 43/1995 por aplicación del apartado dos de la Disposición transitoria tercera de la Ley 24/2001, de 27 de

diciembre, de Medidas Fiscales, Administrativas y del Orden Social, se regularán por lo establecido en el referido artículo 21 y en sus normas de desarrollo.

7. Las rentas acogidas a la deducción por reinversión de beneficios extraordinarios prevista en el artículo 42 del Texto Refundido de la Ley del Impuesto sobre Sociedades, según redacción vigente en períodos impositivos iniciados con anterioridad a 1 de enero de 2015, se regularán por lo en él establecido y en sus normas de desarrollo, aun cuando la reinversión y los demás requisitos se produzcan en períodos impositivos iniciados a partir de 1 de enero de 2015.

No obstante, en el caso de operaciones a plazos o con precio aplazado, los porcentajes de deducción del 12 y 17 por ciento establecidos en el apartado 1 de dicho artículo serán, respectivamente, del 10 y del 15 por ciento, cualquiera que sea el período impositivo en que se practique la deducción para las rentas integradas en la base imponible de los períodos impositivos iniciados dentro de 2015. Asimismo, dichos porcentajes serán, respectivamente, del 7 y del 12 por ciento cualquiera que sea el período impositivo en que se practique la deducción para las rentas integradas en la base imponible de los períodos impositivos iniciados a partir de 1 de enero de 2016.

Disposición transitoria vigésima quinta. *Grupos fiscales.*

1. Las entidades que estuvieran aplicando el régimen de consolidación fiscal a la entrada en vigor de esta Ley continuarán en su aplicación, de acuerdo con las normas contenidas en el Capítulo VI del Título VII de esta Ley.

2. Las entidades que, de acuerdo con lo dispuesto en el artículo 58 de esta Ley, cumplan las condiciones para ser consideradas como dependientes de un grupo de consolidación fiscal, sin que formaran parte del mismo con anterioridad a la entrada en vigor de esta Ley por no cumplir los requisitos necesarios para ello, se integrarán en el mencionado grupo en el primer período impositivo que se inicie a partir de 1 de enero de 2015. La opción y comunicación a que se refiere el artículo 61 de esta Ley deberá realizarse dentro del referido período impositivo.

No se extinguirá el grupo fiscal cuando la entidad dominante del mismo en períodos impositivos iniciados con anterioridad a 1 de enero de 2015, se convierta en dependiente de una entidad no residente en territorio español por aplicación de lo dispuesto en el artículo 58 de esta Ley en el primer período impositivo que se inicie a partir de dicha fecha, salvo que dicho grupo fiscal se integre en otro ya existente. En este último caso, resultarán de aplicación los efectos previstos en el apartado 3 del artículo 74 de esta Ley, y la opción y comunicación a que se refiere el apartado 6 del artículo 61 de esta Ley deberá realizarse dentro del primer período impositivo que se inicie en 2015.

3. Las entidades que, de acuerdo con lo dispuesto en el artículo 58 de esta Ley, cumplan las condiciones para formar un grupo de consolidación fiscal, sin que formaran parte del mismo con anterioridad a la entrada en vigor de esta Ley por no cumplir los requisitos necesarios para ello, podrán optar por la aplicación del régimen de consolidación fiscal en el primer período impositivo iniciado a partir de 1 de enero de 2015, siempre que la opción y comunicación a que se refiere el artículo 61 de esta Ley se realice antes de la finalización de dicho período impositivo.

4. Los efectos previstos en el apartado 3 del artículo 74 de esta Ley resultarán de aplicación en el supuesto de grupos fiscales respecto de los que la entidad dominante adquiera la condición de dependiente de una entidad residente en España, por aplicación de lo dispuesto en el artículo 58 de esta Ley en el primer período impositivo que se inicie a partir de 1 de enero de 2015. En este supuesto, la opción y comunicación a que se refiere el artículo 61 de esta Ley deberá realizarse dentro del referido período impositivo.

5. En el supuesto en que dos o más grupos fiscales deban integrarse por aplicación de lo dispuesto en el artículo 58 de esta Ley, dicha integración y, en su caso, la incorporación de otras entidades en el grupo fiscal respecto de las cuales la entidad dominante cumpla talcondición, se podrá realizar en el primer período impositivo que se inicie a partir de 1 de enero de 2016. En este caso, aquellos podrán seguir aplicando el régimen de consolidación fiscal en los períodos impositivos que se inicien en el año 2015 con la misma composición existente a 31 de diciembre de 2014, sin perjuicio de que se produzca alguna de las circunstancias previstas en el artículo 67 del Texto Refundido de la Ley del Impuesto sobre Sociedades, según redacción vigente en los períodos impositivos que se hubieran iniciado con anterioridad a 1 de enero de 2015, que determine la incorporación o la exclusión de alguna entidad o la extinción del grupo.

6. Las eliminaciones practicadas en un grupo fiscal en períodos impositivos iniciados con anterioridad a 1 de enero de 2015 procedentes de la transmisión de participaciones en entidades pendientes de incorporar a la entrada en vigor de esta Ley, se incorporarán de acuerdo con lo establecido en el artículo 65 y les resultará de aplicación lo dispuesto en el artículo 21 de esta Ley.

Disposición transitoria vigésima sexta. *Régimen de consolidación fiscal de los grupos formados por entidades de crédito integrantes de un sistema institucional de protección de las cajas de ahorros.*

1. A efectos de la aplicación del régimen de consolidación fiscal establecido en el Capítulo VI del Título VII de esta Ley, en aquellos grupos cuya entidad dominante sea la entidad central de un sistema institucional de protección a que se refiere la

letra d) del apartado 3 del artículo octavo de la Ley 13/1985, de 25 de mayo, de coeficientes de inversión, recursos propios y obligaciones de información de los intermediarios financieros, se tendrán en consideración las siguientes especialidades:

a) Podrá aplicarse dicho régimen desde el inicio del período impositivo en que se constituya el sistema institucional de protección. La opción y comunicación por la aplicación de dicho régimen, a que se refiere el artículo 61 de esta Ley, se realizará dentro del plazo que finaliza el día en que concluya dicho período impositivo.

Se incluirán en el grupo en el mismo período impositivo las sociedades que cumplan las condiciones establecidas en el artículo 58.2.a) de esta Ley, cuyas participaciones representativas de su capital social se hubiesen aportado a la entidad central en cumplimiento del plan de integración del sistema y dicha entidad mantenga la participación hasta la conclusión de ese período impositivo, a través de operaciones acogidas al régimen fiscal establecido en el Capítulo VII del Título VII de esta Ley o al régimen establecido en el artículo 7.1 del Real Decreto-ley 11/2010, de 9 de julio, de órganos de gobierno y otros aspectos del régimen jurídico de las Cajas de Ahorros, y tuviesen la consideración de sociedades dependientes de la entidad de crédito aportante, como consecuencia de que esta última entidad tributaba en ese régimen especial como entidad dominante.

b) Cuando las entidades de crédito que se integran como entidades dependientes del grupo fiscal cuya dominante es la entidad central, estuviesen tributando en el régimen de consolidación fiscal como dominantes, aun cuando se extingan esos grupos, no se incorporarán las eliminaciones a que se refiere la letra a) del apartado 1 del artículo 74 de esta Ley, que se correspondan con operaciones realizadas por entidades que se integran en aquel otro grupo fiscal como entidades dependientes. Los resultados eliminados se incorporarán a la base imponible de ese otro grupo fiscal en los términos establecidos en el artículo 65 de esta Ley.

c) Las bases imponibles negativas pendientes de compensar por las entidades de crédito que cumplan las condiciones establecidas en el segundo párrafo del apartado 3 del artículo 58 de esta Ley, que estén integradas como sociedades dependientes en el grupo fiscal cuya dominante es la entidad central, podrán ser compensadas en la base imponible del grupo, en los términos establecidos en el artículo 67.e) de esta Ley, con el límite de la base imponible individual de la entidad central o de la entidad bancaria a la que, a su vez, la entidad central haya aportado todo su negocio financiero, a condición de que las cajas de ahorros y, en su caso, la entidad central, con posterioridad a la aportación, no desarrollen actividades económicas y sus rentas se limiten a los rendimientos procedentes de su patrimonio o de las participaciones en el capital de otras entidades en las que participen. Dicho tratamiento no se verá afectado por el hecho de que la aportación del negocio financiero no haya incluidodeterminados activos y pasivos como consecuencia de la existencia de alguna condición que imposibilite la aportación.

Lo anterior se aplicará aun en el caso de que la entidad bancaria quede excluida del grupo en el que la dominante es la entidad central, incluso en el supuesto de extinción del mismo.

d) Las deducciones en la cuota pendientes de aplicar por las entidades de crédito que cumplan las condiciones establecidas en el segundo párrafo del apartado 3 del artículo 58 de esta Ley, que estén integradas como sociedades dependientes en el grupo fiscal cuya dominante es la entidad central, podrán deducirse en la cuota íntegra de ese grupo fiscal con el límite que hubiese correspondido en el régimen individual de tributación a la entidad central o a la entidad bancaria a la que, a su vez, la entidad central haya aportado todo su negocio financiero, a condición de que las cajas de ahorros y, en su caso, la entidad central, con posterioridad a la aportación, no desarrollen actividades económicas y sus rentas se limiten a los rendimientos procedentes de su patrimonio o de las participaciones en el capital de otras entidades en las que participen. Dicho tratamiento no se verá afectado por el hecho de que la aportación del negocio financiero no haya incluido determinados activos y pasivos como consecuencia de la existencia de alguna condición que imposibilite la aportación.

Lo anterior se aplicará aun en el caso de que la entidad bancaria quede excluida del grupo en el que la dominante es la entidad central, incluso en el supuesto de extinción del mismo.

e) Cuando se transmitan activos y pasivos a la entidad central por parte de las entidades de crédito como sociedades dependientes del grupo cuya dominante es la entidad central, como consecuencia de la constitución y ampliación del sistema institucional de protección, habiéndose realizado esa transmisión mediante operaciones acogidas al régimen fiscal establecido en el Capítulo VIII del Título VII del texto refundido de la Ley del Impuesto sobre Sociedades o al régimen establecido en el artículo 7.1 del Real Decreto-ley 11/2010, las rentas generadas con anterioridad a dicha transmisión imputables a esos activos y pasivos, se imputarán a la entidad central de acuerdo con lo previsto en las normas mercantiles.

Lo establecido en las letras c) y d) anteriores también será de aplicación en el caso de que con posterioridad a la constitución del sistema institucional de protección, la entidad central pase a tener la consideración de dependiente de otro grupo que tribute en el régimen de consolidación fiscal.

2. A efectos de la aplicación tanto del régimen fiscal establecido en el artículo 7.2 del Real Decreto-ley 11/2010, como del régimen fiscal establecido en el Capítulo VIII del Título VII del texto refundido de la Ley del Impuesto sobre Sociedades,

según redacción vigente en períodos impositivos iniciados con anterioridad a 1 de enero de 2015, al que se hayan acogido transmisiones de activos y pasivos realizadas entre entidades de crédito en cumplimiento de los acuerdos de un sistema institucional de protección, la no integración de rentas a que se refieren ambos regímenes fiscales incluirá, en su caso, las eliminaciones que tuviesen que ser incorporadas en la base imponible del grupo fiscal consecuencia de aquellas transmisiones, en el supuesto de que esos activos y pasivos formen parte del patrimonio de entidades integrantes de un grupo que estuviese tributando según el régimen de consolidación fiscal.

3. Cuando, en el caso de los grupos a que se refiere el apartado 1 anterior que estuviesen tributando en el régimen de consolidación fiscal, quedase excluida de los mismos la entidad bancaria a la que hubiesen aportado todo su negocio financiero, incluso en los supuestos de extinción del referido grupo fiscal, lo establecido en la letra a) del artículo 74.1 de esta Ley se aplicará con las siguientes especialidades:

a) Si la entidad bancaria mantuviera participaciones en entidades que cumplan las condiciones establecidas en el artículo 58.3 de esta Ley, dicha entidad bancaria y sus participadas que reúnan los requisitos para ello podrán aplicar el régimen de consolidación fiscal desde el inicio del período impositivo en que tenga lugar dicha exclusión. La opción y comunicación por la aplicación de dicho régimen, a que se refiere el artículo 61 de esta Ley, se realizará dentro del plazo que finaliza el día en que concluya dicho período impositivo. En tal caso, los resultados eliminados se incorporarán a la base imponible de ese otro grupo fiscal en los términos establecidos en el artículo 65 de esta Ley, siempre que se integren endicho grupo las entidades que hayan intervenido en las operaciones que hayan generado tales resultados.

b) Cuando se cumpla lo establecido en la letra a) anterior, pero no se integren en dicho grupo alguna de las entidades que hayan intervenido en las operaciones que hayan generado los resultados eliminados, tales resultados se incorporarán en los términos establecidos en el artículo 65 de esta Ley, en la base imponible del grupo persistente en el que se generó la renta que fue, en su momento, objeto de la eliminación, a condición de que tanto la otra entidad que no forma parte del grupo fiscal al que pertenezca la entidad bancaria, como esta última entidad formen parte de un mismo grupo a que se refiere el artículo 42 del Código de Comercio, con independencia de su residencia y de la obligación de formular cuentas anuales consolidadas, en el que la dominante sea la entidad central de un sistema institucional de protección o la caja de ahorros que, en ambos casos, hayan aportado todo su negocio financiero a la entidad bancaria.

Disposición transitoria vigésima séptima. *Participaciones en el capital de la entidad transmitente y de la entidad adquirente*[164].

1. No obstante lo establecido en el artículo 78 de esta Ley, en el supuesto de operaciones acogidas al régimen fiscal especial establecido en el Capítulo VII del Título VII de esta Ley, cuando la entidad adquirente participe en el capital de la entidad transmitente, en al menos, un 5 por ciento, el importe de la diferencia entre el valor fiscal de la participación y los fondos propios que se corresponda con el porcentaje de participación adquirido en un período impositivo que, en el transmitente, se hubiera iniciado con anterioridad a 1 de enero de 2015 se imputará a los bienes y derechos adquiridos, aplicando el método de integración global establecido en el artículo 46 del Código de Comercio y demás normas de desarrollo, y la parte de aquella diferencia que no hubiera sido imputada será fiscalmente deducible de la base imponible, con el límite anual máximo de la veinteava parte de su importe, siempre que se cumplan los siguientes requisitos:

a) Que la participación no hubiere sido adquirida a personas o entidades no residentes en territorio español o a personas físicas residentes en territorio español, o a una entidad vinculada cuando esta última, a su vez, adquirió la participación a las referidas personas o entidades.

El requisito previsto en esta letra a) se entenderá cumplido:

1.º Tratándose de una participación adquirida a personas o entidades no residentes en territorio español o a una entidad vinculada con la entidad adquirente que, a su vez, adquirió la participación de las referidas personas o entidades, cuando el importe de la diferencia mencionada en el párrafo anterior ha tributado en España a través de cualquier transmisión de la participación.

Igualmente, procederá la deducción de la indicada diferencia cuando el contribuyente pruebe que un importe equivalente a esta ha tributado efectivamente en otro Estado miembro de la Unión Europea, en concepto de beneficio obtenido con ocasión de la transmisión de la participación, soportando un gravamen equivalente al que hubiera resultado de aplicar este Impuesto, siempre que el transmitente no resida en un país o territorio calificado como paraíso fiscal.

2.º Tratándose de una participación adquirida a personas físicas residentes en territorio español o a una entidad vinculada cuando esta última, a su vez, adquirió la participación de las referidas personas físicas, cuando se pruebe que la ganancia patrimonial obtenida por dichas personas físicas se ha integrado en la base imponible del Impuesto sobre la Renta de las Personas Físicas.

---

[164] Régimen transitorio para el periodo impositivo 2015: véase LIS DT 34ª.d).

b) Que la entidad adquirente y la transmitente no formen parte de un grupo de sociedades, según los criterios establecidos en el artículo 42 del Código de Comercio, con independencia de la residencia y de la obligación de formular cuentas anuales consolidadas.

El requisito establecido en esta letra b) no se aplicará respecto del precio de adquisición de la participación satisfecho por la persona o entidad transmitente cuando, a su vez, la hubiese adquirido de personas o entidades no vinculadas residentes en territorio español.

Cuando se cumplan los requisitos a) y b) anteriores, la valoración que resulte de la parte imputada a los bienes del activo fijo adquirido tendrá efectos fiscales, siendo deducible de la base imponible, en el caso de bienes amortizables, la amortización contable de dicha parte imputada, en los términos previstos en el artículo 12 de esta Ley, siendo igualmente aplicable la deducción establecida en el apartado 3 del artículo 13 de esta Ley.

El importe de la diferencia fiscalmente deducible a que se refiere esta Disposición se minorará en la cuantía de las bases imponibles negativas pendientes de compensación en la entidad transmitente que puedan ser compensadas por la entidad adquirente, en proporción a la participación.

2. El régimen previsto en el apartado anterior resultará igualmente de aplicación al importe de las diferencias a que se refiere su párrafo primero, generadas con ocasión de las operaciones realizadas en períodos impositivos iniciados con anterioridad a 1 de enero de 2015.

Disposición transitoria vigésima octava. *Amortización de elementos patrimoniales objeto de reinversión por empresas de reducida dimensión.*

Las entidades que estuviesen aplicando lo dispuesto en el artículo 113 del texto refundido de la Ley del Impuesto sobre Sociedades, aprobado por el Real Decreto Legislativo 4/2004, de 5 de marzo, según redacción vigente en períodos impositivos iniciados con anterioridad a 1 de enero de 2015, podrán continuar su aplicación, con los requisitos y condiciones establecidos en aquel.

Disposición transitoria vigésima novena. *Régimen fiscal de determinados contratos de arrendamiento financiero.*

Los elementos patrimoniales respecto de los cuales se haya obtenido la correspondiente autorización administrativa en virtud de lo establecido en el apartado 11 del artículo 115 del texto refundido de la Ley del Impuesto sobre Sociedades, aprobado por el Real Decreto Legislativo 4/2004, de 5 de marzo, en un período impositivo iniciado antes de 1 de enero de 2013, se regirán, a efectos de la aplicación de lo dispuesto en el referido artículo y del régimen de entidades navieras en función del tonelaje, por la normativa vigente a 31 de diciembre de 2012.

Disposición transitoria trigésima. *Aplicación de la Decisión de la Comisión Europea de 17 de julio de 2013, relativa al régimen fiscal aplicable a determinados acuerdos de arrendamiento financiero.*

De acuerdo con lo establecido en los artículos 1 y 3 de la Decisión de la Comisión Europea de 17 de julio de 2013, relativa al régimen fiscal aplicable a determinados acuerdos de arrendamiento financiero, las autorizaciones administrativas concedidas entre el 30 de abril de 2007 y el 29 de junio de 2011, en relación con el apartado 11 del artículo 115 del texto refundido de la Ley del Impuesto sobre Sociedades, aprobado por el Real Decreto Legislativo 4/2004, de 5 de marzo, según redacción vigente a 31 de diciembre de 2012, y con el régimen fiscal especial de entidades navieras en función del tonelaje, a favor de agrupaciones de interés económico, reguladas por la Ley 12/1991, de 29 de abril, de Agrupaciones de Interés Económico, tendrán las siguientes especialidades:

a) Lo dispuesto en el apartado 11 del artículo 115 del Texto Refundido de la Ley del Impuesto sobre Sociedades, según redacción vigente a 31 de diciembre de 2012, no resultará de aplicación en la medida en que constituya ayuda de Estado incompatible en los términos previstos por la referida Decisión.

b) No resultará de aplicación el régimen fiscal especial de entidades navieras en función del tonelaje a las agrupaciones de interés económico, en la medida en que constituya ayuda de Estado incompatible en los términos previstos por la referida Decisión.

Disposición transitoria trigésima primera. *Entidades de tenencia de valores extranjeros.*

Las participaciones adquiridas por entidades acogidas al régimen fiscal especial de entidades de tenencia de valores extranjeros previsto en el Capítulo XIV del Título VII del Texto Refundido de la Ley del Impuesto sobre Sociedades, según redacción vigente en períodos impositivos que se hubieran iniciado con anterioridad a 1 de enero de 2015, que tuvieran un valor de adquisición superior a 6 millones de euros sin cumplir el requisito de participación mínima establecido en la letra a) del apartado 1 del artículo 21 del citado texto refundido, podrán aplicar el régimen fiscal establecido en dicho artículo y en el Capítulo XIII del Título VII de esta Ley, en los períodos impositivos que se inicien a partir de 1 de enero de 2015.

Disposición transitoria trigésima segunda. *Sociedades civiles sujetas a este Impuesto.*

1. Lo previsto en esta disposición será de aplicación a las sociedades civiles y a sus socios a los que hubiese resultado de aplicación el régimen de atribución de rentas, de acuerdo con lo establecido en la Sección 2.ª del Título X de la Ley 35/2006, de 28 de noviembre, del Impuesto sobre la Renta de las Personas Físicas y de modificación parcial de las leyes de los Impuestos sobre Sociedades, sobre la Renta de no Residentes y sobre el Patrimonio, en períodos impositivos iniciados con anterioridad a 1 de enero de 2016 y tengan la consideración de contribuyentes del Impuesto sobre Sociedades a partir de dicha fecha.

2. La integración de las rentas devengadas y no integradas en la base imponible de los períodos impositivos en los que la entidad tributó en el régimen de atribución de rentas se realizará en la base imponible del Impuesto sobre Sociedades correspondiente al primer período impositivo que se inicie a partir de 1 de enero de 2016. Las rentas que se hayan integrado en la base imponible del contribuyente en aplicación del régimen de atribución de rentas no se integrarán nuevamente con ocasión de su devengo.

En ningún caso, los cambios de criterio de imputación temporal consecuencia de la consideración de las sociedades civiles como contribuyentes del Impuesto sobre Sociedades a partir de 1 de enero de 2016 comportarán que algún gasto o ingreso quede sin computar o que se impute nuevamente en otro período impositivo.

3. Cuando la sociedad civil hubiese tenido la obligación de llevar contabilidad ajustada a lo dispuesto en el Código de Comercio en los ejercicios 2014 y 2015 conforme a lo dispuesto en el artículo 68 del Reglamento del Impuesto sobre la Renta de las Personas Físicas, aprobado por el Real Decreto 439/2007, de 30 de marzo, se aplicarán las siguientes reglas:

a) La distribución de beneficios obtenidos en períodos impositivos en los que haya sido de aplicación el régimen de atribución de rentas, cualquiera que sea la entidad que reparta los beneficios obtenidos por las sociedades civiles, el momento en el que el reparto se realice y el régimen fiscal especial aplicable a las entidades en ese momento, recibirá el siguiente tratamiento:

1.º Cuando el perceptor sea contribuyente del Impuesto sobre la Renta de las Personas Físicas, los beneficios a que se refiere las letras a) y b) del apartado 1 del artículo 25 de la Ley 35/2006, de 28 de noviembre, del Impuesto sobre la Renta de las Personas Físicas y de modificación parcial de las leyes de los Impuestos sobre Sociedades, sobre la Renta de no Residentes y sobre el Patrimonio, no se integrarán en la base imponible. La distribución de dichos beneficios no estará sujeta a retención o ingreso a cuenta.

2.º Cuando el perceptor sea un contribuyente del Impuesto sobre Sociedades o del Impuesto sobre la Renta de no Residentes con establecimiento permanente, los beneficios percibidos no se integrarán en la base imponible. La distribución de dichos beneficios no estará sujeta a retención o ingreso a cuenta.

3.º Cuando el perceptor sea un contribuyente del Impuesto sobre la Renta de no Residentes sin establecimiento permanente, los beneficios percibidos tendrán el tratamiento que les corresponda de acuerdo con lo establecido en el Texto Refundido de la Ley del Impuesto sobre no Residentes para estos contribuyentes.

b) Las rentas obtenidas en la transmisión de la participación en las sociedades civiles que se correspondan con reservas procedentes de beneficios no distribuidos obtenidos en ejercicios en los que haya sido de aplicación el régimen de atribución de rentas, cualquiera que sea la entidad cuyas participaciones se transmiten, el momento en el que se realiza la transmisión y el régimen fiscal especial aplicable a las entidades en ese momento, recibirán el siguiente tratamiento:

1.º Cuando el transmitente sea contribuyente del Impuesto sobre la Renta de las Personas Físicas, se computará por la diferencia entre el valor de adquisición y de titularidad y el valor de transmisión de aquéllas.

A tal efecto, el valor de adquisición y de titularidad se estimará integrado:

Primero. Por el precio o cantidad desembolsada para su adquisición.

Segundo. Por el importe de los beneficios sociales, que, sin efectiva distribución, hubiesen sido obtenidos por la sociedad durante los períodos impositivos en los que resultó de aplicación el régimen de atribución de rentas en el período de tiempo comprendido entre su adquisición y enajenación.

Tercero. Tratándose de socios que adquieran la participación con posterioridad a la obtención de los beneficios sociales, se disminuirá el valor de adquisición en el importe de los beneficios que procedan de períodos impositivos en los que haya sido de aplicación el régimen de atribución de rentas.

2.º Cuando el transmitente sea un contribuyente del Impuesto sobre Sociedades o del Impuesto sobre la Renta de no Residentes con establecimiento permanente, se aplicará lo dispuesto en esta Ley.

3.º Cuando el transmitente sea un contribuyente del Impuesto sobre la Renta de no Residentes sin establecimiento permanente tendrá el tratamiento que le corresponda de acuerdo con lo establecido para estos contribuyentes en el Texto Refundido de la Ley del Impuesto sobre la Renta de no Residentes.

4. En el caso de sociedades civiles distintas de las previstas en el apartado 3 anterior, se entenderá que a 1 de enero de 2016, a efectos fiscales, la totalidad de sus fondos propios están formados por aportaciones de los socios, con el límite de la diferencia entre el valor del inmovilizado material e inversiones inmobiliarias,

reflejados en los correspondientes libros registros, y el pasivo exigible, salvo que se pruebe la existencia de otros elementos patrimoniales.

Las participaciones a 1 de enero de 2016 en la sociedad civil adquiridas con anterioridad a dicha fecha, tendrán como valor de adquisición el que derive de lo dispuesto en el párrafo anterior.

Disposición transitoria trigésima tercera. *Conversión de activos por impuesto diferido generados en períodos impositivos iniciados con anterioridad a 1 de enero de 2016 en crédito exigible frente a la Administración Tributaria*[165].

1. Lo dispuesto en los artículos 11.12 y 130 de esta Ley resultará de aplicación a los activos por impuesto diferido generados en períodos impositivos iniciados con anterioridad a 1 de enero de 2016, correspondientes a dotaciones por deterioro de los créditos u otros activos derivadas de las posibles insolvencias de los deudores no vinculados con el contribuyente, no adeudados con entidades de derecho público y cuya deducibilidad no se produzca por aplicación de lo dispuesto en el artículo 13.1.a) de esta Ley, así como los derivados de la aplicación de los artículos 13.1.b) y 14.1.f) del texto refundido de la Ley del Impuesto sobre Sociedades, según redacción vigente en períodos impositivos iniciados con anterioridad a 1 de enero de 2015, o de los apartados 1 y 2 del artículo 14 de esta Ley, correspondientes a dotaciones o aportaciones a sistemas de previsión social y, en su caso, prejubilación,

---

[165] Nueva redacción de esta disposición por la Ley 48/2015 (art. 65.4), con efectos para los períodos impositivos que se inicien a partir de 1 de enero de 2016 y vigencia indefinida. La redacción inicial era la siguiente: «*Disposición transitoria trigésima tercera. Conversión de activos por impuesto diferido generados en períodos impositivos iniciados con anterioridad a 1 de enero de 2015 en crédito exigible frente a la Administración tributaria.*

El régimen establecido en el artículo 130 de esta Ley resultará de aplicación a los activos por impuesto diferido generados en períodos impositivos iniciados con anterioridad a 1 de enero de 2015, correspondientes a dotaciones por deterioro de los créditos u otros activos derivadas de las posibles insolvencias de los deudores no vinculados con el contribuyente, no adeudados con entidades de derecho público y cuya deducibilidad no se produzca por aplicación de lo dispuesto en el artículo 13.1.a) de esta Ley, así como los derivados de la aplicación de los artículos 13.1.b) y 14.1.f) del texto refundido de la Ley del Impuesto sobre Sociedades, según redacción vigente en períodos impositivos iniciados con anterioridad a 1 de enero de 2015, correspondientes a dotaciones o aportaciones a sistemas de previsión social y, en su caso, prejubilación.

En el supuesto de activos registrados con anterioridad al primer período impositivo que se haya iniciado a partir de 1 de enero de 2014, el plazo a que se refiere el apartado 4 del artículo 130 de esta Ley se computará desde el último día del citado período impositivo.»

cualquiera que hubiera sido el importe de la cuota líquida positiva correspondiente al período impositivo de su generación.

2. En el caso de que la diferencia entre el importe de los activos por impuesto diferido a que se refiere el párrafo anterior y la suma agregada de las cuotas líquidas positivas de este Impuesto, correspondientes a los períodos impositivos transcurridos entre los años 2008 y 2015 sea positiva, la aplicación de lo dispuesto en el artículo 130 de esta Ley requerirá que la entidad satisfaga, respecto de dicha diferencia, la prestación patrimonial por conversión de activos por impuesto diferido en crédito exigible frente a la Administración Tributaria, en los términos establecidos en la disposición adicional decimotercera de esta Ley.

La referida prestación deberá ser satisfecha en todos los períodos impositivos de este Impuesto en los que se registren activos por impuesto diferido a que se refiere el párrafo anterior.

3. A los efectos de lo previsto en el apartado anterior, se entenderá que se integran en la base imponible, en primer lugar, aquellas dotaciones correspondientes a activos por impuesto diferido a las que resulta de aplicación la disposición adicional decimotercera de esta Ley.

4. No obstante lo dispuesto en el segundo párrafo del apartado 1 del artículo 130 de esta Ley, el exceso allí señalado minorará, con carácter previo, el importe de los activos por impuesto diferido respecto de los que se deba satisfacer la prestación patrimonial señalada en el apartado 2 de esta disposición.

5. En el supuesto de activos registrados con anterioridad al primer período impositivo que se haya iniciado a partir de 1 de enero de 2014, el plazo a que se refiere el apartado 5 del artículo 130 de esta Ley se computará desde el último día del citado período impositivo.

6. Las entidades que apliquen la presente disposición deberán incluir en la declaración por este Impuesto la siguiente información:

a) Importe total de los activos por impuesto diferido a que se refiere el apartado 1 de esta disposición.

b) Importe total de la suma agregada de las cuotas líquidas positivas de este Impuesto, correspondientes a los períodos impositivos transcurridos entre los años 2008 y 2015.

c) Importe total y año de generación de los activos por impuesto diferido a que se refiere la letra a) anterior, a los que, a su vez, les resulte de aplicación el apartado 2 de esta disposición.

d) Importe total y año de generación de los activos por impuesto diferido a que se refiere la letra a) anterior a los que no resulte de aplicación el apartado 2 de esta disposición, especificando, en su caso, los derivados de la aplicación del apartado 4 de esta disposición.

Disposición transitoria trigésima cuarta. *Medidas temporales aplicables en el período impositivo 2015.*

Con efectos para los períodos impositivos que se inicien dentro del año 2015, se aplicarán las siguientes especialidades:

a) La letra a) del apartado 1 del artículo 7 de esta Ley tendrá la siguiente redacción:

«a) Las personas jurídicas, excepto las sociedades civiles.»

b) Los contribuyentes que hayan realizado inversiones hasta la entrada en vigor del Real Decreto-ley 12/2012, de 30 de marzo, por el que se introducen diversas medidas tributarias y administrativas dirigidas a la reducción del déficit público, a las que haya resultado de aplicación la Disposición adicional undécima del texto refundido de la Ley del Impuesto sobre Sociedades, aprobado por el Real Decreto Legislativo 4/2004, de 5 de marzo, según redacción dada por el Real Decreto-ley 6/2010, de 9 de abril, de medidas para el impulso de la recuperación económica y el empleo, y por el Real Decreto-ley 13/2010, de 3 de diciembre, de actuaciones en el ámbito fiscal, laboral y liberalizadoras para fomentar la inversión y la creación de empleo, y tengan cantidades pendientes de aplicar, correspondientes a la libertad de amortización, podrán aplicar dichas cantidades en las condiciones allí establecidas.

No obstante, en los períodos impositivos que se inicien dentro del 2015, los contribuyentes que hayan realizado inversiones hasta la entrada en vigor del Real Decreto-ley 12/2012, a las que resulte de aplicación la Disposición adicional undécima del texto refundido de la Ley del Impuesto sobre Sociedades, según redacción dada por el Real Decreto-ley 6/2010, en períodos impositivos en los que no hayan cumplido los requisitos establecidos en el apartado 1 del artículo 108 del citado Texto Refundido, y tengan cantidades pendientes de aplicar, podrán aplicar las mismas con el límite del 40 por ciento de la base imponible previa a su aplicación, a la integración a que se refiere el apartado 12 del artículo 11 de esta Ley y a la compensación de bases imponibles negativas.

En los períodos impositivos que se inicien dentro del año 2015, los contribuyentes que hayan realizado inversiones hasta la entrada en vigor del Real Decreto-ley 12/2012, a las que resulte de aplicación la Disposición adicional undécima del texto refundido de la Ley del Impuesto sobre Sociedades, según redacción dada por el Real Decreto-ley 13/2010, en períodos impositivos en los que no hayan cumplido los requisitos establecidos en el apartado 1 del artículo 108 del citado Texto Refundido, y tengan cantidades pendientes de aplicar, podrán aplicar las mismas con el límite del 20 por ciento de la base imponible previa a su aplicación, a la integración a que se refiere el apartado 12 del artículo 11 de esta Ley y a la compensación de bases imponibles negativas.

En el caso de que los contribuyentes tengan cantidades pendientes de aplicar en los términos señalados en los dos párrafos anteriores, aplicarán el límite del 40 por ciento, hasta que agoten las cantidades pendientes generadas con arreglo a lo dispuesto en el Real Decreto-ley 6/2010, entendiéndose aplicadas estas en primer lugar. Se podrán aplicar en el mismo período impositivo las cantidades pendientes según lo dispuesto en el párrafo anterior, hasta el importe de la diferencia entre el límite previsto en dicho párrafo y las cantidades ya aplicadas en el mismo período impositivo.

Los límites previstos en los tres párrafos anteriores se aplicarán, igualmente, respecto de los contribuyentes referidos en esta letra y las inversiones en curso realizadas hasta la entrada en vigor del Real Decreto-ley 12/2012, que correspondan a elementos nuevos encargados en virtud de contratos de ejecución de obras o proyectos de inversión cuyo período de ejecución, en ambos casos, requiera un plazo superior a 2 años entre la fecha de encargo o inicio de la inversión y la fecha de su puesta a disposición o en funcionamiento, a las que haya resultado de aplicación la disposición adicional undécima del texto refundido de la Ley del Impuesto sobre Sociedades, según redacción dada por el Real Decreto-ley 6/2010, y por el Real Decreto-ley 13/2010.

c) La deducción de la diferencia a que se refiere la Disposición transitoria decimocuarta de esta Ley, está sujeta al límite de la centésima parte de su importe.

d) Las deducciones correspondientes al fondo de comercio a que se refiere el artículo 13.3 de esta Ley y a la diferencia prevista en la Disposición transitoria vigésima séptima de esta Ley están sujetas al límite anual máximo de la centésima parte de su importe.

Lo dispuesto en esta letra no resultará de aplicación a los contribuyentes del Impuesto sobre la Renta de las Personas Físicas que cumplan los requisitos establecidos en el apartado 1 del artículo 101 de esta Ley.

e) La deducción correspondiente al inmovilizado intangible de vida útil indefinida que no tenga la consideración de fondo de comercio a que se refiere el artículo 13.3 de esta Ley está sujeta al límite anual máximo de la cincuentava parte de su importe.

Lo dispuesto en esta letra no resultará de aplicación a los contribuyentes del Impuesto sobre la Renta de las Personas Físicas que cumplan los requisitos establecidos en el apartado 1 del artículo 101 de esta Ley.

f) En los contratos de arrendamiento financiero vigentes cuyos períodos anuales de duración se inicien dentro del año 2015, el requisito establecido en el apartado 4 del artículo 106 de esta Ley no será exigido al importe de la parte de las cuotas de arrendamiento correspondiente a la recuperación del coste del bien.

El importe anual de la parte de esas cuotas en ese período no podrá exceder del 50 por ciento del coste del bien, caso de bienes muebles, o del 10 por ciento de dicho coste, tratándose de bienes inmuebles o establecimientos industriales.

g) No resultará de aplicación el límite a que se refiere el apartado 1 del artículo 26 de esta Ley.

No obstante, la compensación de bases imponibles negativas de ejercicios anteriores, para los contribuyentes cuyo volumen de operaciones, calculado conforme a lo dispuesto en el artículo 121 de la Ley 37/1992, de 28 de diciembre, del Impuesto sobre el Valor Añadido, haya superado la cantidad de 6.010.121,04 euros durante los 12 meses anteriores a la fecha en que se inicien los períodos impositivos dentro del año 2015, tendrá los siguientes límites:

– La compensación de bases imponibles negativas está limitada al 50 por ciento de la base imponible previa a la aplicación de la reserva de capitalización establecida en el artículo 25 de esta Ley y a dicha compensación, cuando en esos 12 meses el importe neto de la cifra de negocios sea al menos de 20 millones de euros pero inferior a 60 millones de euros.

– La compensación de bases imponibles negativas está limitada al 25 por ciento de la base imponible previa a la aplicación de la reserva de capitalización establecida en el artículo 25 de esta Ley y a dicha compensación, cuando en esos 12 meses el importe neto de la cifra de negocios sea al menos de 60 millones de euros.

La limitación a la compensación de bases imponibles negativas no resultará de aplicación en el importe de las rentas correspondientes a quitas y esperas consecuencia de un acuerdo con los acreedores no vinculados con el contribuyente.

h) Las dotaciones por deterioro de los créditos u otros activos derivados de las posibles insolvencias de deudores así como los correspondientes a dotaciones o aportaciones a sistemas de previsión social y, en su caso, prejubilación, a que se refiere el apartado 12 del artículo 11 de esta Ley se integrarán en la base imponible con el límite de la base imponible positiva previa a su integración y a la compensación de bases imponibles negativas.

No obstante, dicha integración estará sometida a los límites señalados en la letra g) anterior, cuando se den las circunstancias allí establecidas. Dichos límites se aplicarán sobre la base imponible positiva previa a la integración de las referidas dotaciones y a la compensación de bases imponibles negativas.

i) El tipo general de gravamen establecido en el primer párrafo del apartado 1 del artículo 29 de esta Ley será del 28 por ciento.

No obstante, tributarán al tipo del 25 por ciento:

1.º Las mutuas de seguros generales, las mutualidades de previsión social y las Mutuas Colaboradoras de la Seguridad Social que cumplan los requisitos establecidos por su normativa reguladora.

2.º Las sociedades de garantía recíproca y las sociedades de reafianzamiento reguladas en la Ley 1/1994, de 11 de marzo, sobre el Régimen Jurídico de las Sociedades de Garantía Recíproca, inscritas en el registro especial del Banco de España.

3.º Las sociedades cooperativas de crédito y cajas rurales, excepto por lo que se refiere a los resultados extracooperativos, que tributarán al tipo del 30 por ciento.

4.º Los colegios profesionales, las asociaciones empresariales, las cámaras oficiales y los sindicatos de trabajadores.

5.º Las entidades sin fines lucrativos a las que no sea de aplicación el régimen fiscal establecido en la Ley 49/2002, de 23 de diciembre, de régimen fiscal de las entidades sin fines lucrativos y de los incentivos fiscales al mecenazgo.

6.º Los fondos de promoción de empleo constituidos al amparo del artículo 22 de la Ley 27/1984, de 26 de julio, sobre reconversión y reindustrialización.

7.º Las uniones, federaciones y confederaciones de cooperativas.

8.º La Entidad de Derecho público Puertos del Estado y las Autoridades Portuarias.

Las entidades que se dediquen a la exploración, investigación y explotación de yacimientos y almacenamientos subterráneos de hidrocarburos en los términos establecidos en la Ley 34/1998, de 7 de octubre, del sector de hidrocarburos, tributarán al tipo de gravamen del 33 por ciento.

9.º Las comunidades titulares de montes vecinales en mano común.

j) Las entidades que cumplan los requisitos establecidos en el artículo 101 de esta Ley tributarán con arreglo a la siguiente escala, excepto si de acuerdo con lo previsto en el artículo 29 de esta Ley deban tributar a un tipo diferente del general:

1.º Por la parte de base imponible comprendida entre 0 y 300.000 euros, al tipo del 25 por ciento.

2.º Por la parte de base imponible restante, al tipo del 28 por ciento.

Cuando el período impositivo tenga una duración inferior al año, la parte de la base imponible que tributará al tipo del 25 por ciento será la resultante de aplicar a 300.000 euros la proporción en la que se hallen el número de días del período impositivo entre 365 días, o la base imponible del período impositivo cuando esta fuera inferior.

k) Las entidades cuyo importe neto de la cifra de negocios habida en los períodos impositivos iniciados en 2015 sea inferior a 5 millones de euros y la plantilla media en los mismos sea inferior a 25 empleados, tributarán al tipo de gravamen del 25 por ciento.

Cuando el período impositivo tenga una duración inferior al año, el importe neto de la cifra de negocios se elevará al año.

A los efectos de la aplicación del tipo de gravamen previsto en esta letra, deberá tenerse en cuenta que:

1.º La aplicación del tipo de gravamen previsto en esta letra está condicionada a que durante los 12 meses siguientes al inicio de los períodos impositivos que comiencen en 2015, la plantilla media de la entidad no sea inferior a la unidad y, además, tampoco sea inferior a la plantilla media de los 12 meses anteriores al inicio del primer período impositivo que comience a partir de 1 de enero de 2009.

Cuando la entidad se haya constituido dentro de ese plazo anterior de 12 meses, se tomará la plantilla media que resulte de ese período.

Para el cálculo de la plantilla media de la entidad se tomarán las personas empleadas, en los términos que disponga la legislación laboral, teniendo en cuenta la jornada contratada en relación con la jornada completa.

Se computará que la plantilla media de los 12 meses anteriores al inicio del primer período impositivo que comience a partir de 1 de enero de 2009 es cero cuando la entidad se haya constituido a partir de esa fecha.

2.º A efectos de determinar el importe neto de la cifra de negocios, se tendrá en consideración lo establecido en el apartado 3 del artículo 101 de esta Ley.

Cuando la entidad sea de nueva creación o el período impositivo tenga una duración inferior al año, o bien la actividad se hubiera desarrollado durante un plazo también inferior, el importe neto de la cifra de negocios se elevará al año.

3.º Cuando la entidad se hubiese constituido dentro del año 2015 y la plantilla media en los 12 meses siguientes al inicio del primer período impositivo sea superior a cero e inferior a la unidad, el tipo de gravamen previsto en esta letra se aplicará en el período impositivo de constitución de la entidad a condición de que en los 12 meses posteriores a la conclusión de ese período impositivo la plantilla media no sea inferior a la unidad.

4.º Cuando se incumplan las condiciones establecidas en esta letra, el contribuyente deberá regularizar su situación tributaria en los términos establecidos en el artículo 125.3 de esta Ley.

l) En la determinación de los pagos fraccionados que se realicen en la modalidad prevista en el apartado 3 del artículo 40 de esta Ley, se integrará en la base imponible del período respecto del cual se calcula el correspondiente pago fraccionado, el 25 por ciento del importe de los dividendos y las rentas devengadas en el mismo, que se correspondan con participaciones en el capital o en los fondos propios de entidades no residentes, a los que resulte de aplicación el artículo 21 de esta Ley. Asimismo, se integrará en el correspondiente pago fraccionado, el 100 por ciento del importe de los dividendos y las rentas devengadas en el mismo, que se correspondan con participaciones en el capital o en los fondos propios de entidades residentes, a los que resulte de aplicación el referido artículo 21.

m) La cantidad a ingresar correspondiente a los pagos fraccionados establecidos en el apartado 3 del artículo 40 de esta Ley, para aquellos contribuyentes que estén obligados a aplicar esta modalidad y cuyo importe neto de la cifra de negocios en los 12 meses anteriores a la fecha en que se inicien los períodos impositivos dentro del año 2015 sea al menos veinte millones de euros, no podrá ser inferior, en ningún caso, al 12 por ciento del resultado positivo de la cuenta de pérdidas y ganancias del ejercicio de los 3, 9 u 11 primeros meses de cada año natural o, para contribuyentes cuyo período impositivo no coincida con el año natural, del ejercicio transcurrido desde el inicio del período impositivo hasta el día anterior al inicio de cada período de ingreso del pago fraccionado, determinado de acuerdo con el Código de Comercio y demás normativa contable de desarrollo, minorado exclusivamente en los pagos fraccionados realizados con anterioridad, correspondientes al mismo período impositivo. Quedará excluido del resultado positivo referido, el importe del mismo que se corresponda con rentas derivadas de operaciones de quita o espera consecuencia de un acuerdo de acreedores del contribuyente, incluyéndose en dicho resultado aquella parte de su importe que se integre en la base imponible del período impositivo.

No obstante, el porcentaje establecido en el párrafo anterior será del 6 por ciento para aquellas entidades allí referidas, en las que al menos el 85 por ciento de los ingresos de los 3, 9 u 11 primeros meses de cada año natural o, para contribuyentes cuyo período impositivo no coincida con el año natural, del ejercicio transcurrido desde el inicio del período impositivo hasta el día anterior al inicio de cada período de ingreso del pago fraccionado, correspondan a rentas a las que resulte de aplicación las exenciones previstas en los artículos 21 o 22 de esta Ley.

En el caso de entidades parcialmente exentas a las que resulte de aplicación el régimen fiscal especial establecido en el Capítulo XIV del Título VII de esta Ley, se tomará como resultado positivo el correspondiente exclusivamente a rentas no exentas. En el caso de entidades a las que resulte de aplicación la bonificación establecida en el artículo 34 de esta Ley, se tomará como resultado positivo el correspondiente exclusivamente a rentas no bonificadas.

Lo dispuesto en este apartado no resultará de aplicación a las entidades a las que se refieren los apartados 3, 4 y 5 del artículo 29 de esta Ley ni a las referidas en la Ley 11/2009, de 26 de octubre, por la que se regulan las Sociedades Anónimas Cotizadas de Inversión en el Mercado Inmobiliario.

n) El porcentaje a que se refiere el apartado 3 del artículo 40 de esta Ley será:

1.º Tratándose de contribuyentes cuyo importe neto de la cifra de negocios no haya superado la cantidad de 6 millones de euros durante los 12 meses anteriores a la fecha en que se inicien los períodos impositivos dentro del año 2015, el resultado de multiplicar por cinco séptimos el tipo de gravamen redondeado por defecto.

2.º Tratándose de contribuyentes cuyo importe neto de la cifra de negocios haya superado la cantidad de 6 millones de euros durante los 12 meses anteriores a la fecha en que se inicien los períodos impositivos dentro del año 2015:

– El resultado de multiplicar por cinco séptimos el tipo de gravamen redondeado por defecto, cuando en esos 12 meses el importe neto de la cifra de negocios sea inferior a 10 millones de euros.

– El resultado de multiplicar por quince veinteavos el tipo de gravamen redondeado por exceso, cuando en esos 12 meses el importe neto de la cifra de negocios sea al menos 10 millones de euros pero inferior a 20 millones de euros.

– El resultado de multiplicar por diecisiete veinteavos el tipo de gravamen redondeado por exceso, cuando en esos 12 meses el importe neto de la cifra de negocios sea al menos 20 millones de euros pero inferior a 60 millones de euros.

– El resultado de multiplicar por diecinueve veinteavos el tipo de gravamen redondeado por exceso, cuando en esos 12 meses el importe neto de la cifra de negocios sea al menos 60 millones de euros.

ñ)[166].

Disposición transitoria trigésima quinta. *Régimen fiscal aplicable a activos intangibles adquiridos con anterioridad a 1 de enero de 2015*[167].

El régimen fiscal establecido en el artículo 12.2 de esta Ley no resultará de aplicación a los activos intangibles, incluido el fondo de comercio, adquiridos en períodos impositivos iniciados con anterioridad a 1 de enero de 2015, a entidades

---

[166] Letra derogada por el Real Decreto-ley 9/2015 (art. 2.Uno) con efectos a partir de 1 de enero de 2015.
Su redacción inicial era la siguiente: «*El porcentaje de retención o ingreso a cuenta a que se refiere la letra a) del apartado 6 del artículo 128 de esta Ley se eleva al 20 por ciento*».

[167] Nueva redacción de esta disposición por la Ley 22/2015 (DF 5ª.Tres) con efectos para los períodos impositivos que se inicien a partir de 1 de enero de 2016.

que formen parte con la adquirente del mismo grupo de sociedades según los criterios establecidos en el artículo 42 del Código de Comercio, con independencia de la residencia y de la obligación de formular cuentas anuales consolidadas.

Disposición transitoria trigésima sexta. *Límite en la compensación de bases imponibles negativas y activos por impuesto diferido para el año 2016*[168].

Con efectos para los períodos impositivos que se inicien en el año 2016, para aquellos contribuyentes a los que no resulte aplicable la disposición adicional decimoquinta de esta Ley, los límites establecidos en el apartado 12 del artículo 11, en el primer párrafo del apartado 1 del artículo 26, en la letra e) del apartado 1 del artículo 62 y en las letras d) y e) del artículo 67, de esta Ley serán del 60 por ciento, en los términos establecidos, respectivamente, en los citados preceptos.

Disposición transitoria trigésima séptima. *Deducción por reversión de medidas temporales.*

1. Los contribuyentes que tributen al tipo de gravamen previsto en el apartado 1 del artículo 29 de esta Ley y les haya resultado de aplicación la limitación a las amortizaciones establecida en el artículo 7 de la Ley 16/2012, de 27 de diciembre, por la que se adoptan diversas medidas tributarias dirigidas a la consolidación de las finanzas públicas y al impulso de la actividad económica, tendrán derecho a una deducción en la cuota íntegra del 5 por ciento de las cantidades que integren en la base imponible del período impositivo de acuerdo con el párrafo tercero del citado artículo, derivadas de las amortizaciones no deducidas en los períodos impositivos que se hayan iniciado en 2013 y 2014.

Su redacción anterior era la siguiente: «*El régimen fiscal establecido en los artículos 12.2 y 13.3 de esta Ley no resultará de aplicación a los activos intangibles, incluido el fondo de comercio, adquiridos en períodos impositivos iniciados con anterioridad a 1 de enero de 2015, a entidades que formen parte con la adquirente del mismo grupo de sociedades según los criterios establecidos en el artículo 42 del Código de Comercio, con independencia de la residencia y de la obligación de formular cuentas anuales consolidadas.*»

[168] Disposición modificada por el Real Decreto-ley 3/2016 (art. 3.1º.3), con efectos para los períodos impositivos que se inicien a partir de 1 de enero de 2016. Su redacción inicial era la siguiente: «*Con efectos para los períodos impositivos que se inicien en el año 2016, los límites establecidos en el apartado 12 del artículo 11, en el primer párrafo del apartado 1 del artículo 26, en la letra e) del apartado 1 del artículo 62 y en las letras d) y e) del artículo 67, de esta Ley serán del 60 por ciento, en los términos establecidos, respectivamente, en los citados preceptos.*»

Esta deducción será del 2 por ciento en los períodos impositivos que se inicien en 2015.

2. Los contribuyentes que tributen al tipo de gravamen previsto en el apartado 1 del artículo 29 de esta Ley que se hubieran acogido a la actualización de balances prevista en el artículo 9 de la Ley 16/2012, tendrán derecho a una deducción en la cuota íntegra del 5 por ciento de las cantidades que integren en la base imponible del período impositivo derivadas de la amortización correspondiente al incremento neto de valor resultante de aquella actualización.

Esta deducción será del 2 por ciento en los períodos impositivos que se inicien en 2015.

3. Las deducciones previstas en la presente disposición se aplicarán con posterioridad a las demás deducciones y bonificaciones que resulten de aplicación por este Impuesto.

Las cantidades no deducidas por insuficiencia de cuota íntegra podrán deducirse en períodos impositivos siguientes.

Disposición transitoria trigésima octava. *Porcentaje de retención o ingreso a cuenta aplicable en 2015*[169].

Desde 1 de enero de 2015 hasta 11 de julio de 2015, el porcentaje de retención o ingreso a cuenta a que se refiere la letra a) del apartado 6 del artículo 128 de esta Ley será el 20 por ciento. Dicho porcentaje será el 19,5 por ciento desde 12 de julio de 2015 hasta 31 de diciembre de 2015.

Disposición transitoria trigésima novena. *Integración en la base imponible de los ajustes contables por la primera aplicación de la Circular 4/2017, de 27 de noviembre, del Banco de España, a entidades de crédito, sobre normas de información financiera pública y reservada, y modelos de estados financieros*[170].

Los cargos y abonos a cuentas de reservas, que tengan la consideración de gastos o ingresos, respectivamente, en cuanto tengan efectos fiscales de acuerdo con lo establecido en esta Ley, como consecuencia de la primera aplicación de la Circular 4/2017, de 27 de noviembre, del Banco de España, a entidades de crédito, sobre normas de información financiera pública y reservada, y modelos de estados financieros, se integrarán por partes iguales en la base imponible correspondiente

---

[169] Nueva disposición añadida por el Real Decreto-ley 9/2015 con efectos a partir de 1 de enero de 2015.

[170] Nueva disposición añadida por el Real Decreto-ley 27/2018 (art. 2.2) con efectos para los períodos impositivos que se inicien a partir de 1 de enero de 2018.

a cada uno de los tres primeros períodos impositivos que se inicien a partir de 1 de enero de 2018, sin que por dicha integración resulte de aplicación lo establecido en el artículo 130 de esta Ley.

La integración por partes iguales señalada en el párrafo anterior seguirá siendo de aplicación aun cuando cause baja del balance el elemento a que se refiere el importe pendiente.

En caso de extinción del contribuyente dentro de ese plazo, el importe pendiente se integrará en la base imponible del último período impositivo, salvo que la misma sea consecuencia de una operación de reestructuración a la que resulte de aplicación el régimen fiscal establecido en el Capítulo VII del Título VII de esta Ley. En la memoria de las cuentas anuales de los ejercicios correspondientes a dichos períodos impositivos deberán mencionarse las cantidades integradas en la base imponible y las pendientes de integrar.

Disposición transitoria cuadragésima. *Régimen de tributación de las participaciones con un valor de adquisición superior a 20 millones*[171].

Las participaciones adquiridas en los períodos impositivos iniciados con anterioridad al 1 de enero de 2021 que tuvieran un valor de adquisición superior a 20 millones de euros sin alcanzar el porcentaje establecido en el primer párrafo de la letra a) del apartado 1 del artículo 21 de esta Ley o en la letra a) del apartado 1 del artículo 32 de esta Ley, aplicarán el régimen fiscal establecido en dichos artículos, según proceda, siempre que cumplan el resto de los requisitos previstos en ellos durante los períodos impositivos que se inicien dentro de los años 2021, 2022, 2023, 2024 y 2025.

Disposición transitoria cuadragésima primera. *Disolución y liquidación de determinadas sociedades de inversión de capital variable*[172].

1. Podrán acordar su disolución y liquidación, con aplicación del régimen fiscal previsto en esta disposición transitoria, las sociedades de inversión de capital variable a las que haya resultado aplicable lo previsto en la letra a) del apartado 4 del artículo 29 de esta Ley en su redacción en vigor a 31 de diciembre de 2021, que durante el año 2022 adopten válidamente el acuerdo de disolución con liquidación, y realicen con posterioridad al acuerdo, dentro de los seis meses posteriores a dicho

---

[171] Nueva disposición añadida por Ley 11/2020 (art. 65.6), con efectos para los períodos impositivos que se inicien a partir de 1 de enero de 2021.

[172] Nueva disposición añadida por Ley 11/2021 (art. 1.6), con efectos para los períodos impositivos que se inicien a partir de 1 de enero de 2022.

plazo, todos los actos o negocios jurídicos necesarios según la normativa mercantil hasta la cancelación registral de la sociedad en liquidación.

2. La disolución con liquidación de las sociedades de inversión de capital variable que se realice conforme a lo establecido en el apartado 1 anterior tendrá el siguiente régimen fiscal:

a) Exención del Impuesto sobre Transmisiones Patrimoniales y Actos Jurídicos Documentados, concepto «operaciones societarias», hecho imponible, «disolución de sociedades», del artículo 19.1.1.º del texto refundido de la Ley del Impuesto, aprobado por el Real Decreto Legislativo 1/1993, de 24 de septiembre.

b) Durante los períodos impositivos que concluyan hasta la cancelación registral continuará siendo de aplicación a la sociedad en liquidación lo previsto en la letra a) del apartado 4 del artículo 29 de esta Ley en su redacción en vigor a 31 de diciembre de 2021.

c) A efectos del Impuesto sobre la Renta de las Personas Físicas, del Impuesto sobre Sociedades o del Impuesto sobre la Renta de no Residentes, los socios de la sociedad en liquidación no integrarán en la base imponible las rentas derivadas de la liquidación de la entidad, siempre que el total de dinero o bienes que les corresponda como cuota de liquidación se reinvierta, en la forma y con las condiciones previstas en los párrafos siguientes, en la adquisición o suscripción de acciones o participaciones en alguna de las instituciones de inversión colectiva previstas en las letras a) o b) del apartado 4 del artículo 29 de esta Ley, en cuyo caso las nuevas acciones o participaciones adquiridas o suscritas conservarán el valor y la fecha de adquisición de las acciones de la sociedad objeto de liquidación.

El socio deberá comunicar a la sociedad en liquidación su decisión de acogerse a lo previsto en el párrafo anterior de esta letra c), en cuyo caso la entidad en liquidación se abstendrá de efectuar cualquier pago de dinero o entrega de bienes al socio que le corresponda como cuota de liquidación. Asimismo, el socio deberá aportar a la sociedad la documentación acreditativa de la fecha y valor de adquisición de las acciones, en el caso de que la sociedad no dispusiera de dicha información.

La reinversión deberá tener por objeto la totalidad del dinero o bienes que integren la cuota de liquidación del socio, sin que sea posible reinversión parcial, pudiendo realizarse en una o varias instituciones de inversión colectiva.

El socio comunicará a la institución de inversión colectiva en la que vaya a efectuar la reinversión sus propios datos identificativos, los correspondientes a la sociedad en liquidación y a su entidad gestora y entidad depositaria, así como la cantidad de dinero o los bienes integrantes de la cuota de liquidación a reinvertir en la institución de destino. A estos efectos, el socio cumplimentará la correspondiente orden de suscripción o adquisición, autorizando a dicha institución a tramitar dicha orden ante la sociedad en liquidación.

Recibida la orden por la sociedad en liquidación, la reinversión deberá efectuarse mediante la transferencia ordenada por esta última a su depositario, por cuenta y orden del socio, del dinero o de los bienes objeto de la reinversión, desde las cuentas de la sociedad en liquidación a las cuentas de la institución de inversión colectiva en la que se efectúe la reinversión. Dicha transferencia se acompañará de la información relativa a los valores y fechas de adquisición de las acciones de la sociedad en liquidación a las que corresponda la reinversión.

Para que resulte de aplicación el tratamiento previsto en el primer párrafo de esta letra c), la reinversión habrá de efectuarse antes de haber transcurrido siete meses contados desde la finalización del plazo establecido en el apartado 1 anterior para la adopción del acuerdo de disolución con liquidación.

d) Las adquisiciones de valores a los que se refiere la Ley 5/2020, de 15 de octubre, del Impuesto sobre las Transacciones Financieras, que tuvieran lugar como consecuencia de lo previsto en los apartados 1 y 2 de esta disposición transitoria, siempre que se realice la reinversión conforme a lo establecido en la letra c) de este apartado, estarán exentas del Impuesto sobre las Transacciones Financieras.

El derecho a la aplicación de lo previsto en el párrafo anterior se acreditará mediante la orden de suscripción o adquisición a que se refiere el párrafo cuarto de la letra c) de este apartado y, de forma provisional hasta la aportación de dicha orden, mediante los acuerdos de disolución de la sociedad y de división entre los socios del activo resultante, así como mediante la comunicación del socio a que se refiere el segundo párrafo de la citada letra c).

3. No existirá obligación de practicar pagos a cuenta del correspondiente impuesto personal del socio sobre las rentas derivadas de las liquidaciones de las sociedades de inversión de capital variable a que se refiere esta disposición transitoria, cuando los socios se acojan a la aplicación del régimen de reinversión regulado en la letra c) del apartado 2 anterior.

4. Lo previsto en esta disposición transitoria no será de aplicación en los supuestos de disolución con liquidación de las sociedades de inversión libre a que se refiere el artículo 33 bis de la Ley 35/2003, de 4 de noviembre de Instituciones de Inversión Colectiva, ni de las sociedades de inversión de capital variable índice cotizadas a que se refiere el artículo 79 del Reglamento de desarrollo de la Ley 35/2003, de 4 de noviembre, de instituciones de inversión colectiva, aprobado por el Real Decreto 1082/2012, de 13 de julio.

Disposición transitoria cuadragésima segunda. *Requisitos para aplicar la deducción en las producciones extranjeras de largometrajes cinematográficos y obras audiovisuales*[173].

Los requisitos establecidos en las letras b') y c') del apartado 2 del artículo 36 de esta Ley no serán exigibles en el caso de producciones extranjeras de largometrajes cinematográficos y obras audiovisuales respecto de las que el contrato por el que se encarga la ejecución de la producción hubiera sido firmado con anterioridad a la fecha de entrada en vigor de la Ley de medidas de prevención y lucha contra el fraude fiscal, de transposición de la Directiva (UE) 2016/1164 del Consejo, de 12 de julio de 2016, por la que se establecen normas contra las prácticas de elusión fiscal que inciden directamente en el funcionamiento del mercado interior, de modificación de diversas normas tributarias y en materia de regulación del juego.

Disposición transitoria cuadragésima tercera. *Plazo de mantenimiento del incremento de fondos propios y de indisponibilidad de la reserva de capitalización pendiente de expirar*[174].

El plazo de 3 años, previsto en las letras a) y b) del artículo 25, apartado 1, de esta Ley, resultará igualmente de aplicación respecto del incremento de fondos propios y de las reservas de capitalización dotadas cuyo plazo de mantenimiento e indisponibilidad, respectivamente, no hubiera expirado al inicio del primer período impositivo que comience a partir de 1 de enero de 2024.

Disposición transitoria cuadragésima cuarta. *Aplicación transitoria del tipo de gravamen general para microempresas y entidades de reducida dimensión*[175].

1. Con efectos para los períodos impositivos que se inicien dentro del año 2025, a efectos de lo dispuesto en el artículo 29.1 de la LIS, se aplicarán las siguientes especialidades:

a) Las entidades cuyo importe neto de la cifra de negocios del período impositivo inmediato anterior sea inferior a 1 millón de euros, aplicarán la siguiente escala, salvo que deban tributar a un tipo diferente del general:

---

[173]   Nueva disposición añadida por Ley 11/2021 (art. 1.7), con efectos para los períodos impositivos que se inicien a partir de 1 de enero de 2021.
[174]   Se añade esta DT por el RD-Ley 4/2024 (art. 4.3) con efectos para los periodos impositivos que se inicien a partir del 1 de enero de 2024.
[175]   Se añade esta DT por la Ley 7/2024 (DF8ª.8) con efectos para los periodos impositivos que se inicien a partir del 1 de enero de 2025.

i) Por la parte de base imponible comprendida entre 0 y 50.000 euros, al tipo del 21 por ciento.

ii) Por la parte de base imponible restante, al tipo del 22 por ciento.

Cuando el período impositivo tenga una duración inferior al año, la parte de la base imponible que tributará al tipo del 21 por ciento será la resultante de aplicar a 50.000 euros la proporción en la que se hallen el número de días del período impositivo entre 365 días, o la base imponible del período impositivo cuando esta fuera inferior.

A estos efectos, el importe neto de la cifra de negocios se determinará con arreglo a lo dispuesto en los apartados 2 y 3 del artículo 101 de esta ley.

b) Las entidades que cumplan las previsiones previstas en el artículo 101 de esta ley tributarán al 24 %, salvo que deban tributar a un tipo diferente del general.

2. Con efectos para los períodos impositivos que se inicien dentro del año 2026, a efectos de lo dispuesto en el artículo 29.1 de la LIS, se aplicarán las siguientes especialidades:

a) Las entidades cuyo importe neto de la cifra de negocios del período impositivo inmediato anterior sea inferior a 1 millón de euros, aplicarán la siguiente escala, salvo que deban tributar a un tipo diferente del general:

i) Por la parte de base imponible comprendida entre 0 y 50.000 euros, al tipo del 19 por ciento.

ii) Por la parte de base imponible restante, al tipo del 21 por ciento.

Cuando el período impositivo tenga una duración inferior al año, la parte de la base imponible que tributará al tipo del 19 por ciento será la resultante de aplicar a 50.000 euros la proporción en la que se hallen el número de días del período impositivo entre 365 días, o la base imponible del período impositivo cuando esta fuera inferior.

A estos efectos, el importe neto de la cifra de negocios se determinará con arreglo a lo dispuesto en los apartados 2 y 3 del artículo 101 de esta ley.

b) Las entidades que cumplan las previsiones previstas en el artículo 101 de esta ley tributarán al 23 %, salvo que deban tributar a un tipo diferente del general.

3. Con efectos para los períodos impositivos que se inicien dentro del año 2027, a efectos de lo dispuesto en el artículo 29.1 de la LIS, las entidades que cumplan las previsiones previstas en el artículo 101 de esta ley tributarán al 22 %, salvo que deban tributar a un tipo diferente del general.

4. Con efectos para los períodos impositivos que se inicien dentro del año 2028, a efectos de lo dispuesto en el artículo 29.1 de la LIS, las entidades que cumplan las previsiones previstas en el artículo 101 de esta ley tributarán al 21 %, salvo que deban tributar a un tipo diferente del general.

Disposición derogatoria.

1. A la entrada en vigor de esta Ley quedarán derogadas todas las disposiciones que se opongan a lo establecido en la misma, y en particular, el Texto Refundido de la Ley del Impuesto sobre Sociedades, aprobado por el Real Decreto Legislativo 4/2004, de 5 de marzo.

En concreto, quedan derogadas:

a) El apartado 2 de la Disposición adicional decimoctava de la Ley 62/2003, de 30 de diciembre, de medidas fiscales, administrativas y de orden social en lo que se refiere a este Impuesto.

b) Los apartados 1, 2, 4, 7 y 8 del artículo 7 del Real Decreto-ley 11/2010, de 9 julio, de órganos de gobierno y otros aspectos del régimen jurídico de las Cajas de Ahorros.

2. No obstante, conservarán su vigencia en lo que se refiere a este Impuesto:

a) Las disposiciones legales relativas al régimen tributario de los organismos internacionales de los que España forma parte.

b) La Ley 20/1990, de 19 de diciembre, sobre Régimen Fiscal de las Cooperativas.

c) El artículo 3.3 de la Ley 15/1992, de 5 de junio, sobre medidas urgentes para la progresiva adaptación del sector petrolero al marco comunitario.

d) El artículo 12 del Real Decreto-ley 3/1993, de 26 de febrero, de medidas urgentes sobre materias presupuestarias, tributarias, financieras y de empleo.

e) Los artículos 93 y 94 de la Ley 20/1991, de 7 de junio, sobre modificación de los aspectos fiscales del Régimen Económico Fiscal de Canarias, y la Ley 19/1994, de 6 de julio, de modificación del Régimen Económico y Fiscal de Canarias.

f) El Real Decreto-ley 7/1994, de 20 de junio, sobre libertad de amortización para las inversiones generadoras de empleo.

g) El Real Decreto-ley 2/1995, de 17 de febrero, sobre libertad de amortización para inversiones creadoras de empleo.

h) El artículo 5 del Real Decreto-ley 7/1996, de 7 de junio, sobre medidas urgentes de carácter fiscal y de fomento y liberalización de la actividad económica.

i) La Disposición adicional octava de la Ley 40/1994, de 30 de diciembre, de ordenación del Sistema Eléctrico Nacional, y la Ley 54/1997, de 27 de noviembre, del Sector Eléctrico.

j) El artículo 14 y la Disposición adicional única de la Ley 5/1996, de 10 de enero, de creación de determinadas entidades de derecho público, así como la Disposición adicional tercera del Real Decreto-ley 15/1997, de 5 de septiembre, por el que se modifica la Ley 5/1996, de creación de determinadas entidades de derecho público.

k) La Disposición adicional vigésima quinta de la Ley 66/1997, de 30 de diciembre, de Medidas Fiscales, Administrativas y del Orden Social.

l) La Ley 34/1998, de 7 de octubre, del sector de hidrocarburos.

m) El artículo 27 de la Ley 50/1998, de 30 de diciembre, de Medidas Fiscales, Administrativas y del Orden Social.

n) La Disposición adicional séptima de la Ley 27/1999, de 16 de julio, de Cooperativas.

ñ) El Real Decreto 647/2002, de 5 de julio, por el que se declaran las materias primas minerales y actividades con ellas relacionadas, calificadas como prioritarias a efectos de lo previsto en la Ley 43/1995, de 27 de diciembre, del Impuesto sobre Sociedades.

o) El Texto Refundido de la Ley de Regulación de los Planes y Fondos de Pensiones aprobado por el Real Decreto Legislativo 1/2002, de 29 de noviembre.

p) La Ley 49/2002, de 23 de diciembre, de régimen fiscal de las entidades sin fines lucrativos y de los incentivos fiscales al mecenazgo.

q) El artículo 24 del Estatuto Legal del Consorcio de Compensación de Seguros aprobado por el Real Decreto Legislativo 7/2004, de 29 de octubre.

r) La Disposición adicional segunda y la Disposición adicional tercera de la Ley 23/2005, de 18 de noviembre, de reformas en materia tributaria para el impulso a la productividad.

s) La Ley Orgánica 8/2007, de 4 de julio, sobre financiación de los partidos políticos.

t) La Ley 55/2007, de 28 de diciembre, del Cine.

u) La Ley 11/2009, de 26 de octubre, por la que se regulan las Sociedades Anónimas Cotizadas de Inversión en el Mercado Inmobiliario.

v) La Disposición adicional sexta del Texto Refundido de la Ley de Sociedades de Capital, aprobado por el Real Decreto Legislativo 1/2010, de 2 de julio.

w) El artículo 41 del Texto Refundido de la Ley de Puertos del Estado y de la Marina Mercante, aprobado por el Real Decreto Legislativo 2/2011, de 5 de septiembre.

x) El artículo 8 y la Disposición transitoria segunda de la Ley 8/2012, de 30 de octubre, sobre saneamiento y venta de los activos inmobiliarios del sector financiero.

y) La Disposición adicional decimoséptima y Disposición adicional vigésima primera de la Ley 9/2012, de 14 de noviembre, de reestructuración y resolución de entidades de crédito.

z) Los artículos 7 y 9 de la Ley 16/2012, de 27 de diciembre, por la que se adoptan diversas medidas tributarias dirigidas a la consolidación de las finanzas públicas y al impulso de la actividad económica.

aa) El artículo 49 de la Ley 26/2013, de 27 de diciembre, de cajas de ahorros y fundaciones bancarias.

3. El Reglamento del Impuesto sobre Sociedades, aprobado por el Real Decreto 1777/2004, de 30 de julio, continuará vigente, en tanto no se oponga a lo previsto en esta Ley, hasta la entrada en vigor de la norma reglamentaria que pueda dictarse en desarrollo de esta Ley.

4. La derogación de las disposiciones a que se refiere el apartado 1 no perjudicará los derechos de la Hacienda Pública respecto a las obligaciones devengadas durante su vigencia.

Disposición final primera. *Entidades acogidas a la Ley 20/1990, de 19 de diciembre, sobre Régimen Fiscal de las Cooperativas.*

1. Las cooperativas tributarán de acuerdo con lo establecido en la Ley 20/1990, de 19 de diciembre, sobre Régimen Fiscal de las Cooperativas.

2. Los grupos de sociedades cooperativas podrán tributar en régimen de declaración consolidada de acuerdo con lo previsto en el Real Decreto 1345/1992, de 6 de noviembre, por el que se dictan las normas para la adaptación de las disposiciones que regulan la tributación sobre el beneficio consolidado a los grupos de sociedades cooperativas.

Disposición final segunda. *Entidades acogidas a la Ley 49/2002, de 23 de diciembre, de régimen fiscal de las entidades sin fines lucrativos y de los incentivos fiscales al mecenazgo.*

Las entidades que reúnan las características y cumplan los requisitos previstos en el Título II de la Ley 49/2002, de 23 de diciembre, de régimen fiscal de las entidades sin fines lucrativos y de los incentivos fiscales al mecenazgo, tendrán el régimen fiscal que en ella se establece.

Disposición final tercera. *Entidades acogidas a la Ley 11/2009, de 26 de octubre, por la que se regulan las Sociedades Anónimas Cotizadas de Inversión en el Mercado Inmobiliario.*

Las entidades que reúnan las características y cumplan los requisitos previstos en la Ley 11/2009, de 26 de octubre, por la que se regulan las Sociedades Anónimas Cotizadas de Inversión en el Mercado Inmobiliario, tendrán el régimen fiscal que en ella se establece.

Disposición final cuarta. *Modificaciones en la Ley 20/1990, de 19 de diciembre, sobre Régimen Fiscal de las Cooperativas*[176].

Primero. Con efectos para los períodos impositivos iniciados a partir de 1 de enero de 2011, se introducen las siguientes modificaciones en la Ley 20/1990, de 19 de diciembre, sobre Régimen Fiscal de las Cooperativas:

Uno. Se añade una Disposición adicional séptima, que queda redactada de la siguiente forma:

«Disposición adicional séptima. *Reglas especiales aplicables a las Cooperativas en relación con los activos por impuesto diferido.*

En el supuesto de sociedades cooperativas a las que resulte de aplicación esta Ley, se aplicarán las siguientes especialidades:

a) El límite a que se refiere el artículo 19.13 del Texto Refundido de la Ley del Impuesto sobre Sociedades, aprobado por el Real Decreto Legislativo 4/2004, de 5 de marzo, se referirá a la cuota íntegra positiva sin tener en cuenta su integración ni la compensación de cuotas negativas.

b) La aplicación del régimen de consolidación fiscal por aquellos grupos fiscales integrados por sociedades cooperativas a las que resulte de aplicación el artículo 19.13 del Texto Refundido de la Ley del Impuesto sobre Sociedades, tendrán las siguientes especialidades:

1.º Para proceder a la suma algebraica de cuotas íntegras de las cooperativas que formen parte del grupo fiscal no incluirá en las bases imponibles de dichas entidades las dotaciones a que se refiere el artículo 19.13 del Texto Refundido de la Ley del Impuesto sobre Sociedades. Estas dotaciones se incluirán en la cuota íntegra, en función del tipo de gravamen que corresponda, con posterioridad a la referida suma, y con el límite del 60 por ciento de la cuota positiva del grupo.

2.º En el supuesto de que una entidad se incorpore a un grupo fiscal, las dotaciones a que se refiere el artículo 19.13 del Texto Refundido de la Ley del Impuesto sobre Sociedades pendientes de integrar en la cuota íntegra, se integrarán en la cuota íntegra del grupo, en función del tipo de gravamen que corresponda, con el límite del 60 por ciento de la cuota íntegra positiva individual de la propia entidad.

3.º En el supuesto de pérdida del régimen de consolidación fiscal o extinción del grupo fiscal, las entidades que integren el mismo asumirán las dotaciones a que se refiere el artículo 19.13 del Texto Refundido de la Ley del Impuesto sobre

---

[176] Según la LIS DF 12ª la entrada en vigor de esta disposición será el 29 de diciembre de 2014.

Sociedades, pendientes de integrar en la cuota, en la proporción en que hubiesen contribuido a su formación.»

Dos. Se añade una Disposición transitoria séptima, que queda redactada de la siguiente forma:

«Disposición transitoria séptima. *Dotaciones por deterioro de determinados activos.*

En los períodos impositivos iniciados entre el 1 de enero de 2011 y el 31 de diciembre de 2014, las dotaciones a que se refiere el artículo 19.13 del texto refundido de la Ley del Impuesto sobre Sociedades en los términos establecidos en los números 1.º y 2.º de la letra b) de la disposición adicional séptima de esta Ley, se incluirán en la cuota íntegra del grupo, en función del tipo de gravamen que corresponda, con el límite de la cuota íntegra positiva del grupo o individual, respectivamente.

No obstante, en los períodos impositivos que se inicien en el año 2014, las dotaciones a que se refiere el artículo 19.13 del Texto Refundido de la Ley del Impuesto sobre Sociedades en los términos establecidos en los números 1.º y 2.º de la letra b) de la disposición adicional séptima de esta Ley realizadas por contribuyentes cuyo volumen de operaciones, calculado conforme a lo dispuesto en el artículo 121 de la Ley 37/1992, de 28 de diciembre, del Impuesto sobre el Valor Añadido, haya superado la cantidad de 6.010.121,04 euros durante los 12 meses anteriores a la fecha en que se inicien los períodos impositivos dentro del año 2015, tendrá los siguientes límites:

– Las dotaciones estarán limitadas al 50 por ciento de la cuota íntegra previa a su incorporación y a la compensación de cuotas negativas, cuando en esos 12 meses el importe neto de la cifra de negocios sea al menos de 20 millones de euros pero inferior a 60 millones de euros.

– Las dotaciones estarán limitadas al 25 por ciento de la cuota íntegra previa a su incorporación y a la compensación de cuotas negativas, cuando en esos 12 meses el importe neto de la cifra de negocios sea al menos de 60 millones de euros.»

Segundo. Con efectos para los períodos impositivos iniciados a partir de 1 de enero de 2014, se añade la letra c) a la Disposición adicional séptima de la Ley 20/1990, de 19 de diciembre, sobre Régimen Fiscal de las Cooperativas, que queda redactada de la siguiente forma:

«c) Los activos por impuesto diferido a que se refiere el último párrafo del apartado 1 de la Disposición adicional vigésima segunda del Texto Refundido de laLey del Impuesto sobre Sociedades, deberán entenderse referidos a los correspondientes al derecho a compensar en ejercicios posteriores las cuotas negativas.»

Tercero. Con efectos para los períodos impositivos que se inicien a partir de 1 de enero de 2015, se introducen las siguientes modificaciones en la Ley 20/1990, de 19 de diciembre, sobre Régimen Fiscal de las Cooperativas:

Uno[177]. Se modifica el artículo 24, que queda redactado de la siguiente forma:

«Artículo 24. Compensación de cuotas negativas.

1. Si la suma algebraica a que se refiere el artículo anterior resultase negativa, su importe podrá compensarse por la cooperativa con las cuotas íntegras positivas de los períodos impositivos siguientes, con el límite del 70 por ciento de la cuota íntegra previa a su compensación. En todo caso, serán compensables en el período impositivo cuotas íntegras por el importe que resulte de multiplicar un millón de euros al tipo medio de gravamen de la entidad.

El derecho de la Administración para iniciar el procedimiento de comprobación de las cuotas negativas compensadas o pendientes de compensación prescribirá a los 10 años a contar desde el día siguiente a aquel en que finalice el plazo establecido para presentar la declaración o autoliquidación correspondiente al período impositivo en que se generó el derecho a su aplicación.

Transcurrido dicho plazo, el contribuyente deberá acreditar las cuotas negativas cuya compensación pretenda, mediante la exhibición de la liquidación o au-

---

[177] Nueva redacción de este apartado por la Ley 34/2015 (DF 6ª.7), con efectos para los períodos impositivos iniciados a partir de 1 de enero de 2015. Su redacción inicial era la siguiente: *«Uno. Se modifica el artículo 24, que queda redactado de la siguiente forma: "Artículo 24. Compensación de cuotas negativas.*

1. Si la suma algebraica a que se refiere el artículo anterior resultase negativa, su importe podrá compensarse por la cooperativa con las cuotas íntegras positivas de los períodos impositivos siguientes, con el límite del 60 por ciento de la cuota íntegra previa a su compensación. En todo caso, serán compensables en el período impositivo cuotas íntegras por el importe que resulte de multiplicar 1 millón de euros al tipo medio de gravamen de la entidad.

El derecho de la Administración para comprobar o investigar las cuotas negativas pendientes de compensación prescribirá a los 10 años a contar desde el día siguiente a aquel en que finalice el plazo establecido para presentar la declaración o autoliquidación correspondiente al período impositivo en que se generó el derecho a su compensación.

Transcurrido dicho plazo, el contribuyente deberá acreditar que las cuotas negativas cuya compensación pretenda resultan procedentes, así como su cuantía, mediante la exhibición de la liquidación o autoliquidación y de la contabilidad, con acreditación de su depósito durante el citado plazo en el Registro Mercantil.

2. Este procedimiento sustituye a la compensación de bases imponibles negativas prevista en el artículo 26 de la Ley 27/2014, de 27 de noviembre, del Impuesto sobre Sociedades que, en consecuencia, no será aplicable a las cooperativas."»

toliquidación y la contabilidad, con acreditación de su depósito durante el citado plazo en el Registro Mercantil.

2. Este procedimiento sustituye a la compensación de bases imponibles negativas prevista en el artículo 26 de la Ley 27/2014, de 27 de noviembre, del Impuesto sobre Sociedades que, en consecuencia, no será aplicable a las cooperativas.»

Dos[178]. Se añade la disposición transitoria octava, que queda redactada de la siguiente forma:

«Disposición transitoria octava. Compensación de cuotas negativas en los años 2015 y 2016.

1. El límite a que se refiere el apartado 1 del artículo 24 de esta Ley no resultará de aplicación en los períodos impositivos que se inicien en el año 2015.

No obstante, la compensación de cuotas negativas de ejercicios anteriores, para los contribuyentes cuyo volumen de operaciones, calculado conforme a lo dispuesto en el artículo 121 de la Ley 37/1992, de 28 de diciembre, del Impuesto sobre el Valor Añadido, haya superado la cantidad de 6.010.121,04 euros durante los 12 meses anteriores a la fecha en que se inicien los períodos impositivos dentro del año 2015, tendrá los siguientes límites:

---

[178] Nueva redacción de este apartado por la Ley 34/2015 (DF 6ª.7), con efectos para los períodos impositivos iniciados a partir de 1 de enero de 2015. Su redacción inicial era la siguiente: «Dos. Se añade la Disposición transitoria octava, que queda redactada de la siguiente forma: "Disposición transitoria octava. Compensación de cuotas negativas en el año 2015.
El límite a que se refiere el apartado 1 del artículo 24 de esta Ley no resultará de aplicación en los períodos impositivos que se inicien en el año 2015.
No obstante, la compensación de cuotas negativas de ejercicios anteriores, para los contribuyentes cuyo volumen de operaciones, calculado conforme a lo dispuesto en el artículo 121 de la Ley 37/1992, de 28 de diciembre, del Impuesto sobre el Valor Añadido, haya superado la cantidad de 6.010.121,04 euros durante los 12 meses anteriores a la fecha en que se inicien los períodos impositivos dentro del año 2015, tendrá los siguientes límites:
– La compensación de cuotas negativas está limitada al 50 por ciento de la cuota íntegra previa a dicha compensación, cuando en esos 12 meses el importe neto de la cifra de negocios sea al menos de 20 millones de euros pero inferior a 60 millones de euros.
– La compensación de cuotas negativas está limitada al 25 por ciento de la cuota íntegra previa a dicha compensación, cuando en esos 12 meses el importe neto de la cifra de negocios sea al menos de 60 millones de euros.
La limitación a la compensación de cuotas negativas no resultará de aplicación en el importe de las rentas correspondientes a quitas y esperas consecuencia de un acuerdo con los acreedores no vinculados con el contribuyente."»

– La compensación de cuotas negativas está limitada al 50 por ciento de la cuota íntegra previa a dicha compensación, cuando en esos 12 meses el importe neto de la cifra de negocios sea al menos de 20 millones de euros pero inferior a 60 millones de euros.

– La compensación de cuotas negativas está limitada al 25 por ciento de la cuota íntegra previa a dicha compensación, cuando en esos 12 meses el importe neto de la cifra de negocios sea al menos de 60 millones de euros.

La limitación a la compensación de cuotas negativas no resultará de aplicación en el importe de las rentas correspondientes a quitas y esperas consecuencias de un acuerdo con los acreedores no vinculados con el contribuyente.

2. El límite a que se refiere el apartado 1 del artículo 24 de esta Ley será del 60 por ciento para los períodos impositivos que se inicien en el año 2016.»

Disposición final quinta. *Modificaciones en la Ley 49/2002, de 23 de diciembre, de régimen fiscal de las entidades sin fines lucrativos y de los incentivos fiscales al mecenazgo*[179].

Primero. Con efectos desde el 1 de enero de 2015, se introducen las siguientes modificaciones en la Ley 49/2002, de 23 de diciembre, de régimen fiscal de las entidades sin fines lucrativos y de los incentivos fiscales al mecenazgo:

Uno. Se modifica el artículo 19, que queda redactado de la siguiente forma:

«Artículo 19. *Deducción de la cuota del Impuesto sobre la Renta de las Personas Físicas.*

1. Los contribuyentes del Impuesto sobre la Renta de las Personas Físicas tendrán derecho a deducir de la cuota íntegra el resultado de aplicar a la base de la deducción correspondiente al conjunto de donativos, donaciones y aportaciones con derecho a deducción, determinada según lo dispuesto en el artículo 18 de esta Ley, la siguiente escala:

Base de deducción Importe hasta	Porcentaje de deducción
150 euros	75
Resto base de deducción	30

Si en los dos períodos impositivos inmediatos anteriores se hubieran realizado donativos, donaciones o aportaciones con derecho a deducción en favor de una misma entidad por importe igual o superior, en cada uno de ellos, al del ejercicio

---

[179] Según la LIS DF 12ª la entrada en vigor de esta disposición será el 29 de diciembre de 2014.

anterior, el porcentaje de deducción aplicable a la base de la deducción en favor de esa misma entidad que exceda de 150 euros, será el 35 por ciento.

2. La base de esta deducción se computará a efectos del límite previsto en el apartado 1 del artículo 69 de la Ley 35/2006, de 28 de noviembre, del Impuesto sobre la Renta de las Personas Físicas y de modificación parcial de las leyes de los Impuestos sobre Sociedades, sobre la Renta de no Residentes y sobre el Patrimonio.»

Dos[180]. Se añade una Disposición transitoria cuarta, que queda redactada de la siguiente forma:

«Disposición transitoria cuarta. *Porcentajes de deducción en la cuota del Impuesto sobre la Renta de las Personas Físicas y del Impuesto sobre Sociedades.*

Durante el período impositivo 2015 el porcentaje de deducción para bases de deducción de hasta 150 euros a que se refiere el apartado 1 del artículo 19 de esta Ley, será del 50 por ciento, y el aplicable al resto de la base de la deducción, el 27,5 por ciento. Cuando resulte de aplicación lo dispuesto en el último párrafo de dicho apartado, el porcentaje de deducción a aplicar será el 32,5 por ciento.

En los períodos impositivos que se inicien en el año 2015, el porcentaje de deducción a que se refiere el segundo párrafo del apartado 1 del artículo 20 de esta Ley, será del 37,5 por ciento.»

Segundo. Con efectos para los períodos impositivos que se inicien a partir de 1 de enero de 2015, se añade un párrafo al apartado 1 del artículo 20 de la Ley 49/2002, de 23 de diciembre, de régimen fiscal de las entidades sin fines lucrativos y de los incentivos fiscales al mecenazgo, que queda redactado de la siguiente forma:

«Si en los dos períodos impositivos inmediatos anteriores se hubieran realizado donativos, donaciones o aportaciones con derecho a deducción en favor de una misma entidad por importe igual o superior, en cada uno de ellos, al del período impositivo anterior, el porcentaje de deducción aplicable a la base de la deducción en favor de esa misma entidad será el 40 por ciento.»

---

[180] Corrección de errores de la Ley 27/2014, de 27 de noviembre, del Impuesto sobre Sociedades (BOE 13/3/2015).

Disposición final sexta. *Modificaciones en el Texto Refundido de la Ley del Impuesto sobre Sociedades, aprobado por el Real Decreto Legislativo 4/2004, de 5 de marzo*[181].

Primero. Con efectos para los períodos impositivos que se inicien a partir de 1 de enero de 2013, se modifica el apartado 6 del artículo 67, que queda redactado de la siguiente forma:

«6. En el supuesto de que una Caja de Ahorros o una fundación bancaria pierda la condición de sociedad dominante de un grupo fiscal en un período impositivo, la entidad de crédito se subrogará en dicha condición desde el inicio del mismo, sin que se produzcan los efectos de la extinción del grupo fiscal a que se refiere el artículo 81 de esta Ley, salvo para aquellas entidades que dejen de formar parte del grupo por no tener la condición de dependientes en los términos señalados en el apartado 3 de este artículo.»

Segundo. Con efectos para los períodos impositivos que se inicien a partir de 1 de enero de 2014, se introducen las siguientes modificaciones en el Texto Refundido de la Ley del Impuesto sobre Sociedades:

Uno. Se modifica el apartado 13 del artículo 19, que queda redactado de la siguiente forma:

«13. Las dotaciones por deterioro de los créditos u otros activos derivadas de las posibles insolvencias de los deudores no vinculados con el contribuyente, no adeudados por entidades de derecho público y cuya deducibilidad no se produzca por aplicación de lo dispuesto en el artículo 12.2.a) de esta Ley, así como los derivados de la aplicación de los artículos 13.1.b) y 14.1.f) de esta Ley, correspondientes a dotaciones o aportaciones a sistemas de previsión social y, en su caso, prejubilación, que hayan generado activos por impuesto diferido, se integrarán en la base imponible de acuerdo con lo establecido en esta Ley, con el límite de la base imponible positiva previa a su integración y a la compensación de bases imponibles negativas.

No obstante, en el caso de contribuyentes cuyo volumen de operaciones, calculado conforme a lo dispuesto en el artículo 121 de la Ley 37/1992, de 28 de diciembre, del Impuesto sobre el Valor Añadido, haya superado la cantidad de 6.010.121,04 euros durante los 12 meses anteriores a la fecha en que se inicien los períodos impositivos dentro del año 2014, la integración en la base imponible de las referidas dotaciones estará sometida a los siguientes límites:

---

[181] Según la LIS DF 12ª la entrada en vigor de esta disposición será el 29 de diciembre de 2014.

– El 50 por ciento de la base imponible positiva previa a su integración y a la compensación de bases imponibles negativas, cuando en esos 12 meses el importe neto de la cifra de negocios sea al menos de 20 millones de euros pero inferior a 60 millones de euros.

– El 25 por ciento de la base imponible positiva previa a su integración y a la compensación de bases imponibles negativas, cuando en esos 12 meses el importe neto de la cifra de negocios sea al menos de 60 millones de euros.

Las cantidades no integradas en un período impositivo serán objeto de integración en los períodos impositivos siguientes con el mismo límite. A estos efectos, se integrarán, en primer lugar, las dotaciones correspondientes a los períodos impositivos más antiguos.»

Dos. Se modifican los apartados 3 y 4 del artículo 24, que quedan redactados de la siguiente forma:

«3. No se integrarán en la base imponible:

a) Los gastos de mantenimiento de la obra benéfico-social que se realicen con cargo al fondo de obra social, aun cuando excedieran de las asignaciones efectuadas, sin perjuicio de que tengan la consideración de aplicación de futuras asignaciones. No obstante, dichos gastos serán fiscalmente deducibles cuando, de conformidad con la normativa contable que resulte aplicable, se registren con cargo a la cuenta de pérdidas y ganancias.

b) Las rentas derivadas de la transmisión de inversiones afectas a la obra benéfico-social.

4. La dotación a la obra benéfico-social realizada por las fundaciones bancarias o, en su caso, los gastos de mantenimiento de la obra benéfico-social que, de acuerdo con la normativa contable que resulte aplicable, se registren con cargo a la cuenta de pérdidas y ganancias, podrán reducir la base imponible de las entidades de crédito en las que participen, en la proporción que los dividendos percibidos de las citadas entidades representen respecto de los ingresos totales de las fundaciones bancarias, hasta el límite máximo de los citados dividendos. Para ello, la fundación bancaria deberá comunicar a la entidad de crédito que hubiera satisfecho los dividendos el importe de la reducción así calculada y la no aplicación de dicha cantidad como partida fiscalmente deducible en su declaración de este Impuesto.

En el caso de no aplicación del importe señalado a los fines de su obra benéfico-social, la fundación bancaria deberá comunicar el incumplimiento de la referida finalidad a la entidad de crédito, al objeto de que esta regularice las cantidades indebidamente deducidas en los términos establecidos en el artículo 137.3 de esta Ley.»

Disposición final séptima. *Modificaciones en la Ley 11/2009, de 26 de octubre, por la que se regulan las Sociedades Anónimas Cotizadas de Inversión en el Mercado Inmobiliario*[182].

Uno. Con efectos para los períodos impositivos iniciados a partir de 1 de enero de 2014, se modifica el apartado 4 del artículo 9, de la Ley 11/2009, de 26 de octubre, por la que se regulan las Sociedades Anónimas Cotizadas de Inversión en el Mercado Inmobiliario, que queda redactado de la siguiente forma:

«4. En todo caso, estarán sujetos a retención los dividendos o participaciones en beneficios a que se refieren las letras a) y b) del apartado 1 del artículo 10, excepto que se trate de entidades que reúnan los requisitos para la aplicación de esta Ley.

Asimismo, estarán sujetos a retención los dividendos o participaciones en beneficios a que se refiere la letra c) del apartado 1 del artículo 10 de esta Ley, de acuerdo con lo establecido en el artículo 31 del Texto Refundido de la Ley del Impuesto sobre la Renta de no Residentes, aprobado por el Real Decreto Legislativo 5/2004, de 5 de marzo, salvo aquellos a los que resulte de aplicación lo dispuesto en el apartado anterior.»

Dos. Con efectos para los períodos impositivos iniciados a partir de 1 de enero de 2015, se modifican los apartados 1 y 2 del artículo 10 de la Ley 11/2009, de 26 de octubre, por la que se regulan las Sociedades Anónimas cotizadas de Inversión en el Mercado Inmobiliario, que quedan redactados de la siguiente forma:

«1. Los dividendos distribuidos con cargo a beneficios o reservas respecto de los que se haya aplicado el régimen fiscal especial establecido en esta Ley, recibirán el siguiente tratamiento:

a) Cuando el perceptor sea un contribuyente del Impuesto sobre Sociedades o del Impuesto sobre la Renta de no Residentes con establecimiento permanente, no será de aplicación la exención establecida en el artículo 21 de la Ley 27/2014, de 27 de noviembre, del Impuesto sobre Sociedades.

b) Cuando el perceptor sea un contribuyente del Impuesto sobre la Renta de las Personas Físicas, se aplicará lo dispuesto en el artículo 25.1.a) de la Ley 35/2006, de 28 de noviembre, del Impuesto sobre la Renta de las Personas Físicas y de modificación parcial de las leyes de los Impuestos sobre Sociedades, sobre la Renta de no Residentes y sobre el Patrimonio.

---

[182]   Según la LIS DF 12ª la entrada en vigor de esta disposición será el 29 de diciembre de 2014.

c) Cuando el perceptor sea un contribuyente del Impuesto sobre la Renta de no Residentes sin establecimiento permanente, se aplicará lo dispuesto en el artículo 24.1 del Texto Refundido de la Ley del Impuesto sobre la Renta de no Residentes, aprobado por el Real Decreto Legislativo 5/2004, de 5 de marzo.

2. Las rentas obtenidas en la transmisión o reembolso de la participación en el capital de las sociedades que hayan optado por la aplicación de este régimen, recibirán el siguiente tratamiento:

a) Cuando el transmitente o perceptor sea un contribuyente del Impuesto sobre Sociedades o del Impuesto sobre la Renta de no Residentes con establecimiento permanente, no será de aplicación la exención establecida en el artículo 21 de la Ley 27/2014, de 27 de noviembre, del Impuesto sobre Sociedades.

b) Cuando el transmitente o perceptor sea un contribuyente del Impuesto sobre la Renta de las Personas Físicas, la ganancia o pérdida patrimonial se determinará de acuerdo con lo previsto en la letra a) del apartado 1 del artículo 37 de la Ley 35/2006, de 28 de noviembre, del Impuesto sobre la Renta de las Personas Físicas y de modificación parcial de las leyes de los Impuestos sobre Sociedades, sobre la Renta de no Residentes y sobre el Patrimonio.

c) Cuando el transmitente o perceptor sea un contribuyente del Impuesto sobre la Renta de no Residentes sin establecimiento permanente cuya participación en el capital social de la entidad sea igual o superior al 5 por ciento, no será de aplicación la exención establecida en la letra i) del apartado 1 del artículo 14 del texto refundido de la Ley del Impuesto sobre la Renta de no Residentes.»

Disposición final octava. *Modificaciones en la Ley 16/2013, de 29 de octubre, por la que se establecen determinadas medidas en materia de fiscalidad medioambiental y se adoptan otras medidas tributarias y financieras.*

Con efectos para los períodos impositivos que se inicien a partir de 1 de enero de 2014, se modifica el primer párrafo del apartado Dos del artículo 2.Tercero de la Ley 16/2013, de 29 de octubre, por la que se establecen determinadas medidas en materia de fiscalidad medioambiental y se adoptan otras medidas tributarias y financieras, que queda redactado de la siguiente forma:

«Dos. La cantidad a ingresar correspondiente a los pagos fraccionados establecidos en el apartado 3 del artículo 45 del Texto Refundido de la Ley del Impuesto sobre Sociedades, para aquellos sujetos pasivos que estén obligados a aplicar esta modalidad y cuyo importe neto de la cifra de negocios dentro del año 2014 o 2015 sea al menos veinte millones de euros, no podrá ser inferior, en ningún caso, al 12 por ciento del resultado positivo de la cuenta de pérdidas y ganancias del ejercicio de los tres, nueve u once primeros meses de cada año natural o, para sujetos pasivos cuyo período impositivo no coincida con el año natural, del ejercicio transcurrido desde el inicio del período impositivo hasta el día anterior al inicio de cada período de ingreso del pago fraccionado, determinado de acuerdo con el Código de Comercio y demás normativa contable de desarrollo, minorado exclusivamente en los pagos fraccionados realizados con anterioridad, correspondientes al mismo período impositivo. Quedará excluido del resultado positivo referido el importe del mismo que se corresponda con rentas derivadas de operaciones de quita o espera consecuencia de un acuerdo de acreedores del contribuyente, incluyéndose en dicho resultado aquella parte de su importe que se integre en la base imponible del período impositivo.»

Disposición final novena. *Habilitaciones a la Ley de Presupuestos Generales del Estado.*

1. La Ley de Presupuestos Generales del Estado podrá:

a) Modificar los tipos de gravamen.

b) Modificar los límites cuantitativos, coeficientes y porcentajes fijos.

c) Modificar las exenciones.

d) Introducir y modificar las normas precisas para cumplir las obligaciones derivadas del Tratado de la Unión Europea y del derecho que de este se derive.

e) Modificar los aspectos procedimentales y de gestión del tributo.

f) Modificar los plazos de presentación de declaraciones.

2. La Ley de Presupuestos Generales del Estado establecerá los incentivos fiscales pertinentes en relación a este Impuesto, cuando así fuere conveniente para la ejecución de la política económica.

Disposición final décima. *Habilitación normativa.*

Se habilita al Gobierno para dictar cuantas disposiciones sean necesarias para el desarrollo y aplicación de esta Ley.

Disposición final undécima. *Título competencial.*

Esta Ley se aprueba al amparo de lo dispuesto en el artículo 149.1.14.ª de la Constitución que atribuye al Estado la competencia en materia de Hacienda general.

Disposición final duodécima. *Entrada en vigor.*

La presente Ley entrará en vigor el día 1 de enero de 2015 y será de aplicación a los períodos impositivos que se inicien a partir de la expresada fecha, salvo las Disposiciones finales cuarta a séptima, que entrarán en vigor al día siguiente de la publicación de esta Ley en el «Boletín Oficial del Estado» y serán de aplicación en los términos en ellas establecidos.

Por tanto,

Mando a todos los españoles, particulares y autoridades, que guarden y hagan guardar esta ley.

Madrid, 27 de noviembre de 2014.

FELIPE R.

El Presidente del Gobierno,

MARIANO RAJOY BREY

§2. Real Decreto 634/2015, de 10 de julio, por el que se aprueba el Reglamento del Impuesto sobre Sociedades

(BOE 11/7/2015)

I

La Ley 27/2014, de 27 de noviembre, del Impuesto sobre Sociedades, ha establecido una nueva regulación de esta figura impositiva, pilar básico de la imposición directa conjuntamente con el Impuesto sobre la Renta de las Personas Físicas. Si bien esta nueva regulación ha mantenido la estructura del Impuesto sobre Sociedades que ya existía desde el año 1996, se han producido cambios significativos en el tratamiento fiscal de determinadas rentas objeto de integración en la base imponible.

La aprobación de esa nueva Ley requiere una revisión integral de la norma reglamentaria que necesariamente acompaña al Impuesto sobre Sociedades, de manera que el Reglamento que se aprueba a través de este real decreto cumple la doble función de adecuación a los nuevos parámetros establecidos por la Ley 27/2014 y de actualización de las reglas en él dispuestas.

II

Este real decreto consta de un artículo único, una disposición adicional, una derogatoria y tres finales.

El artículo único aprueba el texto del Reglamento del Impuesto sobre Sociedades.

La disposición adicional permite que las referencias realizadas al anterior Reglamento del Impuesto sobre Sociedades, aprobado por el Real Decreto 1777/2004, de 30 de julio, se entiendan realizadas al Reglamento del Impuesto sobre Sociedades aprobado en este real decreto.

La disposición derogatoria recoge la derogación del real decreto anteriormente mencionado.

En la disposición final primera se modifica el Reglamento de Procedimientos amistosos en materia de imposición directa, aprobado por el Real Decreto 1794/2008, de 3 de noviembre, con el objeto de reordenar las competencias para ejercer las funciones que se contemplan en dicho Reglamento, de tal forma que la condición de autoridad competente recaerá en la Agencia Estatal de Administración Tributaria, cuando se trate de casos relativos exclusivamente a precios de transferencia, mientras que en el resto de los casos, dicha condición la tendrá la Dirección General de Tributos.

La disposición final segunda regula el título competencial.

La disposición final tercera dispone la entrada en vigor del real decreto, incluyendo determinadas especificidades en relación con la propia entrada en vigor y con la aplicación de determinadas normas contenidas en el Reglamento.

III

El desarrollo reglamentario del Impuesto sobre Sociedades objeto de aprobación en este real decreto se efectúa en virtud de las habilitaciones contenidas en el articulado de la Ley del Impuesto, en la disposición final décima de dicha Ley y en el artículo 93 de la Ley 58/2003, de 17 de diciembre, General Tributaria. Este Reglamento consta de 69 artículos estructurados en cuatro títulos, una disposición adicional, cinco disposiciones transitorias y una disposición final.

El título I está destinado a la base imponible.

Dentro del mismo, el capítulo I establece el procedimiento a seguir para aquellos supuestos en que el contribuyente utilice un método de imputación temporal en el ámbito contable distinto al del devengo, procedimiento que es similar al previsto en el Reglamento anterior.

El capítulo II contiene una actualización del desarrollo reglamentario aplicable a las amortizaciones, teniendo en cuenta que la existencia de un nuevo Plan General de Contabilidad, aprobado por el Real Decreto 1514/2007, de 16 de noviembre, con posterioridad al anterior Reglamento hace innecesarias determinadas reglas específicas de aplicación mencionadas en este. No obstante, en el ámbito de las amortizaciones resulta destacable la flexibilización contenida respecto a la posibilidad de presentar planes especiales de amortización en cualquier momento dentro del plazo de amortización del elemento patrimonial, mientras que hasta ahora esta posibilidad quedaba restringida a los tres meses posteriores al inicio del plazo de amortización.

El capítulo III contiene las reglas especiales de deducibilidad fiscal de la cobertura de riesgo de crédito en entidades financieras, en los mismos términos establecidos en la anterior normativa de aplicación.

El capítulo IV regula los planes de gastos correspondientes a las actuaciones medioambientales y los planes de gastos e inversiones de las comunidades titulares de montes vecinales en mano común.

El capítulo V recoge la principal novedad de este Reglamento, incorporando modificaciones sustanciales en relación con las entidades y las operaciones vinculadas. En el momento actual, resulta absolutamente esencial hacerse eco de las conclusiones que se vienen adoptando en el denominado Plan de acción «BEPS», esto es, el Plan de acción contra la erosión de la base imponible y el traslado de beneficios, que se elabora en el ámbito de la OCDE, y en concreto en relación con la acción 13 relativa a la información y documentación de las entidades y operaciones vinculadas. Precisamente, en base a ello, se introduce como novedad la información país por país, encontrando cobertura legal en la disposición final décima de la Ley del Impuesto y en el artículo 93 de la Ley 58/2003, de 17 de diciembre, General Tributaria, como instrumento que permita evaluar los riesgos en la política de precios de transferencia de un grupo mercantil, sin que en ningún caso dicho instrumento pueda servir de base a la Administración tributaria para realizar ajustes de precios. Esta información será exigible a partir de 2016, en los términos y condiciones que se han fijado en la OCDE. Por otra parte, se modifica la documentación específica de operaciones vinculadas a la que hace referencia la Ley del Impuesto, completando, por un lado, la necesaria simplificación de este tipo de documentación para entidades con un importe neto de la cifra de negocios inferior a 45 millones de euros y adaptándose, por otro lado, al contenido de la documentación que se establece en la OCDE. En este punto, resulta destacable que mientras se reduce considerablemente la documentación a exigir a las entidades medianas y pequeñas, simplificando significativamente sus cargas administrativas, se incrementa la exigencia de transparencia que el buen gobierno actual requiere respecto a las multinacionales.

En el capítulo VI se establecen las reglas para la determinación del análisis de comparabilidad exigido en la documentación específica, y se actualiza el procedimiento de comprobación de las operaciones vinculadas, teniendo en cuenta que la misma no se circunscribe exclusivamente a un supuesto de valoración. Por último, en este capítulo se regula la opción de evitar el ajuste secundario a través de la restitución patrimonial.

Los capítulos VII, IX y X regulan los procedimientos para la obtención de acuerdos previos, ya sean de valoración de operaciones vinculadas, de valoración de gastos correspondientes a proyectos de investigación científica e innovación tecnológica o de calificación y valoración de rentas procedentes de determinados activos intangibles.

Por su parte, el capítulo VIII contiene la documentación que debe acompañar a las operaciones realizadas con personas o entidades no vinculadas residentes en paraísos fiscales.

El título II recoge los límites al régimen de ayudas para obras audiovisuales establecido en el Reglamento (UE) n.º 651/2014 de la Comisión, de 17 de junio, por el que se declaran determinadas categorías de ayudas compatibles con el mercado interior en aplicación de los artículos 107 y 108 del Tratado, comúnmente conocido como el Reglamento General de Exención por Categorías.

El título III está dedicado a las reglas de aplicación de determinados regímenes especiales, con 7 capítulos destinados, respectivamente, a las agrupaciones de interés económico y uniones temporales de empresas, a la consolidación fiscal, a las operaciones de reestructuración, a determinados contratos de arrendamiento financiero, a las entidades de tenencia de valores extranjeros, a las entidades navieras y a los partidos políticos. Entre todos ellos, cabe destacar la adaptación de las obligaciones formales correspondientes al régimen de consolidación fiscal a la nueva delimitación del perímetro de consolidación. Asimismo, la desaparición de la opción en el régimen de operaciones de reestructuración permite minorar obligaciones formales en este régimen especial.

Finalmente, el título IV se destina a la gestión del Impuesto, dedicando el capítulo I al índice de entidades, a la devolución del Impuesto y a las obligaciones de colaboración con entidades externas en la presentación y gestión de declaraciones, y el capítulo II a las obligaciones de retener e ingresar a cuenta. Se incorpora un nuevo capítulo III para regular el procedimiento de compensación y abono de activos por impuesto diferido, cuando se produce su conversión en créditos exigibles para la Hacienda Pública.

Todo lo anterior se completa con una disposición adicional, cinco disposiciones transitorias y una disposición final y se incorpora, asimismo, un índice de contenido para facilitar la utilización de la norma.

En su virtud, a propuesta del Ministro de Hacienda y Administraciones Públicas, de acuerdo con el Consejo de Estado y previa deliberación del Consejo de Ministros en su reunión del día 10 de julio de 2015,

DISPONGO:

Artículo único. *Aprobación del Reglamento del Impuesto sobre Sociedades.*

Se aprueba el Reglamento del Impuesto sobre Sociedades, que se inserta a continuación.

Disposición adicional única. *Remisiones normativas.*

Las referencias normativas efectuadas en otras disposiciones al Reglamento del Impuesto sobre Sociedades, aprobado por el Real Decreto 1777/2004, de 30 de julio, se entenderán realizadas a los preceptos correspondientes del Reglamento que se aprueba por este real decreto.

Disposición derogatoria única. *Derogación normativa.*

A la entrada en vigor de este Real Decreto quedará derogado el Real Decreto 1777/2004, de 30 de julio, por el que se aprueba el Reglamento del Impuesto sobre Sociedades, con excepción de lo establecido en la disposición final de este real decreto.

Disposición final primera. *Modificación del Reglamento de Procedimientos amistosos en materia de imposición directa, aprobado por el Real Decreto 1794/2008, de 3 de noviembre.*

Con efectos a partir de 1 de enero de 2016, se introducen las siguientes modificaciones en el Reglamento de Procedimientos amistosos en materia de imposición directa, aprobado por el Real Decreto 1794/2008, de 3 de noviembre:

Uno. Se modifica el artículo 2 que queda redactado de la siguiente forma:

«Artículo 2. *Autoridad competente.*

La autoridad competente para ejercer las funciones reguladas en este reglamento será:

a) Con carácter general, la Dirección General de Tributos.

b) La Agencia Estatal de Administración Tributaria cuando se trate de los procedimientos regulados en el título III de este Reglamento, así como los regulados en el título II cuando se refieran a la aplicación de los artículos de los Convenios para evitar la doble imposición que regulan los Beneficios empresariales con establecimiento permanente y las Empresas asociadas.

Los procedimientos amistosos que sean de competencia conjunta serán coordinados por la Dirección General de Tributos.

Corresponde a la autoridad competente el impulso de las actuaciones.»

Dos. Se modifica el apartado 1 del artículo 9 que queda redactado de la siguiente forma:

«1. La instrucción del procedimiento, así como la fijación de la posición española, corresponderá a la autoridad competente.

La instrucción de los procedimientos que sean competencia conjunta de la Dirección General de Tributos y de la Agencia Estatal de la Administración Tributaria será coordinada por la Dirección General de Tributos. La posición española se fijará conjuntamente por las dos autoridades competentes.»

Tres. Se modifica el apartado 1 del artículo 19 que queda redactado de la siguiente forma:

«1. La instrucción del procedimiento así como la fijación de la posición española corresponderá a la autoridad competente.

La instrucción de los procedimientos que sean competencia conjunta de la Dirección General de Tributos y de la Agencia Estatal de la Administración Tributaria será coordinada por la Dirección General de Tributos.»

Disposición final segunda. *Título competencial.*

Este real decreto se aprueba al amparo de lo dispuesto en el artículo 149.1.14.ª de la Constitución que atribuye al Estado la competencia en materia de Hacienda general.

Disposición final tercera. *Entrada en vigor.*

Este real decreto entrará en vigor el día siguiente al de su publicación en el «Boletín Oficial del Estado».

El Reglamento del Impuesto sobre Sociedades será de aplicación a los períodos impositivos iniciados a partir de 1 de enero de 2015, excepto su artículo 14 que entrará en vigor en períodos impositivos iniciados a partir de 1 de enero de 2016.

En el caso de personas o entidades cuyo importe neto de la cifra de negocios, definido en los términos establecidos en el artículo 101 de la Ley 27/2014, de 27 de noviembre, del Impuesto sobre Sociedades sea igual o superior a 45 millones de euros, la información y documentación específica establecidas en los artículos 15 y 16 del Reglamento resultarán de aplicación para los períodos impositivos que se inicien a partir de 1 de enero de 2016. En los períodos impositivos que se inicien en 2015, dichas personas o entidades estarán sometidas a las obligaciones de documentación establecidas en los artículos 18, 19 y 20 del Reglamento del Impuesto sobre Sociedades, aprobado por el Real Decreto 1777/2004, de 30 de julio.

Dado en Madrid, el 10 de julio de 2015.

FELIPE R.

El Ministro de Hacienda y Administraciones Públicas, CRISTÓBAL MONTORO ROMERO

REGLAMENTO DEL IMPUESTO SOBRE SOCIEDADES

TÍTULO I. La base imponible

CAPÍTULO I. Imputación temporal de ingresos y gastos:
APROBACIÓN DE CRITERIOS DIFERENTES AL DEVENGO

Artículo 1. *Aprobación de criterios de imputación temporal diferentes al devengo.*

1. Las entidades que utilicen, a efectos contables, un criterio de imputación temporal de ingresos y gastos diferente al devengo deberán presentar una solicitud ante la Administración tributaria para que el referido criterio tenga eficacia fiscal.

2. La solicitud deberá contener los siguientes datos:

a) Descripción de los ingresos y gastos a los que afecta el criterio de imputación temporal, haciendo constar, además de su naturaleza, su importancia en el conjunto de las operaciones del contribuyente.

b) Descripción del criterio de imputación temporal cuya eficacia fiscal se solicita. En el caso de que el criterio de imputación temporal sea de obligado cumplimiento deberá especificarse la norma contable que establezca tal obligación.

c) Justificación de la adecuación del criterio de imputación temporal propuesto a la imagen fiel que deben proporcionar las cuentas anuales y explicación de su influencia sobre el patrimonio, la situación financiera y los resultados del contribuyente.

d) Descripción de la incidencia, a efectos fiscales, del criterio de imputación temporal.

3. La solicitud se presentará con, al menos, 6 meses de antelación a la conclusión del primer período impositivo respecto del que se pretenda que tenga efectos.

El contribuyente podrá desistir de la solicitud formulada.

4. La Administración tributaria podrá recabar del contribuyente cuantos datos, informes, antecedentes y justificantes sean necesarios.

El contribuyente podrá, en cualquier momento del procedimiento anterior al trámite de audiencia, presentar las alegaciones y aportar los documentos y justificantes que estime pertinentes.

5. Instruido el procedimiento, e inmediatamente antes de redactar la propuesta de resolución, se pondrá de manifiesto al contribuyente, quien dispondrá de un plazo de 15 días para formular las alegaciones y presentar los documentos y justificaciones que estime pertinentes.

6. La resolución que ponga fin al procedimiento podrá:

a) Aprobar el criterio de imputación temporal de ingresos y gastos formulado por el contribuyente.

b) Desestimar el criterio de imputación temporal de ingresos y gastos formulado por el contribuyente.

La resolución será motivada.

El procedimiento deberá finalizar antes de 6 meses, contados desde la fecha en que la solicitud haya tenido entrada en cualquiera de los Registros del órgano administrativo competente o desde la fecha de subsanación de la misma a requerimiento de dicho órgano.

7. Transcurrido el plazo a que hace referencia el apartado anterior sin haberse producido una resolución expresa, se entenderá aprobado el criterio de imputación temporal de ingresos y gastos utilizado por el contribuyente.

Artículo 2. *Órgano competente.*

Será competente para instruir y resolver el procedimiento el órgano de la Agencia Estatal de Administración Tributaria que corresponda de acuerdo con sus normas de estructura orgánica.

CAPÍTULO II. Amortizaciones

Artículo 3. *Amortización de elementos patrimoniales del inmovilizado material, intangible e inversiones inmobiliarias: normas comunes.*

1. Se considerará que la depreciación de los elementos patrimoniales del inmovilizado material, intangible e inversiones inmobiliarias es efectiva cuando sea el resultado de aplicar alguno de los métodos previstos en el apartado 1 del artículo 12 de la Ley del Impuesto.

2. Será amortizable el precio de adquisición o coste de producción, excluido, en su caso, el valor residual. Cuando se trate de edificaciones, no será amortizable la parte del precio de adquisición correspondiente al valor del suelo excluidos, en su caso, los costes de rehabilitación. Cuando no se conozca el valor del suelo se calculará prorrateando el precio de adquisición entre los valores catastrales del suelo y de la construcción en el año de adquisición. No obstante, el contribuyente podrá utilizar un criterio de distribución del precio de adquisición diferente, cuando se pruebe que dicho criterio se fundamenta en el valor normal de mercado del suelo y de la construcción en el año de adquisición.

3. Los elementos patrimoniales del inmovilizado material e inversiones inmobiliarias empezarán a amortizarse desde su puesta en condiciones de funcionamiento y los del inmovilizado intangible desde el momento en que estén en condiciones de producir ingresos.

Los elementos patrimoniales del inmovilizado material, inmaterial e inversiones inmobiliarias deberán amortizarse dentro del período de su vida útil.

4. Cuando las renovaciones, ampliaciones o mejoras de los elementos patrimoniales del inmovilizado material e inversiones inmobiliarias se incorporen a dicho inmovilizado, el importe de las mismas se amortizará durante los períodos impositivos que resten para completar la vida útil de los referidos elementos patrimoniales. A tal efecto, se imputará a cada período impositivo el resultado de aplicar al importe de las renovaciones, ampliaciones o mejoras el coeficiente resultante de dividir la amortización contabilizada del elemento patrimonial practicada en cada período impositivo, en la medida en que se corresponda con la depreciación efectiva, entre el valor contable que dicho elemento patrimonial tenía al inicio del período impositivo en el que se realizaron las operaciones de renovación, ampliación o mejora.

Los elementos patrimoniales que han sido objeto de las operaciones de renovación, ampliación o mejora, continuarán amortizándose según el método que se venía aplicando con anterioridad a la realización de las mismas.

Cuando las operaciones mencionadas en este apartado determinen un alargamiento de la vida útil estimada del activo, dicho alargamiento deberá tenerse en cuenta a los efectos de la amortización del elemento patrimonial y del importe de la renovación, ampliación o mejora.

5. Las reglas del apartado anterior también se aplicarán en el supuesto de revalorizaciones contables realizadas en virtud de normas legales o reglamentarias que obliguen a incluir su importe en el resultado contable.

6. En los supuestos de fusión, escisión, total y parcial, y aportación, deberá proseguirse para cada elemento patrimonial adquirido el método de amortización a que estaba sujeto, excepto si el contribuyente prefiere aplicar a los mismos su propio método de amortización.

Artículo 4. *Amortización según la tabla de amortización establecida en la Ley del Impuesto.*

1. Cuando el contribuyente utilice el método de amortización según la tabla de amortización establecida en la Ley del Impuesto, la depreciación se entenderá efectiva si se corresponde con el resultado de aplicar al precio de adquisición o coste de producción del elemento patrimonial del inmovilizado alguno de los siguientes coeficientes:

a) El coeficiente de amortización lineal máximo establecido en la tabla.

b) El coeficiente de amortización lineal que se deriva del período máximo de amortización establecido en la tabla.

c) Cualquier otro coeficiente de amortización lineal comprendido entre los dos anteriormente mencionados.

A los efectos de aplicar lo previsto en el apartado 3.1.º del artículo 11 de la Ley del Impuesto, cuando un elemento patrimonial se hubiere amortizado contablemente en algún período impositivo por un importe inferior al resultante de aplicar el coeficiente previsto en la letra b) anterior, se entenderá que el exceso de las amortizaciones contabilizadas en posteriores períodos impositivos respecto de la cantidad resultante de la aplicación de lo previsto en la letra a) anterior, corresponde al período impositivo citado en primer lugar, hasta el importe de la amortización que hubiera correspondido por aplicación de lo dispuesto en la referida letra b) anterior.

2. Cuando un elemento patrimonial se utilice diariamente en más de un turno normal de trabajo, podrá amortizarse en función del coeficiente formado por la suma de:

a) el coeficiente de amortización lineal que se deriva del período máximo de amortización, y

b) el resultado de multiplicar la diferencia entre el coeficiente de amortización lineal máximo y el coeficiente de amortización lineal que se deriva del período máximo de amortización, por el cociente entre las horas diarias habitualmente trabajadas y ocho horas.

Lo dispuesto en este apartado no será de aplicación a aquellos elementos que por su naturaleza técnica deban ser utilizados de forma continuada.

3. Tratándose de elementos patrimoniales del inmovilizado material e inversiones inmobiliarias que se adquieran usados, es decir, que no sean puestos en condiciones de funcionamiento por primera vez, el cálculo de la amortización se efectuará de acuerdo con los siguientes criterios:[1]

a) Sobre el precio de adquisición, hasta el límite resultante de multiplicar por 2 la cantidad derivada de aplicar el coeficiente de amortización lineal máximo.

b) Si se conoce el precio de adquisición o coste de producción originario, éste podrá ser tomado como base para la aplicación del coeficiente de amortización lineal máximo.

c) Si no se conoce el precio de adquisición o coste de producción originario, el contribuyente podrá determinar aquél pericialmente. Establecido dicho precio de adquisición o coste de producción se procederá de acuerdo con lo previsto en la letra anterior.

Tratándose de elementos patrimoniales usados adquiridos a entidades pertenecientes a un mismo grupo de sociedades, según los criterios establecidos en el artí-

---

[1]   Véase RIS DT 1ª.

culo 42 del Código de Comercio, con independencia de la residencia y de la obligación de formular cuentas anuales consolidadas, la amortización se calculará de acuerdo con lo previsto en la letra b), excepto si el precio de adquisición hubiese sido superior al originario, en cuyo caso la amortización deducible tendrá como límite el resultado de aplicar al precio de adquisición el coeficiente de amortización lineal máximo.

A los efectos de este apartado no se considerarán como elementos patrimoniales usados los edificios cuya antigüedad sea inferior a diez años.

Artículo 5. *Amortización según porcentaje constante.*

1. Cuando el contribuyente utilice el método de amortización según porcentaje constante, la depreciación se entenderá efectiva si se corresponde con el resultado de aplicar al valor pendiente de amortización del elemento patrimonial un porcentaje constante que se determinará ponderando cualquiera de los coeficientes que resulte de la aplicación de la tabla de amortización establecida en el apartado 1 del artículo 12 de la Ley del Impuesto por los siguientes coeficientes:

a) 1,5, si el elemento patrimonial tiene un período de amortización inferior a 5 años.

b) 2, si el elemento patrimonial tiene un período de amortización igual o superior a 5 e inferior a 8 años.

c) 2,5, si el elemento patrimonial tiene un período de amortización igual o superior a 8 años.

El período de amortización será el correspondiente al coeficiente de amortización lineal elegido.

En ningún caso el porcentaje constante podrá ser inferior al 11 por ciento.

El importe pendiente de amortizar en el período impositivo en que se produzca la conclusión de la vida útil se amortizará en dicho período impositivo.

2. Los edificios, mobiliario y enseres no podrán amortizarse mediante el método de amortización según porcentaje constante.

3. Los elementos patrimoniales adquiridos usados podrán amortizarse mediante el método de amortización según porcentaje constante, aplicando el porcentaje constante a que se refiere el apartado 1.

Artículo 6. *Amortización según números dígitos.*

1. Cuando el contribuyente utilice el método de amortización según números dígitos la depreciación se entenderá efectiva si la cuota de amortización se obtiene por aplicación del siguiente método:

a) Se obtendrá la suma de dígitos mediante la adición de los valores numéricos asignados a los años en que se haya de amortizar el elemento patrimonial. A estos efectos, se asignará el valor numérico mayor de la serie de años en que haya de amortizarse el elemento patrimonial al año en que deba comenzar la amortización, y para los años siguientes, valores numéricos sucesivamente decrecientes en una unidad, hasta llegar al último considerado para la amortización, que tendrá un valor numérico igual a la unidad.

La asignación de valores numéricos también podrá efectuarse de manera inversa a la prevista en el párrafo anterior.

El período de amortización podrá ser cualquiera de los comprendidos entre el período máximo y el que se deduce del coeficiente de amortización lineal máximo según la tabla de amortización establecida en la Ley del Impuesto, ambos inclusive.

b) Se dividirá el precio de adquisición o coste de producción entre la suma de dígitos obtenida según el párrafo anterior, determinándose así la cuota por dígito.

c) Se multiplicará la cuota por dígito por el valor numérico que corresponda al período impositivo.

2. Los edificios, mobiliario y enseres no podrán amortizarse mediante el método de amortización según números dígitos.

3. Los elementos patrimoniales adquiridos usados podrán amortizarse mediante el método de amortización según números dígitos, de acuerdo con lo dispuesto en el apartado 1.

Artículo 7. *Planes de amortización.*

1. Los contribuyentes podrán proponer a la Administración tributaria un plan para la amortización de los elementos patrimoniales del inmovilizado material, intangible o inversiones inmobiliarias.

2. La solicitud deberá contener los siguientes datos:

a) Descripción de los elementos patrimoniales objeto del plan especial de amortización, indicando la actividad a la que se hallen adscritos y su ubicación.

b) Método de amortización que se propone, indicando la distribución temporal de las amortizaciones que se derivan del mismo.

c) Justificación del método de amortización propuesto.

d) Precio de adquisición o coste de producción de los elementos patrimoniales.

e) Fecha de inicio de la amortización de los elementos patrimoniales.

En el caso de elementos patrimoniales en construcción, se indicará la fecha prevista en que deba comenzar la amortización.

3. La solicitud se presentará dentro del período de construcción o de amortización de los elementos patrimoniales.

El contribuyente podrá desistir de la solicitud formulada.

4. La Administración tributaria podrá recabar del contribuyente cuantos datos, informes, antecedentes y justificantes sean necesarios.

El contribuyente podrá, en cualquier momento del procedimiento anterior al trámite de audiencia, presentar las alegaciones y aportar los documentos y justificantes que estime pertinentes.

5. Instruido el procedimiento, e inmediatamente antes de redactar la propuesta de resolución, se pondrá de manifiesto al contribuyente, quien dispondrá de un plazo de 15 días para formular las alegaciones y presentar los documentos y justificaciones que estime pertinentes.

6. La resolución que ponga fin al procedimiento podrá:

a) Aprobar el plan de amortización formulado por el contribuyente.

b) Aprobar, con la aceptación del contribuyente, un plan de amortización que difiera del inicialmente presentado.

c) Desestimar el plan de amortización formulado por el contribuyente.

La resolución será motivada.

El procedimiento deberá finalizar antes de tres meses contados desde la fecha en que la solicitud haya tenido entrada en cualquiera de los registros del órgano administrativo competente o desde la fecha de subsanación de la misma a requerimiento de dicho órgano.

7. Transcurrido el plazo a que hace referencia el apartado anterior, sin haberse producido una resolución expresa, se entenderá aprobado el plan de amortización formulado por el contribuyente.

8. El plan de amortización aprobado surtirá efecto en los períodos impositivos que finalicen tras la presentación del mismo, salvo que expresamente se establezca una fecha distinta.

9. Los planes de amortización aprobados podrán ser modificados a solicitud del contribuyente, observándose las normas previstas en los apartados anteriores. Dicha solicitud deberá presentarse en el período impositivo en el cual deba surtir efecto dicha modificación.

10. Los planes de amortización aprobados podrán aplicarse a aquellos otros elementos patrimoniales de idénticas características cuya amortización vaya a comenzar antes del transcurso de 3 años contados desde la fecha de notificación del acuerdo de aprobación del plan de amortización, siempre que se mantengan sustancialmente las circunstancias de carácter físico, tecnológico, jurídico y económico determinantes del método de amortización aprobado. Dicha aplicación deberá ser objeto de comunicación a la Agencia Estatal de Administración Tributaria con anterioridad a la finalización del período impositivo en que deba surtir efecto.

11. Será competente para instruir y resolver el expediente el órgano de la Agencia Estatal de Administración Tributaria que corresponda de acuerdo con sus normas de estructura orgánica.

CAPÍTULO III. Cobertura del riesgo de crédito en entidades financieras[2]

Artículo 8. *Ámbito de aplicación*[3].

Lo previsto en este capítulo será de aplicación a las entidades de crédito obligadas a formular sus cuentas anuales individuales de acuerdo con las normas establecidas por el Banco de España, así como a las sucursales de entidades de crédito residentes en el extranjero que operen en España. También se aplicará, en su caso, a las sociedades para la gestión de activos a que se refiere el artículo 3 de la Ley 8/2012, de 30 de octubre, sobre saneamiento y venta de los activos inmobiliarios del sector financiero, así como a las entidades que formen parte del mismo grupo de sociedades de la entidad de crédito en el sentido del artículo 42 del Código de Comercio, en relación con los activos inmobiliarios adjudicados o recibidos en pago de deudas, en los términos establecidos en el apartado 5 del artículo 9 de este Reglamento.

Asimismo, resultará de aplicación a los fondos de titulización a que se refiere el título III de la Ley 5/2015, de 27 de abril, de fomento de la financiación empresarial, en relación con la deducibilidad de las correcciones valorativas por deterioro de valor de los instrumentos de deuda valorados por su coste amortizado.

Artículo 9. *Cobertura del riesgo de crédito*[4].

1. Serán deducibles las dotaciones correspondientes a las coberturas de riesgos dudosos que resulten de la estimación individualizada o de la aplicación de las metodologías internas para la estimación colectiva de coberturas previstas en el anejo 9 de la Circular 4/2017, de 27 de noviembre, del Banco de España, a entidades de crédito, sobre normas de información financiera pública y reservada, y modelos de estados financieros. No obstante, el total agregado de las dotaciones resultantes de metodologías internas para las estimaciones colectivas, únicamente será deducible

---

[2]   Véase RIS DT 2ª.
[3]   Nueva redacción de este artículo por Real Decreto 1178/2020 (art. único.1), con efectos para los períodos impositivos que se inicien a partir del 1 de enero de 2020 y que no hayan concluido a la entrada en vigor de este real decreto (31/12/2020).
[4]   Nueva redacción de este artículo por Real Decreto 1178/2020 (art. único.2), con efectos para los períodos impositivos que se inicien a partir del 1 de enero de 2020 y que no hayan concluido a la entrada en vigor de este real decreto (31/12/2020).

hasta el importe total agregado que resulte de aplicar los porcentajes de cobertura estimados por el Banco de España a modo de solución alternativa para tales estimaciones colectivas que se contienen en el referido anejo 9.

En el caso de entidades que no hayan desarrollado metodologías internas, serán deducibles, como máximo, las dotaciones por coberturas de riesgos dudosos que resulten de aplicar los porcentajes de cobertura estimados por el Banco de España a modo de solución alternativa señalados en el párrafo anterior.

2. Tratándose de la cobertura del denominado riesgo-país, serán deducibles las dotaciones que no excedan del importe total agregado que resulte de aplicar los porcentajes de cobertura estimados por el Banco de España a modo de solución alternativa en el anejo 9 de la Circular 4/2017, de 27 de noviembre, del Banco de España.

3. En ningún caso serán deducibles las dotaciones correspondientes a la cobertura del riesgo de los siguientes créditos:

a) Los identificados como operaciones sin riesgo apreciable de acuerdo con el anejo 9 de la Circular 4/2017, de 27 de noviembre, del Banco de España.

b) Los adeudados o afianzados por entidades de derecho público, excepto que sean objeto de un procedimiento arbitral o judicial que verse sobre su existencia o cuantía.

c) La parte de los créditos garantizada con garantías reales eficaces, determinadas de acuerdo con el anejo 9 de la Circular 4/2017, de 27 de noviembre, del Banco de España, y una vez aplicados los descuentos sobre el valor de referencia allí establecidos.

d) La parte de los créditos garantizada por garantes identificados como sin riesgo apreciable o con contratos de seguro de crédito o caución.

e) Los adeudados por personas o entidades vinculadas de acuerdo con lo establecido en el artículo 18 de la Ley del Impuesto, salvo que estén en situación de concurso, y se haya producido la apertura de la fase de liquidación por el juez, en los términos establecidos en el texto refundido de la Ley Concursal, aprobado por Real Decreto Legislativo 1/2020, de 5 de mayo.

f) Los adeudados por partidos políticos, sindicatos de trabajadores, asociaciones empresariales, colegios profesionales y cámaras oficiales, salvo que estén en situación de concurso, y se haya producido la apertura de la fase de liquidación por el juez, en los términos establecidos en la el texto refundido de la Ley Concursal, aprobado por Real Decreto Legislativo 1/2020, de 5 de mayo, o concurran otras circunstancias debidamente justificadas que evidencien unas reducidas posibilidades de cobro.

g) Tratándose de la cobertura del denominado riesgo-país, no serán deducibles las dotaciones para cubrir las exposiciones fuera de balance.

4. Serán deducibles las dotaciones que correspondan a riesgo normal y riesgo normal en vigilancia especial a que se refiere el anejo 9 de la Circular 4/2017, de 27 de noviembre, del Banco de España, con el límite del resultado de aplicar el uno por ciento sobre la variación positiva global en el período impositivo del importe de los riesgos que, de acuerdo con los criterios establecidos en el referido anejo 9, deba ser objeto de cobertura, excluidos los correspondientes a los créditos enumerados en el apartado 3 de este artículo y a los valores negociados en mercados secundarios organizados.

5. A los efectos de lo previsto en este artículo serán deducibles las dotaciones por deterioro de los activos inmobiliarios adjudicados o recibidos en pago de deudas de las entidades de crédito a los que sea de aplicación el apartado V del anejo 9 de la Circular 4/2017, de 27 de noviembre, del Banco de España, que permanezcan en el balance de la entidad de crédito, siempre que no superen los importes que resulten de lo establecido en dicho apartado V.

En el supuesto de que los activos inmobiliarios adjudicados o recibidos en pago de deudas de las entidades de crédito se aporten, transmitan, o mantengan en una sociedad para la gestión de activos a que se refiere el artículo 3 de la Ley 8/2012, de 30 de octubre, sobre saneamiento y venta de los activos inmobiliarios del sector financiero, o en una entidad que forme parte del mismo grupo de sociedades de la entidad de crédito en el sentido del artículo 42 del Código de Comercio, serán deducibles, siempre que se respeten los criterios de la Circular 4/2017, de 27 de noviembre, del Banco de España, y por el importe máximo que resultaría de aplicar el citado apartado V, las dotaciones por correcciones derivadas de la pérdida de valor de los activos, tanto si consisten en dotaciones por deterioro de los activos inmobiliarios efectuadas en esas sociedades o entidades como, en su caso, en dotaciones efectuadas en la entidad de crédito por deterioro del valor de sus participaciones en las mismas o por otros deterioros derivados de la pérdida de valor de los activos inmobiliarios.

No obstante, las señaladas dotaciones deducibles en la entidad de crédito tendrán como límite el importe máximo a que se refiere el párrafo anterior minorado en las dotaciones por deterioro de los activos inmobiliarios que hubieran resultado fiscalmente deducibles en las citadas sociedades y entidades. En este caso, en el supuesto de que sea de aplicación el régimen especial de consolidación fiscal regulado en el capítulo VI del título VII de la Ley del Impuesto, el importe que resulte fiscalmente deducible no será objeto de eliminación.

En el supuesto de que conforme a la normativa vigente la entidad de crédito no pudiera aplicar el régimen especial de consolidación fiscal con las citadas sociedades o entidades, las dotaciones por deterioro de los activos inmobiliarios en estas últimas tendrán como límite el importe máximo a que se refiere el párrafo segundo de este apartado, minorado en las dotaciones por deterioro de participaciones o por otros deterioros derivados de la pérdida de valor de los activos inmobiliarios que hubieran resultado fiscalmente deducibles en la entidad de crédito, de acuerdo con lo establecido en dicho párrafo.

CAPÍTULO IV. Planes de gastos correspondientes a actuaciones medioambientales. Planes especiales de inversiones y gastos de las comunidades titulares de montes vecinales en mano común

Artículo 10. *Planes de gastos correspondientes a actuaciones medioambientales.*

1. De acuerdo con el apartado 4 del artículo 14 de la Ley del Impuesto, los contribuyentes podrán someter a la Administración tributaria un plan de gastos correspondientes a actuaciones medioambientales.

2. La solicitud deberá contener los siguientes datos:

a) Descripción de las obligaciones del contribuyente o compromisos adquiridos por el mismo para prevenir o reparar daños sobre el medio ambiente.

b) Descripción técnica y justificación de la necesidad de la actuación a realizar.

c) Importe estimado de los gastos correspondientes a la actuación medioambiental y justificación del mismo.

d) Criterio de imputación temporal del importe estimado de los gastos correspondientes a la actuación medioambiental y justificación del mismo.

e) Fecha de inicio de la actuación medioambiental.

3. La solicitud se presentará dentro de los 3 meses siguientes a la fecha de nacimiento de la obligación o compromiso de la actuación medioambiental.

El contribuyente podrá desistir de la solicitud formulada.

4. La Administración tributaria podrá recabar del contribuyente cuantos datos, informes, antecedentes y justificantes sean necesarios.

El contribuyente podrá, en cualquier momento del procedimiento anterior al trámite de audiencia, presentar las alegaciones y aportar los documentos y justificantes que estime pertinentes.

5. Instruido el procedimiento, e inmediatamente antes de redactar la propuesta de resolución, se pondrá de manifiesto al contribuyente, quien dispondrá de un plazo de 15 días para formular las alegaciones y presentar los documentos y justificaciones que estime pertinentes.

6. La resolución que ponga fin al procedimiento podrá:

a) Aprobar el plan de gastos formulado por el contribuyente.

b) Aprobar, con la aceptación del contribuyente, un plan alternativo de gastos.

c) Desestimar el plan de gastos formulado por el contribuyente.

La resolución será motivada.

El procedimiento deberá finalizar en el plazo de tres meses.

7. Transcurrido el plazo a que hace referencia el apartado anterior, sin haberse notificado una resolución expresa, se entenderá aprobado el plan de gastos formulado por el contribuyente.

8. Los planes de gastos correspondientes a actuaciones medioambientales aprobados podrán modificarse a solicitud del contribuyente, observándose las normas previstas en los apartados anteriores. Dicha solicitud habrá de presentarse dentro de los 3 últimos meses del período impositivo en el cual deba surtir efecto la modificación.

Artículo 11. *Planes especiales de inversiones y gastos de las comunidades titulares de montes vecinales en mano común.*

1. Cuando se pruebe que las inversiones y gastos deben efectuarse necesariamente en un plazo superior al previsto en el apartado 1 del artículo 112 de la Ley del Impuesto, los contribuyentes podrán presentar planes especiales de inversiones y gastos.

2. La solicitud deberá contener los siguientes datos:

a) Descripción de los gastos, inversiones y sus importes realizados dentro del plazo previsto en el apartado 1 del artículo 112 de la Ley del Impuesto.

b) Descripción de las inversiones o gastos pendientes objeto del plan especial.

c) Importe efectivo o previsto de las inversiones o gastos del plan.

d) Descripción del plan temporal de realización de la inversión o gasto.

e) Descripción de las circunstancias específicas que justifican el plan especial de inversiones y gastos.

3. El plan especial de reinversión se presentará antes de la finalización del último período impositivo a que se refiere el apartado 1 del artículo 112 de la Ley del Impuesto.

El contribuyente podrá desistir de la solicitud formulada.

4. La Administración tributaria podrá recabar del contribuyente cuantos datos, informes, antecedentes y justificantes sean necesarios. Asimismo, será preceptivo recabar informe de los organismos de las Comunidades Autónomas que tengan competencia en materia forestal en las que tenga su domicilio fiscal el contribuyente.

El contribuyente podrá, en cualquier momento del procedimiento anterior al trámite de audiencia, presentar las alegaciones y aportar los documentos y justificantes que estime pertinentes.

5. Instruido el procedimiento, e inmediatamente antes de redactar la propuesta de resolución, se pondrá de manifiesto al contribuyente, quien dispondrá de un plazo de 15 días para formular las alegaciones y presentar los documentos y justificaciones que estime pertinentes.

6. La resolución que ponga fin al procedimiento podrá:

a) Aprobar el plan especial de inversiones y gastos formulado por el contribuyente.

b) Aprobar, con la aceptación del contribuyente, un plan especial de inversiones y gastos alternativo.

c) Desestimar el plan especial de inversiones y gastos formulado por el contribuyente.

La resolución será motivada.

El procedimiento deberá finalizar en el plazo de tres meses.

7. Transcurrido el plazo a que hace referencia el apartado anterior, sin haberse notificado una resolución expresa, se entenderá aprobado el plan especial de inversiones y gastos.

8. En caso de incumplimiento total o parcial del plan, el contribuyente regularizará su situación tributaria en los términos establecidos en el apartado 3 del artículo 125 de la Ley del Impuesto, teniendo en cuenta la inversión o gasto propuesta y la efectivamente realizada.

Artículo 12. *Órgano competente.*

Será competente para instruir y resolver el procedimiento relativo a planes de gastos correspondientes a actuaciones medioambientales y de inversiones y gastos de las comunidades titulares de montes vecinales en mano común, el órgano de la Agencia Estatal de Administración Tributaria que corresponda de acuerdo con sus normas de estructura orgánica.

CAPÍTULO V. Información y documentación sobre entidades y operaciones vinculadas.

SECCIÓN 1.ª *Elementos generales de la información y documentación sobre entidades y operaciones vinculadas*

Artículo 13. *Información y documentación sobre entidades y operaciones vinculadas.*

1[5]. Las entidades residentes en territorio español que tengan la condición de dominantes de un grupo, definido en los términos establecidos en el artículo 18.2 de la Ley del Impuesto, y no sean al mismo tiempo dependientes de otra entidad, residente o no residente, deberán aportar la información país por país a que se refiere el artículo 14 de este Reglamento.

---

[5] Nueva redacción de este apartado por Real Decreto 1178/2020 (art. único.3), con efectos para los períodos impositivos que se inicien a partir del 1 de enero de 2020 y que no hayan concluido a la entrada en vigor de este real decreto (31/12/2020).

Asimismo, deberán aportar esta información aquellas entidades residentes en territorio español dependientes, directa o indirectamente, de una entidad no residente en territorio español que no sea al mismo tiempo dependiente de otra, así como los establecimientos permanentes en territorio español de entidades no residentes del grupo, siempre que se produzca alguna de las siguientes circunstancias:

a) Que no exista una obligación de información país por país en términos análogos a la prevista en este apartado respecto de la referida entidad no residente en su país o territorio de residencia fiscal.

b) Que, existiendo un acuerdo internacional en el sentido de la Directiva (UE) 2016/881 del Consejo de 25 de mayo de 2016, que modifica la Directiva 2011/16/UE en lo que respecta al intercambio automático obligatorio de información en el ámbito de la fiscalidad, con el país o territorio en el que resida fiscalmente la referida entidad no residente, no exista un acuerdo de intercambio automático de información entre autoridades competentes, respecto de dicha información, con el citado país o territorio.

c) Que, existiendo un acuerdo de intercambio automático de información respecto de dicha información con el país o territorio en el que reside fiscalmente la referida entidad no residente, se haya producido un incumplimiento sistemático del mismo que haya sido comunicado por la Administración tributaria española a las entidades dependientes o a los establecimientos permanentes residentes en territorio español en el plazo previsto en el presente apartado.

No obstante lo anterior, no existirá la obligación de aportar la información por las señaladas entidades dependientes o establecimientos permanentes en territorio español cuando el grupo multinacional haya designado para que presente la referida información a una entidad dependiente constitutiva del grupo que sea residente en un Estado miembro de la Unión Europea, o bien cuando la información haya sido ya presentada en su territorio de residencia fiscal por otra entidad no residente nombrada por el grupo como subrogada de la entidad matriz a efectos de dicha presentación. En el supuesto de que se trate de una entidad subrogada con residencia fiscal en un territorio fuera de la Unión Europea, deberá cumplir las condiciones previstas en el apartado 2 de la sección II del anexo III de la Directiva 2011/16/UE del Consejo, de 15 de febrero de 2011, relativa a la cooperación administrativa en el ámbito de la fiscalidad y por la que se deroga la Directiva 77/799/CEE.

En el caso de que, existiendo varias entidades dependientes residentes en territorio español, una de ellas hubiera sido designada o nombrada por el grupo multinacional para presentar la información, será únicamente esta la obligada a dicha presentación.

Lo establecido en el párrafo anterior no será de aplicación cuando la entidad designada o nombrada no pudiera obtener toda la información necesaria para presentar la información país por país de acuerdo con lo establecido en el artículo siguiente.

Asimismo, dentro del supuesto previsto en el párrafo segundo del presente apartado, la entidad residente en territorio español o el establecimiento permanente en territorio español obligados a presentar la información país por país deberán solicitar a la entidad no residente la información correspondiente al grupo. Si la entidad no residente se negara a suministrar todo o parte de dicha información, la entidad residente en territorio español o el establecimiento permanente en territorio español presentarán la información de que dispongan y notificarán esta circunstancia a la Administración tributaria.

A efectos de lo dispuesto en este apartado, cualquier entidad residente en territorio español que forme parte de un grupo obligado a presentar la información aquí establecida deberá comunicar a la Administración tributaria la identificación y el país o territorio de residencia de la entidad obligada a elaborar esta información. Esta comunicación deberá realizarse antes de la finalización del período impositivo al que se refiera la información.

El plazo para presentar la información prevista en este apartado concluirá transcurridos doce meses desde la finalización del período impositivo. El suministro de dicha información se efectuará en el modelo elaborado al efecto, que se aprobará por Orden de la Ministra de Hacienda.

2. A los efectos de lo dispuesto en artículo 18.3 de la Ley del Impuesto, las personas o entidades vinculadas, con el objeto de justificar que las operaciones efectuadas se han valorado por su valor de mercado, deberán aportar, a requerimiento de la Administración tributaria, la siguiente documentación específica:

a) La documentación a que se refiere el artículo 15 de este Reglamento, relativa a las operaciones vinculadas del grupo al que pertenece el contribuyente, definido en los términos establecidos en el artículo 18.2 de la Ley del Impuesto, incluyendo a los establecimientos permanentes que formen parte del mismo.

b) La documentación del contribuyente a que se refiere el artículo 16 de este Reglamento. Los establecimientos permanentes de entidades no residentes en territorio español estarán igualmente obligados a aportar esta documentación.

Esta documentación deberá estar a disposición de la Administración tributaria a partir de la finalización del plazo voluntario de declaración, y es independiente de cualquier documentación o información adicional que la Administración tributaria pueda solicitar en el ejercicio de sus funciones, de acuerdo con lo dispuesto en la Ley 58/2003, de 17 de diciembre, General Tributaria, y en su normativa de desarrollo.

La documentación específica señalada deberá elaborarse de acuerdo con los principios de proporcionalidad y suficiencia. En su preparación, el contribuyente podrá utilizar aquella documentación relevante de que disponga para otras finalidades.

3. No obstante, la documentación específica señalada en el apartado anterior no resultará de aplicación:

a) A las operaciones realizadas entre entidades que se integren en un mismo grupo de consolidación fiscal, sin perjuicio de lo previsto en el artículo 65.2 de la Ley del Impuesto.

b) A las operaciones realizadas con sus miembros o con otras entidades integrantes del mismo grupo de consolidación fiscal por las agrupaciones de interés económico, de acuerdo con lo previsto en la Ley 12/1991, de 29 de abril, de Agrupaciones de Interés Económico, y las uniones temporales de empresas, reguladas en la Ley 18/1982, de 26 de mayo, sobre régimen fiscal de agrupaciones y uniones temporales de Empresas y de las Sociedades de desarrollo industrial regional, e inscritas en el registro especial del Ministerio de Hacienda y Administraciones Públicas. No obstante la documentación específica será exigible en el caso de uniones temporales de empresas o fórmulas de colaboración análogas a las uniones temporales, que se acojan al régimen establecido en el artículo 22 de la Ley del Impuesto.

c) A las operaciones realizadas en el ámbito de ofertas públicas de venta o de ofertas públicas de adquisición de valores.

d) A las operaciones realizadas con la misma persona o entidad vinculada, siempre que el importe de la contraprestación del conjunto de operaciones no supere los 250.000 euros, de acuerdo con el valor de mercado.

4. El contribuyente deberá incluir en las declaraciones que así se prevea, la información relativa a sus operaciones vinculadas en los términos que se establezca por Orden del Ministro de Hacienda y Administraciones Públicas.

SECCIÓN 2.ª *Información país por país*

Artículo 14. *Información país por país.*

1. La información país por país establecida en este artículo resultará exigible a las entidades a que se refiere el apartado 1 del artículo 13 de este Reglamento, exclusivamente, cuando el importe neto de la cifra de negocios del conjunto de personas o entidades que formen parte del grupo, en los 12 meses anteriores al inicio del período impositivo, sea, al menos, de 750 millones de euros.

2. La información país por país comprenderá, respecto del período impositivo de la entidad dominante, de forma agregada, por cada país o jurisdicción:

a) Ingresos brutos del grupo, distinguiendo entre los obtenidos con entidades vinculadas o con terceros.

b) Resultados antes del Impuesto sobre Sociedades o Impuestos de naturaleza idéntica o análoga al mismo.

c) Impuestos sobre Sociedades o Impuestos de naturaleza idéntica o análoga satisfechos, incluyendo las retenciones soportadas.

d) Impuestos sobre Sociedades o Impuestos de naturaleza idéntica o análoga al mismo devengados, incluyendo las retenciones.

e)[6] Importe de la cifra de capital y otros resultados no distribuidos en la fecha de conclusión del período impositivo.

f) Plantilla media.

g) Activos materiales e inversiones inmobiliarias distintos de tesorería y derechos de crédito.

h) Lista de entidades residentes, incluyendo los establecimientos permanentes y actividades principales realizadas por cada una de ellas.

i) Otra información que se considere relevante y una explicación, en su caso, de los datos incluidos en la información.

3. La información establecida en este artículo se presentará en euros.

SECCIÓN 3.ª *Documentación específica*

Artículo 15. *Documentación específica del grupo al que pertenezca el contribuyente.*

1. La documentación relativa al grupo, a que se refiere la letra a) del apartado 2 del artículo 13 de este Reglamento, deberá comprender:

a) Información relativa a la estructura y organización del grupo:

1.º Descripción general de la estructura organizativa, jurídica y operativa del grupo, así como cualquier cambio relevante en la misma.

2.º Identificación de las distintas entidades que formen parte del grupo.

b) Información relativa a las actividades del grupo:

1.º Actividades principales del grupo, así como descripción de los principales mercados geográficos en los que opera el grupo, fuentes principales de beneficios

---

[6] Nueva redacción de este apartado por el Real Decreto 1074/2017 (art. 2.2), con efectos para los períodos impositivos que se inicien a partir de 1 de enero de 2016. Su redacción inicial era la siguiente: *«e) Importe de la cifra de capital y otros fondos propios existentes en la fecha de conclusión del período impositivo.»*

y cadena de suministro de aquellos bienes y servicios que representen, al menos, el 10 por ciento del importe neto de la cifra de negocios del grupo, correspondiente al período impositivo.

2.º Descripción general de las funciones ejercidas, riesgos asumidos y principales activos utilizados por las distintas entidades del grupo, incluyendo los cambios respecto del período impositivo anterior.

3.º Descripción de la política del grupo en materia de precios de transferencia que incluya el método o métodos de fijación de los precios adoptados por el grupo.

4.º Relación y breve descripción de los acuerdos de reparto de costes y contratos de prestación de servicios relevantes entre entidades del grupo.

5.º Descripción de las operaciones de reorganización y de adquisición o cesión de activos relevantes, realizadas durante el período impositivo.

c) Información relativa a los activos intangibles del grupo:

1.º Descripción general de la estrategia global del grupo en relación al desarrollo, propiedad y explotación de los activos intangibles, incluyendo la localización de las principales instalaciones en las que se realicen actividades de investigación y desarrollo, así como la dirección de las mismas.

2.º Relación de los activos intangibles del grupo relevantes a efectos de precios de transferencia, indicando las entidades titulares de los mismos, así como descripción general de la política de precios de transferencia del grupo en relación con los mismos.

3.º Importe de las contraprestaciones correspondientes a las operaciones vinculadas del grupo, derivadas de la utilización de los activos intangibles, identificando las entidades del grupo afectadas y sus territorios de residencia fiscal.

4.º Relación de acuerdos entre las entidades del grupo relativos a intangibles, incluyendo los acuerdos de reparto de costes, los principales acuerdos de servicios de investigación y acuerdos de licencias.

5.º Descripción general de cualquier transferencia relevante sobre activos intangibles realizada en el período impositivo, incluyendo las entidades, países e importes.

d) Información relativa a la actividad financiera:

1.º Descripción general de la forma de financiación del grupo, incluyendo los principales acuerdos de financiación suscritos con personas o entidades ajenas al grupo.

2.º Identificación de las entidades del grupo que realicen las principales funciones de financiación del grupo, así como el país de su constitución y el correspondiente a su sede de dirección efectiva.

3.º Descripción general de la política de precios de transferencia relativa a los acuerdos de financiación entre entidades del grupo.

e) Situación financiera y fiscal del grupo:

1.º Estados financieros anuales consolidados del grupo, siempre que resulten obligatorios para el mismo o se elaboren de manera voluntaria.

2.º Relación y breve descripción de los acuerdos previos de valoración vigentes y cualquier otra decisión con alguna autoridad fiscal que afecte a la distribución de los beneficios del grupo entre países.

2. La documentación prevista en este artículo no resultará de aplicación a aquellos grupos en los que el importe neto de la cifra de negocios, definido en los términos establecidos en el artículo 101 de la Ley del Impuesto, sea inferior a 45 millones de euros.

3. A efectos de lo dispuesto en el artículo 18.13 de la Ley del Impuesto constituyen distintos conjuntos de datos las informaciones a que se refieren el número 1.º de la letra a), los números 1.º, 2.º, 3.º y 5.º de la letra b), el número 1.º de la letra c) y los números 1.º y 3.º de la letra d) del apartado 1 de este artículo. A estos mismos efectos tendrá la consideración de dato cada una de las informaciones a que se refiere el número 2.º de la letra a), el número 4.º de la letra b), los números 2.º, 3.º, 4.º y 5.º de la letra c), el número 2.º de la letra y los números 1.º y 2.º de la letra e) del apartado 1 de este artículo.

Artículo 16. *Documentación específica del contribuyente.*

1. La documentación específica del contribuyente deberá comprender:

a) Información del contribuyente:

1.º Estructura de dirección, organigrama y personas o entidades destinatarias de los informes sobre la evolución de las actividades del contribuyente, indicando los países o territorios en que dichas personas o entidades tienen su residencia fiscal.

2.º Descripción de las actividades del contribuyente, de su estrategia de negocio y, en su caso, de su participación en operaciones de reestructuración o de cesión o transmisión de activos intangibles en el período impositivo.

3.º Principales competidores.

b) Información de las operaciones vinculadas:

1.º Descripción detallada de la naturaleza, características e importe de las operaciones vinculadas.

2.º Nombre y apellidos o razón social o denominación completa, domicilio fiscal y número de identificación fiscal del contribuyente y de las personas o entidades vinculadas con las que se realice la operación.

3.º Análisis de comparabilidad detallado, en los términos descritos en el artículo 17 de este Reglamento.

4.º Explicación relativa a la selección del método de valoración elegido, incluyendo una descripción de las razones que justificaron la elección del mismo, así como su forma de aplicación, los comparables obtenidos y la especificación del valor o intervalo de valores derivados del mismo.

5.º En su caso, criterios de reparto de gastos en concepto de servicios prestados conjuntamente en favor de varias personas o entidades vinculadas, así como los correspondientes acuerdos, si los hubiera, y acuerdos de reparto de costes a que se refiere el artículo 18 de este Reglamento.

6.º Copia de los acuerdos previos de valoración vigentes y cualquier otra decisión con alguna autoridad fiscal que estén relacionados con las operaciones vinculadas señaladas anteriormente.

7.º Cualquier otra información relevante de la que haya dispuesto el contribuyente para determinar la valoración de sus operaciones vinculadas.

c) Información económico-financiera del contribuyente:

1.º Estados financieros anuales del contribuyente.

2.º Conciliación entre los datos utilizados para aplicar los métodos de precios de transferencia y los estados financieros anuales, cuando corresponda y resulte relevante.

3.º Datos financieros de los comparables utilizados y fuente de la que proceden.

2. Si, para determinar el valor de mercado, se utilizan otros métodos y técnicas de valoración generalmente aceptados distintos en los señalados en las letras a) a e) del artículo 18.4 de la Ley del Impuesto, como pudieran ser métodos de descuento de flujos de efectivo futuro estimados, se describirá detalladamente el método o técnica concreto elegido, así como las razones de su elección.

En concreto, se describirán las magnitudes, porcentajes, ratios, tipos de interés, tasas de actualización y demás variables en que se basen los citados métodos y técnicas y se justificará la razonabilidad y coherencia de las hipótesis asumidas por referencia a datos históricos, a planes de negocios o a cualquier otro elemento que se considere esencial para la correcta determinación del valor y su adecuación al principio de libre competencia.

Deberá maximizarse el uso de datos observables de mercado, que deberán quedar acreditados, y se limitará, en la medida de lo posible, el empleo de consideraciones subjetivas y de datos no observables o contrastables.

La documentación que deberá mantenerse a disposición de la Administración tributaria comprenderá los informes, documentos y soportes informáticos necesarios para la verificación de la correcta aplicación del método de valoración y del valor de mercado resultante.

3. Las obligaciones documentales previstas en el apartado 1 anterior se referirán al período impositivo en el que el contribuyente haya realizado la operación vinculada.

Cuando la documentación elaborada para un período impositivo continúe siendo válida en otros posteriores, no será necesaria la elaboración de nueva documentación, sin perjuicio de que deban efectuarse las adaptaciones que fueran necesarias.

4. En el supuesto de personas o entidades vinculadas cuyo importe neto de la cifra de negocios, definido en los términos establecidos en el artículo 101 de la Ley del Impuesto, sea inferior a 45 millones de euros, la documentación específica tendrá el siguiente contenido simplificado:

a) Descripción de la naturaleza, características e importe de las operaciones vinculadas.

b) Nombre y apellidos o razón social o denominación completa, domicilio fiscal y número de identificación fiscal del contribuyente y de las personas o entidades vinculadas con las que se realice la operación.

c) Identificación del método de valoración utilizado.

d) Comparables obtenidos y valor o intervalos de valores derivados del método de valoración utilizado.

En el supuesto de personas o entidades que cumplan los requisitos establecidos en el artículo 101 de la Ley del Impuesto, esta documentación específica se podrá entender cumplimentada a través del documento normalizado elaborado al efecto por Orden del Ministro de Hacienda y Administraciones Públicas. Estas entidades no deberán aportar los comparables a que se refiere la letra d) anterior.

5. El contenido simplificado de la documentación específica a que se refiere el apartado anterior no resultará de aplicación a las siguientes operaciones:

a) Las realizadas por contribuyentes del Impuesto sobre la Renta de las Personas Físicas, en el desarrollo de una actividad económica, a la que resulte de aplicación el método de estimación objetiva con entidades en las que aquellos o sus cónyuges, ascendientes o descendientes, de forma individual o conjuntamente entre todos ellos, tengan un porcentaje igual o superior al 25 por ciento del capital social o de los fondos propios.

b) Las operaciones de transmisión de negocios.

c) Las operaciones de transmisión de valores o participaciones representativos de la participación en los fondos propios de cualquier tipo de entidades no admitidas a negociación en alguno de los mercados regulados de valores, o que estén admitidos a negociación en mercados regulados situados en países o territorios calificados como paraísos fiscales.

d) Las operaciones de transmisión de inmuebles.

e) Las operaciones sobre activos intangibles.

No obstante, en el supuesto de entidades a que se refiere el artículo 101 de la Ley del Impuesto o personas físicas y no se trate de operaciones realizadas con personas o entidades residentes en países o territorios considerados como paraísos fiscales, las obligaciones específicas de documentación no deberán incorporar el análisis de comparabilidad a que se refiere el artículo 17 de este Reglamento.

6. A efectos de lo dispuesto en el artículo 18.13 de la Ley del Impuesto, constituyen distintos conjuntos de datos las informaciones a que se refieren el número 1.º, 2.º y 3.º de la letra a), los números 3.º, 4.º y 7.º de la letra b), los números 1.º, 2.º y 3.º de la letra c) del apartado 1 así como la información a que se refiere el apartado 2 de este artículo. A estos mismos efectos, tendrá la consideración de dato cada una de las informaciones a que se refiere los números 1.º, 2.º, 5.º y 6.º de la letra b) del apartado 1 de este artículo y las letras a), b), c) y d) del apartado 4 de este artículo.

CAPÍTULO VI. Reglas de valoración y procedimiento de comprobación de operaciones vinculadas

SECCIÓN 1.ª Determinación del valor de mercado de las operaciones vinculadas. Reglas específicas

Artículo 17. *Determinación del valor de mercado de las operaciones vinculadas: análisis de comparabilidad.*

1. A los efectos de determinar el valor de mercado que habrían acordado personas o entidades independientes en condiciones que respeten el principio de libre competencia a que se refiere el apartado 1 del artículo 18 de la Ley del Impuesto, se compararán las circunstancias de las operaciones vinculadas con las circunstancias de operaciones entre personas o entidades independientes que pudieran ser equiparables.

Para ello deberán tenerse en cuenta las relaciones entre las personas o entidades vinculadas y las condiciones de las operaciones a comparar atendiendo a la naturaleza de las operaciones y a la conducta de las partes.

2. Para determinar si dos o más operaciones son equiparables se tendrán en cuenta, en la medida en que sean relevantes y que el contribuyente haya podido disponer razonablemente de información sobre ellas, las siguientes circunstancias:

a) Las características específicas de los bienes o servicios objeto de las operaciones vinculadas.

b) Las funciones asumidas por las partes en relación con las operaciones objeto de análisis, identificando los riesgos asumidos y ponderando, en su caso, los activos utilizados.

c) Los términos contractuales de los que, en su caso, se deriven las operaciones teniendo en cuenta las responsabilidades, riesgos y beneficios asumidos por cada parte contratante.

d) Las circunstancias económicas que puedan afectar a las operaciones vinculadas, en particular, las características de los mercados en los que se entregan los bienes o se prestan los servicios.

e) Las estrategias empresariales.

Asimismo, a los efectos de determinar el valor de mercado que habrían acordado personas o entidades independientes en condiciones que respeten el principio de libre competencia también deberá tenerse en cuenta cualquier otra circunstancia que sea relevante y sobre la que el contribuyente haya podido disponer razonablemente de información, como entre otras, la existencia de pérdidas, la incidencia de las decisiones de los poderes públicos, la existencia de ahorros de localización, de grupos integrados de trabajadores o de sinergias.

En todo caso deberán indicarse los elementos de comparación internos o externos que deban tenerse en consideración.

3. Cuando las operaciones vinculadas que realice el contribuyente se encuentren estrechamente ligadas entre sí, hayan sido realizadas de forma continua o afecten a un conjunto de productos o servicios muy similares, de manera que su valoración independiente no resulte adecuada, el análisis de comparabilidad a que se refiere el apartado anterior se efectuará teniendo en cuenta el conjunto de dichas operaciones.

4. Dos o más operaciones son equiparables cuando no existan entre ellas diferencias significativas en las circunstancias a que se refiere el apartado 2 anterior que afecten al precio del bien o servicio o al margen de la operación, o cuando existiendo diferencias, puedan eliminarse efectuando los ajustes de comparabilidad necesarios.

5. El análisis de comparabilidad previsto en este artículo forma parte de la documentación a que se refiere el artículo 16 de este Reglamento y cumplimenta la obligación prevista en el número 3.º de la letra b) del apartado 1 del citado artículo.

6. El grado de comparabilidad, la naturaleza de la operación y la información sobre las operaciones equiparables constituyen los principales factores que deter-

minarán, en cada caso, de acuerdo con lo dispuesto en el apartado 4 del artículo 18 de la Ley del Impuesto, el método de valoración más adecuado.

7. Cuando, a pesar de no existir datos suficientes, se haya podido determinar un rango de valores que cumpla razonablemente el principio de libre competencia, teniendo en cuenta el proceso de selección de comparables y las limitaciones de la información disponible, se podrán utilizar medidas estadísticas para minimizar el riesgo de error provocado por defectos en la comparabilidad.

Artículo 18. *Requisitos de los acuerdos de reparto de costes suscritos entre personas o entidades vinculadas.*

A efectos de lo previsto en el apartado 7 del artículo 18 de la Ley del Impuesto, los acuerdos de reparto de costes de bienes y servicios suscritos por el contribuyente deberán incluir la identificación de las demás personas o entidades participantes, en los términos previstos en la letra a) del apartado 1 del artículo 16 de este Reglamento, el ámbito de las actividades y proyectos específicos cubiertos por los acuerdos, su duración, criterios para cuantificar el reparto de los beneficios esperados entre los partícipes, la forma de cálculo de sus respectivas aportaciones, especificación de las tareas y responsabilidades de los partícipes, consecuencias de la adhesión o retirada de los partícipes así como cualquier otra disposición que prevea adaptar los términos del acuerdo para reflejar una modificación de las circunstancias económicas.

SECCIÓN 2.ª *Comprobación de las operaciones vinculadas*

Artículo 19. *Comprobación de las operaciones vinculadas.*

1. Cuando la comprobación de las operaciones vinculadas no sea el objeto único de la regularización que proceda practicar en el procedimiento de inspección en el que se lleve a cabo, la propuesta de liquidación que derive de la misma se documentará en un acta distinta de las que deban formalizarse por los demás elementos de la obligación tributaria. En dicha acta se justificará la regularización que resulte por aplicación del artículo 18 de la Ley del Impuesto. La liquidación derivada de este acta tendrá carácter provisional de acuerdo con lo establecido en el artículo 101.4.b) de la Ley 58/2003, de 17 de diciembre, General Tributaria.

2. Si el contribuyente interpone recurso o reclamación contra la liquidación provisional practicada como consecuencia de la regularización practicada, se notificará dicha liquidación y la existencia del procedimiento revisor a las demás personas o entidades vinculadas afectadas al objeto de que puedan personarse en

el procedimiento, de conformidad con lo dispuesto en los artículos 223.3 y 232.3 de la Ley 58/2003.

Transcurridos los plazos oportunos sin que el contribuyente haya interpuesto recurso o reclamación, se notificará la liquidación provisional practicada a las demás personas o entidades vinculadas afectadas para que aquellas que lo deseen puedan optar de forma conjunta por interponer el oportuno recurso de reposición o reclamación económico- administrativa.

3. Una vez que la liquidación practicada al contribuyente haya adquirido firmeza, la Administración tributaria regularizará de oficio la situación tributaria de las demás personas o entidades vinculadas, salvo que estas hubieran ya efectuado la referida regularización con carácter previo. La regularización se realizará mediante la práctica de una liquidación o, en su caso, de una autoliquidación o de una liquidación derivada de una solicitud de rectificación de la autoliquidación correspondiente al último período impositivo cuyo plazo de declaración e ingreso hubiera finalizado en el momento en que se produzca tal firmeza. Tratándose de impuestos en los que no exista período impositivo, dicha regularización se realizará mediante la práctica de una liquidación correspondiente al momento en que se produzca la firmeza de la liquidación o, en su caso, de una autoliquidación o de una liquidación derivada de una solicitud de rectificación de la autoliquidación practicada al contribuyente.

En el caso de impuestos en los que existen períodos impositivos, esta regularización deberá comprender todos aquellos que estén afectados por la corrección llevada a cabo por la Administración tributaria, derivada de la comprobación de la operación vinculada.

La regularización incluirá, en su caso, los correspondientes intereses de demora calculados desde la finalización del plazo establecido para la presentación de la autoliquidación de cada uno de los períodos impositivos en los que la operación vinculada haya surtido efectos o, si la regularización diera lugar a una devolución y la autoliquidación se presentó fuera de plazo desde la fecha de la presentación extemporánea de la autoliquidación.

Los intereses se calcularán hasta la fecha en que se practica la liquidación o, en su caso, la autoliquidación, correspondiente al período impositivo en que la regularización de dicha operación es eficaz frente a las demás personas o entidades vinculadas, de acuerdo con lo establecido en el artículo 18.12.3.º de la Ley del Impuesto y en el primer párrafo de este apartado.

La regularización realizada por la Administración tributaria deberá ser tenida en cuenta por los contribuyentes en las declaraciones que se presenten tras la firmeza de la liquidación, cuando la operación vinculada produzca efectos en las mismas.

Para la práctica de la liquidación anterior, los órganos de inspección podrán ejercer las facultades previstas en el artículo 142 de la Ley 58/2003, y realizar las actuaciones de obtención de información que consideren necesarias.

Las personas o entidades afectadas que puedan invocar un tratado o convenio que haya pasado a formar parte del ordenamiento interno, podrán acudir al procedimiento amistoso o al procedimiento arbitral para eliminar la posible doble imposición generada por la corrección, de acuerdo con lo dispuesto en el número 5.º del apartado 12 del artículo 18 de la Ley del Impuesto.

SECCIÓN 3.ª *Restitución patrimonial*

Artículo 20. *Restitución patrimonial derivada de las diferencias entre el valor convenido y el valor de mercado de las operaciones vinculadas.*

1. En aquellas operaciones en las cuales el valor convenido sea distinto del valor de mercado, la diferencia entre ambos valores tendrá para las personas o entidades vinculadas el tratamiento fiscal que corresponda a la naturaleza de las rentas puestas de manifiesto como consecuencia de la existencia de dicha diferencia, de acuerdo con lo establecido en el artículo 18.11 de la Ley del Impuesto.

2. No se aplicará lo dispuesto en el apartado anterior cuando se proceda a la restitución patrimonial entre las personas o entidades vinculadas. Para ello, el contribuyente deberá justificar dicha restitución antes de que se dicte la liquidación que incluya la aplicación de lo señalado en el apartado anterior.

CAPÍTULO VII. Acuerdos previos de valoración de operaciones entre personas o entidades vinculadas

SECCIÓN 1.ª *Acuerdos previos de valoración de operaciones entre personas o entidades vinculadas*

Artículo 21. *Actuaciones previas.*

1. Las personas o entidades vinculadas que pretendan solicitar a la Administración tributaria que determine el valor de mercado de las operaciones efectuadas entre ellas, en condiciones que respeten el principio de libre competencia podrán presentar una solicitud previa, cuyo contenido será el siguiente:

a) Identificación de las personas o entidades que vayan a realizar las operaciones.

b) Descripción sucinta de las operaciones objeto del mismo.

c) Elementos básicos de la propuesta de valoración que se pretenda formular.

2. La Administración tributaria analizará la solicitud previa, pudiendo recabar de los interesados las aclaraciones pertinentes y comunicará a los interesados la viabilidad o no del acuerdo previo de valoración.

Artículo 22. *Inicio del procedimiento.*

1. Las personas o entidades vinculadas podrán solicitar a la Administración tributaria un acuerdo previo de valoración de las operaciones entre personas o entidades vinculadas con carácter previo a la realización de estas, sin perjuicio de lo establecido en el artículo 25.8 de este Reglamento.

Dicha solicitud podrá comprender la determinación del valor de mercado de las rentas estimadas por operaciones realizadas por un contribuyente con un establecimiento permanente en el extranjero, en aquellos supuestos en que así esté establecido en un convenio para evitar la doble imposición internacional que le resulte de aplicación.

La solicitud se acompañará de una propuesta que se fundamentará en el principio de libre competencia, y que contendrá una descripción del método y del análisis seguido para determinar el valor de mercado.

La solicitud deberá ser suscrita por las personas o entidades solicitantes, que deberán acreditar ante la Administración que las demás personas o entidades vinculadas que vayan a realizar las operaciones cuya valoración se solicita conocen y aceptan la solicitud de valoración.

2. La solicitud deberá acompañarse de la documentación a que se refieren los artículos 15 y 16 de este Reglamento, en cuanto resulte aplicable a la propuesta de valoración, y se adaptará a las circunstancias del caso.

Artículo 23. *Régimen de la documentación presentada.*

1. La documentación presentada únicamente tendrá efectos en relación al procedimiento regulado en este capítulo y será exclusivamente utilizada respecto del mismo.

2. Lo previsto en los artículos anteriores no eximirá a los contribuyentes de las obligaciones que les incumben de acuerdo con lo establecido en el artículo 29 de la Ley 58/2003, de 17 de diciembre, General Tributaria, o en otra disposición, en cuanto el cumplimiento de las mismas pudiera afectar a la documentación referida en el artículo 21 de este Reglamento.

3. En los casos de desistimiento, caducidad o desestimación de la propuesta se procederá a la devolución de la documentación aportada.

Artículo 24. *Tramitación.*

La Administración tributaria examinará la propuesta junto con la documentación presentada. A estos efectos, podrá requerir a los contribuyentes cuantos datos, informes, antecedentes y justificantes tengan relación con la propuesta, así como explicaciones o aclaraciones adicionales sobre la misma.

Artículo 25. *Terminación y efectos del acuerdo.*

1. La resolución que ponga fin al procedimiento podrá:

a) Aprobar la propuesta de valoración presentada por el contribuyente

b) Aprobar, con la aceptación del contribuyente, una propuesta de valoración que difiera de la inicialmente presentada.

c) Desestimar la propuesta de valoración formulada por el contribuyente.

2. El acuerdo previo de valoración se formalizará en un documento que incluirá al menos:

a) Lugar y fecha de su formalización.

b) Nombre y apellidos o razón social o denominación completa y número de identificación fiscal de los de los contribuyentes a los que se refiere la propuesta.

c) Conformidad de los contribuyentes con el contenido del acuerdo.

d) Descripción de las operaciones a las que se refiere la propuesta.

e) Elementos esenciales del método de valoración y valor o intervalo de valores que se derivan del mismo.

f) Períodos impositivos o de liquidación a los que será aplicable el acuerdo y fecha de entrada en vigor del mismo.

g) Asunciones críticas cuyo acaecimiento condiciona la aplicabilidad del acuerdo en los términos recogidos en dicho acuerdo.

3. En la desestimación de la propuesta de valoración se incluirá junto con la identificación de los contribuyentes los motivos por los que la Administración tributaria desestima la propuesta.

4. El procedimiento deberá finalizar en el plazo de 6 meses. Transcurrido dicho plazo sin haberse notificado la resolución expresa, la propuesta podrá entenderse desestimada.

5. La Administración tributaria y los contribuyentes deberán aplicar lo que resulte de la propuesta aprobada.

6. La Administración tributaria podrá comprobar que los hechos y operaciones descritos en la propuesta aprobada se corresponden con los efectivamente habidos y que la propuesta aprobada ha sido correctamente aplicada.

Cuando de la comprobación resultare que los hechos y operaciones descritos en la propuesta aprobada no se corresponden con la realidad, o que la propuesta aprobada no ha sido aplicada correctamente, la Inspección de los Tributos procederá a regularizar la situación tributaria de los contribuyentes.

7. El desistimiento de cualquiera de los contribuyentes determinará la terminación del procedimiento.

8. El acuerdo surtirá efectos respecto de las operaciones realizadas con posterioridad a la fecha en que se apruebe, y tendrá validez durante los períodos impositivos que se concreten en el propio acuerdo, sin que pueda exceder de los 4 períodos impositivos siguientes al vigente en la fecha de aprobación del acuerdo.

Asimismo, podrá determinarse que sus efectos alcancen a las operaciones realizadas en períodos impositivos anteriores, siempre que no hubiera prescrito el derecho de la Administración a determinar la deuda tributaria mediante la oportuna liquidación ni hubiese liquidación firme que recaiga sobre las operaciones objeto de solicitud.

Artículo 26. *Recursos.*

La resolución que ponga fin al procedimiento o el acto presunto desestimatorio no serán recurribles, sin perjuicio de los recursos y reclamaciones que contra los actos de liquidación que en su día se dicten puedan interponerse.

Artículo 27. *Órganos competentes.*

Será competente para instruir, resolver y, en caso de modificación del acuerdo, iniciar el procedimiento el órgano de la Agencia Estatal de Administración Tributaria que corresponda de acuerdo con sus normas de estructura orgánica.

Artículo 28. *Información sobre la aplicación del acuerdo para la valoración de las operaciones efectuadas con personas o entidades vinculadas.*

Conjuntamente con la declaración del Impuesto sobre Sociedades, del Impuesto sobre la Renta de las Personas Físicas o del Impuesto sobre la Renta de No Residentes, los contribuyentes presentarán un escrito relativo a la aplicación del acuerdo previo de valoración aprobado, cuyo contenido deberá comprender, entre otra, la siguiente información:

a) Operaciones realizadas en el período impositivo o de liquidación al que se refiere la declaración a las que ha sido de aplicación el acuerdo previo.

b) Precios o valores a los que han sido realizadas las operaciones anteriores como consecuencia de la aplicación del acuerdo previo.

c) Descripción, si las hubiere, de las variaciones significativas de las circunstancias económicas existentes en el momento de la aprobación del acuerdo previo de valoración.

d) Operaciones efectuadas en el período impositivo o de liquidación similares a aquéllas a las que se refiere el acuerdo previo, precios por los que han sido realizadas y descripción de las diferencias existentes respecto de las operaciones comprendidas en el ámbito del acuerdo previo.

e) Aquella que se determine en el propio acuerdo.

No obstante, en los acuerdos firmados con otras Administraciones, la documentación que deberá presentar el contribuyente anualmente será la que se derive del propio acuerdo.

Artículo 29. *Modificación del acuerdo previo de valoración.*

1. En el supuesto de variación significativa de las circunstancias económicas o tecnológicas existentes en el momento de la aprobación del acuerdo previo de valoración, éste podrá ser modificado para adecuarlo a las nuevas circunstancias económicas. El procedimiento de modificación podrá iniciarse de oficio o a instancia de los contribuyentes.

2. La solicitud de modificación deberá ser suscrita por las personas o entidades solicitantes, que deberán acreditar ante la Administración que las demás personas o entidades vinculadas que vayan a realizar las operaciones cuya valoración se solicita, conocen y aceptan la solicitud de modificación, y deberá contener la siguiente información:

a) Justificación de la variación significativa de las circunstancias económicas.

b) Modificación que, a tenor de dicha variación, resulta procedente.

El desistimiento de cualquiera de las personas o entidades afectadas determinará la terminación del procedimiento de modificación.

La Administración tributaria, una vez examinada la documentación presentada, y previa audiencia de los contribuyentes, quienes dispondrán al efecto de un plazo de 15 días, dictará resolución motivada, que podrá:

1.º Aprobar la modificación formulada por el contribuyente.

2.º Aprobar, con la aceptación del contribuyente, una propuesta de valoración que difiera de la inicialmente presentada.

3.º Desestimar la modificación formulada por el contribuyente, confirmando o dejando sin efecto el acuerdo previo de valoración inicialmente aprobado.

3. Cuando el procedimiento de modificación haya sido iniciado por la Administración tributaria, el contenido de la propuesta se notificará a los contribuyentes quienes dispondrán de un plazo de un mes contados a partir del día siguiente al de la notificación de la propuesta para:

a) Aceptar la modificación.

b) Formular una modificación alternativa, debidamente justificada.

c) Rechazar la modificación, expresando los motivos en los que se fundamentan.

La Administración tributaria, una vez examinada la documentación presentada, dictará resolución motivada, que podrá:

1.º Aprobar la modificación, si los contribuyentes la han aceptado.

2.º Aprobar, con la aceptación de los contribuyentes, una modificación alternativa.

3.º Dejar sin efecto el acuerdo por el que se aprobó la propuesta inicial de valoración.

4.º Declarar la continuación de la aplicación de la propuesta de valoración inicial.

4. En el caso de mediar un acuerdo con otra Administración tributaria, la modificación del acuerdo previo de valoración requerirá la previa modificación del acuerdo alcanzado con dicha Administración. A tal efecto se seguirá el procedimiento previsto en el artículo 31 y siguientes de este Reglamento.

5. El procedimiento deberá finalizarse en el plazo de 6 meses. Transcurrido dicho plazo sin haberse notificado una resolución expresa, la propuesta de modificación podrá entenderse desestimada.

6. La resolución que ponga fin al procedimiento de modificación o el acto presunto desestimatorio no serán recurribles, sin perjuicio de los recursos y reclamaciones que puedan interponerse contra los actos de liquidación que puedan dictarse.

7. La aprobación de la modificación, tendrá los efectos previstos en el artículo 25 de este Reglamento, en relación a las operaciones que se realicen con posterioridad a la solicitud de modificación o, en su caso, a la comunicación de propuesta de modificación.

8. La resolución por la que se deje sin efecto el acuerdo previo de valoración inicial determinará la extinción de los efectos previstos en el artículo 25 de este Reglamento, en relación a las operaciones que se realicen con posterioridad a la solicitud de modificación o, en su caso, a la comunicación de propuesta de modificación.

9. La desestimación de la modificación formulada por los contribuyentes determinará:

a) La confirmación de los efectos previstos en el artículo 25 de este Reglamento, cuando no quede probada la variación significativa de las circunstancias económicas.

b) La extinción de los efectos previstos en el artículo 25 de este Reglamento, respecto de las operaciones que se realicen con posterioridad a la solicitud de modificación, en los demás casos.

Artículo 30. *Prórroga del acuerdo previo de valoración.*

1. Los contribuyentes podrán solicitar a la Administración tributaria que se prorrogue el plazo de validez del acuerdo de valoración que hubiera sido aprobado. Dicha solicitud deberá presentarse antes de los 6 meses previos a la finalización de dicho plazo de validez y se acompañará de la documentación que consideren conveniente para justificar que las circunstancias puestas de manifiesto en la solicitud original no han variado.

2. La solicitud de prórroga del acuerdo previo de valoración deberá ser suscrita por las personas o entidades que suscribieron el acuerdo previo cuya prórroga se solicita, y deberán acreditar ante la Administración que las demás personas o entidades vinculadas que vayan a realizar las operaciones conocen y aceptan la solicitud de prórroga.

3. La Administración tributaria dispondrá de un plazo de 6 meses para examinar la documentación a que se refiere el apartado 1 anterior, y notificar a los contribuyentes la prórroga o no del plazo de validez del acuerdo de valoración previa. A tales efectos, la Administración podrá solicitar cualquier información y documentación adicional.

4. Transcurrido el plazo a que se refiere el apartado anterior sin haber notificado la prórroga del plazo de validez del acuerdo de valoración previa, la solicitud podrá considerarse desestimada.

5. La resolución por la que se acuerde la prórroga del acuerdo o el acto presunto desestimatorio no serán recurribles, sin perjuicio de los recursos y reclamaciones que puedan interponerse contra los actos de liquidación que en puedan dictarse.

SECCIÓN 2.ª *Acuerdos previos de valoración de operaciones vinculadas con otras administraciones tributarias*

Artículo 31. *Procedimiento para el acuerdo sobre operaciones vinculadas con otras Administraciones tributarias.*

El procedimiento para la celebración de acuerdos con otras Administraciones tributarias se regirá por las normas previstas en este capítulo con las especialidades establecidas en los artículos 32 a 36 de este Reglamento.

Artículo 32. *Inicio del procedimiento.*

1. En el caso de que los contribuyentes soliciten que la propuesta formulada se someta a la consideración de otras Administraciones tributarias del país o territorio en el que residan las personas o entidades vinculadas, la Administración tributaria

valorará la procedencia de iniciar dicho procedimiento. La desestimación del inicio del procedimiento deberá ser motivada, y no podrá ser impugnada.

2. Cuando la Administración tributaria en el curso de un procedimiento previo de valoración, considere oportuno someter el asunto a la consideración de otras Administraciones tributarias que pudieran resultar afectadas, lo pondrá en conocimiento las personas o entidades vinculadas. La aceptación por parte del contribuyente será requisito previo a la comunicación a la otra Administración.

3. El contribuyente deberá presentar la solicitud de inicio acompañada de la documentación prevista en el artículo 22 de este Reglamento.

Artículo 33. *Tramitación.*

1. En el curso de las relaciones con otras Administraciones tributarias, las personas o entidades vinculadas vendrán obligados a facilitar cuantos datos, informes, antecedentes y justificantes tengan relación con la propuesta de valoración.

Los contribuyentes podrán participar en las actuaciones encaminadas a concretar el acuerdo, cuando así lo convengan los representantes de ambas Administraciones tributarias.

2. La propuesta de acuerdo de las Administraciones tributarias se pondrá en conocimiento de los sujetos interesados, cuya aceptación será un requisito previo a la firma del acuerdo entre las Administraciones implicadas.

La oposición a la propuesta de acuerdo determinará la desestimación de la propuesta de valoración.

Artículo 34. *Resolución.*

En caso de aceptación de la propuesta de acuerdo, el órgano competente suscribirá el acuerdo con las otras Administraciones tributarias, dándose traslado de una copia del mismo a los interesados.

Artículo 35. *Órganos competentes.*

Será competente para iniciar, informar, instruir el procedimiento, establecer las relaciones pertinentes con las Administraciones a que se refiere el artículo anterior, resolver el procedimiento y suscribir el acuerdo con la otra Administración tributaria el órgano de la Agencia Estatal de Administración Tributaria que corresponda de acuerdo con sus normas de estructura orgánica.

Artículo 36. *Solicitud de otra Administración tributaria.*

Cuando otra Administración tributaria solicite a la Administración tributaria la iniciación de un procedimiento dirigido a suscribir un acuerdo para la valoración de operaciones realizadas entre personas o entidades vinculadas se observarán las reglas previstas en los artículos anteriores en cuanto resulten de aplicación.

CAPÍTULO VIII. Documentación de las operaciones con personas o
entidades no vinculadas residentes en paraísos fiscales

Artículo 37. *Documentación de las operaciones con personas o entidades no vinculadas residentes en paraísos fiscales.*

A efectos de lo previsto en el artículo 19.2 de la Ley del Impuesto, quienes realicen operaciones con personas o entidades residentes en países o territorios considerados como paraísos fiscales estarán obligados a mantener a disposición de la Administración tributaria la documentación específica prevista en el capítulo V del título I de este Reglamento, con las siguientes especialidades:

a) No será de aplicación lo establecido en la letra d) del artículo 13.3 de este Reglamento.

b) Deberá mantenerse la documentación relativa a todas las operaciones realizadas con personas o entidades vinculadas que residan en un país o territorio calificado como paraíso fiscal, excepto que residan en un Estado miembro de la Unión Europea o en Estados integrantes del Espacio Económico Europeo con los que exista un efectivo intercambio de información en materia tributaria en los términos previstos en el apartado 4 de la disposición adicional primera de la Ley 36/2006, de 29 de noviembre, de medidas para la prevención del fraude fiscal, y el contribuyente acredite que las operaciones responden a motivos económicos válidos y que esas personas o entidades realizan actividades económicas.

c) La documentación a que se refiere el artículo 16.1.a) de este Reglamento deberá comprender, adicionalmente, cuando se trate de operaciones realizadas con personas o entidades residentes en países o territorios considerados como paraísos fiscales, la identificación de las personas que, en nombre de dichas personas o entidades, hayan intervenido en la operación y, en caso de que se trate de operaciones con entidades, la identificación de los administradores de las mismas.

A efectos de lo dispuesto en el artículo 18.13 de la Ley del Impuesto tendrá la consideración de dato cada una de las personas y administradores a que se refiere esta letra.

d) A las operaciones con personas o entidades residentes en países o territorios considerados como paraísos fiscales, que no tengan la consideración de personas o entidades vinculadas en los términos establecidos en el artículo 18 de la Ley del Impuesto, no les será exigible la documentación específica del contribuyente prevista en el artículo 16 de este Reglamento respecto de servicios y compraventas internacionales de mercancías, incluidas las comisiones de mediación en estas, así como los gastos accesorios y conexos, cuando se cumplan los siguientes requisitos:

1.º Que el contribuyente pruebe que la realización de la operación a través de un país o territorio considerado como paraíso fiscal responde a la existencia de motivos económicos válidos

2.º Que el contribuyente realice operaciones equiparables con personas o entidades no vinculadas que no residan en países o territorios considerados como paraísos fiscales y acredite que el valor convenido de la operación se corresponde con el valor convenido en dichas operaciones equiparables, una vez efectuadas, en su caso, las correspondientes correcciones que resulten necesarias.

CAPÍTULO IX. Valoración previa de gastos correspondientes a proyectos
de investigación científica o de innovación tecnológica

Artículo 38. *Valoración previa de gastos correspondientes a proyectos de investigación científica o de innovación tecnológica.*

1. Las personas o entidades que tengan el propósito de realizar actividades de investigación científica o de innovación tecnológica podrán solicitar a la Administración tributaria la valoración, conforme a las reglas del Impuesto sobre Sociedades y, con carácter previo y vinculante, de los gastos correspondientes a dichas actividades que consideren susceptibles de disfrutar de la deducción a la que se refiere el artículo 35 de la Ley del Impuesto.

2. La solicitud deberá presentarse por escrito antes de efectuar los gastos correspondientes y contendrá, como mínimo, lo siguiente:

a) Identificación de la persona o entidad solicitante.

b) Identificación y descripción del proyecto de investigación científica o innovación tecnológica a que se refiere la solicitud, indicando las actividades concretas que se efectuarán, los gastos en los que se incurrirá para la ejecución de las mismas y el período de tiempo en el que se realizarán tales actividades.

c) Propuesta de valoración de los gastos que se realizarán, expresando la regla de valoración aplicada y las circunstancias económicas que hayan sido tomadas en consideración.

3. La Administración tributaria examinará la documentación referida en el apartado anterior, pudiendo requerir al solicitante cuantos datos, informes, antecedentes y justificantes tengan relación con la solicitud. Tanto la Administración tributaria como el solicitante podrán solicitar o aportar informes periciales que versen sobre el contenido de la propuesta de valoración. Asimismo, podrán proponer

la práctica de las pruebas que entiendan pertinentes por cualquiera de los medios admitidos en derecho.

4. Una vez instruido el procedimiento y con anterioridad a la redacción de la propuesta de resolución, la Administración tributaria lo pondrá de manifiesto al solicitante, junto con el contenido y las conclusiones de las pruebas efectuadas y los informes solicitados, para que pueda formular las alegaciones y presentar los documentos y justificantes que estime pertinentes en el plazo de 15 días.

5. La resolución que ponga fin al procedimiento podrá:

a) Aprobar la propuesta formulada inicialmente por el contribuyente.

b) Aprobar, con la aceptación del contribuyente, otra propuesta de valoración que difiera de la inicialmente presentada

c) Desestimar la propuesta formulada por el contribuyente.

6. La resolución será motivada y, en el caso de que sea aprobatoria, contendrá, al menos:

a) Lugar y fecha de su formalización

b) Nombre y apellidos o razón social o denominación completa y número de identificación fiscal del contribuyente.

c) Conformidad del contribuyente con la valoración realizada.

d) Descripción de la operación a que se refiere la propuesta.

e) Valoración realizada por la Administración tributaria conforme a las normas del Impuesto sobre Sociedades, con indicación de los gastos y de las actividades concretas a que se refiere, así como del método de valoración utilizado, con indicación de sus elementos esenciales.

f) Plazo de vigencia de la valoración y fecha de su entrada en vigor.

7. El procedimiento deberá finalizar en el plazo máximo de 6 meses, contados desde la fecha en que la propuesta haya tenido entrada en cualquiera de los registros del órgano administrativo competente o desde la fecha de subsanación de la misma a requerimiento de la Administración tributaria. La falta de contestación de la Administración tributaria en los plazos indicados implicará la aceptación de los valores propuestos por el contribuyente.

8. La resolución que se dicte no será recurrible, sin perjuicio de los recursos y reclamaciones que puedan interponerse contra los actos de liquidación que se efectúen como consecuencia de la aplicación de los valores establecidos en la resolución.

9. La Administración tributaria deberá aplicar la valoración de los gastos que resulte de la resolución durante su plazo de vigencia, siempre que no se modifique la legislación o varíen significativamente las circunstancias económicas que fundamentaron dicha valoración.

10. La documentación aportada por el solicitante únicamente tendrá efectos en relación con este procedimiento. Los funcionarios que intervengan en el procedimiento deberán guardar sigilo riguroso y observar estricto secreto respecto de los documentos y demás información que conozcan en el curso del mismo.

11. El órgano competente para informar, instruir y resolver el procedimiento será el órgano de la Agencia Estatal de Administración Tributaria que corresponda de acuerdo con sus normas de estructura orgánica.

CAPÍTULO X. Acuerdos previos de valoración o de calificación y valoración de rentas procedentes de determinados activos intangibles

Artículo 39. *Inicio del procedimiento.*

1. Las personas o entidades que tengan el propósito de realizar las operaciones susceptibles de acogerse a la reducción recogida en el artículo 23 de la Ley del Impuesto, podrán solicitar a la Administración tributaria un acuerdo previo de valoración de los ingresos procedentes de la cesión de los activos a que se refiere el apartado 1 de dicho artículo y de los gastos asociados a los mismos, así como de las rentas generadas en la transmisión, o un acuerdo previo de calificación y valoración que comprenderá la calificación de los activos como pertenecientes a alguna de las categorías a que se refiere el apartado 1 de dicho artículo, y la valoración de los ingresos y gastos asociados a los mismos, así como de las rentas generadas en la transmisión.

2. La solicitud deberá presentarse por escrito, con carácter previo a la realización de las operaciones que motiven la aplicación de la reducción del artículo 23 de la Ley del Impuesto, y contendrá, como mínimo, lo siguiente:

a) Identificación de la persona o entidad solicitante y de las personas o entidades cesionarios.

b) Descripción del activo que pretende ser objeto de cesión o transmisión.

c) En su caso, descripción del derecho de uso o explotación que se pretende establecer y duración del mismo.

d) En el procedimiento de calificación y valoración, calificación motivada de los activos a los efectos del artículo 23 de la Ley del Impuesto.

e) Propuesta de valoración de los ingresos y de los gastos asociados a la cesión del activo, o de las rentas generadas en su transmisión con indicación del valor de adquisición y transmisión, expresando el método o criterio de valoración aplicado y las circunstancias económicas que hayan sido tomadas en consideración.

f) Demás datos, elementos y documentos que puedan contribuir a la formación de juicio por parte de la Administración tributaria.

3. Se podrá acordar motivadamente la inadmisión a trámite de la solicitud cuando concurra alguna de las siguientes circunstancias:

a) Que la propuesta de valoración, o de calificación y valoración, que se pretende formular carezca manifiestamente de fundamento para determinar el valor de los ingresos procedentes de la cesión de los activos y de los gastos asociados, o bien de las rentas generadas en la transmisión, o la calificación del activo como apto.

b) Que se hubiesen desestimado propuestas de valoración, o de calificación y valoración, sustancialmente iguales a la propuesta que se pretende formular.

4. La documentación presentada únicamente tendrá efectos en relación con el procedimiento regulado en este capítulo y será exclusivamente utilizada respecto del mismo.

5. Lo previsto en los apartados anteriores no eximirá a los contribuyentes de las obligaciones que les incumben de acuerdo con lo establecido en el artículo 29 de la Ley 58/2003, de 17 de diciembre, General Tributaria, o en otra disposición.

6. En los casos de desistimiento, archivo, inadmisión o desestimación de la propuesta se procederá a la devolución de la documentación aportada.

Artículo 40. *Tramitación.*

1. La Administración tributaria examinará la solicitud junto con la documentación presentada. A estos efectos, podrá requerir a los contribuyentes, en cualquier momento, cuantos datos, informes, antecedentes y justificantes tengan relación con la propuesta, así como explicaciones o aclaraciones adicionales sobre la misma.

2. En el procedimiento del acuerdo previo de calificación y valoración, el órgano competente para instruir deberá solicitar informe vinculante a la Dirección General de Tributos, en relación con la calificación de los activos a efectos de la aplicación de la reducción del artículo 23 de la Ley del Impuesto. En caso de estimarlo procedente, la Dirección General de Tributos podrá solicitar opinión no vinculante al respecto al Ministerio de Economía y Competitividad.

La Dirección General de Tributos evacuará el informe, que se comunicará al órgano solicitante en el plazo máximo de 3 meses. Este plazo no computará en el plazo máximo establecido en el apartado 6 del artículo 41 de este Reglamento.

Artículo 41. *Terminación y efectos del acuerdo.*

1. La resolución que ponga fin al procedimiento del acuerdo previo de valoración podrá:

a) Aprobar la propuesta de valoración presentada por el contribuyente.

b) Aprobar, con la aceptación del contribuyente, una propuesta de valoración que difiera de la inicialmente presentada.

c) Desestimar la propuesta de valoración formulada por el contribuyente.

2. La resolución que ponga fin al procedimiento del acuerdo previo de calificación y valoración podrá:

a) Calificar los activos como no aptos a los efectos del artículo 23 de la Ley del Impuesto.

b) Calificar los activos como aptos y aprobar la propuesta de valoración formulada inicialmente por el contribuyente.

c) Calificar los activos como aptos y aprobar otra propuesta alternativa, con la aceptación del contribuyente.

d) Calificar los activos como aptos y desestimar la propuesta de valoración formulada por el contribuyente.

3. El acuerdo previo de valoración, o de calificación y valoración, tendrá carácter vinculante y se formalizará en un documento que incluirá al menos:

a) Lugar y fecha de su formalización.

b) Nombre y apellidos o razón social o denominación completa y número de identificación fiscal del contribuyente.

c) Conformidad del contribuyente con el contenido del acuerdo.

d) Descripción de la operación a la que se refiere la propuesta.

e) En el caso del acuerdo previo de calificación y valoración, calificación motivada de los activos a los efectos del artículo 23 de la Ley del Impuesto.

f) Valoración que se derive del acuerdo, con indicación de los elementos esenciales del método de valoración empleado, así como las circunstancias económicas que deban entenderse básicas en orden a su aplicación.

g) Plazo de vigencia del acuerdo y fecha de entrada en vigor del mismo.

4. En la desestimación de la propuesta de valoración o de calificación y valoración se incluirá junto con la identificación del contribuyente los motivos por los que la Administración tributaria desestima la misma.

5. El desistimiento del solicitante determinará la terminación del procedimiento.

6. El procedimiento deberá finalizar en el plazo máximo de 6 meses. Transcurrido dicho plazo sin haberse notificado la resolución expresa, la propuesta podrá entenderse desestimada.

7. La Administración tributaria y el contribuyente deberán aplicar la valoración y, en su caso, calificación, que resulte de la resolución, durante su plazo de vigencia, siempre que no varíen significativamente las circunstancias económicas que fundamentaron dicha calificación y valoración.

8. La Administración tributaria podrá comprobar que los hechos y operaciones descritos en la propuesta aprobada se corresponden con los efectivamente habidos y que la propuesta aprobada ha sido correctamente aplicada. Cuando de la compro-

bación resultare que los hechos y operaciones descritos en la propuesta aprobada no se corresponden con la realidad, o que la propuesta aprobada no ha sido aplicada correctamente, la Inspección de los Tributos procederá a regularizar la situación tributaria de los contribuyentes.

9. La resolución que ponga fin al procedimiento o el acto presunto desestimatorio no serán recurribles, sin perjuicio de los recursos y reclamaciones que contra los actos de liquidación que en su día se dicten puedan interponerse.

Artículo 42. *Órgano competente.*

Será competente para instruir, resolver y, en el caso de modificación del acuerdo, iniciar, el procedimiento a que se refiere este capítulo el órgano de la Agencia Estatal de Administración Tributaria que corresponda de acuerdo con sus normas de estructura orgánica.

Artículo 43. *Modificación del acuerdo previo de valoración o de calificación y valoración.*

1. En el supuesto de variación significativa de las circunstancias económicas que han determinado la valoración, existentes en el momento de la aprobación del acuerdo previo de valoración, o de calificación y valoración, éste podrá ser modificado para adecuarlo a las nuevas circunstancias económicas. El procedimiento de modificación podrá iniciarse de oficio o a instancia de los contribuyentes.

2. La solicitud de modificación deberá ser suscrita por la persona o entidad solicitante, y deberá contener la siguiente información:

a) Justificación de la variación significativa de las circunstancias económicas.

b) Modificación de la valoración que, a tenor de dicha variación, resulta procedente.

El desistimiento del solicitante determinará la terminación del procedimiento.

La Administración tributaria podrá requerir a los contribuyentes, en cualquier momento, cuantos datos, informes, antecedentes y justificantes tengan relación con la propuesta, así como explicaciones o aclaraciones adicionales sobre la misma.

La Administración tributaria, una vez examinada la documentación presentada, y previa audiencia del contribuyente, que dispondrá al efecto de un plazo de 15 días, dictará resolución motivada, que podrá:

1.º Aprobar la modificación de valoración formulada por el contribuyente.

2.º Aprobar, con la aceptación del contribuyente, una propuesta de valoración que difiera de la inicialmente presentada.

3.º Desestimar la modificación formulada por el contribuyente, confirmando o dejando sin efecto la propuesta de valoración inicialmente aprobada. No obstante, no afectará a la calificación de los activos, realizada en el acuerdo previo de calificación y valoración inicial.

3. Cuando el procedimiento de modificación haya sido iniciado por la Administración tributaria, el contenido de la propuesta se notificará al contribuyente que dispondrá de un plazo de un mes, contado a partir del día siguiente al de la notificación de la propuesta, para:

a) Aceptar la modificación.

b) Formular una modificación alternativa, debidamente justificada.

c) Rechazar la modificación, expresando los motivos en los que se fundamentan.

La Administración tributaria, una vez examinada la documentación presentada, dictará resolución motivada, que podrá:

1.º Aprobar la modificación, si el contribuyente la ha aceptado.

2.º Aprobar la modificación alternativa formulada por el contribuyente.

3.º Dejar sin efecto el acuerdo por el que se aprobó la propuesta inicial de valoración, sin que afecte a la calificación de los activos en el supuesto de un acuerdo previo de calificación y valoración inicial.

4.º Declarar la continuación de la aplicación de la propuesta de valoración inicial.

4. El procedimiento deberá finalizarse en el plazo de 6 meses. Transcurrido dicho plazo sin haberse notificado una resolución expresa, la propuesta de modificación podrá entenderse desestimada.

5. La resolución que ponga fin al procedimiento de modificación no será recurrible, sin perjuicio de los recursos y reclamaciones que puedan interponerse contra los actos de liquidación que puedan dictarse.

6. La aprobación de la modificación tendrá los efectos previstos en el artículo 41 de este Reglamento, desde la solicitud de la modificación o, en su caso, desde la comunicación de propuesta de modificación.

7. La resolución por la que se deje sin efecto el acuerdo previo de valoración inicial, o de calificación y valoración inicial en relación con la valoración, determinará, respecto de ésta, la extinción de los efectos previstos en el artículo 41 de este Reglamento, desde la solicitud de la modificación o, en su caso, desde la comunicación de propuesta de modificación.

8. La desestimación de la modificación formulada por el contribuyente determinará:

a) La confirmación de los efectos previstos en el artículo 41 de este Reglamento, cuando no quede probada la variación significativa de las circunstancias económicas.

b) La extinción de los efectos previstos en el artículo 41 de este Reglamento, desde la desestimación.

Artículo 44. *Prórroga del acuerdo previo de valoración o del acuerdo previo de calificación y valoración.*

1. El contribuyente podrá solicitar a la Administración tributaria que se prorrogue el plazo de validez del acuerdo de valoración, o de calificación y valoración, que hubiera sido aprobado. Dicha solicitud deberá presentarse antes de los 6 meses previos a la finalización de dicho plazo de validez y se acompañará de la documentación que considere conveniente para justificar que las circunstancias puestas de manifiesto en la solicitud original no han variado.

2. La Administración tributaria dispondrá de un plazo de 6 meses para examinar la documentación a que se refiere el apartado 1 anterior, y notificar a los contribuyentes la prórroga o no del plazo de validez del acuerdo previo de valoración, o de calificación y valoración. A tales efectos, la Administración podrá solicitar cualquier información y documentación adicional así como la colaboración del contribuyente.

3. Transcurrido el plazo a que se refiere el apartado anterior sin haber notificado la prórroga del plazo de validez del acuerdo previo de valoración, o de calificación y valoración, la solicitud podrá considerarse desestimada.

4. La resolución por la que se acuerde o se deniegue la prórroga o el acto presunto desestimatorio no serán recurribles, sin perjuicio de los recursos y reclamaciones que puedan interponerse contra los actos de liquidación que en su día puedan dictarse.

TÍTULO II. Límites en las ayudas derivadas de la aplicación del Derecho de la Unión Europea

Artículo 45. *Límites de la acumulación de las ayudas al sector cinematográfico*[7].

En cumplimiento de lo dispuesto en la normativa comunitaria, la deducción prevista en el apartado 2 del artículo 36 de la Ley del Impuesto resultará de aplicación, siempre que se tengan en cuenta los siguientes límites:

---

[7]   Nueva redacción de este artículo por el Real Decreto 1021/2015 (DF 2ª), con efectos para los períodos impositivos que se inicien a partir de 1 de enero de 2015. Su redacción inicial era la siguiente: *«De acuerdo con lo dispuesto en el artículo 54.4 del Reglamento (UE) n.º 651/2014 de la Comisión, de 17 de junio de 2014, por el que se declaran determinadas categorías de ayudas compatibles con el mercado interior en aplicación de los artículos*

a) Las producciones que generen derecho a la referida deducción deberán tener un coste mínimo de 2 millones de euros.

b) La base de la deducción no podrá superar el 80 por ciento del coste total de la producción.

TÍTULO III. Reglas de aplicación de determinados regímenes especiales

CAPÍTULO I. AGRUPACIONES DE INTERÉS ECONÓMICO ESPAÑOLAS Y EUROPEAS, UNIONES TEMPORALES DE EMPRESAS

Artículo 46. *Obligaciones de las agrupaciones de interés económico, españolas y europeas, y de las uniones temporales de empresas.*

1. Las agrupaciones de interés económico, españolas y europeas, a las que resulte de aplicación el régimen especial previsto en el capítulo II del título VII de la Ley del Impuesto, deberán presentar, conjuntamente con su declaración por dicho Impuesto, una relación de las personas o entidades que ostenten los derechos inherentes o la cualidad de socio o empresa miembro el último día del período impositivo, con los siguientes datos:

a) Identificación, domicilio fiscal y porcentaje de participación de los socios o de las personas o entidades que ostenten los derechos económicos inherentes a la cualidad de socio.

b) Importe total de las cantidades a imputar a las personas o entidades que ostenten los derechos inherentes o la cualidad de socio o empresa miembro que sean residentes en territorio español o no residentes con establecimiento permanente en el mismo, relativas a los siguientes conceptos:

1.º Resultado contable.

2.º Gastos financieros netos no deducidos por la entidad.

3.º Reserva de capitalización no aplicada por la entidad.

4.º Base imponible, minorada o incrementada, en su caso, en las cantidades derivadas de la aplicación de la reserva de nivelación.

---

107 y 108 del Tratado, la deducción prevista en el apartado 2 del artículo 36 de la Ley del Impuesto resultará de aplicación, siempre que se tengan en cuenta los siguientes límites:

a) Las producciones que generen derecho a la referida deducción deberán tener un coste mínimo de 2 millones de euros.

b) La base de la deducción no podrá superar el 80 por ciento del coste total de la producción.»

5.º Base de las deducciones para evitar la doble imposición internacional y, en su caso, porcentaje de participación en la entidad de la que procede la renta.

6.º Base de las bonificaciones.

7.º Base de las deducciones para incentivar la realización de determinadas actividades, así como, en su caso, la base de la deducción por inversiones en elementos del inmovilizado material nuevos.

8.º Retenciones e ingresos a cuenta correspondientes a la agrupación de interés económico.

c) Dividendos y participaciones en beneficios distribuidos con cargo a reservas, distinguiendo los que correspondan a ejercicios en que a la entidad no le hubiese sido aplicable el régimen especial.

2. Las agrupaciones de interés económico deberán notificar a las personas o entidades que ostenten los derechos económicos inherentes o la cualidad de socio o empresa miembro las cantidades totales a imputar y la imputación individual realizada con los conceptos previstos en la letra b) del apartado anterior, en cuanto fueran imputables de acuerdo con las normas de este Impuesto o del Impuesto sobre la Renta de las Personas Físicas.

3. A los efectos de la no tributación de los dividendos y participaciones en beneficios establecida en el párrafo primero del apartado 3 del artículo 43 de la Ley del Impuesto, las agrupaciones deberán incluir en la memoria de las cuentas anuales la siguiente información:

a) Beneficios aplicados a reservas que correspondan a períodos impositivos en los que tributaron en régimen general.

b) Beneficios aplicados a reservas que correspondan a períodos impositivos en los que tributaron en el régimen especial, distinguiendo entre los que correspondieron a socios residentes en territorio español de aquellos que correspondieron a socios no residentes en territorio español.

c) En caso de distribución de dividendos y participaciones en beneficios con cargo a reservas, designación de la reserva aplicada de entre las tres a las que, por la clase de beneficios de los que procedan, se refieren las letras a) y b) anteriores.

4. Las menciones en la memoria anual a que se refiere el apartado anterior deberán ser efectuadas mientras existan reservas de las referidas en la letra b) de dicho apartado, aun cuando la entidad no tribute en el régimen especial.

5. Las obligaciones de información establecidas en los apartados 3 y 4 de este artículo serán también exigibles respecto de las sucesivas entidades que ostenten la titularidad de las reservas referidas en la letra b) del apartado 3.

6. Lo dispuesto en los apartados anteriores de este artículo, en la medida en que resulte de aplicación, obligará a las uniones temporales de empresas sujetas al

régimen especial previsto en el capítulo II del título VII de la Ley del Impuesto, en relación con sus empresas miembros residentes en territorio español el último día del período impositivo.

CAPÍTULO II. Régimen de consolidación fiscal

Artículo 47. *Aplicación y obligaciones de información de las entidades acogidas al régimen de consolidación fiscal.*

1. El ejercicio de la opción por el régimen de consolidación fiscal se comunicará a la Delegación de la Agencia Estatal de Administración Tributaria del domicilio fiscal de la entidad representante o a las Dependencias Regionales de Inspección o a la Delegación Central de Grandes Contribuyentes cuando la entidad representante se halle adscrita a ellas.

La comunicación contendrá los siguientes datos:

a) Identificación de las entidades que integran el grupo fiscal.

En el caso de que la entidad dominante sea no residente en territorio español se exigirá, adicionalmente, la identificación de esta.

En el caso de establecimientos permanentes de entidades no residentes en territorio español, se exigirá, adicionalmente, la identificación de la entidad no residente en territorio español a la que pertenecen aquellos.

b) Copia de los acuerdos por los que las entidades del grupo han optado por el régimen de consolidación fiscal y, en el caso de que la entidad dominante sea no residente en territorio español, documento en el que se designe a la entidad representante.

c) Relación del porcentaje de participación directo o indirecto mantenido por la entidad dominante respecto de todas y cada una de las entidades que integran el grupo fiscal, porcentaje de derechos de voto poseídos sobre las mismas y la fecha de adquisición de las respectivas participaciones.

La entidad representante manifestará que se cumplen todos los requisitos establecidos en el artículo 58 de la Ley del Impuesto.

2. Los órganos administrativos referidos en el apartado anterior comunicarán a la entidad representante el número del grupo fiscal otorgado.

3. Será competente para la comprobación e investigación de las entidades integradas en los grupos que tributen en el régimen de consolidación fiscal el órgano de la Agencia Estatal de Administración Tributaria que corresponda de acuerdo con sus normas de estructura orgánica.

CAPÍTULO III. Régimen de, escisiones, aportaciones de activos, canje de valores y cambio de domicilio social de una Sociedad Europea o una Sociedad Cooperativa Europea de un Estado miembro a otro de la Unión Europea

Artículo 48. *Comunicación del régimen especial.*

1. La realización de las operaciones reguladas en el capítulo VII del título VII de la Ley del Impuesto deberá ser objeto de comunicación a la Administración tributaria.

La comunicación será efectuada por la entidad adquirente de las operaciones, salvo que la misma no sea residente en territorio español, en cuyo caso dicha comunicación se efectuará por la entidad transmitente.

No obstante, tratándose de operaciones en las cuales ni la entidad adquirente ni la transmitente sean residentes en territorio español, la comunicación deberá ser efectuada por los socios de la entidad transmitente, siempre que sean residentes en territorio español. En caso contrario, la comunicación la realizará la entidad transmitente.

2. La comunicación deberá efectuarse dentro del plazo de los tres meses siguientes a la fecha de inscripción de la escritura pública en que se documente la operación.

Si la inscripción no fuera necesaria, el plazo se computará desde la fecha en que se otorgue la escritura pública o documento equivalente que corresponda a la operación.

En las operaciones de cambio de domicilio social, la comunicación deberá efectuarse dentro del plazo de los tres meses siguientes a la fecha de inscripción en el registro del Estado miembro del nuevo domicilio social de la escritura pública o documento equivalente en que se documente la operación.

No obstante, tratándose de operaciones en las cuales ni la entidad adquirente ni la transmitente sean residentes en territorio español, la comunicación se realizará en el plazo previsto para la presentación de las declaraciones o autoliquidaciones correspondientes a los socios de la entidad transmitente, siempre que sean residentes en territorio español. En caso contrario, se aplicará el plazo previsto en el primer párrafo de este apartado.

3. La comunicación se dirigirá a la Delegación de la Agencia Estatal de Administración Tributaria del domicilio fiscal de las entidades, o establecimientos permanentes si se trata de entidades no residentes, que, conforme a los apartados anteriores, estén obligadas a efectuarla, o a las Dependencias Regionales de Inspección o a la Delegación Central de Grandes Contribuyentes, tratándose de contribuyentes adscritos a las mismas.

Artículo 49. *Contenido de la comunicación.*

La comunicación deberá contener:

a) Identificación de las entidades participantes en la operación y descripción de la misma.

b) Copia de la escritura pública o documento equivalente que corresponda a la operación.

c) En el caso de que las operaciones se hubieran realizado mediante una oferta pública de adquisición de acciones, también deberá aportarse copia del correspondiente folleto informativo.

d) Indicación, en su caso, de la no aplicación del régimen fiscal especial del capítulo VII del título VII de la Ley del Impuesto.

CAPÍTULO IV. Régimen fiscal de determinados contratos de arrendamiento financiero

Artículo 50. *Contratos de arrendamiento financiero.*

1. El ejercicio de la opción establecida en el apartado 8 del artículo 106 de la Ley del Impuesto será objeto de comunicación a la Dirección General de Tributos del Ministerio de Hacienda y Administraciones Públicas.

2. La comunicación de la opción deberá realizarse antes de la finalización del período impositivo en el que se pretenda que surta efectos.

3. La comunicación contendrá, como mínimo, los siguientes datos:

a) Identificación del activo objeto del contrato de arrendamiento financiero.

b) Indicación de la fecha de inicio efectivo y fin del período de construcción del activo.

c) Determinación de los importes y del momento temporal en que se van a satisfacer las cuotas del contrato de arrendamiento financiero.

d) Indicación de que los activos reúnen requisitos técnicos y de diseño singulares y que no se corresponden con una producción en serie.

CAPÍTULO V. Régimen de las entidades de tenencia de valores extranjeros

Artículo 51. *Comunicación de la opción y de la renuncia en el régimen de las entidades de tenencia de valores extranjeros.*

1. La opción por el régimen de las entidades de tenencia de valores extranjeros deberá comunicarse a la Administración tributaria.

2. El régimen se aplicará al período impositivo que finalice con posterioridad a la comunicación y a los sucesivos que concluyan antes de que se comunique a la Administración tributaria la renuncia al mismo.

CAPÍTULO VI. Régimen de las entidades navieras en función del tonelaje

Artículo 52. *Ámbito de aplicación: explotación de buques.*

1. Podrán optar por la tributación por este régimen:

a) Las entidades cuyo objeto social incluya la explotación de buques propios o arrendados. La opción deberá referirse a todos los buques, propios o arrendados, que explote el solicitante, así como a los que se adquieran o arrienden con posterioridad.

b) Las entidades que realicen, en su totalidad, la gestión técnica y de tripulación de buques. La opción comprenderá todos los buques gestionados por el solicitante, así como los que gestione con posterioridad.

En ambos supuestos, los buques deberán cumplir los requisitos del apartado 2 del artículo 113 de la Ley de Impuesto.

2. La opción podrá extenderse a todos los buques tomados en fletamento por el solicitante. No obstante lo anterior, el tonelaje neto de los buques tomados en fletamento no podrá superar el 75 por ciento del tonelaje total de la flota de la entidad o, en su caso, del grupo fiscal que aplique el régimen, quedando excluidos de éste los buques que ocasionen la superación de dicho límite.

Artículo 53. *Procedimiento de solicitud del régimen.*

1. La solicitud que, en su caso, deberá estar referida a la totalidad de los buques explotados, o respecto de los que se realice la gestión técnica y de tripulación, por las entidades del mismo grupo fiscal que cumplan las condiciones indicadas en el artículo anterior deberá ir acompañada de los siguientes documentos:

a) Estatutos de la entidad, o proyecto de éstos si aún no se ha constituido.

b) Respecto de las entidades ya constituidas, certificado de inscripción de la entidad en el registro de buques y empresas navieras o en el registro especial de buques y empresas navieras, y respecto de las no constituidas, proyecto de constitución o solicitud de inscripción en los citados registros. Esta documentación no se exigirá a las entidades que realicen, en su totalidad, la gestión técnica y de tripulación de buques.

c) Identificación y descripción de las actividades de las entidades respecto de las cuales se solicita la aplicación del régimen.

d) Acreditación, respecto de cada buque, del título en virtud del cual se utiliza o se utilizará, o se lleva a cabo, en su totalidad, la gestión técnica y de tripulación, del ámbito territorial en el que se llevará a cabo su gestión estratégica y comercial, de su abanderamiento y de su afectación exclusiva a las actividades contempladas en el artículo 113.2.b) de la Ley del Impuesto.

e) En el caso de sociedades ya constituidas, el último balance aprobado de la entidad.

f) Acreditación o, en el caso de entidades no constituidas, previsión del valor neto contable y del valor de mercado de los buques en que concurran las circunstancias previstas en el párrafo segundo del apartado 2 del artículo 114 de la Ley del Impuesto.

g) En el caso de entidades que realicen, en su totalidad, la gestión técnica y de tripulación de buques, documento demostrativo del cumplimiento de las prescripciones del código CGS, expedido en los términos establecidos en la prescripción 13.2 del Código Internacional de Gestión y para la Seguridad de la Explotación de los buques y la prevención de la contaminación, adoptado por la Organización Marítima Internacional mediante la Resolución A 741.

2. La solicitud se presentará antes de la finalización del período impositivo respecto del que se pretende que tenga efectos.

3. El órgano competente para la instrucción y resolución de este procedimiento será la Dirección General de Tributos, que podrá solicitar del contribuyente cuantos datos, informes, antecedentes y justificantes sean necesarios.

Asimismo, podrá recabar informe de los organismos competentes para verificar la existencia de una contribución a los objetivos de la política comunitaria de transporte marítimo, especialmente en lo relativo al nivel tecnológico de los buques que garantice la seguridad en la navegación y la prevención de la contaminación del medio ambiente y al mantenimiento del empleo comunitario tanto a bordo como en tareas auxiliares al transporte marítimo, y para verificar la actividad realizada por las entidades que realicen, en su totalidad, la gestión técnica y de tripulación de buques. La solicitud del citado informe determinará la interrupción del plazo de resolución a que se refiere el apartado 5 de este artículo.

El contribuyente podrá, en cualquier momento del procedimiento anterior al trámite de audiencia, presentar las alegaciones y aportar los documentos y justificantes que estime pertinentes.

4. Instruido el procedimiento, e inmediatamente antes de redactar la propuesta de resolución, se pondrá de manifiesto al contribuyente, quien dispondrá de un plazo de 15 días para formular las alegaciones, así como para presentar los documentos y justificaciones que estime oportunos.

5. La resolución que ponga fin al procedimiento será motivada y podrá:

a) Autorizar el régimen de las entidades navieras en función del tonelaje, determinando el período impositivo a partir del cual surtirá efectos. La autorización se concederá por un período de diez años.

b) Desestimar la concesión del régimen de las entidades navieras en función del tonelaje.

La solicitud deberá resolverse en el plazo de tres meses, contados desde la fecha en que la solicitud haya sido presentada o desde la fecha de su subsanación a requerimiento de dicho órgano, transcurrido el cual podrá entenderse denegada.

6. El contribuyente podrá solicitar prórrogas de la autorización inicial por períodos adicionales de diez años. Dicha solicitud de prórroga se presentará antes de que finalice el período impositivo respecto del que se pretende que tenga efectos.

7. Si con posterioridad a la concesión de una autorización el contribuyente adquiere, arrienda, toma en fletamento o gestiona, en su totalidad, otros buques que cumplan los requisitos del régimen, deberá presentar, en los términos expuestos en los apartados anteriores, una nueva solicitud referida a estos. La autorización adicional se concederá por el período temporal de vigencia que reste a la autorización inicial de régimen.

Artículo 54. *Renuncia e incumplimiento del régimen.*

1. El contribuyente podrá renunciar a la aplicación del régimen. La renuncia se presentará antes de que finalice el período impositivo respecto del que se pretende que tenga efectos. Durante los cinco años siguientes a la fecha anterior no se podrá solicitar una nueva aplicación del régimen.

2. El incumplimiento de los requisitos establecidos en este régimen supondrá la pérdida inmediata del derecho a aplicarlo y determinará la obligación de ingresar, conjuntamente con la cuota correspondiente al período impositivo en que dicho incumplimiento tuvo lugar, las cuotas íntegras correspondientes a todos los ejercicios en los que el régimen resultó de aplicación, calculadas conforme al régimen general del Impuesto, sin perjuicio de los intereses de demora, recargos y sanciones que, en su caso, resulten procedentes. Durante los cinco años siguientes a la fecha de inicio del período impositivo en que tuvo lugar el incumplimiento no se podrá solicitar una nueva aplicación del régimen.

CAPÍTULO VII. Partidos políticos

Artículo 55. *Explotaciones económicas propias de los Partidos Políticos exentas en el Impuesto sobre Sociedades.*

1. Para disfrutar de la exención prevista en el artículo 10.º, dos.d) de la Ley Orgánica 8/2007, de 4 de julio, sobre financiación de los partidos políticos, estos deberán formular solicitud dirigida al Departamento de Gestión Tributaria de la

Agencia Estatal de Administración Tributaria antes de que finalice el periodo impositivo en que deba surtir efectos.

El partido político solicitante aportará, junto con el escrito de solicitud, copia simple de la escritura de constitución y estatutos, certificado de inscripción en el Registro de Partidos Políticos del Ministerio de Interior así como, memoria, en la que se explique y justifique que las explotaciones económicas para las que solicita la exención coinciden con su propia actividad.

A estos efectos, se entenderá que las explotaciones económicas coinciden con la actividad propia del partido político cuando:

a) Contribuyan directa o indirectamente a la consecución de sus fines.

b) Cuando el disfrute de esta exención no produzca distorsiones en la competencia en relación con empresas que realicen la misma actividad.

c) Que se preste en condiciones de igualdad a colectividades genéricas de personas. Se entenderá que no se cumple este requisito cuando los promotores, afiliados, compromisarios y miembros de sus órganos de dirección y administración, así como los cónyuges o parientes hasta el cuarto grado inclusive de cualquiera de ellos, sean los destinatarios principales de la actividad o se beneficien de condiciones especiales para utilizar sus servicios.

2. El órgano de la Agencia Estatal de Administración Tributaria que corresponda de acuerdo con sus normas de estructura orgánica resolverá de forma motivada la exención solicitada. Dicha exención quedará condicionada, a la concurrencia en todo momento, de las condiciones y requisitos previstos en la Ley Orgánica 8/2007 y en el presente artículo.

Se entenderá otorgada la exención si el citado órgano no ha notificado la resolución en un plazo de seis meses.

3. Una vez concedida la exención a que se refieren los apartados anteriores no será preciso reiterar su solicitud para su aplicación a los períodos impositivos siguientes, salvo que se modifiquen las circunstancias que justificaron su concesión o la normativa aplicable.

El partido político deberá comunicar al órgano de la Agencia Estatal de Administración Tributaria que corresponda de acuerdo con sus normas de estructura orgánica cualquier modificación relevante de las condiciones o requisitos exigibles para la aplicación de la exención. Dicho órgano podrá declarar, previa audiencia del partido político por un plazo de diez días, si procede o no la continuación de la aplicación de la exención. De igual forma se procederá cuando la Administración tributaria conozca por cualquier medio la modificación de las condiciones o los requisitos para la aplicación de la exención.

4. El incumplimiento de los requisitos exigidos para la aplicación de esta exención determinará la pérdida del derecho a su aplicación a partir del propio período impositivo en que se produzca dicho incumplimiento.

5. Para favorecer el adecuado control de la actividad económico-financiera de los partidos políticos, la Agencia Estatal de Administración Tributaria comunicará al Tribunal de Cuentas las solicitudes de exención presentadas y el resultado de las mismas.

Artículo 56. *Acreditación a efectos de la exclusión de la obligación de retener o ingresar a cuenta respecto de las rentas exentas percibidas por los partidos políticos.*

La acreditación de los partidos políticos a efectos de la exclusión de la obligación de retener o ingresar a cuenta a que se refiere el artículo 11.º, dos de la Ley Orgánica 8/2007, de 4 de julio, sobre financiación de los partidos políticos, se efectuará mediante certificado expedido por el órgano competente de la Agencia Estatal de Administración Tributaria que corresponda de acuerdo con sus normas de estructura orgánica, previa solicitud a la que se acompañará copia del certificado de inscripción en el Registro de Partidos Políticos del Ministerio del Interior.

Este certificado hará constar su período de vigencia, que se extenderá desde la fecha de su emisión hasta la finalización del período impositivo en curso del solicitante.

TÍTULO IV[8]. Gestión del Impuesto

CAPÍTULO I. Índice de entidades, devolución y obligaciones de colaboración

Artículo 57. *Índice de entidades.*

1. Mediante el censo de Empresarios, Profesionales y Retenedores a que se refiere el artículo 9 del Reglamento General de las actuaciones y los procedimiento de gestión e inspección tributaria y de desarrollo de las normas comunes de los procedimientos de aplicación de los tributos, aprobado por el Real Decreto 1065/2007, de 27 de julio, se llevará en cada una de las Delegaciones el índice de entidades a que se refiere el artículo 118 de la Ley del Impuesto.

2. Las modificaciones censales y solicitudes de baja del índice de los contribuyentes adscritos a las Dependencias Regionales de Inspección y a la Delegación

---

[8]   Corrección del número del título por el Real Decreto 1074/2017 (art. 2.3), con efectos para los períodos impositivos que se inicien a partir de 1 de enero de 2018.

Central de Grandes Contribuyentes se dirigirán, en el primer caso, a las Delegaciones Especiales correspondientes a su domicilio fiscal y en el segundo a la referida Delegación Central.

3. Cuando se hubiera dictado acuerdo de baja provisional como consecuencia de lo previsto en el párrafo b) del apartado 1 del artículo 119 de la Ley del Impuesto y, posteriormente, la entidad presentara las declaraciones omitidas, el órgano competente de la Agencia Estatal de la Administración Tributaria acordará la rehabilitación de la inscripción en el índice y remitirá el acuerdo al Registro Público en el que se hubiera extendido la nota marginal correspondiente para la cancelación de la misma.

Artículo 58. *Devolución.*

Las devoluciones a que se refiere el artículo 127 de la Ley del Impuesto se realizarán por transferencia bancaria. El Ministro de Hacienda y Administraciones Públicas podrá autorizar la devolución por cheque cruzado cuando concurran las circunstancias que lo justifiquen.

Artículo 59. *Colaboración externa en la presentación y gestión de declaraciones.*

1. La Administración tributaria podrá hacer efectiva la colaboración social en la presentación de declaraciones por este Impuesto a través de acuerdos con las Comunidades Autónomas y otras Administraciones Públicas, con entidades, instituciones y organismos representativos de sectores o intereses sociales, laborales, empresariales o profesionales.

2. Los acuerdos a que se refiere el apartado anterior podrán referirse, entre otros, a los siguientes aspectos:

a) Campañas de información y difusión.

b) Asistencia en la realización de declaraciones y en su cumplimentación correcta y veraz.

c) Remisión de declaraciones a la Administración tributaria.

d) Subsanación de defectos, previa autorización de los contribuyentes.

e) Información del estado de tramitación de las devoluciones, previa autorización de los contribuyentes.

3. La Administración tributaria proporcionará la asistencia técnica necesaria para el desarrollo de las indicadas actuaciones sin perjuicio de ofrecer dichos servicios con carácter general a los contribuyentes.

4. Mediante Orden del Ministro de Hacienda y Administraciones Públicas se establecerán los supuestos y condiciones en que las entidades que hayan suscrito los citados acuerdos podrán presentar por medios telemáticos declaraciones, decla-

raciones-liquidaciones o cualesquiera otros documentos exigidos por la normativa tributaria, en representación de terceras personas.

Dicha Orden podrá prever igualmente que otras personas o entidades accedan a dicho sistema de presentación por medios telemáticos en representación de terceras personas.

Artículo 59 bis. *Autoliquidaciones rectificativas*[9].

1. Los contribuyentes deberán rectificar, completar o modificar las autoliquidaciones presentadas por este Impuesto mediante la presentación de una autoliquidación rectificativa, utilizando el modelo de declaración aprobado por la persona titular del Ministerio de Hacienda.

No obstante lo dispuesto en el párrafo anterior, cuando el motivo de la rectificación del obligado tributario sea exclusivamente la alegación razonada de una eventual vulneración por la norma aplicada en la autoliquidación previa de los preceptos de otra norma de rango superior legal, constitucional, de Derecho de la Unión Europea o de un Tratado o Convenio internacional se podrá instar la rectificación a través del procedimiento previsto en el artículo 120.3 de la Ley 58/2003, de 17 de diciembre, General Tributaria, y desarrollado en los artículos 126 a 128 del Reglamento General de las actuaciones y los procedimientos de gestión e inspección tributaria y de desarrollo de las normas comunes de los procedimientos de aplicación de los tributos, aprobado por Real Decreto 1065/2007, de 27 de julio. Si este motivo concurriese con otros de distinta naturaleza, por estos últimos el obligado tributario deberá presentar una autoliquidación rectificativa.

2. La autoliquidación rectificativa de una autoliquidación previa se podrá presentar antes de que haya prescrito el derecho de la Administración para determinar la deuda tributaria mediante liquidación o el derecho a solicitar la devolución que, en su caso, proceda. Cuando se presente fuera del plazo de declaración tendrá el carácter de extemporánea.

3. En la autoliquidación rectificativa constará expresamente esta circunstancia y la obligación tributaria y período a que se refiere, así como la totalidad de los datos que deban ser declarados y otros que puedan establecerse en la Orden Ministerial reguladora del modelo de declaración aprobada por la persona titular del Ministerio de Hacienda, como los motivos de rectificación. A estos efectos, se

---

[9] Nuevo artículo añadido por el Real Decreto 117/2024 (DF5ª) en vigor cuando lo haga la orden ministerial aprobada por la persona titular del Ministerio de Hacienda por la que se aprueben los correspondientes modelos de declaración.

incorporarán los datos incluidos en la autoliquidación presentada con anterioridad que no sean objeto de modificación, los que sean objeto de modificación y los de nueva inclusión.

4. La autoliquidación rectificativa podrá rectificar, completar o modificar la autoliquidación presentada con anterioridad. En particular:

a) Cuando de la rectificación efectuada resulte un importe a ingresar superior al de la autoliquidación anterior o una cantidad a devolver inferior a la anteriormente autoliquidada se aplicará el régimen previsto para las autoliquidaciones complementarias en el artículo 122.2 de la Ley 58/2003, de 17 de diciembre, General Tributaria, y su normativa de desarrollo.

b) En los casos no contemplados en la letra anterior, cuando del cálculo efectuado en la autoliquidación rectificativa resulte una cantidad a devolver, con la presentación de la autoliquidación rectificativa se entenderá solicitada la devolución, que se tramitará conforme al régimen del procedimiento previsto en los artículos 124 a 127 de la Ley 58/2003, de 17 de diciembre, General Tributaria, y su normativa de desarrollo, sin perjuicio de la obligación de abono de intereses de demora conforme a lo establecido en el apartado 3 del artículo 120 de dicha Ley.

El plazo para efectuar la devolución será de seis meses contados desde la finalización del plazo reglamentario para la presentación de la autoliquidación o, si éste hubiese concluido, desde la presentación de la autoliquidación rectificativa.

Si con la presentación de la autoliquidación previa se hubiera solicitado una devolución y ésta no se hubiera efectuado al tiempo de presentar la autoliquidación rectificativa, con la presentación de esta última se considerará finalizado el procedimiento iniciado mediante la presentación de la autoliquidación previa.

c) Cuando de la rectificación efectuada resulte una minoración del importe a ingresar de la autoliquidación previa y no proceda una cantidad a devolver, se mantendrá la obligación de pago hasta el límite del importe a ingresar resultante de la autoliquidación rectificativa.

Si la deuda resultante de la autoliquidación previa estuviera aplazada o fraccionada, con la presentación de la autoliquidación rectificativa se entenderá solicitada la modificación en las condiciones del aplazamiento o fraccionamiento conforme a lo previsto en el segundo párrafo del apartado 3 del artículo 52 del Reglamento General de Recaudación, aprobado por Real Decreto 939/2005, de 29 de julio.

5. La autoliquidación rectificativa no producirá efectos respecto a aquellos elementos que hayan sido regularizados mediante liquidación definitiva o provisional en los términos a que se refieren los apartados 2 y 3 del artículo 126 del Reglamento General de las actuaciones y los procedimientos de gestión e inspección tributaria

y de desarrollo de las normas comunes de los procedimientos de aplicación de los tributos, aprobado por el Real Decreto 1065/2007, de 27 de julio, respectivamente.

6. En el caso de los grupos fiscales que apliquen el régimen de consolidación fiscal regulado en los artículos 55 a 75 de la Ley del Impuesto, deberá presentarse tanto la autoliquidación rectificativa del grupo fiscal como las autoliquidaciones rectificativas individuales de aquellas entidades integrantes del grupo fiscal que den lugar a la autoliquidación rectificativa del mismo.

CAPÍTULO II. Obligación de retener e ingresar a cuenta

Artículo 60. *Rentas sujetas a retención o ingreso a cuenta.*

1. Deberá practicarse retención, en concepto de pago a cuenta del Impuesto sobre Sociedades correspondiente al perceptor, respecto de:

a) Las rentas derivadas de la participación en fondos propios de cualquier tipo de entidad, de la cesión a terceros de capitales propios y las restantes rentas comprendidas en el artículo 25 de la Ley 35/2006, de 28 de noviembre, del Impuesto sobre la Renta de las Personas Físicas y de modificación parcial de las leyes de los Impuestos sobre Sociedades, sobre la Renta de no Residentes y sobre el Patrimonio.

b) Los premios derivados de la participación en juegos, concursos, rifas o combinaciones aleatorias, estén o no vinculados a la oferta, promoción o venta de determinados bienes, productos o servicios.

c) Las contraprestaciones obtenidas como consecuencia de la atribución de cargos de administrador o consejero en otras sociedades.

d) Las rentas procedentes de la cesión del derecho a la explotación de la imagen o del consentimiento o autorización para su utilización, aun cuando constituyan ingresos derivados de explotaciones económicas.

e) Las rentas procedentes del arrendamiento o subarrendamiento de inmuebles urbanos, aun cuando constituyan ingresos derivados de explotaciones económicas.

f) Las rentas obtenidas como consecuencia de las transmisiones o reembolsos de acciones o participaciones representativas del capital o patrimonio de instituciones de inversión colectiva.

g) Las rentas obtenidas como consecuencia de la reducción de capital con devolución de aportaciones y de la distribución de la prima de emisión realizadas por sociedades de inversión de capital variable reguladas en la Ley de Instituciones de Inversión Colectiva no sometidas al tipo general de gravamen u organismos de inversión colectiva equivalentes a las sociedades de capital variable registrados en otro Estado, con independencia de cualquier limitación que tuvieran respecto de grupos restringidos de inversiones, en la adquisición, cesión o rescate de sus acciones, así como por las sociedades amparadas en la Directiva 2009/65/CE del Parlamento Europeo y del Consejo, de 13 de julio de 2009 por la que se coordinan las disposiciones legales, reglamentarias y administrativas sobre determinados organismos de inversión colectiva en valores mobiliarios.

2. Cuando un mismo contrato comprenda prestaciones de servicios o la cesión de bienes inmuebles, conjuntamente con la cesión de bienes y derechos de los incluidos en el apartado 4 del artículo 25 de la Ley 35/2006, deberá practicar retención sobre el importe total.

Cuando un mismo contrato comprenda el arriendo, subarriendo o cesión de fincas rústicas, conjuntamente con otros bienes muebles, no se practicará la retención excepto si se trata del arrendamiento o cesión de negocios o minas.

3. Deberá practicarse un ingreso a cuenta del Impuesto sobre Sociedades correspondiente al perceptor respecto de las rentas de los apartados anteriores, cuando sean satisfechas o abonadas en especie.

Artículo 61. *Excepciones a la obligación de retener y de ingresar a cuenta.*

No existirá obligación de retener ni de ingresar a cuenta respecto de:

a) Los rendimientos de los valores emitidos por el Banco de España que constituyan instrumento regulador de intervención en el mercado monetario y los rendimientos de las Letras del Tesoro.

No obstante, las entidades de crédito y demás instituciones financieras que formalicen con sus clientes contratos de cuentas basadas en operaciones sobre Letras del Tesoro, estarán obligadas a retener respecto de los rendimientos obtenidos por los titulares de las citadas cuentas.

b) Los intereses que constituyan derecho a favor del Tesoro como contraprestación de los préstamos del Estado al crédito oficial.

c) Los intereses y comisiones de préstamos que constituyan ingreso de las entidades de crédito y establecimientos financieros de crédito inscritos en los registros especiales del Banco de España, residentes en territorio español.

La excepción anterior no se aplicará a los intereses y rendimientos de las obligaciones, bonos u otros títulos emitidos por entidades públicas o privadas, nacionales o extranjeras, que integran la cartera de valores de las referidas entidades.

d) Los intereses de las operaciones de préstamo, crédito o anticipo, tanto activas como pasivas que realice la Sociedad Estatal de Participaciones Industriales con sociedades en las que tenga participación mayoritaria en el capital, no pudiendo extenderse esta excepción a los intereses de cédulas, obligaciones, bonos u otros títulos análogos.

e)[10] Los intereses percibidos por las sociedades de valores como consecuencia de los créditos o préstamos otorgados en relación con operaciones de compra o venta de valores a que hace referencia el artículo 126.b) de la Ley 6/2023, de 17 de marzo, de los Mercados de Valores y de los Servicios de Inversión, así como los intereses percibidos por las empresas de servicios de inversión respecto de las operaciones activas de préstamos o depósitos mencionados en el apartado 1 del artículo 70 del Real Decreto 813/2023, de 8 de noviembre, sobre el régimen jurídico de las empresas de servicios de inversión y de las demás entidades que prestan servicios de inversión.

Tampoco existirá obligación de practicar retención en relación con los intereses percibidos por las entidades de contrapartida central, así como por las entidades que tengan la condición de miembro de una entidad de contrapartida central, como contraprestación a las garantías constituidas en aplicación de lo previsto en el artículo 97.2 de la Ley de los Mercados de Valores y de los Servicios de Inversión, de los artículos 41 y 42 del Reglamento (UE) número 648/2012 del Parlamento Europeo y del Consejo, de 4 de julio de 2012, relativo a los derivados extrabursátiles, las entidades de contrapartida central y los registros de operaciones, y en el Reglamento de la propia entidad de contrapartida central y en sus circulares de desarrollo.

Asimismo, tampoco existirá obligación de practicar retención en relación con los intereses percibidos por las entidades gestoras de los sistemas de pagos reconocidos de conformidad con la Ley 41/1999, de 12 de noviembre, sobre sistemas de pagos y de liquidación de valores, así como por las entidades que tengan la condición de participantes en estos sistemas, procedentes de garantías constituidas en aplicación de lo previsto en la letra d) del artículo 2 de dicha ley, o de las cuentas exclusivamente afectas a la realización de las operaciones propias del correspondiente sistema de pagos.

f) Las primas de conversión de obligaciones en acciones.

g) Las rentas derivadas de la distribución de la prima de emisión de acciones o participaciones efectuadas por entidades distintas de las señaladas en la letra g) del apartado 1 del artículo 60 de este Reglamento.

h) Los beneficios percibidos por una sociedad matriz residente en España de sus sociedades filiales residentes en otros Estados miembros de la Unión Europea, en relación con la retención prevista en el apartado 2 del artículo 62 de este Reglamento, cuando concurran los requisitos establecidos en la letra h) del apartado

---

[10]   Letra modificada por el Real Decreto 1008/2023 (art. 2) en vigor a partir del 7/12/2023.

1 del artículo 14 del texto refundido de la Ley del Impuesto sobre la Renta de no Residentes, aprobado por Real Decreto Legislativo 5/2004, de 5 de marzo.

i) Los rendimientos procedentes del arrendamiento y subarrendamiento de bienes inmuebles urbanos en los siguientes supuestos:

1.º Cuando se trate de arrendamientos de vivienda por empresas para sus empleados.

2.º Cuando la renta satisfecha por el arrendatario a un mismo arrendador no supere los 900 euros anuales.

3.º Cuando la actividad del arrendador esté clasificada en alguno de los epígrafes del grupo 861 de la sección primera de las tarifas del Impuesto sobre Actividades Económicas, aprobadas por el Real Decreto Legislativo 1175/1990, de 28 de septiembre, o en algún otro epígrafe que faculte para la actividad de arrendamiento o subarrendamiento de bienes inmuebles urbanos, y aplicando al valor catastral de los inmuebles destinados al arrendamiento o subarrendamiento las reglas para determinar la cuota establecida en los epígrafes del citado grupo 861, no hubiese resultado cuota cero.

A estos efectos, el arrendador deberá acreditar frente al arrendatario el cumplimiento del citado requisito, en los términos que establezca el Ministro de Hacienda y Administraciones Públicas.

4.º Cuando los rendimientos deriven de los contratos de arrendamiento financiero a que se refiere el artículo 106 de la Ley del Impuesto, en cuanto tengan por objeto bienes inmuebles urbanos.

j) Los rendimientos que sean exigibles entre una agrupación de interés económico española o europea y sus socios, así como los que sean exigibles entre una unión temporal y sus empresas miembros.

k) Los rendimientos de participaciones hipotecarias, préstamos u otros derechos de crédito que constituyan ingreso de los fondos de titulización.

l) Los rendimientos de cuentas en el exterior satisfechos o abonados por establecimientos permanentes en el extranjero de entidades de crédito y establecimientos financieros residentes en España.

m) Los rendimientos satisfechos a entidades que gocen de exención por el Impuesto en virtud de lo dispuesto en un tratado internacional suscrito por España.

n) Los dividendos o participaciones en beneficios, intereses y demás rendimientos satisfechos entre sociedades que formen parte de un grupo que tribute en el régimen de consolidación fiscal.

ñ) Los dividendos o participaciones en beneficios repartidos por agrupaciones de interés económico, españolas o europeas, y por uniones temporales de empresas, salvo aquellas que deban tributar conforme a las normas generales del

Impuesto, que correspondan a socios que deban soportar la imputación de la base imponible y procedan de períodos impositivos durante los cuales la entidad haya tributado según lo dispuesto en el régimen especial del capítulo II del título VII de la Ley del Impuesto.

o) Las rentas obtenidas por las entidades exentas a que se refiere el apartado 1 del artículo 9 de la Ley del Impuesto.

La condición de entidad exenta podrá acreditarse por cualquiera de los medios de prueba admitidos en derecho. Mediante la resolución del órgano competente de la Agencia Estatal de Administración Tributaria que corresponda de acuerdo con su estructura orgánica, podrán establecerse los medios y forma para acreditar la condición de entidad exenta.

Por Orden del Ministro de Hacienda y Administraciones Públicas se podrá determinar el procedimiento para poder hacer efectiva la exoneración de la obligación de retención o ingreso a cuenta en relación con los rendimientos derivados de los títulos de la deuda pública del Estado percibidos por las entidades exentas a que se refiere el apartado 1 del artículo 9 de la Ley del Impuesto.

p) Los dividendos o participaciones en beneficios a que se refiere el apartado 1 del artículo 21 de la Ley del Impuesto.

A efectos de lo dispuesto en esta letra, la entidad perceptora deberá comunicar a la entidad obligada a retener que concurren los requisitos establecidos en el citado artículo. La comunicación contendrá, además de los datos de identificación del perceptor, los documentos que justifiquen el cumplimiento de los referidos requisitos.

q) Las rentas obtenidas por los contribuyentes del Impuesto sobre Sociedades procedentes de activos financieros, siempre que cumplan los requisitos siguientes:

1.º Que estén representados mediante anotaciones en cuenta.

2.º Que se negocien en un mercado secundario oficial de valores español, o en el Mercado Alternativo de Renta Fija, sistema multilateral de negociación creado de conformidad con lo previsto en el título XI de la Ley 24/1988.

No obstante, las entidades de crédito y demás entidades financieras que formalicen con sus clientes contratos de cuentas basadas en operaciones sobre activos financieros estarán obligadas a retener respecto de los rendimientos obtenidos por los titulares de las citadas cuentas.

Las entidades financieras a través de las que se efectúe el pago de intereses de los valores comprendidos en esta letra o que intervengan en la transmisión, amortización o reembolso de los mismos, estarán obligadas a calcular el rendimiento imputable al titular del valor e informar del mismo tanto al titular como a la Administración tributaria, a la que asimismo, proporcionarán los datos correspondientes a las personas que intervengan en las operaciones antes enumeradas.

El Ministro de Hacienda y Administraciones Públicas establecerá, asimismo, las obligaciones de intermediación e información correspondientes a las separaciones, transmisiones, reconstituciones, reembolsos o amortizaciones de los valores de Deuda pública para los que se haya autorizado la negociación separada del principal y de los cupones. En tales supuestos, las entidades gestoras del Mercado de Deuda Pública en Anotaciones estarán obligadas a calcular el rendimiento imputable a cada titular e informar del mismo, tanto al titular como a la Administración tributaria, a la que, asimismo, proporcionarán la información correspondiente a las personas que intervengan en las operaciones sobre estos valores.

Se faculta al Ministro de Hacienda y Administraciones Públicas para establecer el procedimiento para hacer efectiva la exclusión de retención regulada en esta letra.

r) Los premios a que se refiere el párrafo b) del apartado 1 del artículo anterior, cuando su importe no sea superior a 300 euros, así como los premios de loterías y apuestas que, por su cuantía, estén exentos del gravamen especial a que se refiere la disposición adicional trigésima tercera de la Ley 35/2006, de 28 de noviembre, del Impuesto sobre la Renta de las Personas Físicas y de modificación parcial de las leyes de los Impuestos sobre Sociedades, sobre la Renta de no Residentes y sobre el Patrimonio.

s) Las rentas obtenidas por los contribuyentes del Impuesto sobre Sociedades procedentes de Deuda emitida por las Administraciones públicas de países de la OCDE y activos financieros negociados en mercados organizados de dichos países.

No obstante, las entidades de crédito y demás entidades financieras que formalicen con sus clientes contratos de cuentas basadas en operaciones sobre los activos financieros a que se refiere el párrafo precedente, estarán obligadas a retener respecto de los rendimientos obtenidos por los titulares de las citadas cuentas.

Las entidades financieras a través de las que se efectúe el pago de intereses de los valores comprendidos en esta letra o que intervengan en la transmisión, amortización o reembolso de los mismos, estarán obligadas a calcular el rendimiento imputable al titular del valor e informar del mismo tanto al titular como a la Administración tributaria, a la que, asimismo, proporcionarán los datos correspondientes a las personas que intervengan en las operaciones antes enumeradas.

Se faculta al Ministro de Hacienda y Administraciones Públicas para establecer el procedimiento para hacer efectiva la exclusión de retención regulada en esta letra.

t) Las rentas derivadas de la transmisión o reembolso de acciones o participaciones representativas del capital o patrimonio de instituciones de inversión colectiva obtenidas por:

1.º Los fondos de inversión de carácter financiero y las sociedades de inversión de capital variable regulados en la Ley 35/2003, de 4 de noviembre, de Instituciones de Inversión Colectiva, en cuyos reglamentos de gestión o estatutos tengan establecida una inversión mínima superior al 50 por ciento de su patrimonio en acciones o participaciones de varias instituciones de inversión colectiva de las previstas en los párrafos c) y d), indistintamente, del artículo 48.1 del Reglamento de desarrollo de la Ley 35/2003, de 4 de noviembre, de instituciones de inversión colectiva, aprobado por Real Decreto 1082/2012, de 13 de julio.

2.º Los fondos de inversión de carácter financiero y las sociedades de inversión de capital variable regulados en la Ley 35/2003, en cuyos reglamentos de gestión o estatutos tengan establecida la inversión de, al menos, el 85 por ciento de su patrimonio en un único fondo de inversión de carácter financiero de los regulados en el primer inciso del artículo 3.3 del Reglamento de desarrollo de la Ley 35/2003. Cuando esta política de inversión se refiera a un compartimento del fondo o de la sociedad de inversión, la excepción a la obligación de retener e ingresar a cuenta prevista en esta letra solo será aplicable respecto de las inversiones que integren la parte del patrimonio de la institución atribuida a dicho compartimento.

La aplicación de la exclusión de retención prevista en esta letra t) requerirá que la institución inversora se encuentre incluida en la correspondiente categoría que, para los tipos de inversión señalados en los párrafos 1 y 2, tenga establecida la Comisión Nacional del Mercado de Valores, la cual deberá constar en su folleto informativo.

u)[11] Las cantidades satisfechas por entidades aseguradoras a los fondos de pensiones como consecuencia del aseguramiento de planes de pensiones.

Tampoco existirá obligación de retener respecto de las cantidades satisfechas por los fondos de pensiones abiertos como consecuencia del reintegro o movilización de participaciones de los fondos de pensiones inversores o de los planes de pensiones inversores, de acuerdo con lo establecido en el texto refundido de la

---

[11] Nueva redacción de esta letra por el Real Decreto 1074/2017 (art. 2.4), con efectos para los períodos impositivos que se inicien a partir de 1 de enero de 2018. Su redacción inicial era la siguiente: *«u) Las cantidades satisfechas por entidades aseguradoras a los fondos de pensiones como consecuencia del aseguramiento de planes de pensiones.»*

Ley de Regulación de los Planes y Fondos de Pensiones, aprobado por Real Decreto Legislativo 1/2002, de 29 de noviembre, y en sus normas de desarrollo.

v) Las rentas obtenidas por el cambio de activos en los que estén invertidas las provisiones de los seguros de vida en los que el tomador asume el riesgo de la inversión.

Para la aplicación de lo dispuesto en el párrafo anterior, las entidades de seguros deberán comunicar a las entidades obligadas a practicar la retención, con motivo de la transmisión o reembolso de activos, la circunstancia de que se trata de un contrato de seguro en el que el tomador asume el riesgo de la inversión y en el que se cumplen los requisitos previstos en el artículo 14.2.h) de la Ley 35/2006. La entidad obligada a practicar la retención deberá conservar la comunicación debidamente firmada.

w) Las rentas derivadas del ejercicio de las funciones de liquidación de entidades aseguradoras y de los procesos concursales a que estas se encuentren sometidas obtenidas por el Consorcio de Compensación de Seguros, en virtud de lo dispuesto en el párrafo tercero del apartado 1 del artículo 24 del texto refundido del Estatuto Legal del Consorcio de Compensación de Seguros, aprobado por el Real Decreto Legislativo 7/2004, de 29 de octubre.

x) La renta que se ponga de manifiesto en las empresas tomadoras como consecuencia de la variación en los compromisos por pensiones que estén instrumentados en un contrato de seguro colectivo que haya sido objeto de un plan de financiación, en tanto no se haya dado cumplimiento íntegro al mismo, conforme a lo dispuesto en el artículo 36.5, segundo párrafo, del Reglamento sobre la instrumentación de los compromisos por pensiones de las empresas con los trabajadores y beneficiarios, aprobado por Real Decreto 1588/1999, de 15 de octubre.

y)[12] Las rentas derivadas del reembolso o transmisión de participaciones o acciones emitidas por las siguientes instituciones de inversión colectiva:

1.º Fondos cotizados y sociedades de inversión de capital variable índice cotizadas reguladas por el artículo 79 del Reglamento de desarrollo de la Ley 35/2003, de 4 de noviembre, de instituciones de inversión colectiva, aprobado por el Real Decreto 1082/2012, de 13 de julio.

2.º Instituciones de inversión colectiva constituidas en el extranjero análogas a las mencionadas en el número 1.º anterior y distintas de las previstas en el artículo 54 de la Ley del Impuesto, ya coticen en un mercado regulado o en un sistema multilateral de negociación, cualquiera que sea la composición del índice

---

[12]   Letra modificada por el Real Decreto 249/2023 (art. 7) en vigor el 25/4/2023.

que reproduzcan, repliquen o tomen como referencia, siempre que, además, el reembolso o transmisión no se realice en un mercado situado en un país o territorio considerado como jurisdicción no cooperativa.

z)[13] Las remuneraciones y compensaciones por derechos económicos que perciban las entidades de contrapartida central por las operaciones de préstamo de valores realizadas en aplicación de lo previsto en el apartado 2 del artículo 82 del Real Decreto 878/2015, de 2 de octubre, sobre compensación, liquidación y registro de valores negociables representados mediante anotaciones en cuenta, sobre el régimen jurídico de los depositarios centrales de valores y de las entidades de contrapartida central y sobre requisitos de transparencia de los emisores de valores admitidos a negociación en un mercado secundario oficial.

Asimismo, las entidades de contrapartida central tampoco estarán obligadas a practicar retención por las remuneraciones y compensaciones por derechos económicos que abonen como consecuencia de las operaciones de préstamo de valores a las que se refiere el párrafo anterior.

Lo establecido en el párrafo anterior se entenderá sin perjuicio de la sujeción de las mencionadas rentas a la retención que corresponda, de acuerdo con la normativa reguladora del correspondiente impuesto personal del beneficiario de dichas rentas, la cual, cuando proceda, deberá practicar la entidad participante que intermedie en su pago a aquél, a cuyo efecto no se entenderá que efectúa una simple mediación de pago.

---

[13]   Nueva redacción de esta letra por el Real Decreto 1074/2017 (art. 2.4), con efectos para los períodos impositivos que se inicien a partir de 1 de enero de 2018. Su redacción inicial era la siguiente: *«z) Las remuneraciones y compensaciones por derechos económicos que perciba la Sociedad de Gestión de los Sistemas de Registro, Compensación y Liquidación de Valores por los préstamos de valores realizados en cumplimiento de lo establecido en el artículo 57 del Real Decreto 116/1992, de 14 de febrero, sobre representación de valores por medio de anotaciones en cuenta y compensación y liquidación de operaciones bursátiles.*
Asimismo, la entidad mencionada en el párrafo anterior tampoco estará obligada a practicar retención por las remuneraciones y compensaciones derivadas de los préstamos de valores tomados en cumplimiento de lo previsto en el citado artículo 57, que abone a las entidades o personas prestamistas. Todo ello sin perjuicio de la sujeción de dichas rentas a la retención que corresponda, de acuerdo con la normativa reguladora del correspondiente impuesto personal del prestamista, que, cuando proceda, deberá practicarla la entidad participante que intermedie en su pago a aquél, a cuyo efecto no se entenderá que efectúa una simple mediación de pago.»

Artículo 62. *Sujetos obligados a retener o a efectuar un ingreso a cuenta.*

1. Estarán obligados a retener o ingresar a cuenta cuando satisfagan o abonen rentas de las previstas en el artículo 60 de este Reglamento:a) Las personas jurídicas y demás entidades, incluidas las comunidades de bienes y de propietarios y las entidades en régimen de atribución de rentas.

b) Los contribuyentes por el Impuesto sobre la Renta de las Personas Físicas que ejerzan actividades económicas, cuando satisfagan rentas en el ejercicio de sus actividades.

c) Las personas físicas, jurídicas y demás entidades no residentes en territorio español, que operen en él mediante establecimiento permanente.

2. No se considerará que una persona o entidad satisface o abona una renta cuando se limite a efectuar una simple mediación de pago, entendiéndose por tal el abono de una cantidad por cuenta y orden de un tercero, excepto que se trate de entidades depositarias de valores extranjeros propiedad de residentes en territorio español o que tengan a su cargo la gestión de cobro de las rentas de dichos valores. Las citadas entidades depositarias deberán practicar la retención correspondiente siempre que tales rentas no hayan soportado retención previa en España.

3. En el caso de premios estará obligado a retener o a ingresar a cuenta la persona o entidad que los satisfaga.

4. En las operaciones sobre activos financieros estarán obligados a retener:

a) En los rendimientos obtenidos en la amortización o reembolso de activos financieros, la persona o entidad emisora. No obstante, en caso de que se encomiende a una entidad financiera la materialización de esas operaciones, el obligado a retener será la entidad financiera encargada de la operación.

Cuando se trate de instrumentos de giro convertidos después de su emisión en activos financieros, a su vencimiento estará obligado a retener el fedatario público o institución financiera que intervenga en la presentación al cobro.

b) En los rendimientos obtenidos en la transmisión de activos financieros incluidos los instrumentos de giro a los que se refiere el apartado anterior, cuando se canalice a través de una o varias instituciones financieras, el banco, caja o entidad financiera que actúe por cuenta del transmitente.

A efectos de lo dispuesto en este número, se entenderá que actúa por cuenta del transmitente el banco, caja o entidad financiera que reciba de aquél la orden de venta de los activos financieros.

c) En los casos no recogidos en los apartados anteriores, el fedatario público que obligatoriamente debe intervenir en la operación.

5. En las transmisiones de valores de la Deuda del Estado deberá practicar la retención la entidad gestora del Mercado de Deuda Pública en Anotaciones que intervenga en la transmisión.

6. En las transmisiones o reembolsos de acciones o participaciones representativas del capital o patrimonio de las instituciones de inversión colectiva, deberán practicar retención o ingreso a cuenta las siguientes personas o entidades:

a) En el caso de reembolso de las participaciones de fondos de inversión, las sociedades gestoras, salvo por las participaciones registradas a nombre de entidades comercializadoras por cuenta de partícipes, respecto de las cuales serán dichas entidades comercializadoras las obligadas a practicar la retención o ingreso a cuenta.

b) En el caso de recompra de acciones por una sociedad de inversión de capital variable cuyas acciones no coticen en bolsa ni en otro mercado o sistema organizado de negociación de valores, adquiridas por el contribuyente directamente o a través de comercializador a la sociedad, la propia sociedad, salvo que intervenga una sociedad gestora; en este caso, será esta.

c) En el caso de instituciones de inversión colectiva domiciliadas en el extranjero, las entidades comercializadoras o los intermediarios facultados para la comercialización de las acciones o participaciones de aquellas y, subsidiariamente, la entidad o entidades encargadas de la colocación o distribución de los valores entre los potenciales suscriptores, cuando efectúen el reembolso.

d) En el caso de gestoras que operen en régimen de libre prestación de servicios, el representante designado de acuerdo con lo dispuesto en el artículo 55.7 y la disposición adicional segunda de la Ley 35/2003, de 4 de noviembre, de Instituciones de Inversión Colectiva.

e) En los supuestos en los que no proceda la práctica de retención conforme a los párrafos anteriores, estará obligado a efectuar un pago a cuenta el socio o partícipe que efectúe la transmisión u obtenga el reembolso. El mencionado pago a cuenta se efectuará de acuerdo con las normas contenidas en los artículos 64.4 párrafo primero, 65.3 y 66 de este Reglamento.

7. En las operaciones de reducción de capital con devolución de aportaciones y de distribución de la prima de emisión, realizadas por sociedades de inversión de capital variable reguladas en la Ley de Instituciones de Inversión Colectiva no sometidas al tipo general de gravamen, deberá practicar la retención o ingreso a cuenta la propia sociedad.

En el caso de instituciones de inversión colectiva reguladas por la Directiva 2009/65/CE del Parlamento Europeo y del Consejo, de 13 de julio de 2009, por la que se coordinan las disposiciones legales, reglamentarias y administrativas sobre determinados organismos de inversión colectiva en valores mobiliarios, constituidas y domiciliadas en algún Estado miembro de la Unión Europea e inscritas en el registro especial de la Comisión Nacional del Mercado de Valores, a efectos de su comercialización por entidades residentes en España, estarán obligados a practicar retención o ingreso a cuenta las entidades comercializadoras o los intermediarios facultados para la comercialización de las acciones o participaciones de aquellas y, subsidiariamente, la entidad o entidades encargadas de la colocación o distribución de los valores, que intervengan en el pago de las rentas.

Cuando se trate de organismos de inversión colectiva equivalentes a las sociedades de inversión de capital variable registrados en otro Estado, con independencia de cualquier limitación que tuvieran respecto de grupos restringidos de inversiones, en la adquisición, cesión o rescate de sus acciones, la obligación de practicar la retención o ingreso a cuenta corresponderá a la entidad depositaria de los valores o que tenga encargada la gestión de cobro de las rentas derivadas de los mismos.

En los supuestos en los que no proceda la práctica de retención o ingreso a cuenta conforme a los párrafos anteriores, estará obligado a efectuar un pago a cuenta el socio o partícipe que reciba la devolución de las aportaciones o la distribución de la prima de emisión. El mencionado pago a cuenta se efectuará de acuerdo con las normas contenidas en los artículos 64.8, 65.1 y 66 de este Reglamento.

8[14]. En las operaciones realizadas en España por entidades aseguradoras domiciliadas en otro Estado miembro del Espacio Económico Europeo que operen en España en régimen de libre prestación de servicios, estará obligada a practicar retención o ingreso a cuenta la entidad aseguradora.

9. Los sujetos obligados a retener asumirán la obligación de efectuar el ingreso en el Tesoro, sin que el incumplimiento de aquella obligación pueda excusarles de ésta.

La retención e ingreso correspondiente, cuando la entidad pagadora del rendimiento sea la Administración del Estado, se efectuará de forma directa.

---

[14]   Nueva redacción de este apartado por el Real Decreto 1074/2017 (art. 2.5), con efectos para los períodos impositivos que se inicien a partir de 1 de enero de 2018. Su redacción inicial era la siguiente: «8. En las operaciones realizadas en España por entidades aseguradoras que operen en régimen de libre prestación de servicios, estará obligado a practicar retención o ingreso a cuenta el representante designado de acuerdo con lo dispuesto en el artículo 86.1 del texto refundido de la Ley de ordenación y supervisión de los seguros privados, aprobado por el Real Decreto Legislativo 6/2004, de 29 de octubre.»

Artículo 63. *Calificación de los activos financieros y requisitos fiscales para la transmisión, reembolso y amortización de activos financieros.*

1. Tendrán la consideración de activos financieros con rendimiento implícito aquellos en los que el rendimiento se genere mediante diferencia entre el importe satisfecho en la emisión, primera colocación o endoso y el comprometido a reembolsar al vencimiento de aquellas operaciones cuyo rendimiento se fije, total o parcialmente, de forma implícita, a través de cualesquier valores mobiliarios utilizados para la captación de recursos ajenos.

Se incluyen como rendimientos implícitos las primas de emisión, amortización o reembolso.

Se excluyen del concepto de rendimiento implícito las bonificaciones o primas de colocación, giradas sobre el precio de emisión, siempre que se encuadren dentro de las prácticas de mercado y que constituyan ingreso en su totalidad para el mediador, intermediario o colocador financiero, que actúe en la emisión y puesta en circulación de los activos financieros regulados en esta norma.

Se considerará como activo financiero con rendimiento implícito cualquier instrumento de giro incluso los originados en operaciones comerciales, a partir del momento en que se endose o transmita, salvo que el endoso o cesión se haga como pago de un crédito de proveedores o suministradores.

2. Tendrán la consideración de activos financieros con rendimiento explícito aquellos que generen intereses y cualquier otra forma de retribución pactada como contraprestación a la cesión a terceros de capitales propios y que no esté comprendida en el concepto de rendimientos implícitos en los términos que establece el apartado anterior.

3. Los activos financieros con rendimiento mixto seguirán el régimen de los activos financieros con rendimiento explícito cuando el efectivo anual que produzcan de esta naturaleza sea igual o superior al tipo de referencia vigente en el momento de la emisión, aunque en las condiciones de emisión, amortización o reembolso se hubiese fijado, de forma implícita, otro rendimiento adicional. Este tipo de referencia será, durante cada trimestre natural, el 80 por ciento del tipo efectivo correspondiente al precio medio ponderado redondeado que hubiera resultado en la última subasta del trimestre precedente, correspondiente a bonos del Estado a tres años, si se tratara de activos financieros con plazo igual o inferior a cuatro años; a bonos del Estado a cinco años, si se tratara de activos financieros con plazo superior a cuatro años pero igual o inferior a siete, y a obligaciones del Estado a 10, 15 o 30 años si se tratara de activos con plazo superior. En el caso de que no pueda determinarse el tipo de referencia para algún plazo, será de aplicación el del plazo más próximo al de la emisión planeada.

A efectos de lo dispuesto en este apartado, respecto de las emisiones de activos financieros con rendimiento variable o flotante, se tomará como interés efectivo de la operación su tasa de rendimiento interno, considerando únicamente los rendimientos de naturaleza explícita y calculada, en su caso, con referencia a la valoración inicial del parámetro respecto del cual se fije periódicamente el importe definitivo de los rendimientos devengados.

No obstante lo anterior, si se trata de deuda pública con rendimiento mixto, cuyos cupones e importe de amortización se calculan con referencia a un índice de precios, el porcentaje del primer párrafo será el 40 por ciento.

4. Para proceder a la enajenación u obtención del reembolso de los títulos o activos financieros con rendimiento implícito y de activos financieros con rendimiento explícito que deban ser objeto de retención en el momento de su transmisión, amortización o reembolso, habrá de acreditarse la previa adquisición de los mismos con intervención de los fedatarios o instituciones financieras obligados a retener, así como el precio al que se realizó la operación.

Cuando un instrumento de giro se convierta en activo financiero después de su puesta en circulación, ya el primer endoso o cesión deberá hacerse a través de fedatario público o institución financiera, salvo que el mismo endosatario o adquirente sea una institución financiera. El fedatario o institución financiera consignarán en el documento su carácter de activo financiero, con identificación de su primer adquirente o tenedor.

5. A efectos de lo dispuesto en el apartado anterior, la persona o entidad emisora, la institución financiera que actúe por cuenta de ésta, el fedatario público o la institución financiera que actúe o intervenga por cuenta del adquirente o depositante, según proceda, deberán extender certificación acreditativa de los siguientes extremos:

a) Fecha de la operación e identificación del activo.

b) Denominación del adquirente.

c) Número de identificación fiscal del citado adquirente o depositante.

d) Precio de adquisición.

De la mencionada certificación, que se extenderá por triplicado, se entregarán dos ejemplares al adquirente, quedando otro en poder de la persona o entidad que certifica.

6. Las instituciones financieras o los fedatarios públicos se abstendrán de mediar o intervenir en la transmisión de estos activos cuando el transmitente no justifique su adquisición de acuerdo con lo dispuesto en este artículo.

7. Las personas o entidades emisoras de los activos financieros a los que se refiere el apartado 4 no podrán reembolsar los mismos cuando el tenedor no acredite

su adquisición previa mediante la certificación oportuna, ajustada a lo indicado en el apartado 5 anterior.

El emisor o las instituciones financieras encargadas de la operación que, de acuerdo con el párrafo anterior, no deban efectuar el reembolso al tenedor del título o activo deberán constituir por dicha cantidad depósito a disposición de la autoridad judicial.

La recompra, rescate, cancelación o amortización anticipada exigirán la intervención o mediación de institución financiera o de fedatario público, quedando la entidad o persona emisora del activo como mero adquirente en el caso de que vuelva a poner en circulación el título.

8. El tenedor del título, en caso de extravío de un certificado justificativo de su adquisición, podrá solicitar la emisión del correspondiente duplicado de la persona o entidad que emitió tal certificación.

Esta persona o entidad hará constar el carácter de duplicado de ese documento, así como la fecha de expedición de ese último.

9. En los casos de transmisión lucrativa se entenderá que el adquirente se subroga en el valor de adquisición del transmitente, en tanto medie una justificación suficiente del referido coste.

Artículo 64. *Base para el cálculo de la obligación de retener e ingresar a cuenta.*

1. Con carácter general, constituirá la base para el cálculo de la obligación de retener la contraprestación íntegra exigible o satisfecha.

En el caso de arrendamiento o subarrendamiento de inmuebles urbanos, la base de la retención estará constituida por todos los conceptos que se satisfagan al arrendador, excluido el Impuesto sobre el Valor Añadido.

2. En el caso de la amortización, reembolso o transmisión de activos financieros constituirá la base para el cálculo de la obligación de retener la diferencia positiva entre el valor de amortización, reembolso o transmisión y el valor de adquisición o suscripción de dichos activos. Como valor de adquisición se tomará el que figure en la certificación acreditativa de la adquisición. A estos efectos, no se minorarán los gastos accesorios a la operación.

Sin perjuicio de la retención que proceda al transmitente, en el caso de que la entidad emisora adquiera un activo financiero emitido por ella, se practicará la retención e ingreso sobre el rendimiento que obtenga en cualquier forma de transmisión ulterior del título, excluida la amortización.

3. Cuando la obligación de retener tenga su origen en virtud de lo previsto en la letra b) del apartado 1 del artículo 60 de este Reglamento, constituirá la base para el cálculo de la misma el importe del premio.

En el caso de premios de loterías y apuestas que, por su cuantía, estuvieran sujetos y no exentos del gravamen especial de determinadas loterías y apuestas a que se refiere la disposición adicional trigésima tercera de la Ley 35/2006, de 28 de noviembre, del Impuesto sobre la Renta de las Personas Físicas y de modificación parcial de las leyes de los Impuestos sobre Sociedades, sobre la Renta de no Residentes y sobre el Patrimonio, la retención se practicará sobre el importe del premio sujeto y no exento, de acuerdo con la referida disposición.

4. Cuando la obligación de retener tenga su origen en virtud de lo previsto en la letra f) del apartado 1 del artículo 60 de este Reglamento, la base de retención será la diferencia entre el valor de transmisión o reembolso y el valor de adquisición de las acciones o participaciones. A estos efectos se considerará que los valores transmitidos o reembolsados por el contribuyente son aquellos que adquirió en primer lugar.

Cuando se trate de reembolso de participaciones en fondos de inversión regulados por la Ley 35/2003, de 4 de noviembre, de Instituciones de Inversión Colectiva, para las que, por aplicación de lo previsto en el artículo 40.3 de la citada Ley, exista más de un registro de partícipes, o de transmisión o reembolso de acciones o participaciones en instituciones de inversión colectiva domiciliadas en el extranjero, comercializadas, colocadas o distribuidas en territorio español, la regla de antigüedad a que se refiere el párrafo anterior se aplicará por la entidad gestora o comercializadora con la que se efectúe el reembolso o transmisión respecto de los valores que figuren en su registro de partícipes o accionistas.

5. Cuando la obligación de ingresar a cuenta tenga su origen en virtud de lo previsto en el apartado 3 del artículo 60 de este Reglamento, constituirá la base para el cálculo de la misma el valor de mercado del bien.

A estos efectos, se tomará como valor de mercado el resultado de incrementar en un 20 por ciento el valor de adquisición o coste para el pagador.

6. Cuando no pudiera probarse la contraprestación íntegra exigible o satisfecha, la Administración tributaria podrá computar como tal una cantidad de la que, restada la retención procedente, arroje la efectivamente percibida.

7. Cuando la obligación de retener o ingresar a cuenta tenga su origen en el ajuste secundario derivado de lo previsto en el artículo 18.11 de la Ley del Impuesto, constituirá la base de la misma la diferencia entre el valor convenido y el valor de mercado.

8. En el caso de las rentas a que se refiere la letra g) del apartado 1 del artículo 60 de este Reglamento, la base de retención será la cuantía a integrar en la base imponible calculada de acuerdo con lo establecido en el apartado 6 del artículo 17 de la Ley del Impuesto.

Artículo 65. *Nacimiento de la obligación de retener y de ingresar a cuenta.*

1. Con carácter general, las obligaciones de retener y de ingresar a cuenta nacerán en el momento de la exigibilidad de las rentas, dinerarias o en especie, sujetas a retención o ingreso a cuenta, respectivamente, o en el de su pago o entrega si es anterior.

En particular, se entenderán exigibles los intereses en las fechas de vencimiento señaladas en la escritura o contrato para su liquidación o cobro, o cuando de otra forma se reconozcan en cuenta, aun cuando el perceptor no reclame su cobro o los rendimientos se acumulen al principal de la operación, y los dividendos en la fecha establecida en el acuerdo de distribución o a partir del día siguiente al de su adopción a falta de la determinación de la citada fecha.

2. En el caso de rendimientos derivados de la amortización, reembolso o transmisión de activos financieros, la obligación de retener o ingresar a cuenta nacerá en el momento en que se formalice la operación.

3. En el caso de rentas obtenidas como consecuencia de las transmisiones o reembolsos de acciones o participaciones representativas del capital o patrimonio de instituciones de inversión colectiva, la obligación de retener o ingresar a cuenta nacerá en el momento en que se formalice la operación, cualesquiera que sean las condiciones de cobro pactadas.

Artículo 66. *Porcentaje de retención e ingreso a cuenta.*

El porcentaje de retención o ingreso a cuenta será el siguiente:

a) Con carácter general, el 19 por ciento. Cuando se trate de rentas procedentes del arrendamiento o subarrendamiento de inmuebles urbanos situados en Ceuta, Melilla o sus dependencias, obtenidas por entidades domiciliadas en dichos territorios o que operen en ellos mediante establecimiento o sucursal, dicho porcentaje se dividirá por dos.

b) En el caso de rentas procedentes de la cesión del derecho a la explotación de la imagen o del consentimiento o autorización para su utilización, el 24 por ciento.

c) En el caso de premios de loterías y apuestas que, por su cuantía, estuvieran sujetos y no exentos del gravamen especial de determinadas loterías y apuestas a que se refiere la disposición adicional trigésima tercera de la Ley 35/2003, de 28 de noviembre, del Impuesto sobre la Renta de las Personas Físicas y de modificación parcial de las leyes de los Impuestos sobre Sociedades, sobre la Renta de no Residentes y sobre el Patrimonio, el 20 por ciento.

Artículo 67. *Importe de la retención o del ingreso a cuenta.*

El importe de la retención o del ingreso a cuenta se determinará aplicando el porcentaje a que se refiere el artículo anterior a la base de cálculo.

Artículo 68. *Obligaciones del retenedor y del obligado a ingresar a cuenta.*

1. El retenedor y el obligado a ingresar a cuenta deberán presentar en los primeros veinte días naturales de los meses de abril, julio, octubre y enero, ante el órgano competente de la Administración tributaria, declaración de las cantidades retenidas y de los ingresos a cuenta que correspondan por el trimestre natural inmediato anterior e ingresar su importe en el Tesoro Público.

No obstante, la declaración e ingreso a que se refiere el párrafo anterior se efectuará en los 20 primeros días naturales de cada mes, en relación con las cantidades retenidas y los ingresos a cuenta que correspondan por el inmediato anterior, cuando se trate de retenedores u obligados en los que concurran las circunstancias a que se refiere el apartado 3.1.º del artículo 71 del Reglamento del Impuesto sobre el Valor Añadido, aprobado por el Real Decreto 1624/1992, de 29 de diciembre.

No procederá la presentación de declaración negativa cuando no se hubieran satisfecho en el período de la declaración rentas sometidas a retención o ingreso a cuenta.

2. El retenedor u obligado a ingresar a cuenta deberá presentar en los primeros 20 días naturales del mes de enero una declaración anual de las retenciones e ingresos a cuenta efectuados. No obstante, en el caso de que esta declaración se presente en soporte directamente legible por ordenador o haya sido generado mediante la utilización, exclusivamente, de los correspondientes módulos de impresión desarrollados, a estos efectos, por la Administración tributaria, el plazo de presentación será el comprendido entre el 1 de enero y el 31 de enero del año siguiente al del que corresponde dicha declaración.

En esta declaración, además de sus datos de identificación, podrá exigirse que conste una relación nominativa de los perceptores con los siguientes datos:

a) Denominación de la entidad.

b) Número de identificación fiscal.

c) Renta obtenida, con indicación de la identificación, descripción y naturaleza de los conceptos, así como del ejercicio en que dicha renta se hubiera devengado.

d) Retención practicada o ingreso a cuenta efectuado.

A las mismas obligaciones establecidas en los párrafos anteriores estarán sujetas las entidades domiciliadas, residentes o representadas en España, que paguen por cuenta ajena rentas sujetas a retención o que sean depositarias o gestionen el cobro de las rentas de valores.

3. El retenedor u obligado a ingresar a cuenta deberá expedir en favor del contribuyente certificación acreditativa de las retenciones practicadas, o de los ingresos a cuenta efectuados, así como de los restantes datos referentes al contribuyente que deben incluirse en la declaración anual a que se refiere el apartado anterior.

La citada certificación deberá ponerse a disposición del contribuyente con anterioridad al inicio del plazo de declaración de este Impuesto.

A las mismas obligaciones establecidas en los párrafos anteriores estarán sujetas las entidades domiciliadas, residentes o representadas en España, que paguen por cuenta ajena rentas sujetas a retención o que sean depositarias o gestionen el cobro de rentas de valores.

4. Los pagadores deberán comunicar a los contribuyentes la retención o ingreso a cuenta practicados en el momento en que satisfagan las rentas, indicando el porcentaje aplicado.

5. Las declaraciones a que se refiere este artículo se realizarán en los modelos que para cada clase de rentas establezca el Ministro de Hacienda y Administraciones Públicas, quien asimismo podrá determinar los datos que deben incluirse en las declaraciones, de los previstos en el apartado 2 anterior, estando obligado el retenedor u obligado a ingresar a cuenta a cumplimentar la totalidad de los datos así determinados y contenidos en las declaraciones que le afecten.

La declaración e ingreso se efectuarán en la forma y lugar que determine el Ministro de Hacienda y Administraciones Públicas.

6. La declaración e ingreso del pago a cuenta a que se refiere la letra e) del artículo 62.6 de este Reglamento, se efectuará en la forma, lugar y plazo que determine el Ministro de Hacienda y Administraciones Públicas.

CAPÍTULO III. Conversión de activos por impuesto diferido en créditos exigibles frente a la Hacienda Pública. Procedimiento de compensación y abono

Artículo 69. *Procedimiento de compensación y abono de créditos exigibles frente a la Hacienda Pública*[15].

1. Los activos por impuesto diferido correspondientes a dotaciones por deterioro de los créditos u otros activos derivadas de las posibles insolvencias de

---

[15] Nueva redacción de este artículo por el Real Decreto 1074/2017 (art. 2.6), con efectos para los períodos impositivos que se inicien a partir de 1 de enero de 2018. Su redacción inicial era la siguiente: «*1. Los activos por impuesto diferido correspondientes a dotaciones por deterioro de los créditos u otros activos derivadas de las posibles insolvencias de los deudores no vinculados con el contribuyente, no adeudados con entidades de derecho público y*

los deudores no vinculados con el contribuyente, no adeudados con entidades de derecho público y cuya deducibilidad no se produzca por aplicación de lo dispuesto en el artículo 13.1.a) de la Ley del Impuesto, así como los derivados

cuya deducibilidad no se produzca por aplicación de lo dispuesto en el artículo 13.1.a) de la Ley del Impuesto, así como los derivados de los apartados 1 y 2 del artículo 14 de la Ley del Impuesto, correspondientes a dotaciones o aportaciones a sistemas de previsión social y, en su caso, prejubilación, se convertirán en un crédito exigible frente a la Administración tributaria, en los términos establecidos en el apartado 1 del artículo 130 de la Ley del Impuesto.

2. La conversión de los activos por impuesto diferido a que se refiere el apartado anterior en un crédito exigible frente a la Administración tributaria se producirá en el momento de la presentación de la autoliquidación del Impuesto sobre Sociedades correspondiente al período impositivo en que se hayan producido las circunstancias previstas en el apartado 1 del artículo 130 de la Ley del Impuesto.

3. La conversión de activos por impuesto diferido en un crédito exigible frente a la Administración tributaria determinará que el contribuyente pueda optar por solicitar su abono a la Administración tributaria o por compensar dichos créditos con otras deudas de naturaleza tributaria de carácter estatal que el propio contribuyente genere a partir del momento de la conversión.

4. La solicitud de abono del crédito exigible frente a la Administración tributaria se realizará a través de la autoliquidación del Impuesto sobre Sociedades. Este abono se regirá por lo dispuesto en el artículo 31 de la Ley 58/2003, de 17 de diciembre, General Tributaria, y en su normativa de desarrollo, sin que, en ningún caso, se produzca el devengo del interés de demora a que se refiere el apartado 2 de dicho artículo 31.

5. En el caso de que el contribuyente inste la compensación del crédito exigible frente a la Administración tributaria con otras deudas, en los términos establecidos en el apartado 3 del artículo 130 de la Ley del Impuesto, deberá dirigir al órgano competente para su tramitación la correspondiente solicitud, para cada deuda cuya compensación pretenda realizar, de acuerdo con el modelo que se aprobará por Orden del Ministro de Hacienda y Administraciones Públicas. Dicha solicitud contendrá los siguientes datos:

a) Identificación de la deuda tributaria cuya compensación se solicita, indicando al menos, su importe y concepto. Se indicará también la fecha de vencimiento del plazo de ingreso en el caso de deudas con plazo de ingreso en período voluntario.

b) Identificación de la autoliquidación en que se genera el crédito exigible frente a la Administración tributaria cuya compensación se pretenda.

c) Manifestación del contribuyente indicando que no se ha solicitado el abono del referido crédito ni se ha solicitado su compensación por el mismo importe con otras deudas tributarias.

La solicitud se podrá presentar en relación con aquellas deudas generadas a partir del momento de la conversión. Esta solicitud no impedirá la solicitud de aplazamientos o fraccionamientos de la deuda restante.

La resolución de esta solicitud deberá notificarse en el plazo de 6 meses.

de los apartados 1 y 2 del artículo 14 de la Ley del Impuesto, correspondientes a dotaciones o aportaciones a sistemas de previsión social y, en su caso, prejubilación, podrán convertirse en un crédito exigible frente a la Administración tributaria, en los términos establecidos en los apartados 1 y 2 del artículo 130 de la Ley del Impuesto.

2. La conversión de los activos por impuesto diferido a que se refiere el apartado anterior en un crédito exigible frente a la Administración tributaria se producirá en el momento de la presentación de la autoliquidación del Impuesto sobre Sociedades correspondiente al período impositivo en que se hayan producido las circunstancias previstas en el apartado 2 del artículo 130 de la Ley del Impuesto.

3. La conversión de activos por impuesto diferido en un crédito exigible frente a la Administración tributaria determinará que el contribuyente pueda optar por solicitar su abono a la Administración tributaria o por compensar dichos créditos con otras deudas de naturaleza tributaria de carácter estatal que el propio contribuyente genere a partir del momento de la conversión.

4. La solicitud de abono del crédito exigible frente a la Administración tributaria se realizará a través de la autoliquidación del Impuesto sobre Sociedades. Este abono se regirá por lo dispuesto en el artículo 31 de la Ley 58/2003, de 17 de diciembre, General Tributaria, y en su normativa de desarrollo, sin que, en ningún caso, se produzca el devengo del interés de demora a que se refiere el apartado 2 de dicho artículo 31.

5. En el caso de que el contribuyente inste la compensación del crédito exigible frente a la Administración tributaria con otras deudas, en los términos establecidos en el apartado 4 del artículo 130 de la Ley del Impuesto, deberá dirigir al órgano competente para su tramitación la correspondiente solicitud, para cada deuda cuya compensación pretenda realizar, de acuerdo con el modelo que se aprobará por Orden del Ministro de Hacienda y Función Pública. Dicha solicitud contendrá los siguientes datos:

a) Identificación de la deuda tributaria cuya compensación se solicita, indicando al menos, su importe y concepto. Se indicará también la fecha de vencimiento

En lo no previsto en este artículo, resultará de aplicación lo dispuesto en el Reglamento General de Recaudación, aprobado por el Real Decreto 939/2005, de 29 de julio, en relación con la compensación de deudas.

La competencia para tramitar el correspondiente procedimiento y dictar resolución en los supuestos regulados en este artículo se establecerá mediante la correspondiente norma de organización específica.»

del plazo de ingreso en el caso de deudas con plazo de ingreso en período voluntario.

b) Identificación de la autoliquidación en que se genera el crédito exigible frente a la Administración tributaria cuya compensación se pretenda.

c) Manifestación del contribuyente indicando que no se ha solicitado el abono del referido crédito ni se ha solicitado su compensación por el mismo importe con otras deudas tributarias.

La solicitud se podrá presentar en relación con aquellas deudas generadas a partir del momento de la conversión. Esta solicitud no impedirá la solicitud de aplazamientos o fraccionamientos de la deuda restante.

La resolución de esta solicitud deberá notificarse en el plazo de 6 meses.

En lo no previsto en este artículo, resultará de aplicación lo dispuesto en el Reglamento General de Recaudación, aprobado por el Real Decreto 939/2005, de 29 de julio, en relación con la compensación de deudas.

La competencia para tramitar el correspondiente procedimiento y dictar resolución en los supuestos regulados en este artículo se establecerá mediante la correspondiente norma de organización específica.

Disposición adicional única. *Concepto de entidad patrimonial en períodos impositivos iniciados con anterioridad a 1 de enero de 2015.*

A los efectos de lo dispuesto en el apartado 2 del artículo 5, para determinar si una entidad tiene o no la condición de patrimonial en períodos impositivos iniciados con anterioridad a 1 de enero de 2015, se tendrá en cuenta la suma agregada de los balances anuales de los períodos impositivos correspondientes al tiempo de tenencia de la participación, con el límite de los iniciados con posterioridad a 1 de enero de 2009, salvo prueba en contrario.

Disposición transitoria primera. *Amortización de los elementos usados.*

Los elementos patrimoniales adquiridos usados, que se estuvieren amortizando con anterioridad a la entrada en vigor de la Ley 43/1995, de 27 de diciembre, del Impuesto sobre Sociedades, continuarán amortizándose de acuerdo con las normas vigentes con anterioridad a la entrada en vigor de la citada Ley.

Disposición transitoria segunda. *Riesgo de crédito en entidades financieras.*

1. La excepción prevista en el artículo 7.3 del Reglamento del Impuesto sobre Sociedades, aprobado por el Real Decreto 1777/2004, de 30 de julio, según la redacción vigente hasta el 31 de diciembre de 2004, únicamente afectará a las dotaciones correspondientes a los excesos de los saldos de los conceptos a que se

refiere dicha excepción, respecto de los saldos de la misma naturaleza correspondientes a la fecha de entrada en vigor de la Orden de 13 de julio de 1992, sobre aplicación de la provisión para insolvencias a las entidades de crédito sometidas a la tutela administrativa del Banco de España, sin perjuicio de la integración en la base imponible de los saldos del Fondo de Insolvencias que queden liberados por cualquier causa, en cuanto dichos saldos procedan de dotaciones que hubieren tenido la consideración de fiscalmente deducibles.

2. La excepción prevista en el artículo 7.3 del Reglamento del Impuesto sobre Sociedades, aprobado por el Real Decreto 1777/2004, de 30 de julio, según la redacción vigente para los períodos impositivos iniciados a partir del 1 de enero de 2005, únicamente afectará a las dotaciones correspondientes a los excesos de los saldos de los conceptos a que se refiere dicha excepción, respecto de los saldos de la misma naturaleza a partir del 31 de diciembre de 2004, sin perjuicio de la integración en la base imponible de los saldos de la cobertura genérica que queden liberados por cualquier causa, en cuanto dichos saldos procedan de dotaciones que hubieran tenido la consideración de fiscalmente deducibles.

Disposición transitoria tercera. *Régimen transitorio de los beneficios fiscales sobre determinadas operaciones financieras.*

1. Aplicación del régimen transitorio.– Mantendrán los derechos adquiridos, en los términos en los que fueron concedidos y de acuerdo con lo establecido en esta disposición transitoria, las entidades que, en el momento de la entrada en vigor de la Ley 43/1995, de 27 de diciembre, del Impuesto sobre Sociedades, gozaran de alguno de los beneficios tributarios a los que se refiere la disposición transitoria sexta de la Ley del Impuesto.

2. Derechos adquiridos.

a) A efectos de lo previsto en el apartado anterior, tendrán la consideración de derechos adquiridos:

1.º Las bonificaciones reconocidas en el Impuesto sobre las Rentas del Capital a las sociedades concesionarias de autopistas, concedidas por plazo determinado y a título individual, con anterioridad al 1 de enero de 1979 en virtud de pacto o contrato solemne con el Estado.

2.º Las bonificaciones en el Impuesto sobre Sociedades, concedidas durante la vigencia de la Ley 61/1978, de 27 de diciembre, de duración determinada, reconocidas por el Estado, a las que se refiere la disposición transitoria sexta de la Ley del Impuesto.

b) Los derechos adquiridos no podrán ser objeto de prórroga alguna al término del período reconocido.

3. Aplicación a las sociedades concesionarias de autopistas de los beneficios procedentes del Impuesto sobre las Rentas del Capital.

a) Los beneficios reconocidos a las sociedades concesionarias de autopistas continuarán aplicándose de acuerdo con las normas del Impuesto sobre las Rentas del Capital y sobre el tipo que resultara aplicable según dicho impuesto.

b) El perceptor de los rendimientos, cuando figure sometido a obligación personal, podrá deducir de su cuota el Impuesto sobre las Rentas del Capital que habría sido aplicado de no existir el beneficio.

c) No obstante lo dispuesto en el número anterior, las entidades de seguros, de ahorros y entidades de crédito de todas clases deducirán de su cuota únicamente la cantidad efectivamente retenida.

4. Bonificaciones concedidas durante la vigencia de la Ley 61/1978, de 27 de diciembre, del Impuesto sobre Sociedades.

Las entidades que, a la entrada en vigor de la Ley 43/1995, de 27 de diciembre, del Impuesto sobre Sociedades, tuvieran derechos adquiridos en relación con las bonificaciones a las que se refiere el párrafo a).2.º del apartado 2 de esta disposición conservarán los mismos en los términos en que fueron concedidos, sin perjuicio de lo establecido en los apartados siguientes.

5. Créditos-puente.

a) Se entenderá por créditos-puente los concedidos para cubrir el período de instrumentación de las operaciones de refinanciación para las que se pretenda la bonificación, siempre que su plazo no exceda de un año, prorrogable, previa comunicación a la Administración tributaria, por otro período anual.

b) Los rendimientos de los créditos-puente no gozarán de bonificación.

c) No se perderá la bonificación que tuviesen reconocida en virtud del apartado 7 de esta disposición los préstamos o empréstitos cuyo importe se destine a cancelar los créditos- puente a que hace referencia el párrafo a).

6. Sustitución y transmisión de participaciones.

a) En los casos de sustitución y transmisión de participaciones de la operación crediticia que no superen el 5 por ciento del saldo pendiente de la operación, siempre que no se altere el grado de participación extranjera en la financiación ni suponga variación en la dirección de la operación, la entidad prestataria se limitará a informar anualmente al órgano que concedió la bonificación de las alteraciones habidas.

b) Cuando no se cumplan las condiciones reseñadas en la letra anterior, la entidad emisora vendrá obligada a solicitar la convalidación de las bonificaciones en su día otorgadas.

7. Operaciones de refinanciación.

a) Podrán refinanciarse, sin perder por ello las bonificaciones que tuvieran reconocidas originariamente siempre que cumplan los requisitos establecidos en esta disposición:

1.º Los préstamos concertados en el mercado exterior, así como los empréstitos emitidos en el mismo.

2.º Los empréstitos emitidos en el mercado interior.

b) Serán requisitos inexcusables para que las operaciones de refinanciación puedan gozar de la bonificación los siguientes:

1.º Que en ningún caso se supere el plazo máximo de la operación financiera originaria.

2.º Que el importe de la operación de refinanciación no exceda de la cuantía de la deuda pendiente y no vencida en la fecha de dicha operación.

Cuando se trate de operaciones efectuadas en moneda extranjera que impliquen sustitución de la divisa empleada se aplicará el tipo de cambio de divisa a divisa de la fecha en que se efectúe la operación de refinanciación.

c) Excepcionalmente, cuando se trate de operaciones efectuadas en el mercado internacional podrá autorizarse la ampliación del plazo a que se refiere el párrafo b).1.º cuando la operación de refinanciación se efectúe en mejores condiciones tanto de interés como de garantías.

d) En ningún caso la bonificación podrá aplicarse a las operaciones de refinanciación de los intereses.

e) La concesión de las bonificaciones de las operaciones de refinanciación deberá ser solicitada por la entidad prestataria en las condiciones establecidas en esta disposición.

8. Solicitud:

a) La solicitud de la bonificación en las operaciones a las que se refiere esta disposición se dirigirá a la Dirección General de Tributos del Ministerio de Hacienda y Administraciones Públicas, acompañando los siguientes documentos:

1.º Memoria acerca de las inversiones a realizar con los fondos procedentes de los préstamos o empréstitos en la que se hará constar el presupuesto detallado del coste de aquéllas, su localización y las fechas y plazos aproximados en que se llevarán a cabo.

2.º Plan de financiación de dichas inversiones, en el que deberán constar las fechas previstas en que en una o varias veces se recurrirá a medios financieros ajenos, interiores o exteriores, con objeto de conseguir la financiación necesaria.

3.º Copia del contrato o acuerdo de préstamo. En los empréstitos se acompañará certificación del acta de la Junta general en que se aprobó la emisión o del acuerdo del Consejo de Administración en que se ejecute por delegación el acuerdo tomado en su día por la Junta general.

Cuando se presente una propuesta de contrato deberá remitirse copia del definitivo una vez establecido.

4.º Cuadro de amortización del préstamo o empréstito.

5.º Créditos-puente disfrutados, así como su duración.

6.º Grado de vinculación o ausencia de ésta, entre prestamistas y prestatarios.

b) La solicitud deberá acompañarse de memoria económico-financiera justificativa de la operación.

9. Resolución:

a) Si la resolución que adopte el Ministro de Hacienda y Administraciones Públicas, y por delegación el Director General de Tributos, fuese favorable, en la misma se determinará:

1.º Porcentaje de bonificación concedido.

2.º Cuantía total de la operación que gozará de bonificación.

3.º Plazo máximo dentro del cual deberán llevarse a cabo las inversiones contenidas en la memoria.

4.º Calendario y condiciones de las operaciones financieras previstas, sin que en ningún caso se exceda de la cuantía a que se refiere el párrafo 2.º anterior.

5.º Cualesquiera otras condiciones que se estimen pertinentes.

b) La resolución a que se refiere el número anterior tendrá el carácter de provisional en tanto no se cumplan los siguientes trámites:

1.º Autorización administrativa, en la forma que procediera, cuando sea exigida para la realización de la operación financiera.

2.º Comprobación por la Administración tributaria una vez transcurrido el plazo para la realización de las inversiones, de que la sociedad las ha llevado a efecto y cumplido las condiciones bajo las cuales hubiesen sido concedidas las bonificaciones. En todo caso, la Administración tributaria podrá efectuar en cualquier momento las comprobaciones que estime necesarias para establecer el adecuado seguimiento de las inversiones a que los beneficios concedidos se refieran.

Asimismo, tendrá carácter provisional la autorización concedida en base a una propuesta de contrato en tanto no resulte ratificada en el plazo de 15 días a partir de la recepción del contrato definitivo.

c) El plazo para adoptar la decisión provisional será de un mes, contado a partir del día siguiente a aquél en que se presente la solicitud acompañada de todos los datos y documentos pertinentes o, en su caso, desde que se subsanen las omisiones a requerimiento de la Administración tributaria.

d) Cuando el plazo fijado en la resolución para la realización de las inversiones resulte insuficiente, la empresa podrá solicitar, con una antelación mínima de un mes con respecto a la fecha en que aquél hubiera de expirar, una única prórroga del mismo, exponiendo las razones que justifiquen esta solicitud. La Administración tributaria notificará a la sociedad la resolución pertinente antes de que finalice el plazo ordinario. De no hacerse así, se entenderá que la resolución ha sido favorable.

Disposición transitoria cuarta. *Régimen transitorio de las modificaciones introducidas en materia de retenciones sobre los rendimientos del capital mobiliario y sobre ganancias patrimoniales.*

1. La obligación de retener en las transmisiones, amortizaciones o reembolsos de activos financieros con rendimiento explícito será aplicable a las operaciones formalizadas desde el 1 de enero de 1999.

En las transmisiones de activos financieros con rendimiento explícito emitidos con anterioridad al 1 de enero de 1999, en caso de no acreditarse el precio de adquisición, la retención se practicará sobre la diferencia entre el valor de emisión del activo y el precio de transmisión.

No se someterán a retención los rendimientos derivados de la transmisión, canje o amortización de valores de deuda pública emitidos con anterioridad al 1 de enero de 1999 que, con anterioridad a esta fecha, no estuvieran sujetos a retención.

2. Cuando se perciban, a partir del 1 de enero de 1999, rendimientos explícitos para los que, por ser la frecuencia de las liquidaciones superior a doce meses, se hayan efectuado ingresos a cuenta, la retención definitiva se practicará al tipo vigente en el momento de la exigibilidad y se regularizará atendiendo a los ingresos a cuenta realizados.

Disposición transitoria quinta. *Obligaciones de información de la disposición transitoria decimocuarta de la Ley del Impuesto.*

A los efectos de lo dispuesto en la disposición transitoria decimocuarta de la Ley del Impuesto, los contribuyentes deberán presentar, conjuntamente con su declaración por el Impuesto sobre Sociedades de los ejercicios en los que practiquen la deducción contemplada en dicha disposición, la siguiente información:

a) Identificación y porcentaje de participación en aquellas entidades participadas cuya adquisición haya generado el derecho a aplicar la referida deducción.

b) Descripción de sus actividades.

c) Valor y fecha de adquisición de las participaciones, así como el valor del patrimonio neto contable correspondiente a éstas, determinado a partir de las cuentas anuales homogeneizadas.

d) Justificación de los criterios de homogeneización valorativa y temporal, así como de imputación a los bienes y derechos de la entidad participada, de la diferencia existente entre el precio de adquisición de sus participaciones y el patrimonio neto contable imputable a las mismas en la fecha de su adquisición.

Disposición transitoria sexta. *Riesgo de crédito de entidades financieras generado con anterioridad a 1 de enero de 2016*[16].

1. Las dotaciones por deterioro de los créditos y otros activos derivados de las posibles insolvencias de los deudores de las entidades financieras que hubieran resultado no deducibles de acuerdo con el artículo 9 de este Reglamento, según redacción vigente para los períodos impositivos iniciados antes de 1 de enero de 2016, se regirán por las siguientes reglas:

a) Los saldos no deducibles correspondientes a las coberturas por riesgo de crédito y otros activos derivados de insolvencias de deudores existentes a 31 de diciembre de 2015, mantendrán dicha consideración y su período impositivo de generación, hasta el importe de los saldos existentes a 31 de diciembre de 2016 que resulten no deducibles por aplicación de lo dispuesto en el artículo 9 de este Reglamento.

b) El incremento neto del saldo global no deducible existente a 31 de diciembre de 2016 respecto al existente a 31 de diciembre del 2015 se considerará que corresponde a una dotación generada en el período impositivo 2016.

La disminución neta del referido saldo se integrará en la base imponible de acuerdo con lo establecido en la Ley del Impuesto, aplicando, en su caso, lo previsto en el artículo 11.12 de dicha Ley.

2. En el caso de aplicación del régimen especial de consolidación fiscal regulado en el capítulo VI del título VII de la Ley del Impuesto, los importes a que se refiere el apartado anterior se referirán al grupo fiscal.»

---

[16]   Nueva disposición añadida por el RD 683/2017 (art. Único.3) con efectos para los períodos impositivos que se inicien a partir del 1 de enero de 2016.

Disposición transitoria séptima. *Deterioro de instrumentos de deuda de los fondos de titulización*[17].

En tanto se mantenga la redacción original de la Circular 2/2016, de 20 de abril, de la Comisión Nacional del Mercado de Valores, sobre normas contables, cuentas anuales, estados financieros públicos y estados reservados de información estadística de los fondos de titulización, en lo referente a las correcciones por deterioro de valor de los instrumentos de deuda valorados por su coste amortizado de los fondos de titulización a que se refiere el título III de la Ley 5/2015, de 27 de abril, de fomento de la financiación empresarial, la deducibilidad de las dotaciones correspondientes a las mismas se determinará aplicando los criterios establecidos en el artículo 9 de este Reglamento en su redacción vigente a 31 de diciembre de 2015.

Disposición transitoria octava. *Riesgo de crédito en establecimientos financieros de crédito*[18].

De acuerdo con lo establecido en la disposición adicional primera de la Ley 5/2015, de 27 de abril, de fomento de la financiación empresarial, y en tanto no se ejecute el desarrollo reglamentario específico para la remisión de información contable por los establecimientos financieros de crédito a que se refiere la disposición transitoria quinta de dicha Ley, la deducibilidad de las dotaciones correspondientes a la cobertura del riesgo de crédito se determinará, para dichos establecimientos financieros de crédito, aplicando los criterios establecidos en el artículo 9 de este Reglamento en su redacción vigente a 31 de diciembre de 2015.

Disposición final única. *Habilitaciones al Ministro de Hacienda y Administraciones Públicas.*

Se habilita al Ministro de Hacienda y Administraciones Públicas para:

a) Aprobar el modelo de declaración por este Impuesto y determinar los lugares y forma de presentación del mismo.

b) Aprobar la utilización de modalidades simplificadas o especiales de declaración, incluyendo la declaración consolidada de los grupos de sociedades.

c) Establecer los documentos o justificantes que deban acompañar a la declaración.

---

[17] Nueva disposición añadida por el RD 683/2017 (art. Único.4) con efectos para los períodos impositivos que se inicien a partir del 1 de enero de 2016.

[18] Nueva disposición añadida por el RD 683/2017 (art. Único.5) con efectos para los períodos impositivos que se inicien a partir del 1 de enero de 2016. Véase RIS 9.

d) Aprobar el modelo de pago fraccionado y determinar el lugar y forma de presentación del mismo.

e) Aprobar el modelo de información que deben rendir las agrupaciones de interés económico y las uniones temporales de empresas.

f) Ampliar, atendiendo a razones fundadas de carácter técnico, el plazo de presentación de las declaraciones tributarias establecidas en la Ley del Impuesto y en este Reglamento cuando esta presentación se efectúe por vía telemática.

ÍNDICE ALFABÉTICO DE MATERIAS

C

H

P

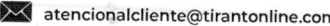